謹以本書紀念恩師劉緒先生

青銅器與周史論叢

韓巍 著

上海古籍出版社

本書爲

“古文字與中華文明傳承發展工程”資助項目

“新出兩周金文考釋與兩周考古的綜合研究”（項目號 G1205）

“兩周之際金文與考古資料綜合研究”（項目號 G3211）的階段性研究成果

並得到北京市教委“青年英才計劃”項目

“新出西周青銅器銘文綜合研究”（項目號 YETP0020）的資助

目　　録

西周銅器斷代研究

西周世族研究

西周政體研究

考古新發現與西周史研究

書　評

回顧我從事西周歷史和
考古研究的歷程(代序)

　　本書收入 2007 至 2017 年間,我在西周青銅器、金文和西周歷史、考古研究方面的論文 14 篇(包括 1 篇未曾正式發表的會議論文)和書評 1 篇。以這點成果的分量,本來没有出版論文集的必要,但 2015 年碰巧有一筆項目經費必須用完,且只能用於支付出版費,於是便有了這本計劃之外的小書。不過借着整理舊文的機會,我也得以回顧二十多年來的求學和治學之路,從而更加明確了當下身處的位置。於是我在書前加上這個篇幅不小的"自序",雖然增加了出版成本和讀者購書的花銷,但對於了解本書所收論文的寫作背景和思路緣起或許不無幫助。

　　我於 1996 年進入北京大學歷史學系中國史專業本科學習,大一期間因閱讀《史記》引發對先秦史的興趣。其後在丁一川老師指導下通讀《左傳》等先秦史基本文獻,完成了《帛書〈戰國縱横家書〉前十四章繫年問題辨正》《春秋時代的家臣》等習作,算是初窺先秦史的門徑。爲了拓寬眼界、打好基礎,我在本科期間還系統旁聽了中文系古文獻、古文字方向的課程和考古系從舊石器到漢唐各階段的考古概論課。至今猶記大三上學期旁聽劉緒老師講授"商周考古"的情景,劉老師授課條埋分明、邏輯性强,隨手就能在黑板上畫出漂亮的器物綫圖,讓我欽佩不已。大四保研時,正是在劉老師和歷史系幾位老師的幫助下,我得以免試進入考古文博學院,跟隨劉老師攻讀商周考古方向的研究生。現在想來,我接觸西周這一段是從考古起步,這在無形中決定了我未來的治學路數。

　　碩士期間對我影響最深的是去周原遺址參加田野考古實習的經歷。

北大考古系向來重視本科生的田野考古基礎實習，其水平之高、要求之嚴，在考古學界有口皆碑。由新石器和商周考古兩個方向的老師輪流帶隊，實習地點都是選擇全國條件最好的著名遺址。實習全過程長達一個學期，前半段是田野發掘，後半段是室內整理和撰寫發掘報告。實習的目標是通過系統而嚴格的訓練，使本科生達到基本可以獨立從事考古發掘的水平。對於外校、外專業來北大考古系讀研的學生，凡是沒有參加過田野實習的，導師一般都會要求跟隨本科生一起實習半年。我研二的上學期（2001 年秋季）正好趕上商周考古方向帶實習，地點就在大名鼎鼎的周原遺址，由劉緒、徐天進、雷興山三位老師帶隊。因爲是北大與社科院考古所、陝西省考古所三家聯合發掘，所以社科院考古所的徐良高、傅仲揚和陝西所的王占奎、孫秉君等幾位老師也常在工地。我們那年的發掘區選在岐山縣境內的王家嘴遺址，目標是尋找晚商時期的遺存。這是我第一次接觸田野考古，而且我的基礎還不如考古系的本科生，諸如考古測量、繪圖、攝影這些技術性課程我都沒上過，因此一開始頗有點手忙腳亂。多虧劉緒老師經常來我的探方手把手指導，教我如何辨別土質、土色，如何區分遺迹現象，如何測量、繪圖。而且隔壁探方有兩位社科院考古所剛剛碩士畢業留所工作的青年學者宋江寧和唐錦瓊（如今都已是獨當一面的業務骨幹），也不時給我指點一二，於是我的發掘很快走上了正軌。在我的探方裏發現了一個巨大的晚商時期灰坑 H77，出土了四萬多陶片，是以高領袋足鬲爲代表的先周文化遺存。熟悉商周考古的人都知道，鄒衡先生在《論先周文化》那篇名文中提出過一個影響很大的觀點：即晚商時期關中地區以聯襠鬲爲代表的遺存是姬姓周人的文化，而以高領袋足鬲爲代表的遺存是姜姓戎人的文化。然而我們在王家嘴遺址的發現却證明，在殷墟三期商文化撤出周原以後，這裏占據主體地位的考古學文化不是聯襠鬲類遺存（即鄭家坡文化），而是袋足鬲類遺存（即碾子坡文化和劉家文化），這就對鄒先生的觀點提出了挑戰。在我們發掘期間，鄒衡先生曾親自來工地考察，仔細觀摩了我們發掘的陶片，然後在給我們做講座時特別強調這次發掘對於先周文化探索的意義重大。此後我在發掘的時候就特別注意觀察出土的陶片，慢慢地對先周陶器的特點和演變規律熟悉起來。雷興山老師當時還在寫他的博士論文《先周文化探索》，複印了很多資料帶到工地，我利用晚上的時間借來學習，了解到各家對先周文化的不同認識。我挖出來的那些東西對於解決以往的爭論究竟有何意義？在此後的發掘和室內整理中，我腦子裏一直在琢磨這些問題。

到 11 月底，田野發掘結束，轉入室內整理。首先是對每一個單位出土的陶片進行分類統計，把不同質地、顏色、紋飾的陶片分開，一片一片地點數，將數字填入統計表中。然後是拼對，盡量把碎陶片拼合，爭取復原成完整的器物。這些工作異常瑣碎、枯燥，但是很能磨煉人的耐性。接下來進入“器物排隊”階段，先將各探方內的地層和遺迹單位按照疊壓打破關係排列成一張總表，在地面上畫成像“跳房子”那樣的方格，然後選取各地層、單位比較完整的陶器標本放入方格中。到這個時候，原來一盤散沙似的陶片突然有了邏輯，各種陶器從早到晚的演變序列開始變得清晰起來。比如我最熟悉的高領袋足鬲，其足根如何從鴨嘴形變爲扁錐形再變爲圓錐形，襠部如何從平滑變得滿是凹坑，繩紋如何由細變粗，都一目了然。過去從書本上看俞偉超、嚴文明先生講地層學和類型學的關係，道理是明白的，但總覺得像霧裏看花，到這時才有了真切的體會。所以說考古學是一門實際操作性很強的學問，光靠看書是學不到的，必須得下到地裏挖一挖，親手拼陶片、摸陶器，排隊分期，才能品出其中三昧。考古教學和研究的主陣地不像文史哲那樣在教室和圖書館裏，而是在廣闊田野中。所有這些，如果不參加這次實習，我是永遠領會不到的。

室內整理進入最後階段，是給挑選出來的器物標本（包括陶器、各種工具、飾品）繪製綫圖，然後就進入考古發掘報告的編寫。雖然是實習報告，但要求跟正式考古報告一樣，前言、地層堆積、典型遺迹介紹、遺物分型分式介紹、分期、結語，一個都不能少。我寫到“結語”這部分，感覺突然把發掘和整理期間縈繞於腦海中的問題想通了，於是大膽地提出了一個“先周文化突變論”的假説，寫了一萬多字。我當時的想法是，王家嘴遺址以高領袋足鬲爲代表的遺存來自涇水上游的碾子坡文化，屬於姬姓周人集團,而以劉家墓地爲代表的遺存則屬於關中西部的姜姓集團。這兩種文化都以高領袋足鬲爲主要炊器,其特徵和演變規律完全相同,葬俗却截然不同——王家嘴的墓葬是豎穴土坑墓,一般只隨葬一件陶鬲;劉家墓地則是偏洞室墓,隨葬多件陶鬲、陶罐。兩種文化在殷墟三期商文化撤出後同時進入周原,這與《詩‧大雅‧綿》中"古公亶父,來朝走馬。率西水滸,至于岐下。爰及姜女,聿來胥宇"的記載恰相吻合。而我們在賀家村北的發掘證明,直到商末周初,周原遺址占據統治地位的仍是高領袋足鬲類遺存。因此我認爲,姬姓周人和姜姓集團最初都是使用高領袋足鬲的人群,他們在太王之後逐漸向關中東部擴張,征服、吸納了使用聯襠鬲的以鄭家坡文化爲代表的族群。由於後者的人數遠遠超過姬姜聯盟,使得姬姜聯盟在較短時間內放棄了原先使用的袋足鬲,改用了被征服者的聯襠鬲。這一過程大約在文王時期完成,因此在灃西 H18 出土的陶器中,聯襠鬲所占比例已經超過了袋足鬲(但袋足鬲直到西周初年仍有少量遺留,在關中西部延續時間更長,後來岐山周公廟和寶雞石鼓山的發現都證明了這一點)。從先周文化向西周文化的演變,不是同一文化系統內部的直綫式"漸變",而是一種文化取代另一種文化的"突變"。對於鄒衡先生創立的以"單綫進化論"爲基礎、由商文化和西周文化向前追溯先商和先周文化的研究範式,我的這個假說可以説是徹底的"離經叛道"。以致鑽研先周文化多年的雷興山老師看過我的初稿後大驚,找我聊了一個晚上,連聲説:"小韓你怎麼會有這種想法?"劉緒老師却對我的想法表示肯定,高興地把我的實習報告拿給陝西省考古所的王占奎老師看。王老師看後當即對我説:"你畢業以後來我們所工作,我絕對歡迎。"老師們的寬容和肯定對我這個初入考古之門的年輕人是莫大的鼓勵,堅定了我繼續探索的信心。

實習結束返回北大以後,我重讀陳寅恪先生《唐代政治史述論稿》,受他的"關隴集團説"啓發,我在原先的"先周文化突變論"基礎上總結出"西土集團説"。2002 年冬,我在歷史系幾位老師主辦的網站"往復論壇"上發表了一個帖子,題爲"關於商周歷史的思考",大致闡述了這個假説。商代早期定都於河南中西部的鄭洛地區，北面的晉中、晉南和西面的關中都成爲商文化的勢力範圍，即商王朝的“西土”。不少商人以及臣屬於商人的東方族群在此時遷入西土，與當地土著（其中最重要的是夏遺民）以及晉陝高原南下的戎狄（應是從鬼方、土方等方國中分化而出）逐漸融合，形成一些既深受商文化影響，又帶有北方青銅文化印記的部族。如果用陳寅恪先生的學説來比附，這些部族就相當於北魏的“六鎮集團”。殷墟二期（武丁）以後，商文化勢力範圍迅速收縮，短時間内撤出關中和晉南大部地區，留下的真空再次造成族群遷徙的“多米諾骨牌”效應，姬姓周人即在此時進入關中西部。作爲原本弱小、落後的部族，周人在東向擴張過程中采取開放、包容的態度，盡力吸納周邊族群。留在晉南、豫西和關中東部的商代“西土六鎮”部族陸續被周人征服、吸納，成爲周人建國克商最重要的助力（上博簡《容成氏》所載“文王伐九邦”故事正是這一歷史進程的具體寫照）。周人在短期内將“西土”族源不同、文化各異的族群聚於麾下，勢必要采取一系列制度、文化上的措施將其整合、凝聚爲一個整體，姓氏和“同姓不婚”之制乃應運而生。王季從殷商迎娶太妊、文王娶夏人後裔有莘氏的太姒爲王后，都是利用異姓聯姻拉攏東方族群的措施。受同門師兄林鵠的碩士論文《周代政治與“姓”觀念》的啟發，我認爲周初還曾“賜予”一些被吸納的異族姬姓，如使用日名的召公家族就是典型，後來這一觀點在我的博士論文中發展爲“周初賜姓説”。在姓氏制度確立的同時，可能還伴隨着各“姓”祖先神話和族源傳説的建構。周人在整合“西土”各族時還有效利用了“夏”的政治旗號，於是“諸夏”“華夏”從此成爲中原先進族群的代稱。經過文王時期的經營，至武王克商之前，已經形成以姬周王室爲核心，以“西土”諸部族爲主體的强大政治集團，《尚書·牧誓》所謂“西土之人”正是這一集團的自我認同，因此我稱之爲“西土集團”。當時我在文中寫道：“此‘西土集團’以姬姓周人爲領袖，以西進之東方族群與夏遺民爲主體，承有夏之正統，受殷商之文化，具戎狄之武力，其對内之向心力及對外之包容性均遠非商人狹義血族政權可比，實乃周人得以滅商建國的關鍵。”以聯襠鬲爲代表的考古學上的西周文化，其核心就是“西土集團"的文化。現在看來,這篇 18 年前的大膽"思考"其實確定了我後來在西周世族和西周政治史領域的研究方向,我博士論文中的一些核心觀點,最早都發端於此。

　　實習歸來,碩士論文的寫作提上日程,劉緒老師覺得我有歷史和文獻的基礎,選題最好能將考古資料與文獻結合,建議我將西周墓葬的殉牲現象梳理一下。當我開始動手搜集資料時,他特別強調不能只翻《考古學文獻目録》,必須把所有考古期刊、集刊和報告都過一遍,做到竭澤而漁;而且在看報告的時候不要只盯着殉牲現象,其他方面也要注意,遇到自己感興趣的問題和材料就隨手記下來,説不定哪天就能派上用場。劉老師的這一教導讓我受益無窮,我泡在考古系資料室,把所有文物考古類期刊、集刊從頭到尾都翻了一遍。在搜集殉人、殉牲資料的同時,我對西周墓葬的形制、葬俗、隨葬器物等各方面都形成了整體印象,成爲日後開展研究的基礎。我從此養成無論研究什麼題目,處理何種材料,文獻、古文字還是器物、考古報告,都要首先將全部資料過一遍,爭取做到巨細靡遺,而且現在指導學生也要求他們這樣做。我將搜集到的資料分地區進行整理,很快就發現西周墓葬中的腰坑殉狗、殉人和隨葬牲腿現象經常同時出現,而且采用這些葬俗的墓葬在同一墓地中往往聚集成群。衆所周知,這些葬俗都是晚商時期商文化墓葬的典型特徵。因此我得出一個認識,西周時期采用腰坑殉狗和殉人葬俗的墓葬,其墓主大多是殷遺民或受商文化影響的東方族群。過去在"古史分期"討論中,人殉人牲現象往往被視爲奴隸制的一種表現,西周墓葬中的人殉經常被當作西周爲奴隸社會的證據,雖有少數學者將人殉習俗與殷遺民相聯繫,但在學界並未產生多大影響。我的碩士論文大概是第一次將人殉與腰坑殉狗現象聯繫在一起,並對西周墓葬做全面系統考察的作品。雖然論文的結果與劉老師原先設想的結合文獻的禮制研究完全不同,但他也表示滿意,後來又指導我的師弟馮峰(現爲中國國家博物館副研究員)繼續研究東周墓葬的人殉習俗。馮峰做得比我更深入細緻,他的結論是東周時期人殉習俗主要流行於東夷、淮夷系統各國以及受其影響的鄰近地區,此外就是源出淮夷的秦、趙兩國，這進一步證明人殉習俗是商周時期東方系族群根深蒂固的一項文化傳統。我的碩士論文出來以後，承蒙學界同仁不棄，經常見有論著引用，而且不時有人問我何時正式發表。可惜後來注意力轉移到其他方面，無暇再顧及碩論，而且若不將新出考古資料補充進去並做大幅修改，心中也覺不安。馮峰的情況與我類似，因此我倆的碩論至今都未正式發表。我想將來如果有時間跟馮峰合作，把我們的碩論合在一起並加以擴展，寫成一部《周代墓葬殉人殉牲習俗與族群問題研究》，應該對學界不無裨益。

碩士畢業後，我考入中文系古文獻專業，跟隨李零老師攻讀博士。入學不久，李老師就問我博士論文的選題意向，向我建議了兩個題目：一個是楚簡遣策和隨葬器物的對照研究，一個是西周金文所見世族的研究。我開始系統接觸金文其實並不早。本科期間雖然翻過郭沫若《兩周金文辭大系》，但沒留下什麼印象。碩士期間旁聽裘錫圭先生的"金文研讀"課，裘先生一學期只講了何尊、大盂鼎、令方彝三篇銘文，且前兩篇銘文就占去了大半時間。雖然裘先生的旁徵博引、深邃謹嚴令我肅然起敬，但我當時基礎太差，難以領會其精彩之處。直到碩士三年級，爲了籌措生活費，我經朋友介紹給一家專門做古籍電子化的公司打工。他們想把金文、簡帛等出土文獻做成數據庫，其中金文的底本選用了中國社會科學院考古研究所編的《〈殷周金文集成〉釋文》（香港中文大學出版社，2001 年），先由打字員將釋文錄入電腦，然後由我來校對。我前後大概校了三次，借此機會把《殷周金文集成》過了幾遍，由此引發對金文的興趣，這才回過頭把《大系》又通讀一過。李零老師談到自吳其昌《金文世族譜》之後，還沒有學者對西周金文所見世族做過通盤梳理。因爲我碩士論文做的是西周墓葬，不久前又正好把《集成》翻過幾遍，感覺"西周金文世族研究"這個題目正對我的胃口，於是毫不猶豫地選擇了它。

隨後開始着手搜集資料，那時還没有《商周金文資料通鑒》這樣的數據庫可供檢索，我主要利用的是張亞初《〈殷周金文集成〉引得》和吳鎮烽《金文人名彙編》這些工具書。爲防止遺漏，我還把《集成》和後來出版的《近出殷周金文集錄》《新收殷周青銅器銘文暨器影彙編》等資料集從頭到尾翻檢一過。我遵照劉緒老師的教導，在翻檢資料的時候，並不把眼光局限在與西周世族有關的信息上，凡是覺得有意思、有價值的材料都隨手錄入電腦，分類做成電子文檔，比如册命、職官、名物、戰爭等。在搜集資料的同時，配合研讀郭沫若《大系》、陳夢家《西周銅器斷代》、唐蘭《西周青銅器銘文分代史徵》等經典論著。漸漸地，我發現西周銅器斷代是金文研究中一個繞不開的難點。經常碰到一件重要銅器，各家的斷代意見相差很大，在對西周青銅器和銘文還很不熟悉的情況下，我很難判斷孰是孰非，看各家的論證好像也是公說公有理、婆說婆有理。於是我還是按照以往的經驗，從原始資料開始摸起。我選擇西周中晚期最多見也最容易讀的册命銘文入手，將所有册命銘文分爲時間、地點、右者、史官、職司、賞賜、親稱等要素，排列成一張大表格，就像考古室内整理分期排隊時在地上畫的那個“跳房子方格”一樣。這張表格一排出來，哪些銘文中出現了同一個册命地點、同一位右者或史官，就一目了然了。在斷代研究中如何通過相同的“人、地、事”來進行繫聯，道理一下子就清楚了。由此我才真正體會到郭沫若在《大系》中提出的“標準器斷代法”和“繫聯法”，在具體研究中應該如何運用。直到現在我給研究生講西周金文，總是建議他們自己動手去把銘文排成這樣一張表格；只有像這樣將原始材料親手梳理過一遍，才能產生整體和系統的認識。

　　銅器斷代研究，銘文只是一個方面，青銅器的考古學特徵（即器型和紋飾）也非常重要，二者必須互相結合。而且借用李零老師經常說的一句話：“大道理要管小道理。”器型、紋飾是大道理，限定住銅器年代的上下限；銘文則透露出作器者所處時代的歷史細節，幫助我們進一步縮小器物的年代範圍。我雖然在碩士期間聽過青銅器課，而且在撰寫碩士論文時將西周墓葬資料整體摸過一遍，對西周銅器有一定了解，但僅能大致區分早中晚各段，距離真正的斷代研究還差得遠。恰好師弟馮峰此時也繼續跟隨劉緒老師攻讀博士，跟我住前後樓，經常過來串門聊天。他的博士論文打算做東周墓葬的喪葬禮儀，對東周銅器下過很大功夫，對西周銅器也比我熟悉得多，於是在閒聊中向我傳授了不少知識。記得有一次他拿起王世民、陳公柔、張長壽三位先生合著的《西周青銅器分期斷代研究》，一邊翻一邊指出書中存在的問題，並結合圖片分析西周晚期早段（夷厲時期）和晚段（宣幽時期）青銅器的差異，令我茅塞頓開。在他啟發之下，我將田野考古實習中學到的考古類型學方法應用到青銅器研究中，逐漸學會如何觀察一件銅器，捕捉器型和紋飾的細微差別，總結出不同類型青銅器的演變軌迹。隨着資料的積累，看過的銅器越來越多，頭腦中的"數據庫"不斷擴充，最後基本達到提起哪件銅器，腦海中就會自動浮現出器形和銘文的程度；而且這些銅器自然而然地在"數據庫"中"分期排隊"，並隨着新資料的"輸入"不斷修正。我從郭沫若、陳夢家、唐蘭等前輩學者那裏學到的方法，就是從不孤立地看待一件銅器，總是努力找出與之相關的一群銅器，並將其放置在周代銅器和銘文演變的大趨勢中去考察。因爲學過考古，相比失去考古背景的傳世器和被盜流散器，我更重視經考古發掘出土的，尤其是出自保存完好的墓葬的青銅器。在研究這些器物時，其同出青銅禮樂器的特徵和組合，以及同出兵器、車馬器、陶器、玉器等器物的特徵，乃至整個墓葬的形制、等級、位置等信息，都必須綜合考慮。總結以往的西周銅器斷代研究，大致可分爲"以銘文爲中心"和"以銅器考古學特徵（主要是形制、紋飾）爲中心"兩種路徑。以銘文爲中心的古文字學者雖然都主張要兼顧器型、紋飾，但畢竟未經考古學訓練，無法進行系統的類型學研究，且不能充分利用銅器的考古學背景信息。以銅器考古學特徵爲中心的考古學者，則多數不能充分發掘銘文自身包含的歷史信息，而且在類型學分析方面過於"粗放"。因爲有考古方面的基礎，我在從事銅器斷代研究時，能夠將器型、紋飾與銘文相結合，做到"兩條腿走路"；而且在類型學分析方面做得更爲系統和精細，並能充分利用銅器的出土背景信息。這大概是我能在西周銅器斷代方面提出一些新想法的原因。

　　迄今爲止，我在西周銅器斷代方面主要提出了兩個自認爲有一定創獲的假説。其一我稱之爲"恭王長年説"。關於西周恭王的在位年數，傳世文獻説法不一，過去學者多認爲不太長，"夏商周斷代工程"將恭王年數定爲 23 年，於是西周中期凡紀年高於 23 年的銅器大多被放到穆王時。

2006 年，我撰寫了《親簋年代及相關問題》一文，以當時國博新入藏的親簋爲突破口，從册命銘文的形式和演變規律出發，論證親簋的年代應爲恭王 24 年，而非學界主流意見所認定的穆王 24 年。我的主要根據是，親簋銘文已是非常成熟、規矩的册命銘文，而册命銘文在穆恭之際尚處於萌芽階段，不可能在穆王中期就出現親簋這樣成熟的形態。進而我認爲紀年高於 24 年的廿七年裘衛簋和卅年虎簋蓋，均應爲恭王時器，恭王紀年至少在 30 年以上。此文發表後，又陸續有卅年作册吳盉、廿八年斷簋等恭王時期高紀年銅器問世，於是我又先後寫了《簡論作册吳盉及相關銅器的年代》和《由新出青銅器再論"恭王長年説"——兼論西周中期後段青銅器的變化》兩文，繼續深入論證這一觀點。後一篇文章還對恭王時期青銅器做了全面的清理，進而討論了這一時期在西周青銅器由前期向後期轉變過程中的重要地位。目前，將這些高紀年銅器定爲穆王器的觀點雖然仍爲主流，但已有一些學者對"恭王長年説"表示支持。近年發現的橫水、大河口兩處西周墓地以穆、恭時期的墓葬資料最爲豐富，大大增强了我對"恭王長年説"的信心。

其二我稱之爲"厲宣分界説"，即根據册命銘文中地點的變化來區分厲、宣兩代銅器。我發現西周册命銘文中凡地點在"周康某宮"或"周康宮某大室"者，其年代均在宣幽時期，目前所見有"周康昭宮"、"周康穆宮"（或"周康宮穆大室"）、"周康夷宮"（或"周康宮夷大室"）、"周康厲宮"四處；且目前所見此類銘文紀年均不早於宣王十六年，因此可利用這一標準來區分厲王和宣王銅器。2009 年我在《文物》雜志發表《册命銘文的變化與西周厲、宣銅器分界》一文，提出了這一假説，並指出册命銘文在宣王後期又發生一些變化，比如出現兩位史官，册命儀式最後增加"返入觀璋（圭）"儀節等等。但由於《文物》對文章篇幅限制較嚴，此文未能展開論述，很多問題只能點到爲止。同時我還注意到西周晚期前段（夷厲）和後段（宣幽）的銘文在習慣用語方面有明顯差別，特別是銘文末尾句式整齊且用韻的長篇嘏辭，夷厲時期剛剛開始露頭，到宣幽時期才廣泛流行，於是又寫了《單述諸器銘文習語的時代特點和斷代意義》一文。這兩篇文章是我從銘文内容和形式方面探索屬、宣銅器分界的一點嘗試，我在文末提出希望對西周晚期銅器做類型學方面的全面研究，從形制、紋飾方面總結屬、宣兩代銅器的差異。多年來雖然已積累了不少資料，也摸索出一些綫索，但由於工作量浩大，一直没有動手。近十年來新出銅器銘文數量雖多，但西周晚期後段的册命銘文卻幾乎没有新的發現，使我的這一假説無法得到進一步證實或證僞。總之，這第二個假説還有待未來更多新材料的檢驗和進一步的工作。

以上西周銅器斷代方面的研究，雖然多數發表於博士畢業之後，但想法其實在讀博期間已經產生，可以説是博士論文寫作的副產品。我在博論的資料搜集基本完成後，就將各家族的銅器銘文歸攏到一起，然後對其姓氏、族源、世系、職官、封地、婚姻等問題一一進行考訂。其中以“世系”的研究難度最大，因爲要通過零星散亂的金文資料復原一個家族的世系，實際上等於要確定此家族在不同時期有哪些代表人物，這些人物彼此是什麽關係。這就牽涉到金文研究中的兩個“老大難”問題——“斷代”和“稱謂”。正因爲如此，我才在撰寫博論期間對銅器斷代狠下功夫，最後至少在西周中晚期已初步形成自己的體系，對前賢各家之説能做出獨立判斷，或擇善而從，或另立新説。有了這一基礎，才能對各個家族的銅器做更爲精細、準確的斷代，進而推斷其代表人物的活動年代。對於西周金文中資料較豐富的一些家族，如虢氏、井氏、榮氏、益氏等，我都盡力復原其家族世系和宗支分衍情況，儘管其中很多環節存在推測成分，也要爲後人繼續研究提供一個基礎。

關於金文人名稱謂的通例，以往學者研究較爲充分，總體上已達成不少共識，但仍存在一些模糊不清的環節。比如西周金文中的“伯”究竟是一種爵稱，還是家族長子（宗子）的通稱？學界還有不同意見。又如金文人名中的排行字“伯仲叔季”，究竟是代表個人在兄弟中的排行，還是代表同一家族内部的不同分支（小宗）？學界的認識也比較混亂。我在搜集資料過程中隨時注意總結金文人名稱謂的一些規律，形成了自己的看法。比如金文中的“伯”，我認爲並非“爵稱”，而是各家族嫡長子的通稱，後來逐漸演變爲對宗子的尊稱。至於金文中"伯仲叔季"等排行字,大多是指個人在兄弟中的實際排行;只有極少數能夠確認在同一家族内部世代相承,或有"某叔氏""某季氏"等明確的銘文證據,比如西周金文中的"井叔氏""虢季氏",實際上是井氏、虢氏的小宗,在大宗氏名"井""虢"之後加上本分支始祖的排行,形成一種"復合氏名"。因此我們不能一看到某家族出現"某仲""某叔"的稱謂,就認爲此家族存在"某仲氏""某叔氏"的小宗旁支。博論完成後,我又在《重論西周單氏家族世系——兼談周代家族制度的一些問題》一文中對這些問題有更深入的論證。另外,以往學者已注意到西周貴族稱謂存在"内外服"之間的明顯差別:"侯"本爲"外服",尤其是邊疆地區執行軍事任務的職官,西周時已演變爲世襲的"爵稱";"内服"王臣則多以"氏名+排行"爲稱呼,家族宗子多稱"某伯",地位較高者或稱"公",未見有稱"侯"者;可以説"内服無諸侯"已成爲多數學者的共識。然而在我讀博前後公布的一些新出金文資料顯示,即使同爲"外服"諸侯,其稱謂也非一成不變。2010 年秋我寫了《新出金文與西周諸侯稱謂的再認識》一文,提交在芝加哥大學舉辦的"二十年來新見古代中國青銅器國際學術研討會"。此文指出西周時期有一些外服諸侯國(如滕、晉、應等),其受封初期的一代或幾代君主均不稱"侯",而是或稱"伯",或稱"公",與内服王臣無異。衛國則更爲特殊,其始封君稱"康侯",不久即改封於衛而稱"伯"(見沬司土疑簋及清華簡《繫年》),至衛頃侯又"厚賂周夷王,夷王命衛爲侯"(《史記·衛康叔世家》),可見衛君的稱謂經過從"侯"到"伯"、再從"伯"到"侯"的兩次轉變。因此,西周諸侯的稱謂並非由其地理位置決定,而是與其承擔的職責即"服"直接相關。有些諸侯國始封時本爲内服王臣,後因其所處地域戰略形勢的變化而增加了軍事職能,於是再次受命爲"侯"。"内服"與"外服"之間並没有一條固定不變的地理界綫,"内服"的邊緣地區可能因軍事壓力增大而變爲"外服","外服"的少數地區也可能因軍事壓力消失而變爲"内服"。此文也因爲我的疏懶而一直未正式發表,僅有電子版在網上流傳。其後幾年中先後有王世民、李峰、朱鳳瀚、劉源等先生就西周金文中的諸侯"爵稱"問題發表文章。研讀諸家大作之後，我感覺自己的想法還是有些獨到之處，因此將這篇舊作按照當年提交會議時的原貌收入本書。至於文中未盡之意，當另外撰文詳論。

其實在西周世族的研究中，"稱謂""斷代""世系"乃至"族姓"等問題都是互相牽扯、環環相扣的，討論其中一個問題很難不涉及其他問題。我最早發表的《周原强家西周銅器群世系問題辨析》《眉縣盠器群的族姓、年代及相關問題》，以及前述關於單氏世系的論文，都是由博士論文的某一章節發展成文。其中有關家族世系的復原都是以銅器斷代研究爲基礎。例如我將年代較晚的"師望"組器從强家銅器群所屬家族中排除出去，重新推定該家族世系，並根據銘文中祖考稱謂指出該家族應是從"虢季氏"分出的"虢叔氏"。而對於眉縣李家村出土盠器群，我之所以跟學界主流意見"唱反調"，提出"盠"與單述的祖先"惠仲盠父"並非一人，其出發點也是盠方尊、方彝銘文屬於成熟的册命銘文，再加上其形制較晚，不可能早至"惠仲盠父"所處的昭穆時期。金文中同一人可使用不同稱謂，同一稱謂也未必是同一人；除去族氏、謚號、爵稱、排行等容易重合的因素，金文中還普遍存在重名、重字現象。爲此我寫有《西周金文中的"異人同名"現象及其對斷代研究的影響》，通過幾個確鑿的例證，説明同名、同字現象的普遍性，指出在斷代研究中使用"人名繫聯法"時應避免將同一稱謂簡單認定爲同一人。2015 年 6 月，我在北京大學出土文獻研究所主辦的"西周金文與青銅器研討班"上做報告，即以博士論文中關於井氏家族的研究爲例，題爲"稱謂、斷代與世系——西周世族研究的關鍵問題"，代表了我對西周世族研究方法的總結。

博士論文的最初設想是分爲上、下兩篇。"上篇"是對各世族金文資料的匯集和考訂，采用"以姓爲綱、姓下分氏"的原則；每個"氏"（家族）再分姓氏與族源、世系、職官、封地、家臣、婚姻等項，匯集相關資料一一進行考訂。"下篇"是對西周世族若干專題的綜合研究，例如族姓的來源與構成、家族形態、世官制度、封地與采邑、世族之間的通婚關係、世族在王朝政治中的作用等。然而這一研究計劃過於龐大，當時的博士生學習年限只有三年，每月補助僅 350 元，經濟壓力極大。爲了寫好論文，我又主動申請延期一年。第四年原計劃的“上篇”已基本完成，李零老師覺得畢業應無問題，於是我將“下篇”已寫好的六七萬字改爲論文的最後一章，題爲“世族與西周政治”。這一章下分三節，第一節“西周世族的種族結構和族屬來源”，指出西周統治階層主要由兩大群體構成，即克商以前形成的“西土集團”和克商以後歸順的“殷遺民”。關於“西土集團”的認識，是由《關於商周歷史的思考》的思路深化而來；博論中通過對西周金文中族姓的統計，發現姬、姜、姞、妘四姓占據大半江山，是“西土集團”的核心，同時詳細論證了召、榮、南宫三個家族是文王時期被“賜予”姬姓的異族；因此“西土集團”在族姓來源上可分爲姬周王室、被賜姬姓之異族、與姬周王室聯姻之異姓三個部分。關於“殷遺民”的研究也在碩士論文基礎上向銅器銘文擴展，利用族氏銘文和日名兩項標準識別廣義的“殷遺民”銅器；通過對銘文的排比，發現“殷遺民”在西周貴族中屬於“中間階層”，且大多數史官和武官“師氏”由“殷遺民”擔任。近年我受到張帆老師在分析蒙元帝國政治構造時使用的“圈層結構”概念啟發，感覺這一概念借用來描述西周王朝也十分貼切：處於“圈層結構”最核心的當然是姬周王室及其分支，其外層是“西土集團”中被“賜”姬姓的家族和周王室的姻親家族，再外層是歸順的“殷遺民”貴族，再外層是“周人”的普通貴族和平民，最外層是被征服的各地土著。第二、三節分別討論了西周早、中、晚期各世族勢力的消長及其與王權的關係。西周早期占據政權中心的是西周開國功臣集團的後裔，至穆王時期情況開始發生變化。穆、恭之際伴隨着册命制度的形成，以井、榮、益爲代表的少數大族壟斷了册命儀式中“右者”的位置，長期把持王朝權力中樞。這種“册命體制”與“世族政治”共生的模式一直延續到厲王時期，力圖重振王權的周厲王與大世族發生衝突，導致“國人暴動”。宣王即位後繼續推行集權政策，册命儀式中的“右者”不再集中於少數家族，同時此前長期專權的幾個家族一蹶不振，而長期衰落的一批周初舊族和新興家族走上前臺，“册命體制”與“世族政治”格局終歸瓦解。以上可說是我在撰寫博士論文過程中對西周政治史產生的最重要的認識。2008年我到香港城市大學中國文化中心訪學三個月，爲了完成規定的任務，我將"世族與西周政治"一章後兩節的内容改寫爲《册命體制與世族政治——西周中晚期王朝政治解析》一文，發表於該中心主編的《九州學林》。

在我博士畢業之後，周代考古不斷傳來驚人的大消息。僅就西周時期而言，北有山西絳縣橫水倗氏、翼城大河口霸氏兩處墓地，南有湖北隨州葉家山曾國墓地，一北一南交相輝映，都是前所未有的重大發現。因爲有濃厚的學術興趣和前期研究基礎，我一直對這些考古新發現保持着追蹤。關於橫水、大河口兩處墓地，我撰有《橫水、大河口西周墓地若干問題的探討》，指出墓地所屬的倗氏、霸氏兩個家族屬於晉國受封時領有的"懷姓九宗"，具有"王臣"與"晉臣"的雙重身份，這一新發現對於理解西周王朝政體結構的複雜性有重要意義。同時兩處墓地的墓向皆爲東西向，流行腰坑殉狗和殉人葬俗，具有濃厚的商文化色彩，這完全符合我對"西土集團"中周王室以外各族群文化屬性和族屬來源的判斷。關於隨州葉家山墓地，我撰有《從葉家山墓地看西周南宫氏與曾國——兼論"周初賜姓説"》。葉家山墓地簡報公布後，我發現其墓向與橫水、大河口一樣皆爲東西向，而出土銅器銘文説明其主人無疑是從南宫氏分出的姬姓曾國，興奮之情一時難以抑制，因爲這恰好印證了我在博論中提出的"周初賜姓説"。以理推之，曾國的大宗南宫氏也應具有相似的葬俗，他們雖與周王室同爲姬姓，但葬俗的明顯差異以及使用日名、族氏銘文的傳統，説明他們來自文化淵源不同的另一族群。與橫水、大河口相同的東西向墓向，暗示着南宫氏可能源自晉南地區，同樣采用東西向墓向的秦人也曾在晉南停留。銅器銘文顯示有一部分媿姓族群與南宫氏一同南下，且長期與之保持通婚關係，曾侯諫夫人爲媿姓女子，橫水墓地曾出土南宫倗姬簋、南宫姬簋，皆爲明證。至於後來陸續公布的春秋中晚期的曾侯與編鐘和羋加編鐘銘文，稱曾國公室爲"后稷之玄孫""文王之孫"，則是曾國後裔與"賜姓"相配合而產生的一種"歷史記憶的構建"，不能簡單視爲"史實"。近年來這幾處西周墓地的考古資料陸續公布，我也跟蹤新材料撰寫了一些新的文章。相信將來隨着正式考古報告的出版，西周青銅器、金文乃至西周考古研究的面貌將會有整體的改觀。

　　我目前的學術興趣還是集中在金文、青銅器和周代考古方面。一個首要的任務就是將我的博士論文《西周金文世族研究》增補、修改，争取盡快出版。博士畢業至今已經 13 年，其間西周金文、青銅器和考古資料又有大規模增長。考古方面，除了前面講過的横水、大河口、葉家山等西周墓地外，還有春秋早期的韓城梁帶村、澄城劉家窪芮氏墓地，以及其他一些諸侯國墓地。金文方面，吳鎮烽先生編著的《商周青銅器銘文暨圖像集成》及《續編》《三編》等資料總集陸續出版，其中收錄了不少零星出土和私家收藏、被盜流散的重要資料。這些新材料都必須補入我的博論中，原先的一些觀點也需要做相應調整，另外我還想補配青銅器和銘文的照片和拓片，使之成爲一部按家族分類的西周青銅器和銘文資料集，以便讀者利用，這樣工作量就增大了很多。2009 年以後，我的主要精力不得不轉入北大藏漢簡、秦簡的整理研究，再加上成家生子、各種家務牽累，導致博論的增補修改一再遷延。2011 年我在博論基礎上申請了一個國家社科基金青年項目"西周金文所見世族通考"，結項報告已將截至 2017 年時新發表的資料補入。2020 年上半年跟上海古籍出版社簽訂了合同，計劃在2021 年之内以《西周金文世族通考》的書名出版。眼下正在進行最後的突擊，還想補寫博論未曾涉及的芮氏、倗氏、霸氏等幾個家族。然而此書僅僅完成了博論原計劃的"上篇"即資料考訂部分，原計劃的"下篇"即西周世族綜合研究仍只有少量舊稿，若要成書，至少還需增加西周世族的家族形態、婚姻、封地和采邑、世官制度等内容，這些還有待今後努力。

　　近年來腦海中盤旋的另一個研究計劃是"兩周之際考古與歷史綜合研究"。最近十幾年來，春秋時期尤其是春秋早期的高等級墓地不斷被發現，成爲商周考古領域最引人注目的亮點，如陝西韓城梁帶村、澄城劉家窪、甘肅寧縣石家、山西襄汾陶寺北、黎城西關、河南南陽夏餉鋪、湖北棗陽郭家廟、京山蘇家壟等，隨棗走廊一帶的曾國墓地更是形成了從西周早期直至戰國早期幾乎完整的年代序列（目前尚缺西周中晚期）。再加上過去發現的三門峽上村嶺虢氏墓地等舊材料，使得春秋早期成爲東周考古資料最豐富的一個段落。過去我研究的虢氏、芮氏等西周世族，其年代下限都延伸入春秋早期，近年不斷湧現的考古新發現又激發了我對這一時期的興趣。我希望隨着新發掘的春秋早期墓地資料的陸續公布，對春秋早期考古資料做整體的分期斷代研究，建立起考古學上的年代框架。然後結合清華簡《繫年》及相關文獻，重新考察兩周之際歷史中的疑難問題，尤其是“二王並立”和平王東遷的具體經過，以及虢、鄭、秦、申、呂等國族東遷的時間和地理問題，進而重新認識“兩周之際”這一歷史轉折時期在周代歷史與文化演進過程中的地位。這一計劃涉及的工作很多，恐非我一人之力所能完成，除了推動學界同好一同參與，有些問題還可交給研究生做學位論文。

以上這些正在研究或計劃開展的課題，分量已經足夠大，希望能在退休之前完成。近年來總感覺一個人的精力和時間太有限，即使全力以赴，一輩子恐怕也做不了幾件事情，何況還有外界各種干擾和牽絆。每每看到前輩時賢精力過人、焚膏繼晷、著作等身的事跡，都不免望洋興歎。我深知自己資質駑鈍，且生性疏懶，做事缺乏計劃性；加之最近十年來罹患眼疾，視力嚴重下降，現在看紙質書已感甚為吃力，只能勉強利用電腦工作，也不敢熬夜加班，工作效率因此大打折扣。由於家務纏身，再加上自己寫東西太慢，畏懼拖欠“文債”，我多年來很少去外地開會。在微信上看到學界各種會議、講座消息，年少俊彥英才輩出，佳作如雲、議論風發，不免有“沉舟側畔千帆過”之感。面對現實，也只能用阿 Q 精神來安慰自己，能做多少是多少，實在做不動了就休息吧。

當初踏入燕園，自己還是一個未經世事的懵懂少年，轉眼間就已年逾不惑。回首這二十多年的學術道路，似是水到渠成，波瀾不驚。我知道其中除了運氣的成分，最重要的原因就是有幸遇到很多好老師，比如張帆、丁一川、劉緒等幾位老師，都在我人生面臨選擇或轉折的關鍵時刻給我指點和幫助，讓我少走了很多彎路。李零老師治學格局宏大，視野開闊，追求古今中外的會通。他對學生很少手把手具體指導，而是指出有發掘潛力的問題和方向，讓他們根據自己的基礎和興趣盡量自由發展。讀博士的幾年間，最大的收穫就是每周一次跟李老師和諸位同門在辦公室見面聊天，不僅交流研究心得、學界見聞，而且各種國際熱點、掌故八卦無所不談。朱鳳瀚先生爲人寬厚，古道熱腸，我能在博士畢業後回到歷史系做博士後研究並最終留校，得到他的幫助很多。後來在他領導下參加北大簡的整理，對於我們年輕人工作中的失誤和莽撞，他總是盡量包容。我最感興趣的西周青銅器和金文也正是朱先生的學術專長，每有新的想法向他匯報，他無論讚同與否，都大力支持年輕人的大膽探索。

　　我還要特別感謝芝加哥大學東亞語言文明系的夏含夷教授。2010年我剛留校任教不久，夏先生只是偶然讀到我的一篇小文（即收入本書的《讀〈首陽吉金〉瑣記六則》），就邀請我參加在芝大舉辦的"二十年來新見古代中國青銅器國際學術研討會"。那是我第一次出國參加學術會議，也是我參加學術活動最難忘的一次體驗。在會上我結識了衆多周代考古、文獻、歷史研究方面的海內外名家，通過與他們的交流而眼界大開。五年之後，夏先生又慨然爲我提供在芝大訪學一年的機會，使我得以進一步深入領略"他山之石"的魅力。本書所收的幾篇論文就是在芝大訪學期間完成的。在芝加哥生活的一年，也成爲我們一家人生命中最美好的回憶。

　　本書所收論文的寫作延續十餘年之久，在文風、體例、注釋格式等方面難免前後有差異。爲盡量保存文章原貌，本書除了對注釋格式進行統一外，其他方面盡量不做改動。如引用前輩或今人學術觀點，較早發表的文章多在學者姓名後加"先生"等敬稱，較晚發表者則一律不加。又如作者自稱，較早發表者多稱"筆者"或"我們"，較晚發表者一般稱"我"。這些本書都不做統一處理。不過有些文章中的個別觀點後來發生了變化，或是其中引用的考古資料和青銅器，後來有更爲全面、準確的資料公布，則在注釋中以【作者案】形式加以補充説明。本書還補配了一些插圖，另外爲方便讀者核查資料，統一了引用青銅器銘文的標注形式。

　　再三考慮之後，我最終將書名定爲《青銅器與周史論叢》。因本書所收論文是多年來陸續寫成，並無一貫之體系，故以"論叢"爲名。之所以稱"周史"而不稱"西周史"，是考慮到將來研究領域可能向東周擴展，而預先留有餘地。如果足夠幸運，以後或許還會有"續編""三編"的問世。

　　最後我要向上海古籍出版社吳長青副總編和本書的責任編輯顧莉丹女士表示衷心感謝和深深的歉意。由於我個人嚴重的"拖延癥"，致使本書的編輯和出版工作延宕達 5 年之久。在此期間出版成本不斷攀升，當初的那點出版經費恐怕早已不敷使用，但長青兄還是慷慨促成了本書的問世。書中大量的造字和插圖無疑增加了編輯的困難，多虧顧莉丹女士耐心細緻的工作保證了本書的質量，這些相信讀者都有目共睹。

　　（本文部分內容曾收入復旦大學出土文獻與古文字研究中心微信公眾號"古文字微刊"於 2020 年 11 月 7 日推出的"出土文獻與古文字研究青年學者訪談"第 49 期，此處略有改動）

韓巍

庚子歲末於北大中關園

　　（就在本書進入最後的編校階段之時，我的碩士導師劉緒先生不幸於 2021 年 9 月 26 日因病逝世。由於我的疏懶和拖延，未能讓劉老師看到本書的問世，更未能實現他生前念念不忘的將我的碩、博士論文修訂出版的願望，令我追悔莫及。痛定思痛，唯有爭分奪秒完成這些工作，方能不辜負劉老師的期望。）

西周銅器斷代研究

親簋年代及相關問題

《中國歷史文物》2006 年第 3 期發表了西周青銅器親簋的照片和銘文拓片。這件銅器非常重要，第一是因爲其造型別緻，前所未見；第二是因爲器主"親"就是西周中期銅器銘文中經常出現的一代"井伯"，通過這個人物能把很多重要銘文聯繫起來。同期還刊發了王冠英、李學勤、夏含夷、張永山幾位先生的論文，對親簋的器型、紋飾和銘文做了研究，並重點討論了該器的年代問題①。幾位先生一致認爲，親簋的年代應爲穆王二十四年。對於這個問題，我們有一些不同看法，在此提出以求教於方家。

一、由册命銘文的發展規律質疑親簋年代

先將親簋（《銘圖》5362，圖 1）銘文隸定如下②：

> 唯廿又四年九月既望庚寅，王在周，格大室，即位。司工遷入右親，立中廷，北向。王呼作册尹册申命親曰：更乃祖服，作冢司馬，汝乃諫訊有粦，取徵十鋝③，賜汝赤巿、幽黄（衡）、金車、金勒、旂。汝乃

---

① 王冠英：《親簋考釋》，李學勤：《論親簋的年代》，夏含夷：《從親簋看周穆王在位年數及年代問題》，張永山：《親簋作器者的年代》，皆載《中國歷史文物》2006 年第 3 期。下文引以上論文觀點，不再另行出注。

② 本書引用青銅器和金文資料，皆直接在器名之後用圓括號注明出處。凡中國社會科學院考古研究所編：《殷周金文集成》（中華書局，1984—1994 年）所收錄者，皆括注《集成》＋器號；凡吳鎮烽編著：《商周青銅器銘文暨圖像集成》（上海古籍出版社，2012 年）、《商周青銅器銘文暨圖像集成續編》（上海古籍出版社，2016 年）、《商周青銅器銘文暨圖像集成三編》（上海古籍出版社，2020 年）所收錄者，皆括注《銘圖》＋器號"或《銘圖續》＋器號"《銘圖三》＋器號"。引用銘文皆采取寬式釋文，常見字直接寫作通行字，不加括注。

③ 【作者案："取徵"之"徵"，字形作📷，隸定爲"遺"，過去有"徵""賸""積"等幾種釋法，皆與字形不合。究竟應釋爲何字，學界尚無好的意見。本書姑且釋爲"徵"，以下涉及此問題不再另行出注。】

敬夙夕勿廢朕命,汝肇享。親拜稽首敢對揚天子休,用作朕文祖幽伯
寶簋。親其萬年孫子其永寶用。

圖1   親簋及其銘文

這篇銘文屬於西周中晚期最爲常見的册命類。陳漢平先生曾總結册
命類銘文的規律性,認爲其内容大致可分爲五個部分:

1. 時間地點,其正例爲"唯王某年某月月相辰在干支,王在某,旦,王
格于某";

2. 册命禮儀,其正例爲"(王)即位,某右某入門(或某入右某),立中
廷,北向,史某授王命書,王呼史某(或尹氏、作册尹等)册命某,王
若曰";

3. 册命内容,册命者先直呼受命者之名,敍述册命緣由及告誡
語,再敍册命之官職,最後記賞賜之物品(包括"取徵"等特權)及勉
勵語;

4. 受命禮儀;

5. 作器銘辭。

前三部分是册命銘文的主體,某些次要環節可以省略,册命内容的敍述順

序也可前後顛倒，但大體格式是固定的①。親簋顯然已經具備了典型册命銘文的各項要素，屬於比較成熟的形態。陳夢家先生認爲，右者與史官代宣王命的制度，只有到恭王時才具體見於銘文②。如果將親簋定於穆王二十四年，那麼册命銘文至少在穆王中期就已經非常成熟，陳夢家的論斷也就不能成立了。實際情况是否果真如此呢？

本文選擇了從穆王晚期到懿王時期的一些册命銘文，爲方便比較，將其内容分各項要素，列爲表一。對這些銅器年代的判斷主要參考學術界的主流意見，同時對個别器物加入了自己的觀點，大致依年代的相對先後順序排列。

表一　早期册命銘文形式比較

器　名	册命地點	右　者	史官宣命	職　司	賞　賜
獄簋（丙）	王格于康大室	獄曰：朕光尹周師右告獄于王			王或賜獄佩弋市、粂亢，曰用事
獄盤、盂	王格于師再父宫	獄曰：朕光尹周師右告獄于王			賜獄弋市、絲亢、金車、金旂，曰：用夙夕事
元年郜咠簋	王格于大室	康公右郜咠			賜戠衣、赤Θ市，曰：用司乃祖考事，作司土
盠方尊	王格于周廟	穆公右盠，立于中廷，北向	王册命尹		賜盠赤市、幽亢、鑾勒，曰：用司六師王行三有司，司土、司馬、司工。王命盠曰：靬司六師眔八師埶
戠簋	王格于大室	穆公入右戠，立中廷，北向			王曰：戠，令汝作司土，官司藉田，賜汝戠衣、Θ市、鑾旂，楚走馬，取徵五鋝，用事

① 陳漢平：《西周册命制度研究》，學林出版社，1986 年，第 27—28 頁。
② 陳夢家：《西周銅器斷代》，中華書局，2004 年，第 401 頁。

器　　名	册命地點	右　　者	史官宣命	職　　司	賞　　賜
趞簋	王在宗周，戊寅，王格于大廟	密叔右趞即位	內史即命	命汝作變師冢司馬，啻官僕、射、士，訊小大有粦，取徵五鋝	賜汝赤市、幽亢、鑾旂
師毛父簋	旦，王格大室	師毛父即位，井伯右	大史册命		賜赤市
利鼎	王客于般宮	井伯入右利，立中廷，北向	王呼作命內史册命利曰		賜汝赤𠃥市、鑾旂，用事
豆閉簋	王格于師戲大室	井伯入右豆閉	王呼內史册命豆閉		賜汝戠衣、𠃥市、鑾旂，用纂乃祖考事，司爰俞邦君司馬弓矢
七年趞曹鼎	王在周般宮，旦，王格大室	井伯入右趞曹，立中廷，北向			賜趞曹載市、冋黃、鑾
十六年士山盤①	王在周新宮，王格大室，即位	士山入門，立中廷，北向	王呼作册尹册命山曰		
廿年休盤	王在周康宮。旦，王格大室，即位	益公右走馬休，入門，立中廷，北向	王呼作册尹册賜休		玄衣、黹純、赤市、朱黃、戈珊葳、彤沙、厚柲、鑾旂
廿四年親簋	王在周，格大室，即位	司工逤入右親，立中廷，北向	王呼作册尹册申命親曰	更乃祖服，作冢司馬，汝乃諫訊有粦，取徵十鋝	賜汝赤市、幽黃、金車、金勒、旂
廿七年衛簋	王在周，格大室，即位	南伯入右裘衛，入門，立中廷，北向	王呼內史賜衛		載市、朱黃、鑾

① 士山盤的形制接近西周早期，但腹部所飾顧首龍紋則爲西周中期所常見，銘文中的"新宮"多見于恭懿時期。朱鳳瀚先生將其定爲恭王時器，其說甚是，參看朱鳳瀚：《士山盤銘文初釋》，《中國歷史文物》2002 年第 1 期。

器　名	册命地點	右　者	史官宣命	職　司	賞　賜
卅年虎簋蓋	王在周新宫，格于大室	密叔入右虎，即位	王呼内史曰：册命虎	更乃祖考，胥師戲，司走馬馭人寀五邑走馬馭人	賜汝載市、幽黄、玄衣、滰純、䜌旂五日，用事
元年師虎簋	王在杜㘡，格于大室	井伯入右師虎，即位中廷，北向	王呼内史吴曰：册命虎	令汝更乃祖考啻官司左右戲繁荆	賜汝赤舄，用事
救簋蓋	王在師司馬宫大室，即位	井伯入右救，立中廷，北向	内史尹册賜救	玄衣、滰純、旂四日，用大備于五邑守	
師奎父鼎	王格于大室	司馬井伯右師奎父	王呼内史駒册命師奎父	賜載市、同黄、玄衣、滰純、戈琱葴、旂，用司乃父官友	
十二年走簋	王在周，格大室，即位	司馬井伯〔入〕右走	王呼作册尹〔册賜〕走	觙疋〔益〕	賜汝赤□□□旂，用事
師㝮簋蓋	王在周師司馬宫，格大室，即位	司馬井伯親右師㝮入門，立中廷	王呼内史吴册命師㝮曰	命汝官司邑人師氏	賜汝金勒

在上述銅器中，獄簋丙（《銘圖》5315，圖 2）、盤（《銘圖》14531）、盉（《銘圖》14799）應是年代最早的一組①。獄簋丙侈口帶蓋，造型與廿七年衛簋（《集成》4256，見本書第 53 頁，圖 35）相似，蓋緣及頸部飾顧首分尾的鳥紋。獄盤腹較深，耳截面呈圓形，腹部及圈足飾幾周弦紋，外形與寶雞茹家莊 M2 出土的銅盤（BRM2：15）最爲相似②；該墓年代，發掘者定

---

① “獄”所作的一組銅器近年由上海崇源藝術拍賣公司從海外買回，最早在陳全方、陳馨：《新見商周青銅器瑰寶》一文中公布，見《收藏》2006 年第 4 期【作者案：獄簋甲、乙、丙即該文采取的名稱】。其後吴鎮烽先生發表《獄器銘文考釋》一文（《考古與文物》2006 年第 6 期），對獄器銘文作了較詳盡的考釋，配有較清晰的銘文拓片和器形照片【作者案：該文及《銘圖》《銘圖續》將獄簋甲、乙稱爲Ⅰ式獄簋，獄簋丙稱爲Ⅱ式獄簋】。另外，近年朱鳳瀚先生在《衛簋與伯獄諸器》（《南開學報（哲社版）》2008 年第 6 期）一文中介紹的新出銅器衛簋（《銘圖》5368 - 5369、《銘圖續》462），其器主“衛”與“獄”是兄弟關係，衛簋的器形、紋飾和銘文與獄簋丙極爲相似，僅册命時間、右者和受命者有所不同。本文寫作時未及引用此器，現補記於此。【作者案：獄簋甲、乙、丙及獄鼎、獄盤、獄盉、南姞甗、衛簋近年入藏中國國家博物館，見中國國家博物館編：《近藏集粹——中國國家博物館新入藏文物》，北京時代華文書局，2016 年。】

② 參看盧連成、胡智生：《寶雞強國墓地》，文物出版社，1988 年，第 365 頁，圖二四九：7，圖版二〇二：3。

爲穆王晚期。獄盉器身僅飾弦紋，造型與恭王前後的長甶盉（《集成》
9455）、衛盉（《集成》9456）接近。"獄"所作銅器還有一件鼎、兩件簋，與上
述器物基本爲同時所作。獄鼎（《銘圖》2329）下腹傾垂較甚，柱狀足，口沿
下飾鳥紋，腹部飾斜行勾連雲紋；其造型爲穆恭時期所常見，紋飾顯得略
早。獄簋甲（《銘圖》5275）、乙（《銘圖續》460）造型同獄簋丙，口沿下飾獸
面紋，器蓋及腹部飾方格乳釘紋；與之相似的器物有傳世的它簋蓋（《集
成》4330），以及寶雞茹家莊 M1 出土的弜伯帶蓋簋（《集成》3618）和伯簋
（《集成》3288），年代大約在穆王時[①]；但獄簋的乳釘比較大而平，應比這
幾件器物略晚。總體看來，獄組器的年代宜定爲穆恭之際。

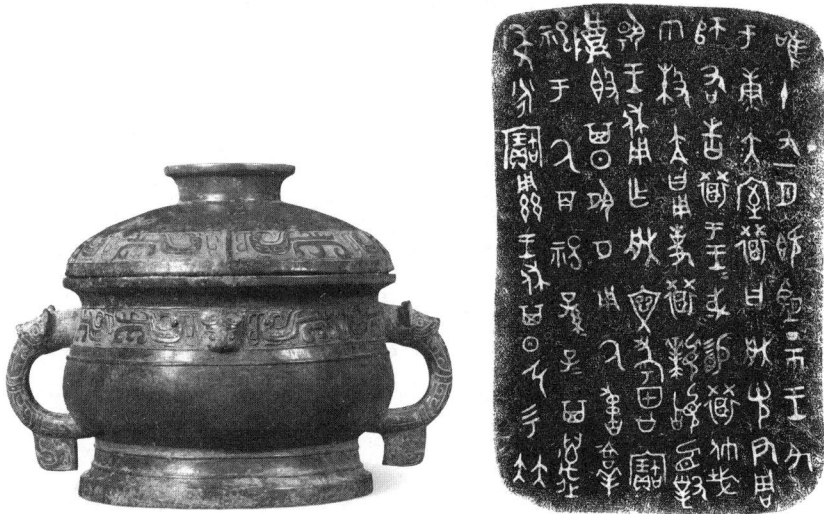

圖 2　獄簋丙及其銘文（蓋銘）

　　獄器銘文記錄册命禮的形式比較特殊。册命地點只説"王格于某
宫（某大室）"，而不像後來的"正例"那樣説"王在某地，格大室"。下面
以"獄曰"開頭，用受命者的口吻來敘述整個册命儀式，這樣的文例以前
還没有見過。"朕光尹周師右告獄于王"一句的文例也是前所未見，相

---

　　① 它簋蓋圖像見《西周銅器斷代》下册，第 658 頁。後兩器見《寶雞弜國墓地》，第 290 頁，圖二
〇〇及圖版一五九：1、3。

當於"正例"的"周師入右獄，立中廷，北向"；"右告"爲兩動詞連用，大概
是指右者在即位之後向周王報告受命者的情況，這一環節在以後的册
命銘文中被省略了。近年山西絳縣橫水墓地 M1 出土的廿三年倗伯再
簋（《銘圖》5208，圖 3）銘文曰："益公蔑倗伯再曆，右告，令金車、旂。"[①]
我們曾論證其年代爲恭王二十三年[②]。可見，"右告"這種用法只流行於
穆王末年至恭王時，且爲數不多，應是早期册命銘文不成熟的一種表
現。獄器銘文的另一個特點是没有出現代王宣命的史官，這也是年代
較早的特徵。

圖 3　倗伯再簋及其銘文（蓋銘）

比獄器略晚的有元年郙智簋（《集成》4197）。其銘文對册命地點的
描述是"王格于大室"，也没有出現史官，這些都與獄器相同；對於册命
禮儀則説"康公右郙智"，與獄器相比更接近"正例"，但仍比"正例"簡

---

① 參看山西省考古研究所等：《山西絳縣橫水西周墓發掘簡報》，《文物》2006 年第 8 期。
② 參見韓巍：《關於絳縣倗伯夫婦墓的幾個問題》，山西省考古研究所侯馬工作站建站 50 周
年會議論文，2006 年 10 月【作者案：此文後擴充爲本書所收《橫水、大河口西周墓地若干問題的探
討》一文】。案：後知李學勤先生亦將倗伯再簋定爲恭王二十三年器，見其《論倗伯再簋的曆日》一
文，收入氏著《文物中的古文明》，商務印書館，2008 年。

單。該器形制類似獄簋而更顯矮扁，口沿下飾昂首分尾的小鳥紋，圈足飾斜三角雲紋，銘文字體有較早的特徵①。陳夢家先生認爲銘文中的右者"康公"就是《國語·周語上》的"密康公"，故將該器定在恭王時②，我們同意他的看法。此器紀年應爲恭王元年，是目前所見恭王時最早的一件銅器。

年代更晚的是由"穆公"擔任右者的一組器物，包括盠方尊（《集成》6013）、方彝（《集成》9899－9900）和戠簋（《集成》4255）。這些銅器銘文對册命地點的描述仍與獄器相同，但對禮儀的描述已經是正式的"某右某，入門，立（于）中廷"。盠方尊、方彝銘文中出現了代王宣命的史官，不過其形式爲"王册命尹"，與"正例"仍有區別。其賞賜物品中有"幽亢"，郭沫若先生指出"亢"即是"黄"③。金文中稱"黄"者占絶大多數，稱"亢"者除盠器外，只有宋代著録的砢簋（《集成》4202，"朱亢"）、傳世的趞簋（《集成》4266，"幽亢"）、近年出土的宰獸簋（《銘圖》5376－5377，"幽亢"）和獄組器（"��亢"、"絲亢"）；除宰獸簋爲孝夷時器外，其餘年代均偏早④；可見"亢"這種用法流行於册命銘文形成之初，後來被"黄"取代。右者"穆公"自作的銅器有穆公簋蓋（《集成》4191），李學勤先生定爲穆王晚期器⑤。我們過去認爲，穆公擔任右者的銅器年代應在恭王時⑥。現在看來，這些器物應晚於獄器，而早於其他恭王時的册命類銅器，最有可能

---

①　器形、銘文參見《西周銅器斷代》下册，第 720 頁。

②　《西周銅器斷代》，第 175 頁。

③　郭沫若：《釋亢黄》，參見《郭沫若全集·考古編》第五卷《金文叢考》，科學出版社，2002 年，第 511—520 頁。

④　砢簋銘文曰"王呼虢仲入右砢"，前人多根據"虢仲"將其定爲厲王時器。器形最早著録於《續考古圖》卷三，據其形制、紋飾應爲中期晚段之器。銘文中没有出現史官，"王呼某某入右"的格式也與正例不同，因此我們認爲其年代應在較早的恭王時。趞簋的年代，過去多定爲穆王，似嫌偏早。該器現藏東京書道博物館，器形見林巳奈夫：《殷周青銅器綜覽一（圖版）》，吉川弘文館，昭和 59 年（1984），第 116 頁，簋 294。器形與鄁甹簋近似而更顯矮扁，腹部外鼓更甚，口沿下飾顧首龍紋，龍身下有足；字體較草率，行款不整齊，與穆王時期差距較大，其年代應在恭王偏早階段。彭裕商先生將其定爲夷王時器（《西周青銅器年代綜合研究》，巴蜀書社，2003 年，第 375 頁），似又失之偏晚。

⑤　李學勤：《穆公簋蓋在青銅器分期上的意義》，參見《新出青銅器研究》，文物出版社，1990 年，第 68—72 頁。

⑥　《眉縣盠器群的族姓、年代及相關問題》，見本書第 139—153 頁。

是在恭王早期。

另外,與上述諸器大約同時的,有美籍華人范季融先生收藏的曶簋(《銘圖》5217,圖 4)①。其銘文曰:"唯四月初吉丙午,王令曶,賜載市、冋黄、□旂(?)。曰:用事,司奠馭(?)馬。叔□父加(嘉)曶曆,用赤金一鈞。……"這應該是一篇册命銘文,但並没有出現册命地點、右者和史官,形式可謂很不"規範"。而且,在周王宣命之後,還出現了叔□父對曶的"嘉曆"和賞賜,這在册命銘文中是前所未見的;我們懷疑,"叔□父"可能就是這次册命中的右者。該器造型、紋飾與趞簋最爲接近,器身較爲矮扁,口沿下飾身體折成"W"形的顧首龍紋,龍腦後有長而圈曲的"冠",身下有小足。賞賜物品中的"載市、冋黄",與七年趞曹鼎(《集成》2783)、師奎父鼎(《集成》2813)相同,後兩者均爲恭懿時器。張光裕先生認爲曶簋年代介於穆、恭之間,我們覺得還可進一步定在恭王時。這件銅器是早期册命銘文中一個比較特殊的例子。

圖 4　曶簋及其銘文

　　①　參看張光裕:《新見曶簋銘文對金文研究的意義》,《文物》2000 年第 6 期。另見首陽齋、上海博物館、香港中文大學文物館合編:《首陽吉金——胡盈瑩、范季融藏中國古代青銅器》,上海古籍出版社,2008 年,第 98—99 頁。

　　在此之後，册命銘文形成了比較固定的格式。但在恭王至懿王初期，仍有許多不符合"正例"的現象。比如對册命地點的描述雖然已多是"王在某地，格大室"，但師毛父簋（《集成》4196）、豆閉簋（《集成》4276）、利鼎（《集成》2804）、師𡩻父鼎等器卻仍是"王格于大室（某宮）"。對史官宣命的描述雖然多是"王呼内史某（作册尹）册命（賜）某"，但師毛父簋只説"大史册命"，趞簋説"内史即命"，救簋蓋（《集成》4243）説"内史尹册賜救"，不言"王呼"①。可見，這一時期的册命銘文仍處在走向成熟的過程中。

　　由簡單到複雜，由幼稚到成熟，由多變到固定，這是事物發展的普遍規律。西周册命銘文從萌芽到完全程式化，也經歷了相當長的時間，絕非朝夕之間可以成就。這段時間大約相當於穆王末年到懿王初年②。親簋銘文的成熟程度，説明它在册命銘文發展的鏈條中不可能處於最開始的環節。若將其年代定在穆王二十四年，則下距恭王還有 30 年（取穆王在位 55 年説），而在親簋之後還出現了很多遠遠不夠成熟的册命銘文，這顯然不符合事物演變的一般規律。由此看來，親簋的年代不太可能早到穆王時。

二、親簋應爲恭王時器

　　我們認爲親簋年代早不到穆王，還有其他一些根據。

　　親簋銘文的"諫訊有粦，取徵十鋝"相當於趞簋的"訊小大有粦，取徵五鋝"，是説受命者有司法裁判權，並可從罰款中徵收一定數目作爲自己的收入③。從現有材料看來，穆王時期還没有出現類似的説法。親

---

① 此外，士山盤（《銘圖》14536）銘文中没有出現右者，大概是因爲士山的使命比較特殊，不同於一般的册命儀式。

② 張懋鎔先生也曾指出，册命金文大概在恭王末年開始程式化，參見《古文字與青銅器論集》，科學出版社，2002 年，第 57 頁。

③ "取徵"一詞，陳夢家認爲是徵取罰款之意（《西周銅器斷代》，第 193 頁），陳漢平則認爲是俸祿（《西周册命制度研究》，第 201 頁）。案："取徵"往往與"訊獄"相連，故"罰款"之説似更有道理；但西周金文中出現罰款的例子都遠遠超過"取徵×鋝"的數目，因此"取徵×鋝"並不是指罰款的總額；我們認爲"取徵"作爲周王賦予貴族的一項特權，應該是允許貴族從司法審判中獲取一定收益，故有上述推斷。

簋的"十鋝"比趞簋、戴簋的"五鋝"級別更高,其年代不應早於後兩器。賞賜物品中有"幽黃",不稱"亢"而稱"黃",説明其年代應晚於盠方尊、趞簋等器。"敬夙夕勿廢朕令"這樣的勉勵語,在穆王時期的金文中也是見不到的。銘文字體結構疏朗,行款整齊,字間距小,接近恭懿時期的流行風格,而與穆王時常見的小巧謹飭、字間距較大的作風明顯有別。因此,無論從銘文内容還是字體來看,親簋的年代都不會早到穆王時期。

目前,幾位先生將親簋定爲穆王時器,主要根據是其形制和紋飾。親簋的主體是西周早中期常見的敞口鼓腹圈足簋,特別之處在於圈足之下加了一個鏤空"底座"。雙耳作立鳥形,頸部飾顧首長尾的小鳥紋,腹部飾兩兩相對的大鳥紋,頭頂有彎曲向前的碩大垂冠。這種大鳥紋,以往多認爲是昭穆時期的流行紋飾。與親簋最爲相似的器物是扶風莊白墓葬出土的彧簋(《集成》4322),其次是長安花園村 M17 出土的詼簋(《集成》3950),唯後者乃方座簋,且腹部大鳥紋爲顧首卷喙形[①]。前者公認爲穆王時器,後者一般認爲屬昭王時。細審親簋腹部紋飾,與前兩器以及昭穆時期一些同類的大鳥紋(如豐尊)相比,仍有明顯區別。鳥紋的構圖被橫向拉長,不夠緊湊、簡練;形象不夠飽滿有力,立體感較弱;尾羽有一部分已與鳥身分離,與彧簋和豐尊(《集成》5996)不同。雙耳的立鳥形象與前兩器以及其他同類器物相比[②],也有很大差別:鳥的鉤喙極尖,不像其他器物那樣粗壯有力;頭頂的羽冠不是飽滿的鉤形或水滴形,而是瘦小的錐狀爵柱形;腦後的飄翎、對鳥眼以及羽毛的刻劃都很簡略,僅能看出翅膀的輪廓。考古類型學告訴我們,當某種器形或紋飾走向粗糙和簡化的時候,一般也就接近其發展的尾聲了。因此,親簋的大鳥紋和立鳥形耳在該類型的演變序列中應屬於較晚的形態。

在傳世銅器中,也能見到恭王以後大鳥紋的例子。比如師湯父鼎

---

①　前者圖像見王世民、陳公柔、張長壽:《西周青銅器分期斷代研究》,文物出版社,1999 年,第62 頁,簋 13;後者見該書第 73 頁,簋 43。

②　參見容庚:《商周彝器通考》下册,哈佛燕京學社,1941 年,圖二七二、二七三、二七八。

(《集成》2780，圖5)的腹部就飾有兩兩相對的大鳥紋，顧首卷喙，腦後有長翎，形象比親簋更飽滿有力①。該器下腹傾垂特甚，三足呈發達的獸蹄形，與穆王時期的風格明顯不同；銘文中有"周新宮""射廬"，又見於十五年趞曹鼎(《集成》2784)，學者多將其年代定爲恭王前後②。又如宋代著錄的師獸簋(《集成》4311，圖6)③，銘文中出現"伯龢父"，過去學者多與"共伯和"相聯繫，定其爲共和前後器。該器形制與周匬王獸簋類似，雙耳亦作立鳥形，口沿下飾S形凸目竊曲紋；腹部的大鳥紋與親簋相似，但佈局爲兩隻前後相隨的大鳥成一組，兩組對稱分佈，和中期兩兩相對的佈局不同；圈足飾波帶紋，方座中央亦飾大鳥紋。從總體風格來看，其年代應屬西周晚期。在考古學上，器形和紋飾的演變不可能是"一刀切"，總會有很多複雜的現象。親簋和師湯父鼎是較早的風格在晚期的延續，可稱爲"滯後"現象；師獸簋則是晚期器物對早期風格的模仿，可稱爲"復古"現象。這些現象雖然只有少數例子，但其對銅器斷代的影響卻不容忽視。

圖5　師湯父鼎

圖6　師獸簋

---

① 參見《西周青銅器分期斷代研究》，第35頁，鼎53。

② 十五年趞曹鼎銘文中出現"恭王"，其記錄的事件應發生在恭王十五年，作器年代應在懿王初年。

③ 圖像見《博古圖》卷十六，原名"周毀敦"。

親簋圈足下附加的“底座”極爲
罕見，目前所見類似的器物只有平頂
山應國墓地 M242 出土的柞伯簋
（《銘圖》5301，圖 7）①。柞伯簋的“底
座”連接在簋底部，是一個素面的圈
足；其年代在康昭時期，比親簋要早。
親簋的“底座”是連接在簋的圈足外
側，像一個鏤空的支架，其紋飾屬於

圖 7　柞伯簋綫圖

西周中期偏晚開始流行的波帶紋。鏤空波帶紋的圈足主要見於“鋪”這種
器物上，流行於西周晚期至春秋早期。年代更早的例子還有平頂山 M84
出土的應侯再盨（《銘圖》5639，圖 8）和傳世的伯鮮盨（《集成》4361－4364，
圖 9）②。前者的年代，發掘者定於恭王時，後者陳夢家先生定爲孝王時③。
從“底座”的風格看來，親簋的年代應該也不會太早。

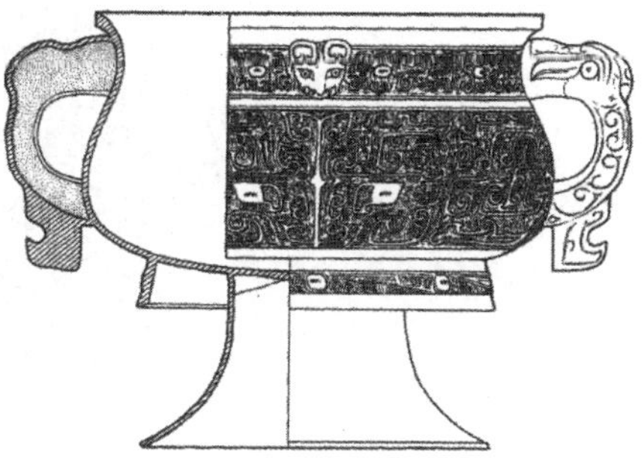

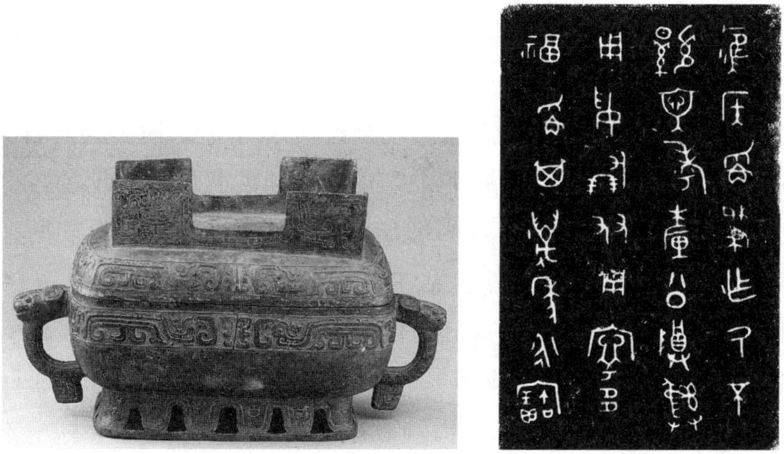

圖 8　應侯再盨及其銘文

---

① 參看王龍正等：《新發現的柞伯簋及其銘文考釋》，《文物》1998 年第 9 期。

② 前者器形見《文物》1998 年第 9 期封面，後者見《西周青銅器分期斷代研究》，第 102 頁，
盨 1。

③ 參看《文物》1998 年第 9 期，第 16 頁；《西周銅器斷代》，第 245 頁。

圖 9　伯鮮盨

　　因此我們認爲，親簋不太可能早到穆王二十四年，將其定爲恭王二十四年器應該是比較合適的。由此亦可知恭王在位年數至少有 24 年。

三、相關銅器的年代與恭王在位年數

　　幾位先生將親簋年代定爲穆王二十四年，重要原因之一是其銘文的"四要素"合於"夏商周斷代工程"排出的《西周金文曆譜》。而且"斷代工程"推定恭王在位年數爲 23 年，懿、孝、夷三代共 22 年[①]；親簋的二十四年已經超過了恭王年限，更非懿、孝、夷三代所能容納，只能置於穆王。然而，誠如近年彭裕商先生所指出的那樣，目前學界對西周曆法的認識仍然非常有限，各家所排曆譜都有不可靠之處，因此不能將曆法作爲銅器斷代的主要手段，而應首先參考器形紋飾、銘文內容、字體、詞彙等因素[②]。彭先生的意見是很有道理的[③]。

　　以往各家對西周諸王年數的推斷，很大程度上受制於他們對金文曆譜的認識，往往莫衷一是。關於恭王在位年數，多數學者認爲不超過 20 年，"斷代工程"定爲 23 年。因此，凡西周中期紀年超過二十三年的銅器，多被置於穆王時，比如廿七年衛簋（見本書第 53 頁，圖 35）和三十年虎簋蓋（《銘圖》5399，見本書第 52 頁，圖 33）[④]。近年彭裕商先生提出不同意

---

　　①　參見《夏商周斷代工程 1996—2000 年階段成果報告（簡本）》，世界圖書出版公司，2000 年，第 36 頁。
　　②　見《西周青銅器年代綜合研究》，第 13—23 頁。
　　③　其實陳夢家先生很早就表達過類似的看法，參看《西周年代考》，商務印書館，1955 年，第 5 頁。
　　④　目前所見只有劉雨先生將此二器定在恭王時，並認爲恭王在位 30 年，但他並未具體闡述理由。參看劉雨：《金文饗祭的斷代意義》，收入朱鳳瀚、張榮明主編：《西周諸王年代研究》，貴州人民出版社，1998 年，第 358—366 頁。

見,認爲這些銅器不可能早到穆王;但是他堅持恭王不超過 20 年的看法,於是將虎簋蓋和衛簋定爲夷王時器,然後通過繫聯,把一大批原先多定爲恭懿時期的銅器拉到了夷厲時期①。我們覺得,無論是以"斷代工程"爲代表的意見,還是彭先生的做法,都有明顯的缺陷。

根據本文對早期册命銘文演變規律的認識,衛簋和虎簋蓋的銘文已屬於比較成熟的形態,其年代應與親簋接近。如果將它們定在穆王時,就會産生這樣一個矛盾:册命銘文在穆王中期已經相當成熟,而到恭王早期卻"倒退"回比較幼稚的形態。同時,還會把一批相關銅器的年代提前。比如李學勤先生在前引文中列了一個簡表,除親簋、衛簋、虎簋蓋外,利鼎、豆閉簋和長由盉都被定爲穆王時器。但是仔細分析起來,這些銅器的年代都不會早到穆王。

衛簋是敞口帶蓋的圈足簋,穆恭時期都能見到,但其蓋緣和頸部的竊曲紋在穆王時期卻不常見,屬於較晚的特徵。虎簋蓋所飾的直棱紋,在恭王以前的銅器上只作爲輔助紋飾,而在孝夷時期的大師虘簋(《集成》4251 -4252)、瘋簋(《集成》4170 - 4177)等器物上已經上升爲主體紋飾;彭裕商先生將其定在夷王,這是很重要的理由。值得注意的是,在恭懿時期的倗生簋(《集成》4262 - 4265)上,直棱紋已經占據顯著位置②,因此虎簋蓋也完全可能早到恭王時③。利鼎(見本書第 55 頁,圖 40)銘文中的"般

---

① 參看《西周青銅器年代綜合研究》相關章節。

② 以上五器圖像參見《西周青銅器分期斷代研究》第 64 頁,簋 22;第 66 頁,簋 26;第 70 頁,簋 35;第 77 頁,簋 53、簋 52。

③ 張光裕先生近年曾介紹藏於臺灣的另一件虎簋蓋(《銘圖》5400),這件簋蓋配有器身,蓋器大小吻合,鏽色、花紋也完全一致;但器身是由名叫"老"的人所作(《銘圖》5178),銘文曰:"唯五月初吉,王在菁京,漁于大澤。王蔑老曆,賜魚百。老拜稽首皇揚王休,用作祖日乙尊彝,其萬年用夙夜于宗。"(《虎簋甲、乙蓋銘合校小記》,《古文字研究》第二十四輯,中華書局,2002 年)李學勤先生曾引用張先生提供的資料,指出老簋的年代應與虎簋蓋大致相同。他認爲,老簋是束頸、附耳、下附方座的直棱紋簋,與晉侯墓地 M64 出土的蕭休簋相似,銘文的内容、風格和字體都不會遲到恭王以下,由此可證明虎簋蓋的年代在穆王時(《論虎簋蓋二題》,饒宗頤主編:《華學》第四輯,紫禁城出版社,2000 年)。案:金文中記載"王在菁京"的,確多爲昭穆時期,但也有較晚的,如懿王時的史懋壺(《集成》9714)。銘文記載周王、大臣捕魚及賜臣下以魚的,也確以穆王時爲多,但有些銅器可晚到穆恭之際,如遹簋(《集成》4207)和公姞鬲(《集成》753)。因此老簋的年代可能在穆恭之際,這對彭裕商先生之説是有力的反證;而一種器形往往會延續相當長時間,虎簋蓋的年代晚到恭王末年也是完全可能的。

宫"又見於七年趞曹鼎,故以往多定爲恭王時器;但其形制爲鍋形深腹蹄足鼎,口沿下飾兩周弦紋,與屬王時的大鼎(《集成》2807,見本書第48頁,圖26)、多友鼎(《集成》2835)等屬同一類型,因此彭裕商先生將其改定於夷王①。該器與屬王時同類器相比,腹更深,蹄足不發達,我們覺得仍應屬恭懿時器,但不太可能早到穆王時。豆閉簋(圖10)過去多定爲恭懿時器,爲斂口環耳圈足簋,通體飾瓦紋;這種簋流行於西周中期晚段,目前還没有發現恭王以前的例子②。長由盉銘文中出現"穆王",過去學者受"時王生稱説"影響,多將其看作穆王標準器;近年來很多學者傾向於認爲"穆王"屬謚號,作器年代應在恭王初年③。這些銅器的銘文字體均接近恭懿時期的風格,與穆王時期差距較大。

圖 10　豆閉簋　　　　　　圖 11　横水 M2 瓦紋簋

　　按照彭裕商先生的做法,雖然避免了前面的矛盾,但不免會産生另外一些問題。他將原定爲恭懿時期的很多銅器向下拉到夷屬時期,導致恭懿孝這一段出現明顯的"空白"。這樣一來,從西周中期向晚期的演變過

①　參見《西周青銅器年代綜合研究》,第378頁。利鼎器形見《西周銅器斷代》下册,第700頁;大鼎、多友鼎見《西周青銅器分期斷代研究》,第45頁,鼎75;第46頁,鼎77。

②　傳世器遹簋(見本書第80頁,圖60)與這類銅簋接近,唯圈足下接三柱狀小足。該器銘文中出現"穆王",以往學者多根據"時王生稱説"定爲穆王時器,近年來很多學者指出"穆王"應爲謚號,該器年代應在恭王初年。豆閉簋、遹簋器形見《西周銅器斷代》下册,第702、694頁。

③　李學勤先生早年亦曾采取"謚號説",將長由盉定爲恭王初年器(參看《論長安花園村兩墓青銅器》,《文物》1986年第1期,第35頁)。他還認爲廿七年衛簋是恭王末年器,衛盉和兩件衛鼎是懿王時器(《試論董家村青銅器群》,參見《新出青銅器研究》,第98頁)。我們非常贊同李先生的這些看法。但近年來他似已放棄舊説,改取"時王生稱説"。

程就顯得模糊不清。很多昭穆時期的典型風格一直延續到夷厲時,然後被晚期的典型風格迅速取代,中間毫無過渡,這顯然不符合器物演變的一般規律①。而另一些很早就出現的器形和紋飾又被拉得太晚。例如豆閉簋一類的斂口圈足全瓦紋簋(書中定爲 Ec 甲Ⅱ式)都被定在夷厲時期,但通體飾瓦紋的簋早在昭穆時期已經出現,兩者之間的"空白"就難以解釋。近年山西絳縣橫水墓地 M2 出土的一件簋(M2:62,圖 11)與豆閉簋等器非常相似,僅圈足下接三小足不同②,而該墓隨葬銅器大多應屬恭王時,這就對彭先生的看法提出了反證。

　　就銘文内容而言,彭先生的斷代體系也有難以解釋的地方。例如由"司馬共"擔任右者的一組銅器,包括師晨鼎(《集成》2816)、師俞簋蓋(《集成》4277)、諫簋(《集成》4285)等,册命地點都在"周師录宫",以往學者多定於孝夷時。陳夢家先生指出,"周師录"就是師瘨簋蓋(《集成》4283 - 4284)的"司馬井伯親","周師录宫"就是以前的"周師司馬宫","司馬共"應是井伯親的下一代③。現在,親簋銘文已經完全證實了陳先生的推測。井伯家族世襲"冢司馬"之職,井伯親於恭王後期襲職,可能一直主政至懿王時;司馬共應是井伯親的繼承人,主要活動於孝夷時期,此時井伯親已經去世。彭裕商先生將井伯親擔任右者的師瘨簋蓋定爲屬王時器,而將"司馬共"組器定在夷王時,就難以解釋得通。

　　因此,無論是將親簋、衛簋、虎簋蓋等高紀年銅器提早到穆王時,還是拉晚到夷王時,都會帶來難以調和的矛盾。我們認爲,要解決這一問題,只能打破傳統的成見,承認恭王在位時間至少有 30 年,將親簋等器改定在恭王時。

　　衆所周知,先秦兩漢文獻中並無恭王在位年數的確切記載。最早的記載見於西晉皇甫謐《帝王世紀》:一種爲《太平御覽》卷八十五所引,云"(恭)王在位二十年崩"④;另一種爲《通志》卷三下所引,云"(恭王)在位

---

① 考古學上也會有"突變"現象,但多數發生在特殊情況下。在西周中晚期之際,考古學文化的其他方面(如陶器)看不出"突變"的迹象,青銅器不會脱離文化的整體而獨自發生"突變"。

② 見《文物》2006 年第 8 期,第 16 頁,圖三一。

③ 參看《西周銅器斷代》,第 164 頁。

④ 《太平御覽》第一册,中華書局,1960 年,第 402 頁。

二十五年,年八十四"①。而皇甫謐自己也承認:"周自恭王至夷王四世,年紀不明。"(《太平御覽》卷八十五引)因此,關於恭王在位年數,文獻中並無堅實證據,主要還需依靠金文的證明。值得注意的是,《國語·魯語下》記載了春秋晚期魯國大夫閔馬父的一段話,其中提到"周恭王能庇昭、穆之闕而爲'恭'",韋昭注曰:"昭王南征而不反,穆王欲肆其心,皆有闕失。言恭王能庇覆之,故爲'恭'也。"②恭王能彌補昭、穆二代的過失,而得到"恭"的美謚,這個評價比起以後的懿、孝、夷、厲諸王來,還是相當正面的。由此可見恭王是一位英明有爲的君主,其在位時間應該不會太短。

　　將恭王年數定在 30 年以上,還需解決穆、恭兩代積年過長的問題。《史記》和《帝王世紀》等文獻記載穆王在位 55 年,"斷代工程"也繼承了這個説法。但是此説曾受到很多學者的質疑。一般説來,前一代君主在位時間很長的,其後一代就不會太長。如果采取穆王在位 55 年之説,恭王年數達到 30 年以上就不好解釋。由鮮簋(《集成》10166)銘文可知,穆王在位至少 34 年。因此我們認爲,穆王年數以定在 40 年左右比較合適,這樣恭王在位 30 年以上也是完全合理的。

四、親簋與井氏家族世系

　　前文"表一"中列舉了目前所見由"井伯"擔任右者的所有銅器,它們的年代大約從恭王延續到懿王時期。由親簋銘文可知,井伯親在恭王二十四年被册命爲"冢司馬",也就是周王朝掌管軍政事務的最高長官;同時還賦予他"諫訊有粅,取徵十鋝"的特權,其級別在當時應該也是最高的③。銘文説"册申命",説明井伯親已不是初次受命,他繼任"井伯"之位應該在此之前。因此,恭王時擔任右者的"井伯"可能都是井伯親。而師痕簋蓋、師㝃父鼎、走簋(《集成》4244)等器的右者稱"司馬井伯",救簋蓋

---

① 鄭樵:《通志》第一册,中華書局,1987 年,第 51 頁。
② 《國語》,上海古籍出版社,1988 年,第 216—217 頁。
③ 西周金文中的"取徵×鋝",目前所見有五、十、二十、三十 4 個級別,以"五鋝"最爲多見。恭王時的趞簋、裁簋都只有"五鋝",直到宣王時期的番生簋(《集成》4326)和毛公鼎(《集成》2841)才有"廿鋝"、"卅鋝",可見親簋的"十鋝"在當時已是最高級別。

的册命地點在"師司馬宮",也就是師瘨簋蓋的"周師司馬宮",即司馬井伯親之宮。這些銅器的年代均應在井伯親擔任冢司馬之後,其中有些應已進入懿王紀年,如走簋的"十二年"應該就是懿王十二年①。需要指出的是,即使在井伯親擔任冢司馬之後,有些銅器也僅稱其爲"井伯",如元年師虎簋(《集成》4316)、救簋蓋(《集成》4243),而省去其官職"司馬"。因此,一部分僅稱"井伯"的銅器也可能是在恭王二十四年之後。另外,"井伯"還出現在永盂和五祀衛鼎銘文中,前者多認爲是恭王十二年器,後者應是懿王五年器。那麼,活動於恭懿時期的"井伯"應該都是井伯親。

親簋銘末稱"作朕文祖幽伯寶簋",前面的"命辭"也説"更乃祖服,作冢司馬"。一般册命金文都説"更乃祖考司某事",説明在周代貴族世官制度下,一個職位往往由同一家族代代相承。此處的"更乃祖服"極爲罕見,説明井伯親冢司馬的職位是直接繼承自其祖父,因此他才特意爲"文祖幽伯"做了這件祭器。李學勤先生推測可能是因爲親的父親早卒,他才直接承襲了祖父的世職。我們覺得還有另外一種可能性:親的父親雖然繼承了井伯家族宗子之位,但是没有升到"冢司馬"的職位就去世了。

西周時期的貴族一生中往往要接受多次册命,官職和命服一次比一次高。比如虎簋蓋屬於初次册命,命辭中説:"龏(載)乃祖考事先王,司虎臣,今命汝曰:更乃祖考,疋(胥)師戲,司走馬馭人眔五邑走馬馭人。"師虎簋屬於再命,命辭説:"載先王既令乃祖考事,啻官司左右戲繁荊;今余唯帥型先王令,令汝更乃祖考啻官司左右戲繁荊。"可見師虎初次受命是接受其祖考"師氏"的世職,管理"走馬馭人",再次受命時他又接受了祖考管理"左右戲繁荊"的職務。這説明西周世官制度並不是將祖先的職位"一次性"授予子孫,而是隨着其年齡和閱歷的增長逐漸授予;也就是説,同一家族的每一代人往往是沿着相同的"遷轉"路綫依次獲得其祖先擔任過的職位。這樣,有些過早去世的貴族可能無法獲得其祖先擔任的最高

---

① 由此可知懿王在位至少有 12 年。而宰獸簋(六年)、諫簋(五年)、大師盧簋(十二年)等器通常被定爲孝夷時器,那麼"斷代工程"所定懿、孝、夷三代共 22 年的推論就難以成立。

職位，但這並不妨礙其後代繼承這一職位。"冢司馬"是井伯家族世襲的最高職位，親的父親可能去世較早，還沒有來得及升到"冢司馬"；於是在親獲得這一職位時，命辭就只提及其"祖"而不及其"考"。井伯親的"文祖幽伯"應該活動於穆王時，我們認爲他就是長由盉銘文中的"井伯"，很可能也就是《穆天子傳》中的"井利"。長由盉記錄的史事已接近穆王末年，因此親的父親繼任井氏宗子的時間應是在恭王前期。

恭王前期金文中最活躍的人物是"穆公"，我們推測他就是井伯親之父，這可以得到厲王時著名銅器禹鼎（《集成》2833，見本書第 172 頁，圖 91）的證明。禹鼎記錄了王朝重臣"武公"命禹率其私屬討伐鄂侯馭方的史事，銘文曰："丕顯桓桓皇祖穆公，克夾召先王，奠四方。肆武公亦弗遐忘朕聖祖考幽大叔、懿叔，命禹屍（纘）朕祖考，政于井邦。"[1]禹的祖輩"幽大叔"、父輩"懿叔"都曾管理"井邦"的政務，爲武公的家族服務，而禹的"皇祖穆公"則是供職於王朝的大臣。陳夢家先生指出，禹的祖考就是西周中期晚段金文中常見的"井叔"，禹本人也是一代"井叔"；禹的"皇祖穆公"可能是穆恭時期的井伯，穆公之後井氏才分爲伯氏、叔氏兩支[2]。陳先生的推測極具卓識，並且得到了考古發現的證明。20 世紀 80 年代在長安張家坡墓地發掘了一組大型墓葬，出土銅器銘文表明這是井叔家族的墓地。其中 M163 出土的井叔叔釆鐘（《集成》356－357，見本書第 171 頁，圖 90）銘文稱"文祖穆公"，朱鳳瀚先生指出這位"穆公"和禹鼎的"皇祖穆公"很可能是同一人[3]。我們認爲禹的"皇祖穆公"很可能就是活躍於恭王前期的那位"穆公"，他應該是穆王時井伯（幽伯）之子，井伯親之父。他在穆恭之際繼承井氏宗子之位，其後可能得周天子册命爲"公"，故不稱"井伯"而稱"穆公"，其後代亦以"穆公"稱之。但是他沒有來得及擔

---

　　① 此外，禹自作的銅器有叔向父禹簋（《集成》4242）。"叔向父"還出現於多友鼎銘文中，在武公賞賜其家臣多友的儀式上擔任相禮之人。

　　② 《西周銅器斷代》，第 270—272 頁。另外，徐中舒先生在《禹鼎的年代及其相關問題》一文中也提出，穆公與穆、恭時期的井伯可能是一人，穆公即井伯公，可能是井伯晚年的尊稱（參見《徐中舒歷史論文選輯》下册，中華書局，1998 年，第 999—1000 頁）。徐文發表於《考古學報》1959 年第 3 期，陳夢家在《禹鼎後記》中提到此文作於 1951 年，1957 年付排未印，因此陳說提出應是在徐文之前。

　　③ 《商周家族形態研究（增訂本）》，第 351 頁。

任冢司馬的世職就去世了。其長子親繼任爲"井伯"，而次子井叔則分立爲"井叔氏"，也就是所謂"側室"、"貳宗"。井叔家族改封於豐邑範圍内，因此也稱"豐井氏"，張家坡墓地就是其族葬之處①。

　　陳夢家先生認爲師癭簋蓋的"周師司馬宫"即司馬井伯親之宫，説明井伯兼任"周師"之職；其後"司馬共"組器的册命地點在"周師彔宫"，即"周師司馬宫"的異稱；"周師彔"就是井伯親，司馬共乃井伯親的下一代②。其説甚是。目前所見由司馬共擔任右者的銅器有師晨鼎、師俞簋蓋、諫簋和癭盨（《集成》4462－4463），册命地點都在"周師彔宫"。另外，宰獸簋的册命地點也在"周師彔宫"，右者爲"司土榮伯"。獄簋（丙）、盤、盉以及守宫盤（《集成》10168）、免簋（《集成》4240）等器的銘文中都出現過"周師"，根據銘文内容，"周師"應該是器主的上司。獄組器的年代在穆恭之際，守宫盤和免簋多被定爲懿王時器，因此這些銘文中的"周師"可能並非一人。孝夷時期的大師盧簋銘文中有"周師量宫"，與"周師彔宫"同例，説明"周師量"此時已去世，那麽他應該是與"周師彔"（井伯親）同時或更早的另一位"周師"。我們大膽推測：穆公（井伯親之父）就是"周師量"，也就是獄組器的"周師"；獄盤、盉的"師再父"可能是周師量之字，"師再父宫"或即後來的"周師量宫"。"周師"是井伯家族世襲的另一個職位，或即"周地之師氏"，比冢司馬的級别要低。井伯親在被册命爲冢司馬之前也曾擔任過"周師"，後來仍兼任此職；在某些場合他仍被稱爲"周師"，死後也被稱爲"周師彔"。這或許是因爲井伯家族擔任"周師"的傳統更爲久遠。

　　由禹鼎等器看來，武公應該是厲王時井氏大宗的宗子。從年代上看，他可能是孝夷時期的司馬共之子，也就是井伯親之孫。曶壺蓋（《集成》9728）銘文中的右者"井公"應該也是這位武公。"武公"這個稱謂與"穆公"類似，説明他也曾被册命爲"公"，地位很高。在武公當政期間，井氏家

---

　　① 關於井叔家族墓地及其世系，本文限於篇幅，不能詳論，可參看朱鳳瀚：《商周家族形態研究（增訂本）》，第640—649頁。
　　② 《西周銅器斷代》，第164頁。

族的勢力達到極盛,其私屬武裝甚至强於王朝的軍隊"六師"、"八師",隱隱有淩駕於周天子之上的勢頭。後來,周厲王的集權措施激化了王權與井氏等大世族的矛盾,這可能是造成"國人暴動"的主要原因①。值得注意的是,在宣王時期的金文中,井氏族人不再擔任册命儀式的右者,説明這個家族的政治地位已經一落千丈。宣王時與井氏有關的銅器屈指可數,東周時期的文獻中更是找不到這個家族的任何綫索。我們推測,井氏家族在"國人暴動"及其後的激烈鬥争中,可能遭到了沉重打擊,從此一蹶不振,到西周末年或已滅亡。再加上其政敵的有意抹殺,有關井氏的史料在春秋時期就已經極少流傳。今天我們們只有從地下出土的銅器銘文中,才能知道西周史上曾經存在過這樣一個顯赫世族。

總結上文,我們試將穆王以後井氏家族的世系整理爲表二:

表二   井氏家族世系簡表

穆王	井伯(幽伯、井利)	
	│	
恭王前期	穆公(周師量)	
	┌─────────────┴─────────────┐	
恭王後期—懿王	司馬井伯親(周師录)	井叔(幽大叔)
孝夷時期	司馬共	井叔叔采(懿叔)
	│	│
厲王	井公(武公)	禹(叔向父)

上表只列出了井伯氏和井叔氏兩個分支的世系,其中含有不少推測成分,還有待更多新材料的檢驗。此外,井氏家族大約在夷厲之際還分出另一個支系——鄭井氏,其族長稱"鄭井叔"②。限於篇幅,本文不再詳論。

────────────

① 《史記·十二諸侯年表序》云:"太史公讀《春秋曆譜諜》,至周厲王,未嘗不廢書而歎也。……及至厲王,以惡聞其過,公卿懼誅而禍作,厲王遂奔於彘,亂自京師始,而共和行政焉。"這段史料山自《春秋曆譜諜》,應是早已失傳的先秦古書,可信度較高。"公卿懼誅而禍作",説明"國人暴動"的起因是上層貴族與厲王的矛盾,井氏等大世族應是反對厲王的主力。

② 代表器物有鄭井叔鐘(《集成》21-22)、鄭井叔康盨(《集成》4400)、康鼎(《集成》2786)、鄭井叔蒦父鬲(《集成》580)等。

　　最後還需提及一點，王冠英先生前引文透露，親簋相傳清末或民初出土於陝西寶雞，這是探索井伯氏家族封地的一個重要綫索。散氏盤（《集成》10176）銘文敘述矢、散兩家劃分疆界時，曾專門提到"井邑"。該器傳出鳳翔，王國維先生認爲散之地望在今大散關附近，"又據此盤所紀地理觀之，則矢在散東，井在矢、散二國間而少居其北"[①]。楊寬先生認爲"井邑"（他稱爲"邢邑"）當在寶雞附近[②]。親簋的出土地點提示我們，井伯氏的封地很可能在今寶雞一帶，這應該引起考古工作者的重視。

　　附記：本文初稿提交出版社後，獲讀張聞玉《親簋及穆王年代》、葉正渤《亦談親簋銘文的曆日和所屬年代》兩篇論文（皆載《中國歷史文物》2007 年第 4 期），二文均從曆法角度論證親簋的年代爲穆王二十四年，其出發點和研究方法均與本文差異較大，結論也自然不同。筆者對目前金文曆法研究的意見已見正文，在此不復贅言。

　　（本文原刊北京大學中國考古學研究中心、震旦古代文明研究中心編：《古代文明》第六卷，文物出版社，2007 年。後經少量改動，收入朱鳳瀚主編：《新出金文與西周歷史》，上海古籍出版社，2011 年。今據後者收入）

---

①　王國維：《散氏盤跋》，參見《觀堂集林》第三冊，中華書局，1959 年，第 886—888 頁。

②　參看《楊寬古史論文選集》，上海人民出版社，2003 年，第 177 頁。

簡論作册吳盉及相關銅器的年代

　　作册吳盉(《銘圖》14797)是近年面世的一件重要有銘青銅器,雖然銘文不長,但其器主"作册吳"曾出現於多篇重要銘文中;而且其紀年高達三十年,又"四要素"俱全,對於西周銅器斷代和年代學研究具有重要價值。朱鳳瀚先生曾撰文介紹這件銅器,並將其年代定爲宣王三十年;夏含夷先生對吳盉及相關銅器的曆日進行了排比,認爲其年代應爲穆王三十年;王占奎先生也認爲從器物和字體風格來看,吳盉只能屬於西周中期,應爲穆王時器[1]。幾年前我曾撰文探討西周恭、懿之間銅器的斷代,並提出恭王紀年應在三十年以上的假説[2]。吳盉爲驗證此説提供了非常關鍵的新材料。另外在吳盉資料公布之後,吳鎮烽先生編著的《商周青銅器銘文暨圖像集成》又收録了一件作册吳盤(《銘圖》14525),與吳盉應是同人同時所作的一套水器,爲判斷吳盉年代增添了重要旁證。因此,有必要對吳盉及相關銅器的年代重新加以討論。

　　吳盉的器形比較特殊,器身作折肩、圓鼓腹、圜底的罐形,自腹中部向上斜伸出管狀流,與流相對的一側有獸首半環形鋬,腹底有三個較短而細的圓柱形足(圖12)。與其造型接近的銅盉比較少見,朱鳳瀚先生舉出現藏瑞典的師轉盉(《集成》9401、《銘圖》14712),該器自名爲"鋆",腹部較深而外鼓,口沿下飾分尾的長鳥紋,腹飾瓦紋,朱先生定其年代爲西周中期

---

　　① 參見朱鳳瀚:《簡論與西周年代學有關的幾件銅器》,夏含夷:《從作册吳盉再看周穆王在位年數及年代問題》,皆收入朱鳳瀚主編:《新出金文與西周歷史》,上海古籍出版社,2011年;王占奎:《2003年以來所見西周曆日擬年》,李宗焜主編:《古文字與古代史》第三輯,臺北:中研院歷史語言研究所,2012年(以下引此三文,不再另行出注)。
　　② 《親簋年代及相關問題》,見本書第3—25頁。

偏晚，甚是。另外，朱先生還
提到與吳盉器身形態類似的
兩種銅盉：其一以張家坡窖藏
出土的伯百父盉（《集成》
9425、《銘圖》14743）爲代表，
其二是京山蘇家壟出土的銅
盉。這兩件盉的器身都作球
腹罐形，但前者爲三袋狀足，

圖 12　作册吳盉

後者爲四獸足；前者年代在西周晚期，後者已到春秋早期。

　　王世民、陳公柔、張長壽三位先生編著的《西周青銅器分期斷代研
究》一書没有收録吳盉一類的鼓腹罐形盉，但其定爲Ⅰ型Ⅰ式的深腹罐
形柱足盉似與吳盉有着類型學上的親緣關係[1]，可視爲後者的祖型。這
種罐形柱足盉在西周早期與其他類型的銅盉一樣都有體型瘦高、腹較
深的特點，進入西周中期之後都向低矮化的方向發展。西周早中期的
銅盉以三足或四足鬲形盉最爲多見，晚期則流行述盉一類的扁圓形四
獸足盉。以吳盉爲代表的柱足罐形盉和以伯百父盉爲代表的袋足罐形
盉，在西周中晚期都不太多見，故缺乏可資比較的斷代標尺。但吳盉這
類銅盉在形態上卻與東周時期廣泛流行的球腹三足提梁盉有着更密切
的聯繫。

　　吳盉的頸部和腹上部各飾有一周有目竊曲紋，是由兩個"凹"形環
繞一個圓圈狀的獸目組成。朱鳳瀚先生指出這種紋飾與追簋、瑪生鬲
的竊曲紋屬於一類，而彼二器均屬西周晚期偏晚階段。彭裕商先生將
這類竊曲紋定爲 Aa 亞型，並指出其中較早的形態有盠方尊、衛鼎等
器[2]。細加比較，可見吳盉的竊曲紋與西周晚期同類紋飾差别較大，尤
其是中間的獸目是一個很大的圓圈，而非西周晚期常見的凸起小圓點，

---

① 見《西周青銅器分期斷代研究》，第 145 頁。
② 見彭裕商：《西周青銅器年代綜合研究》，第 561 頁。

圖 13　吳盉紋飾細部

應該是較早的形態（圖 13）。吳盉銘文的書體清秀嚴整，行款整齊，字間距較大（圖 14），與恭懿時器即簋（《集成》4250）、師虎簋（《集成》4316）等相似。綜合考慮吳盉的器形、紋飾、銘文書體等因素，我認爲其年代應與師轉盉相當，即屬於西周中期的偏晚階段。朱先生將其定於宣王時期，似失之偏晚。但若將其年代定爲西周中期偏早的穆王時期，又有過早之嫌。而且朱先生還指出，無論將穆王元年定在何年，吳盉之曆日均不能與目前公認爲穆王標準器的三十四年鮮簋（《集成》10166）相容於同一王世。這對於將吳盉定爲穆王器之説也是有力的反證。

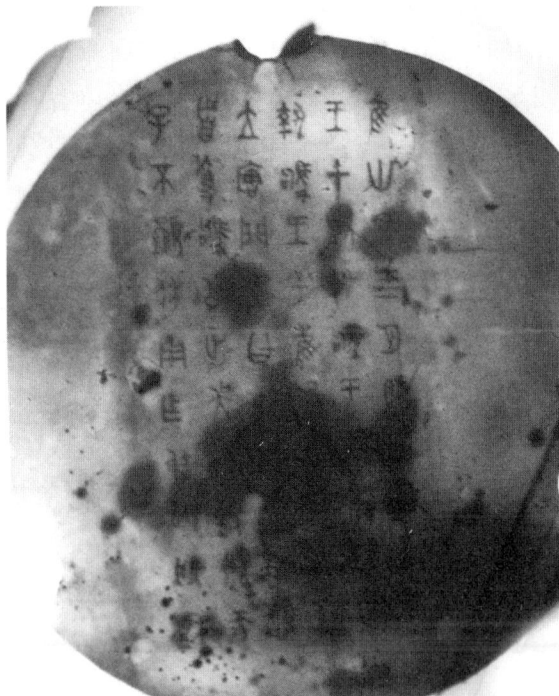

圖 14　吳盉器内底銘文 X 光照片

　　由於吴盉的器形、紋飾有些特殊，要做出準確的斷代，僅依靠類型學比較是不夠的，必須進一步參考銘文内容。吴盉銘文隸寫如下：

> 隹卅年四月既生霸壬午，
>
> 王在㪥，執駒于㪥南林。衣（卒）
>
> 執駒，王乎（呼）舊鄃召作册吴，
>
> 立虘門。王曰：賜駒。吴拜稽
>
> 首，受駒以出。吴敢對揚天
>
> 子丕顯休，用作叔姬般（盤）盉。

　　朱鳳瀚先生指出：“‘王在㪥’之㪥，地名。散氏盤銘文中有‘㪥人嗣工騂君’。‘㪥南林’，可能是㪥地南部之林地，王在此地執駒，則此地有可能是王室飼養、放牧馬之場所，亦即馬場所在。”其説甚是。㪥地在西周金文中很少出現，作爲周王活動的地點更是僅此一見，難以作爲銘文繫聯的根據。吴盉銘文中可拿來與其他銅器銘文互相繫聯的内容主要有四項：1. 年、月、月相、干支“四要素”；2. 作爲呼召者的人物“舊鄃”；3. “執駒”及“賜駒”之禮；4. 作册吴本人。

　　與吴盉銘文所記年、月相同的唯一銅器是卅年虎簋蓋（《銘圖》5399－5400），其“四要素”爲“卅年四月初吉甲戌”，吴盉的“壬午”是“甲戌”之後第八天。按照月相“四分法”，若甲戌爲“初吉”，則壬午完全可以落入“既生霸”範圍内，因此吴盉與虎簋蓋應屬同一王世。虎簋蓋銘文記述周王在“周新宫”對虎進行册命，“新宫”這個地點又見於十五年趞曹鼎（《集成》2784）、師湯父鼎（《集成》2780）、師遽簋蓋（《集成》4214）、望簋（《集成》4272）、殷簋（《銘圖》5305－5306）、士山盤（《銘圖》14536）等器，其年代多被定於恭懿時期。虎簋蓋器主所作的元年師虎簋（《集成》4316），其記事晚於虎簋蓋，銘文中代宣王命的史官“内史吴”與“作册吴”應該是同一人，其年代應與吴盉相去不遠。虎簋蓋因爲紀年高達三十年，多數學者將其定爲穆王器，師虎簋則多被定於懿王或恭王元年。唯彭裕商先生將虎簋蓋定爲夷王三十年，師虎簋定爲厲王元年①，似

---

　　①　見彭裕商：《西周青銅器年代綜合研究》，第 361—373、399—400 頁。

失之偏晚。我曾根據國博所藏廿四年親簋(《銘圖》5362)銘文,指出親簋、廿七年衛簋(《集成》4256)、虎簋蓋等目前普遍被定於穆王的高紀年銅器,均應爲恭王時器,且恭王紀年至少在三十年以上。因此在我看來,吳盂應該是恭王三十年的標準器[①]。

　　朱鳳瀚先生指出,吳盂銘文中周王所呼召的"舊耶","舊"當爲職官名[②],"耶"爲其私名,"舊"這個職官又見於達盨蓋(《銘圖》5661－5663)銘文(圖15):

　　　唯三年五月既生霸
　　　壬寅,王在周,執駒于
　　　漏麂。王呼舊趞召達。
　　　王賜達駒。達拜稽首
　　　對揚王休,用作旅盨。

圖 15　達盨蓋銘文

　　達盨蓋銘文記事與吳盂同爲周王行"執駒"禮並賜臣下以駒,而其呼召者的職官都是"舊"。"舊趞"這個人物,有學者指出就是趞尊(《集成》6516)的器主"趞"。趞尊銘文記載"趞"受周王册命,其右者爲"井叔",郭沫若、劉啟益等學者將其定爲孝王器,陳夢家、彭裕商等則定於懿王時[③]。達盨蓋出土於灃西張家坡井叔家族墓地 M152,同墓亦出土"井叔"之器,故發掘者認爲"達"即井叔之名,並將該墓年代定爲張

　　① 夏含夷先生指出,吳盂與卅年虎簋蓋、廿四年親簋、廿七年衛簋的曆日可排入同一王世,這一點我完全贊同;但他將這幾件銅器都定爲穆王器,則與我的看法相異。另外我認爲按照目前對西周曆法的有限認識,長時段的排定金文曆譜並確定其絕對年代,必然會出現種種齟齬不合之處;但在前後幾年之內驗證一些銅器銘文的曆日是否相容,仍不失爲一種有效的斷代手段,本文對曆日的使用也僅限於此。

　　② 李學勤先生指出"舊"爲王之近臣,其得名可能源自爲王攜持物件,後權力上升,掌理政事,見李學勤:《商末金文中的職官"攜"》,收入《史海偵迹——慶祝孟世凱先生七十歲文集》,新世紀出版社,2006 年。其說可從,西周中期賞賜銘文中擔任呼召者多爲與周王關係密切的近臣。

　　③ 見郭沫若:《兩周金文辭大系圖錄考釋》,上海書店出版社,1999 年,下册,第 101 頁;劉啟益:《西周紀年》,廣東教育出版社,2002 年,第 333 頁;陳夢家:《西周銅器斷代》,第 184 頁;彭裕商:《西周青銅器年代綜合研究》,第 343 頁。

家坡墓地的第三期，即恭懿孝時期①。我認爲 M152 的年代應晚於其東側的 M170 井叔墓，故井叔達應是第二代井叔，主要活動於懿孝時期；第一代井叔（M170 墓主）即井伯親之母弟，主要活動於恭王時期②。由此看來達盨蓋與趞尊應屬同一王世，以定於懿王爲宜。

目前所見西周金文中記録“執駒”及“賜駒”之禮者，除吳盉、達盨蓋以外，還有盠駒尊（《集成》6011）和宋代著録的瘨鼎（《集成》2742）。盠駒尊的器主，目前學者多認爲即述盤（《銘圖》14543）銘文中單述的三世祖“惠仲盠父”，故將其年代定於穆王時期。我則認爲“盠”與“惠仲盠父”並非一人，盠方尊、方彝的年代應在恭王早期，盠駒尊或在穆恭之際③。瘨鼎器主即微氏家族的微伯瘨，瘨鼎紀年與三年瘨壺（《集成》9726－9727）相同，前者爲四月，後者爲九月，銘文中擔任呼召者皆爲“虢叔”，可能是同年之器。瘨壺的年代，學者多定於孝夷時期。可見“執駒”及“賜駒”之禮主要流行於西周中期偏晚階段。而到西周晚期，周王參與的禮儀性活動大大減少，到宣幽時期更是主要局限於册命儀式。從這個角度看來，吳盉的年代也不太可能到西周晚期。

作册吳盤爲西周時期最常見的雙耳圈足盤，圈足外侈並有折邊，附耳高於口沿，耳部橫截面呈圓形（圖 16）。西周早期至中期早段的雙耳盤，腹部相對較深，圈足較高，附耳多外撇，低於口沿或與口沿齊平；而西周晚期的這類盤，附耳截面已變成方形④。故吳盤的年代應屬於西周中期偏晚階段。與其造型最接近者有牆盤（《集成》10175）和走馬休盤（《集成》10170），前者爲恭王標準器，後者亦多被定於恭懿時期。吳盤腹部及圈足所飾的竊曲紋，與吳盉頸部和腹部的紋飾非常相似，兩器的體量亦相配。但吳盤的銘文比較特殊：

---

① 參看中國社會科學院考古研究所：《張家坡西周墓地》，中國大百科全書出版社，1999 年，第 18—46、368、376—381 頁。
② 參看韓巍：《西周金文世族研究》，北京大學中文系博士學位論文，2007 年 6 月，第 138—140 頁。
③ 《眉縣盠器群的族姓、年代及相關問題》，見本書第 139—153 頁。
④ 參看王世民、陳公柔、張長壽：《西周青銅器分期斷代研究》，第 151—156 頁。

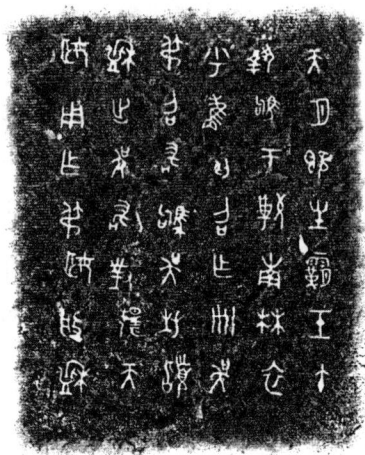

圖 16 作册吳盤及其銘文

天月既生霸壬午，

執駒于斁南林。衣（卒）

乎（呼）鷺邵召作册吳，

叔召敢駒。吳拜稽首

盂出。吳敢對揚天

姬用作叔姬般（盤）盂。

吳鎮烽先生認爲吳盤與吳盂應是一套盥洗器，吳盤銘文原應有 60 字，但後來補鑄時僅給第 1 行補一"天"字，第 4 行補"叔召敢"三字，第 5、6 行分別補"盂"、"姬"二字，每行湊足 7 字，故不能通讀（上録釋文將所補文字用黑體表示）。吳盤銘文筆畫有力，字口清晰，其行款、間距、字體、書風均與吳盂完全一致，不像是僞作。吳先生認爲是後來補鑄的 6 字，均在吳盂銘文的範圍內，書風也與其他文字相似，但筆畫似乎要粗一些。據現有銘文拓本，看不出有補鑄痕迹，究竟是何種原因導致這種罕見的錯銘，還有待目驗原器後進一步探究。無論如何，從器形、紋飾和銘文看來，吳盤和吳盂很可能是同人同時所鑄的一套水器，它爲我們將吳盂定爲恭王三十年器增添了一個有力旁證。

吳盂器主"作册吳"自作的銅器，還有傳世的吳方彝蓋（《集成》9898），其銘文(圖 17 右)曰：

> 唯二月初吉丁亥，王在周
> 成大室。旦，王格廟。宰肶右
> 作册吳入門，立中廷，北向。
> 王呼史戊册命吳，司旃眔
> 叔金，賜秬鬯一卣、玄袞衣、赤
> 舄，金車、桼靷、朱虢靳、虎冟
> 熏裏、桼較、畫轉、金甬、馬四匹
> 鑾勒。吳拜稽首敢對揚王
> 休，用作青尹寶尊彝。吳其
> 世子孫永寶用。唯王二祀。

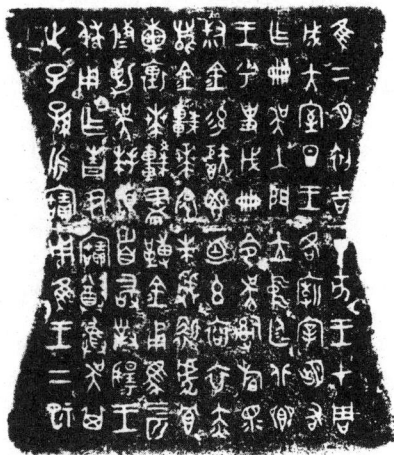

圖 17　吳方彝蓋及其銘文

　　此器僅存器蓋，捉手已殘，蓋面中央及四脊皆有凸出的扉棱，飾分解狀的獸面紋(圖 17 左)，與其造型、紋飾最爲接近者是岐山流龍嘴出土的齊生魯方彝(《集成》9896)①。這兩件方彝的體型較大，造型與紋飾都繼

---

① 二器器形參見《銘圖》13545、13543。

承了西周早期方彝的傳統,與盠方彝(《集成》13546,見本書第 145 頁,圖 77)、師遽方彝(《集成》13544,見本書第 149 頁,圖 79)、井叔方彝(《集成》9875,見本書第 149 頁,圖 80)這一類體型矮小、有象鼻狀雙耳的方彝不同。後一類方彝的年代主要在穆王晚期至恭王時,下限不晚於懿王,因此吳方彝的年代也不會太晚①。吳方彝銘文所記賞賜物品的等級較高,與其相似者如牧簋(《集成》4343)、录伯茲簋(《集成》4302)、伯晨鼎(《集成》2816)、三年師兌簋(《集成》4318)、番生簋(《集成》4326)、毛公鼎(《集成》2518)、四十三年逨鼎(《銘圖》2503－2512)等,年代大致從西周中晚期之際到晚期;尤其是成套的車馬器,恭懿時期册命銘文中非常少見。由此看來,吳方彝的年代也不太可能早到穆恭時期。過去郭沫若、陳夢家、唐蘭等學者都將吳方彝定爲恭王時器,劉啟益則定於孝王時②。吳方彝的"四要素"爲"二祀二月初吉丁亥",早於趞尊的"二祀三月初吉乙卯"28 天,二者可排入同一王世。"夏商周斷代工程"排出的西周金文曆譜將吳方彝和趞尊均定於懿王二年③,其説可從。

作册吳在册命銘文中又稱"内史吳",作爲代宣王命的史官,見於元年師虎簋、師𩞿簋蓋(《集成》4283)和牧簋三器銘文。師虎簋銘文的"四要素"爲"元年六月既望甲戌",早於曶鼎(《集成》2838)的"元年六月既望乙亥"一日。曶鼎銘文中出現"井叔",學者多定爲懿王或孝王時器。"夏商周斷代工程"將師虎簋、曶鼎定於懿王元年,其説甚是④。師𩞿簋蓋(《集成》4283)的册命地點爲"周師司馬宫",其右者是司馬井伯親;故本器記事應發生在井伯親受命爲"冢司馬"之後,即恭王二十四年以後,也是恭王晚期至懿王初年的器物。牧簋器形爲敞口鼓腹方座簋(圖18),口沿下飾 S 形竊曲紋,腹部及方座飾波帶紋,圈足飾重環紋,耳部

---

① 劉啟益先生及"夏商周斷代工程"都將齊生魯方彝定於恭王八年(見《西周紀年》,第 264 頁;《夏商周斷代工程 1996—2000 年階段成果報告(簡本)》,世界圖書出版公司,2000 年,第 31 頁),是比較合適的,也爲吳方彝斷代提供了參照。

② 見郭沫若:《兩周金文辭大系圖録考釋》,第 75 頁;陳夢家:《西周銅器斷代》,第 157 頁;唐蘭:《西周青銅器銘文分代史徵》,中華書局,1986 年,第 413 頁;劉啟益:《西周紀年》,第 329 頁。

③ 《夏商周斷代工程 1996—2000 年階段成果報告(簡本)》,第 31 頁。

④ 同上。

獸首有凸起雙角,吐出向内的卷舌,下有鉤卷垂珥①,其造型和紋飾風格接近西周晚期。銘文所記賞賜物品與吳方彝相似,亦多見於西周中晚期之際至晚期的册命銘文。學者對牧簋的斷代意見不盡一致,但總體上有由早逐漸拉晚的趨勢。郭沫若、陳夢家、唐蘭等先生均將牧簋定爲恭王器,劉啟益先生則定於孝王時,《西周青銅器分期斷代研究》亦定於孝夷前後;彭裕商先生認爲其器形、紋飾均接近屬宣之世,但由"内史吳"之聯繫,暫定於屬王時②。如果僅從器形、紋飾及銘文内容着眼,將牧簋定於西周晚期應該没有太大問題;但由於"内史吳"這個人物,其年代不能拉得太晚③,還是定於孝夷時期比較合適。

圖 18　牧簋

　　由以上所論,還可繫聯其他一些重要銅器。比如"裘衛四器"中,五祀衛鼎(《集成》2832)銘文有"余執龏(恭)王恤工(功)"之句,此處的"龏(恭)王"應爲謚號,故其年代至早到懿王。衛盉(《集成》9456)銘文的"四要素"爲"三年三月既生霸壬寅",與達盨蓋的"三年五月既生霸壬寅"可排入同一王世,二者皆爲懿王三年之器。據親簋銘文,井伯親受命爲"冢司馬"是在恭王二十四年,因此凡銘文出現"司馬井伯"或"周師司馬宫"的銅器,如師痕簋蓋、走簋(《集成》4244)、救簋蓋(《集成》4243)、師至父鼎(《集成》2813)等,其年代均應晚於是年,其中走簋的"十二年"應爲懿王十二年無疑。另外在永盂(《集成》10322)銘文中,井伯身爲傳達王命的重臣之一,其地位僅次於益公,而高於榮伯、尹氏、師

---

①　器形見吕大臨、趙九成:《考古圖 續考古圖 考古圖釋文》,中華書局,1987年,第51頁。

②　見《兩周金文辭大系圖録考釋》,第76頁;《西周銅器斷代》"目録"將牧簋列於恭王下;《西周青銅器銘文分代史徵》,第416頁;《西周紀年》,第330頁;《西周青銅器分期斷代研究》,第79頁;《西周青銅器年代綜合研究》,第408頁(案:彭裕商先生將虎簋蓋定爲夷王器,並將相關的師虎簋、吳方彝、師痕簋蓋等器均定於屬王,則失之偏晚)。

③　除非認爲此"内史吳"與吳盉、吳方彝器主並非同一人,但這種可能性太小。

俗父和遣仲。宰獸簋(《銘圖》5376－5377)銘文中的右者爲"司土榮伯",可知榮伯的官職是"司土";故永盂的井伯應該是已任"冢司馬"的井伯親,其紀年"十二年"亦應是懿王十二年。在五祀衛鼎銘文中,井伯位列伯邑父、定伯、琼伯、伯俗父之前;而在衛盂銘文中,伯邑父又位列榮伯、定伯、琼伯、單伯之前。與永盂銘文對讀,可知衛鼎的井伯也應是司馬井伯親,其紀年應爲懿王五年。李學勤先生早年將五祀衛鼎、九年衛鼎(《集成》2831)和衛盂定爲懿王時器,廿七年衛簋定爲恭王時器[①],其説甚是。

爲方便比較,我們將上文涉及的恭王晚期(24 年之後)至懿王時期的紀年銅器,以及與作册吳相關的銅器銘文列爲下表:

王世	器　名	四　要　素	人　物
恭王	親簋 衛簋 斷簋[②] 虎簋蓋 吳盂 師痕簋蓋	廿四年九月既望庚寅 廿七年三月既生霸戊戌 廿八年正月既生霸丁卯 卅年四月初吉甲戌 卅年四月既生霸壬午 二月初吉戊寅	司工逨、作册尹 南伯、内史 毛伯、作册憲尹 密叔、内史、師戲 舊郘 司馬井伯親、内史吳
懿王	師虎簋 曶鼎 吳方彝 趞尊 衛盂 達盨蓋 五祀衛鼎 九年衛鼎 走簋 永盂	元年六月既望甲戌 元年六月既望乙亥 二祀二月初吉丁亥 二祀三月初吉乙卯 三年三月既生霸壬寅 三年五月既生霸壬寅 五祀正月初吉庚戌 九年正月既死霸庚辰 十二年三月既望庚寅 十二年初吉丁卯	井伯、内史吳 井叔 宰朏、史戊 井叔、内史 伯邑父、榮伯、定伯、琼伯、單伯 舊趞 井伯、伯邑父、定伯、琼伯、伯俗父 司馬井伯、作册尹 益公、井伯、榮伯、尹氏、師俗父、遣仲
孝夷	牧簋	七年十三月既生霸甲寅	公族縣、内史吳

---

① 李學勤:《試論董家村青銅器群》,收入《新出青銅器研究》,文物出版社,1990 年。

② 本文初稿完成後,獲讀吳鎮烽、朱豔玲《斷簋考》(《考古與文物》2012年第 3 期),該文介紹了斷簋這件紀年高達二十八年的新出銅器(該器資料另見《銘圖》5295),並將其定爲恭王器,我深表贊同。斷簋以及其他幾件《銘圖》著録的新出銅器,爲"恭王長年説"增添了新證據,擬另爲文詳加探討。

　　從吳方彝銘文所記賞賜物品的級別看來,懿王二年作册吳的地位已經很高,他擔任史官之職應該是從恭王後期開始。牧簋銘文説明作册吳直到孝夷時期仍在活動,學者一般認爲懿、孝、夷三王在位時間不長[①],而且史官不同於軍事、行政官員,高齡者或亦可勝任,因此作册吳一生經歷恭、懿、孝、夷四王也是有可能的。但是如果按照夏含夷等先生的意見,將吳盉定爲穆王三十年器,則作册吳從穆王一直活動到孝夷時期未免太長。因此我主張吳盉與虎簋蓋應同爲恭王三十年器,吳盉的面世爲"恭王長年説"又增添了一個新的證據[②]。

　　最後,作册吳的家族背景也值得略做考察。吳方彝銘文稱"用作青(静)尹寶尊彝","青尹"是作册吳對其祖考的稱謂;"青"讀爲"静",應爲謚號,"尹"按照通常理解應是職官名。西周中晚期作器銘辭中的祖考稱謂大多采取"謚號(氏名)＋公"或"謚號(氏名)＋排行"的形式,稱"某尹"者極爲罕見。昭穆時期的寓卣(《集成》5381)銘文稱"用作幽尹寶尊彝","幽尹"的稱謂形式同於"青尹";而由同一人所作的寓鼎(《集成》2756)銘文可知,寓的官職是"作册",與作册吳相同。這絶非巧合,恰好證明作册寓和作册吳屬於同一家族,即西周至春秋時期屢見於金文及文獻的世族"尹氏"[③]。

　　尹氏家族的始祖應是西周開國功臣之一的"尹佚",亦稱"尹逸""史佚""作册逸"。吳其昌《金文世族譜》已將"尹氏"置於《姞姓譜》之下[④];傳世器尹叔鼎(《集成》2282)銘文曰"尹叔作鄭姞媵鼎",可證尹氏爲姞姓;另有尹姞鬲(《集成》754),器主"尹姞"應是出身尹氏家族的女子。吳盉銘末的"叔姬",朱先生指出應是作册吳的夫人;周代一直有"姬、姞耦,其子孫必蕃"(《左傳》宣公三年)的説法,姬、姞二姓通婚之例在西周金文中也有

---

①　"夏商周斷代工程"將懿、孝、夷三王積年定爲 22 年,但由現有資料看來,應該至少有 30 年以上。

②　王占奎先生也表示,若將吳盉定於穆王,則與牧簋的"内史吳"難免有相隔過長之嫌,因此他不得不在新的曆譜中將牧簋提前到懿王;如果將吳盉擬爲恭王三十年器,在曆譜上只有一點難以令人滿意,即休盤難以安排。他也認爲吳盉的出現可能把恭王年數偏長的問題再度提起。

③　參看韓巍:《西周金文世族研究》,第 182—188 頁。

④　見吳其昌:《金文世族譜》,臺北:中研院歷史語言研究所,1991 年影印版,第 30 頁。

不少。有別於其他世族以"氏名＋公"或"氏名＋排行"來稱呼宗子的慣例，尹氏家族的宗子世代都被稱爲"尹氏"，直到春秋時期仍然保持着這個傳統①。尹氏族人用"某尹"來稱呼已故的祖考，應該與其宗子世代稱"尹氏"有關。

尹氏宗子世襲爲周王朝史官之長，掌管太史寮，這可得到癲鐘（《集成》247－250）銘文的證明："癲曰：丕顯高祖、亞祖、文考，克明厥心，疋（胥）尹敘典厥威儀，用辟先王。癲不敢弗帥祖考秉明德，龔（恪）夙夕佐尹氏。"癲所屬的微氏家族世代爲王朝史官，而癲的歷代祖先和癲自己都是"尹氏"的僚佐。另外宣王時期的善夫克盨（《集成》4465）銘文有"尹氏友史趛"，"友"即"僚友"，可見史趛也是"尹氏"的僚屬。王國維先生指出"内史之長稱内史尹，亦曰作册尹……亦單稱尹氏，……春秋之尹氏，亦世掌其官，因以爲氏"②，其説至確。尹氏家族正是"以官爲氏"的典型。西周中期晚段至晚期的册命銘文中，代宣王命的史官經常出現"尹氏"，《詩·大雅·常武》"王謂尹氏，命程伯休父"亦是一證③。這些"尹氏"應該都是指尹氏家族的宗子。另外還有"作册尹""内史尹"（亦稱"内史尹氏"）、"命尹"等，雖不一定都是尹氏宗子，但有可能也是尹氏族人。

值得注意的是，雖然史官是西周中晚期册命銘文中不可或缺的角色，但史官本人接受周王册命的例子卻非常少見，兼有職務任命和物品賞賜者目前僅見吳方彝一例④。作册吳的賞賜物品中有秬鬯和成套車馬器，大多在册命位高權重的大臣時才會使用，像毛公、番生等人，都是總攬朝

---

①　《春秋》昭公二十六年："尹氏、召伯、毛伯以王子朝奔楚。"同一事件在《左傳》中記載爲："王子朝及召氏之族、毛伯得、尹氏固、南宫嚚奉周之典籍以奔楚。"由此可見，凡《春秋》經傳中稱"尹氏"者，都是指尹氏家族的宗子。

②　王國維：《釋史》，《觀堂集林》，第273—274頁。

③　王國維曰："《書·大誥》：'肆予告我友邦君，越尹氏、庶士、御事。'《多方》：'越爾殷侯尹民。'民當爲氏字之誤也。尹氏在邦君殷侯之次，乃侯國之正卿，殷周之間已有此語。"（《觀堂集林》，第274頁）案：王説是。昭王時器矢令方彝（《集成》9901）銘文有"諸尹"，應指尹氏及其屬下的史官；同期之器史獸鼎（《集成》2778）銘文稱"尹令史獸立（蒞）工于成周"，史獸爲"尹"之下屬，此"尹"應即尹氏宗子；但金文中正式出現"尹氏"一詞已在西周中期穆王之後。

④　七年趞曹鼎（《集成》2783）和癲盨（《集成》4462－4463）銘文中的受命者雖然也是史官，但只有物品賞賜而無職務任命，且賞賜的級別遠遠不如吳方彝。

綱的重臣。由此可見作册吴的地位不同於一般史官,非尹氏宗子莫屬,他很可能就是永盂銘文中的"尹氏"。在永盂銘文中,尹氏排在井伯、榮伯之後,師俗父、遣仲之前,其地位僅次於"三有司"中的司馬、司土。可見在恭懿時期,尹氏作爲太史寮的長官,雖然地位略低於卿事寮的首腦,但仍高於一般的軍事、行政官員,屬於王朝卿士一級的高官。《詩·小雅·節南山》曰"赫赫師尹,民具爾瞻""尹氏大師,維周之氏",説的是幽王時事;將尹氏與大師並舉,同爲王朝最有權勢的重臣,説明尹氏的地位在西周晚期可能還有所上升。

（本文原刊《中國國家博物館館刊》2013 年第 7 期）

由新出青銅器再論"恭王長年説"

——兼論西周中期後段青銅器的變化

西周中期的偏晚階段(大致相當於恭王至夷王時期)是周王朝在政治、社會、文化等各方面均發生巨大變化的轉折時期。青銅器同樣也不例外,無論在器類、組合、形制、紋飾還是銘文内容、字形、書體等各方面,都明顯脱離西周前期(穆王以前)的"範式",開始向西周晚期過渡[①]。這一時期的青銅器變化劇烈,頭緒紛繁,早期的因素還有少量遺留,晚期的風格已經開始萌芽,這給依據考古類型學的斷代研究帶來不少困擾。儘管這一時期具有紀年銘文的銅器並不算少,但真正爲學界公認的斷代"標準器"卻没有幾件,"王號生稱説"與"謚號説"的争論又加劇了這一困難。另外,雖然近年西周考古不斷有重大發現,但屬於西周中期後段的未經盗掘的大型墓葬仍然不多。同時,大量流散的青銅器由於失去了出土環境,脱離了原始組合,其研究價值也大打折扣,由此還造成許多争議。因此,西周中期後段的銅器斷代研究目前仍存在很多模糊不清的環節。

恭王時期是這一轉折期的開端,而關於恭王在位年數,歷來説法不一,現代學者多數認爲不超過 20 年。"夏商周斷代工程"公布的西周金文曆譜將恭王年數定爲 23 年[②]。2006 年,中國國家博物館收藏的廿四年親

[①] 本文對西周青銅器發展階段的劃分,大致以武、成、康三王爲西周早期,昭王至夷王爲西周中期,厲(含"共和"紀年)、宣、幽三王爲西周晚期(由於缺乏明確的斷代"標準器",西周中期和晚期的分界究竟應該劃在孝、夷之間還是夷、厲之間,目前還不是太肯定)。西周中期又以穆、恭之際爲界劃分爲前後兩段,昭、穆二王爲前段,恭、懿、孝、夷四王爲後段。還可以穆、恭之際爲界將整個西周分爲前後兩大期,周初至穆王爲西周前期,恭王以後爲西周後期。

[②] 《夏商周斷代工程 1996—2000 年階段成果報告(簡本)》,世界圖書出版公司,2000 年,第 36 頁。

簋(《銘圖》5362)發表,同時及稍後刊載的多篇研究論文都將此器定於穆王時①。學者們之所以做出這個判斷,除親簋器身所飾大鳥紋盛行於穆王時期外,"夏商周斷代工程"的階段性結論恐怕也影響很大——親簋紀年爲二十四年,超出了"工程"所定恭王二十三年的紀年,且其曆日恰好能排入"工程"所定穆王曆譜。此後我撰文提出親簋應爲恭王時器,而且與之相關的廿七年裘衛簋(《集成》4256)、卅年虎簋蓋(《銘圖》5399－5400)等西周中期的高紀年銅器也都在恭王時,因此恭王紀年應在 30 年以上,這就是本文所説的"恭王長年説"。我提出這一假説主要基於以下理由:典型的册命銘文(包含時間、地點、册命禮儀、右者、史官、册命内容、頌揚用語、作器銘辭等要素)出現於穆恭之際,在恭王時期逐漸走向成熟,最終在恭懿之際基本定型;穆恭之際的册命銘文還處於早期階段,其形態較爲多變,各種要素經常不夠完備;親簋、裘衛簋、虎簋蓋等器,就其册命銘文的成熟程度而言,不太可能出現於穆王時期,而只能是恭王時器②。

　　近年來又有不少西周中期的高紀年銅器陸續問世,如卅年作册吳盉、廿八年斷簋等,爲驗證"恭王長年説"提供了新的契機。在新材料的推動下,已有少數學者開始傾向於認爲恭王紀年不止 23 年,甚至可能高於 30 年③。但更多的學者仍然堅持將親簋等高紀年銅器定於穆王時。因此我感到有必要結合近年新出青銅器,對"恭王長年説"再做進一步論證。吳鎮烽編著的《商周青銅器銘文暨圖像集成》,是目前收録西周青銅器銘文及圖像最爲完備的一部資料集成,尤其是收録了很多現藏於私人手中的

---

　　① 王冠英:《親簋考釋》,李學勤:《論親簋的年代》,夏含夷:《從親簋看周穆王在位年數及年代問題》,張永山:《親簋作器者的年代》,《中國歷史文物》2006 年第 3 期,第 4 13 頁;葉正渤:《亦談親簋銘文的曆日和所屬年代》,張聞玉:《親簋及穆王年代》,《中國歷史文物》2007 年第 4 期,第 36—43 頁。

　　② 《親簋年代及相關問題》,見本書第 3—25 頁。

　　③ 如吳鎮烽、朱艷玲將廿八年斷簋定爲恭王器,並認爲恭王紀年至少有 28 年,見《斷簋考》,《考古與文物》2012 年第 3 期,第 107—109 頁;王占奎在《2003 年以來所見西周曆日擬年》一文中將恭王年數擬定爲 32 年,並將親簋、裘衛簋、虎簋蓋、吳盉等高紀年銅器都定爲恭王器,見李宗焜主編:《古文字與古史學》第三輯,臺北:中研院歷史語言研究所,2012 年,第 185—213 頁;朱鳳瀚也將斷簋、吳盉以及親簋、裘衛簋、虎簋蓋等器都改定於恭王時,並重新排定了西周中期曆譜,見《關於西周金文曆日的新資料》,《故宫博物院院刊》2014 年第 6 期,第 11—24 頁。

流散青銅器,其中不乏相當重要的資料。本文即以此書收録的新出青銅
器資料爲切入點。

一、新出恭王時期重要青銅器的清理

1. 作册吴盉(《銘圖》14797)

> 隹卅年四月既生霸壬午,王在𣂪,執駒于𣂪南林。衣(卒)執駒,
> 王呼篤𢓊召作册吴,立唐門。王曰:賜駒。吴拜稽首,受駒以出。吴
> 敢對揚天子丕顯休,用作叔姬般(盤)盉。

作册吴盉(見本書第 27—28 頁,圖 12—14)原爲私人收藏,最近歸於中
國國家博物館,資料最早公布於朱鳳瀚主編的《新出金文與西周歷史》一
書。夏含夷、張懋鎔均將其定爲穆王器,王占奎先定爲穆王器、後改定恭
王,朱鳳瀚先定爲宣王器、後改定恭王,陳小三則定於厲王時[1]。2013 年我
曾發表《簡論作册吴盉及相關銅器的年代》一文,詳細論證吴盉銘文紀年
應爲恭王三十年[2]。此處僅簡要列舉理由如下(具體論證可參看該文):

(一) 吴盉的紋飾爲獸面紋演變而來的竊曲紋,類似紋飾多見於西周
中期後段至西周晚期,穆王時期罕見。吴盉銘文的字形和書體亦接近恭
懿時期,與穆王時期差距較大。

(二) 吴盉銘文的"四要素"爲"卅年四月既生霸壬午",是虎簋蓋(見
本書第 52 頁,圖 33)銘文"卅年四月初吉甲戌"之後第八天,二器無疑屬
於同一王世。而根據我以往的論證,虎簋蓋銘文紀年應爲恭王三十年。

---

① 夏含夷:《從作册吴盉再看周穆王在位年數及年代問題》,朱鳳瀚主編:《新出金文與西周歷
史》,第 52—55 頁;張懋鎔:《新見金文與穆王銅器斷代》,《文博》2013 年第 2 期,第 19—26 頁;王占
奎在 2011 年 3 月台灣中研院歷史語言研究所主辦第三屆"古文字與古代史"國際學術研討會上提交
的《2003 年以來所見西周曆日擬年》一文,仍將親簋、裘衛簋、虎簋蓋、吴盉等器定於穆王時,但次年正
式出版的會議論文集所收該文的觀點和内容都有很大改變,將上述銅器改定爲恭王器,並將恭王年
數延長到 32 年,見李宗焜主編:《古文字與古代史》第三輯,第 185—213 頁;朱鳳瀚在《簡論與西周年
代學有關的幾件銅器》(見朱鳳瀚主編:《新出金文與西周歷史》,第 33—51 頁)一文中將吴盉定爲宣
王器,後來在《關於西周金文曆日的新資料》(《故宮博物院院刊》2014 年第 6 期,第 11—24 頁)一文中
改定爲恭王器;陳小三:《試論"倗叔壺"和作册吴盉》,《中國國家博物館館刊》2015 年第 3 期,第 60—
68 頁。

② 《簡論作册吴盉及相關銅器的年代》,見本書第 26—39 頁。

朱鳳瀚也指出，吴盉的曆日與學界公認的穆王標準器三十四年鮮簋(《集成》10166)不能相容於同一王世①。

（三）吴盉銘文所記爲周王行"執駒"禮並賜吴以"駒"，"執駒"及"賜駒"之禮又見於盠駒尊(《集成》6011)和癲鼎(《集成》2742)，皆爲西周中期後段之器②。故吴盉年代不太可能到西周晚期，也不太可能早到穆王。

（四）吴盉銘文中擔任呼召者的"舊卿"，"舊"爲職官名。另有見於達盨蓋(《銘圖》5661－5663，見本書第30頁，圖15)的"舊趞"，學者指出就是趞尊(《集成》6516)的器主"趞"。趞尊目前學者多定爲懿王二年器，達盨蓋的年代亦應相去不遠。這可作爲吴盉斷代的旁證。

（五）吴盉器主所作的另一件銅器吴方彝(《集成》9898，見本書第33頁，圖17)，目前多數學者定爲懿王二年器。作册吴亦稱"内史吴"，又出現於元年師虎簋(《集成》4316，圖19)、師癲簋蓋(《集成》4284，圖20)和牧簋(《集成》4343，見本書第35頁，圖18)三器銘文中。師虎簋與卅年虎簋蓋是同一人所作，學者多定爲懿王元年器，師癲簋蓋亦屬恭懿時期；牧簋年代較晚，但亦應不出孝夷之世。作册吴作爲一名史官，從恭王後期一直活動到孝夷時期是有可能的。但若將吴盉定爲穆王器，則作册吴一生横跨穆、恭、懿、孝、夷五王，可能性似乎不大。

圖 19　元年師虎簋

圖 20　師癲簋蓋

---

①　朱鳳瀚：《簡論與西周年代學有關的幾件銅器》，見朱鳳瀚主編：《新出金文與西周歷史》，第51頁。

②　盠駒尊以及同出的盠方尊(《集成》6013)、方彝(《集成》9899－9900)被很多學者定爲昭穆時器，我則主張其年代應在穆恭之際，參看《眉縣盠器群的族姓、年代及相關問題》，見本書第139—153頁。

（六）近年所見還有一件作册吴盤（《銘圖》14525，見本書第 32 頁，圖 16），與吴盉應該是同人同時所作的一套水器，其形制與恭懿時期的牆盤（《集成》10175）和走馬休盤（《集成》10170）相似，這也從側面印證了吴盉的年代。

綜合以上理由，我認爲吴盉銘文紀年應該是恭王三十年，它的發現爲"恭王長年説"增添了一個有力的新證據。

2. 斯簋（《銘圖》5295）

唯廿又八年正月既生霸丁卯，王在宗周，格大室，即位。毛伯入右斯，立中廷，北向。王命作册憲尹賜斯鑾旂，用足（胥）師毅司田（甸）人。斯拜首稽首，對揚天子休，用作朕文孝（考）欨父寶毁，孫子萬年寶用。

斯簋（圖 21）最早由吴鎮烽、朱豔玲在《斯簋考》（以下簡稱"吴文"）一文中予以披露①。該器爲附耳盂形簋，侈口深腹，圈足外撇，頸部有一對上端略高出口沿的附耳，頸部飾橫 S 形顧首龍紋。吴文指出，盂形簋數量並不太多，以往所見有命簋、不壽簋、伯戉簋等器，這些簋的年代多被定於西周中期偏早，即穆恭時期，個別可能晚到懿孝時期；而且斯簋的"四要素"與穆王曆譜不合，而其字形和書體與穆王時期差距較大，具有很多較晚的特徵，因此將其定爲恭王器。與同類盂形簋相比，斯簋的器腹較深，腹壁較直，無明顯内收，圈足相對較矮，整體上與盂更爲接近。1981 年陝西長安縣花園村 M15 出土的兩件附耳盂形簋（編號 M15：15、16），形態與斯簋非常相似，但其雙耳尚低於口沿，通體素面，僅頸部飾有兩周弦紋②。目前所見西周中期後段至西周晚期的銅盂，如尚盂（《銘圖》6229，圖 22）、遹盂（《集成》10321）、天盂（《銘圖》6218，圖 23）等，雙耳上端均

---

① 吴鎮烽、朱豔玲：《斯簋考》，《考古與文物》2012 年第 3 期，第 107—109 頁。
② 陝西省文物管理委員會：《西周鎬京附近部分墓葬發掘簡報》，《文物》1986 年第 1 期，圖版壹：3。

明顯高於口沿,可見這類器物有雙耳逐漸上移的演變趨勢,故斷簋在類型學上應晚於花園村 M15 出土的兩簋。花園村 M15、M17 兩墓的下葬年代,學者大多認爲在穆王時期;從器形上看,斷簋晚到恭王的可能性較大。

圖 21　斷簋及其銘文

圖 22　尚盂　　　　　　　圖 23　天盂

從銘文形式上看，夰簋已經屬於成熟的册命銘文，各種要素都已具備，因此不太可能早到穆王二十八年[1]。"拜首稽首"這樣的習慣用語，也不會早於恭王[2]。至於銘文中的"毛伯"，吳文認爲即班簋（《集成》4341）的"毛伯"和孟簋（《集成》4162－4164）的"毛公"，則恐未必。因爲在班簋銘文中，"王命毛伯更虢城公服"，隨後"毛伯"即改稱"毛公"，説明他已受天子册命獲得"公"的爵號，此後無論自稱還是他稱都應稱"公"，而不會再稱"伯"。班簋的年代一般認爲在穆王前期，比夰簋要早，故無論夰簋銘文記事在穆王二十八年還是恭王二十八年，銘文中的"毛伯"與班簋的"毛伯"、"毛公"都不會是同一人，而應是班簋"毛伯"的後代繼任爲毛氏宗子者[3]。

3. 申鼎（《銘圖》2441）

唯八月初吉庚寅，王在宗周，斿（游）于比（？）。密叔右鸁（申），鸁（申）賜禾于王五十秭（秭）。鸁（申）拜手稽首，敢對揚皇丕顯天子丕杯休，用作朕文考氏孟寶尊鼎，子子孫孫其萬年永寶用。

申鼎（圖 24）是一件少見的附耳盂形鼎，侈口方脣，腹部斜收，蹄形足，口沿下飾顧首卷尾、軀體呈"W"形的龍紋，龍腹下有小足，腦後有飄帶狀的冠。與申鼎形態最爲接近的是現藏臺北故宮博物院的十五年大鼎（《集成》2808，圖 25），它與申鼎相比有幾點差異：一、蹄足較爲發達，申鼎的三足尚介於柱足與蹄足之間；二、雙耳橫截面呈方形，申鼎雙耳橫截面則接近扁圓

---

[1] 但夰簋銘文中的册命用語"王命作册憲尹賜夰鑾旂"形式特别，明顯不同於典型册命銘文的"王呼某册命某曰"，説明恭王後期的册命銘文形式還没有完全固定。

[2] 陳夢家曾專門排比過此類用語，認爲"拜手稽首"出現於懿王時，見《西周銅器斷代》，第 224 頁。他對相關銅器的斷代可能有一些問題，但從現有材料看來，"拜手稽首"以及與之相似的"拜首稽首"、"拜手稽手"等用語開始流行，應不早於恭王時期。

[3] 張懋鎔認爲夰簋的"毛伯"即班簋器主"毛伯班"，見《新見金文與穆王銅器斷代》，《文博》2013 年第 2 期，第 21 頁。其説似不可信。從班簋銘文看來，器主"班"與"毛伯"、"毛公"顯然並非一人，而應是後者的晚輩，有學者認爲"班"乃"毛伯"之子。"毛班"在"毛公"死後繼任爲毛氏宗子，《竹書紀年》有"毛公班"，可見"毛班"在穆王時已被册命爲"公"。因此恭王二十八年時夰簋銘文中的"毛伯"也不會是"毛班"，而有可能是"毛班"之子輩。

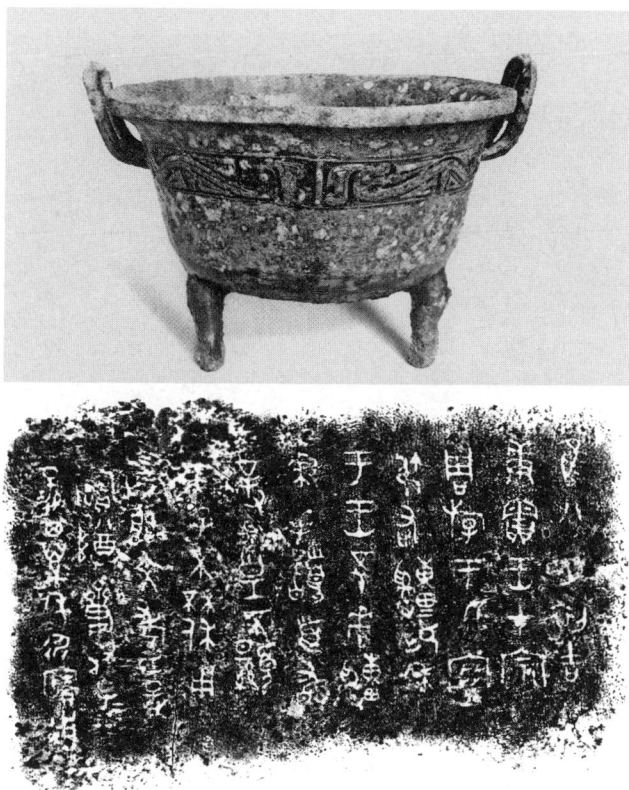

圖24　申鼎及其銘文

形;三、口沿下飾兩周弦紋。由一、二兩點可見,申鼎的年代應該比大鼎早,可視爲大鼎的祖型。與臺北故宮藏大鼎同爲一人所作之器,尚有北京故宫博物院藏十五年大鼎(《集成》2807,圖26)和中國國家博物館藏十二年大簋蓋(《集成》4299,圖27),目前多數學者認爲此三器是屬王標準器。申鼎與穆王時期常見的垂腹柱足圓鼎屬於完全不同的兩種類型,而接近西周晚期前段的大鼎,可見其年代不太可能早到穆王。

圖25　臺北故宫藏大鼎

圖 26　北京故宮藏大鼎　　　　　圖 27　大簋蓋

　　申鼎口沿下的"W"形顧首龍紋流行於恭懿時期,與其相似者有趙簋(見本書第 59 頁,圖 45)、曶簋(見本書第 11 頁,圖 4)、矜簋(圖 43)、同師簋(圖 44)、吕服余盤(《集成》10169)、寏盤(《銘圖》14528,見本書第 329頁,圖 124)、免盤(《集成》10161)、南宫柳鼎(《集成》2805)等器,其中除南宫柳鼎爲西周晚期前段(約厲王前後)之器外,其餘銅器的年代均在恭懿時期。因此就器形、紋飾而言,將申鼎定在恭懿時期最爲合理。

　　申鼎銘文敘述周王到"比"地遊玩[1],賞賜給申"禾五十秭",從類型上說應該歸入"賞賜銘文"。西周中晚期尤其是穆王以後的賞賜銘文受册命銘文的影響,也形成了比較固定的格式,張懋鎔稱之爲"召賜制度"[2]。"召賜"銘文多采取"王呼某召某,賜某物"的形式,其中擔任呼召任務的人與册命銘文中的"右者"有相似之處。申鼎銘文不同於一般"召賜"銘文之處,首先是賞賜物"禾"爲前所未見,其次是"密叔右申"四字——"密叔"在此處的地位和作用應相當於一般"召賜"銘文的呼召者,但在介紹他時卻采用了册命銘文"某右某"的形式,顯然是受册命銘文影響所致。從邏輯

---

① 作爲地名的"比"字部分爲鏽所掩,字形尚有疑問,張懋鎔釋爲"圻",字形亦不似。
② 張懋鎔:《金文所見西周召賜制度考》,見《古文字與青銅器論集》,科學出版社,2002 年,第184—191 頁。

上説，申鼎銘文應該出現於册命銘文流行一段時間之後①，可見其年代不會早於恭王。

　　近年所見還有一件私人收藏的伯申簋（《銘圖》5100，圖 28），與申鼎很可能是同一人所作，可作爲申鼎斷代的旁證，其銘文曰：

圖 28　伯申簋

　　　　伯䤈（申）作寶殷，其朝夕用盛沴（粱）旝（稻）糕，其用飤正、御旋（事）、倗（朋）友、尹人，其用匄眉壽萬年。

　　“用盛粱稻糕”一語特別值得注意，類似的用語以往多見於春秋時期銅器銘文中，西周晚期也有少數例子，如史免瑚（《集成》4579）的“用盛稻粱”，𢝔仲瑚（《集成》4627）的“用盛秌稻糕粱”，伯公父瑚（《集成》4628）的“用盛糕稻糯粱”等。巧合的是，與伯申簋同爲近年新見的伯句簋（《銘圖》4989，圖 29）銘文中也有類似語句：“伯句作寶殷，其朝夕用盛旝（稻）京（粱）糕，其用享于尹人眔倗（朋）友。”伯申簋爲直口，器蓋與器身有子母口扣合，蓋面隆起，蓋緣方折，腹壁較直，下腹略傾垂；器身帶兩獸首銜環耳，獸角呈螺旋狀，圈足下接四個圓柱狀小足②，足上端飾有獸首；蓋面邊緣及口沿下飾象鼻夔龍紋，龍身已極端簡化，與竊曲紋接近，圈足飾三角雲雷紋。伯句簋的形態和紋飾與伯申簋極爲相似，體量亦相差無幾，再加上其銘文用語的雷同，頗使人懷疑這兩件簋是同時由同一作坊鑄造。

　　伯申簋、伯句簋這種類型的銅簋過去在傳世器中不多見③，但近年出

---

①　山西絳縣橫水西周墓地 M1 出土的倗伯再簋（《銘圖》5208，見本書第 9 頁，圖 3）銘文曰：“益公蔑倗伯再曆，右告，令金車、旂。”也是一篇賞賜銘文，其“右告”一語同樣是受册命銘文的影響。

②　《銘圖》所收伯申簋照片僅能見三個小足，但與同類三足簋相比，其足與足之間的距離明顯較小，參照伯句簋、倗伯再簋、叔侯父簋等同類四足簋之例，伯申簋應該也是四足。

③　如仲競簋（《集成》3783）和北京故宮藏大作大仲簋（《集成》4165，見本書第 150 頁，圖 81）。彭裕商《西周青銅器年代綜合研究》（第 171—174 頁），將此型簋定爲 F 型，大作大仲簋爲Ⅰ式，五年師旝簋爲Ⅱ式，但他對此型簋的斷代似乎偏晚。

圖 29　伯句簋及其銘文

圖 30　段簋

土及流散青銅器中卻發現不少：如陝西耀縣丁家溝出土的段簋（《銘圖》5305－5306，圖 30）、保利博物館藏琱簋（《銘圖》5233，圖 31）、私人收藏的吕簋（《銘圖》5257，見本書第 56 頁，圖 41）、叔侯父簋（《銘圖》4846）等。除琱簋的雙耳爲半環形耳外，其餘諸器的造型非常接近，均爲獸首銜環耳，圈足下接三或四個柱狀小足，腹部皆爲素面，蓋面邊緣和口沿下飾長尾鳥紋或夔龍紋演變而成的竊曲紋。段簋銘文的册命地點爲“周新宫”，又見於十五年趞曹鼎（《集成》2784）、師湯父鼎（《集成》2780）、師遽簋蓋（《集成》4214）、望簋（《集成》4272）、虎簋蓋和士山盤（《銘圖》14536）等器，這些銅器的年代多被定於恭懿時期。琱簋的器主即平頂山應國墓地 M84 的墓主應侯琱，該墓下葬年代被發掘者定於恭王後期①，其説可

①　河南省文物考古研究所等：《平頂山應國墓地八十四號墓發掘簡報》，《文物》1998 年第 9 期，第 4—17 頁。

從。絳縣橫水 M1 出土的倗伯再簋(《銘圖》5208，見本書第 9 頁，圖 3)也屬同一類型，但頸部內收，下腹外鼓較甚，蓋面及腹部飾瓦紋，其紀年應爲恭王二十三年①。年代較晚的此型銅簋，有長安張家坡窖藏出土的五年師旋簋(《集成》4216－4218，圖 32)和內蒙古寧城小黑石溝出土的師道簋(《銘圖》5328)，兩器造型、紋飾非常接近，其三小足已變爲翻卷的象鼻狀，年代多被定於孝夷時期。可見，此型銅簋主要流行於恭懿時期，伯申簋和伯句簋從器形、紋飾來看也應屬於這一階段。"用盛稻粱"這類用語，以往所見之例沒有早於西周晚期的，伯申簋和伯句簋是目前所見年代最早的兩例，但反過來也證明其年代不會早到穆王。

圖 31　再簋　　　　　圖 32　五年師旋簋

　　申鼎銘文中的"密叔"這個人物，是與其他銅器繫聯的關鍵。"密叔"以往見於虎簋蓋(《銘圖》5399－5400，圖 33)和趞簋(《集成》4266，見本書第 59 頁，圖 45)銘文中。由於大多數學者都將虎簋蓋定爲穆王三十年器，趞簋和申鼎的年代自然也隨之提前②。然而虎簋蓋和趞簋銘文都已是非常標準

① 《橫水、大河口西周墓地若干問題的探討》，見本書第 258—260 頁。這一看法我最早在《關於絳縣倗伯夫婦墓的幾個問題》一文中提出，見韓巍：《西周金文世族研究》"附錄"，北京大學中文系博士學位論文，2007 年。其後李學勤《論倗伯再簋的曆日》亦將倗伯再簋定爲恭王二十三年器，見《文物中的古文明》，商務印書館，2008 年，第 538—540 頁。

② 張懋鎔即以虎簋蓋爲標尺，將申鼎也定爲穆王器，見《新見金文與穆王銅器斷代》，《文博》2013 年第 2 期，第 20 頁。

的册命銘文,銘文字體和書風都與穆王時期的流行風格不類。趞簋的器形與昭穆時期常見的敞口圈足簋屬於一類,但形態比穆王時同類器更爲矮扁,年代應該較晚。申鼎和伯申簋的出現,爲虎簋蓋的重新斷代提供了關鍵證據。從考古類型學角度看來,申鼎和伯申簋只能歸入西周中期後段,而不可能早到穆王時期。因此虎簋蓋的年代應定爲恭王三十年,"密叔"這個人物可能主要活動於恭王時期,趞簋和申鼎的年代可隨之確定。

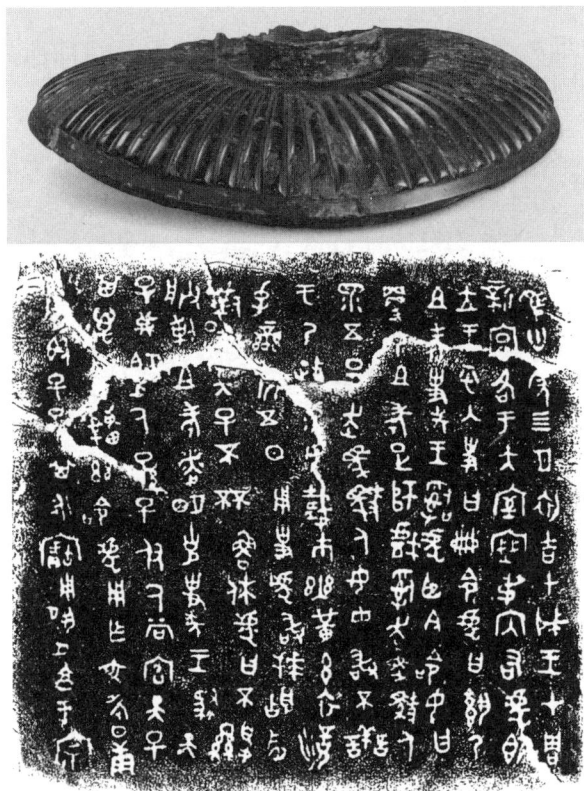

圖33　虎簋蓋及其銘文

4. 召簋(《銘圖》5230)

　　唯四月初吉,王在周,格大室,即位。井伯入右召。王呼内史册命召曰:"賜汝玄衣、滺純、載(緇)市、幽黄(衡)、金膺。"曰:"用事。"召稽首對揚王休,用作文考日癸尊殷。

　　召簋(圖34)屬於侈口鼓腹的圈足簋;半環形耳,上端飾獸首,下有方形垂珥;口沿下飾分尾的小鳥紋,中間隔以浮雕狀獸首。這種類型的簋在西周中期前段(昭穆時期)最爲常見,恭懿時期仍然爲數不少,如廿七年裘衛簋(《集成》4256,圖35),其外形與召簋非常接近,口沿下飾象鼻夔紋演變而來的竊曲紋。直到西周中晚期之際,這類簋仍有少數標本,比如長安縣兆元坡出土的輔師嫠簋(《集成》4286,圖36),其造型、

圖34　召簋及其銘文

圖35　裘衛簋　　　　　圖36　輔師嫠簋

紋飾與召簋如出一轍。但由銘文看來,輔師嫠簋顯然與上海博物館藏十一年師嫠簋(《集成》4324－4325,圖37)是同一人所作。師嫠簋是西周晚期常見的斂口圈三足簋,蓋面及腹部飾瓦紋,蓋緣及口沿下飾獸面紋演變而來的竊曲紋,其銘文中出現"宰琱生"這個人物,即五年、六年琱生簋(《集成》4292－4293)的器主;兩件琱生簋的年代應在宣王時,故學者多將師嫠簋定爲厲王時器。輔師嫠簋的年代可能稍早,但恐怕也早不過孝夷時期。

圖37　師嫠簋

圖38　七年趞曹鼎

作爲册命銘文,召簋銘文的形式已經比較成熟,除無職務任命外,各項要素基本齊備①。用語方面,在"井伯入右召"之後不説"立中廷,北向",是較早的特徵。召簋的賞賜物品與虎簋蓋最爲接近,後者爲"載(緇)市、幽黄(衡)、玄衣、滰純、鑾旂五日",召簋與之相比只少"鑾旂五日"一項;其中的"滰純"一物,目前爲止僅見於虎簋蓋和召簋。可見召簋的年代應與虎簋蓋相近,以定於恭懿之際爲宜。

召簋銘文的右者"井伯",應該就是廿四年𤲮簋(《銘圖》5362,見本書第4頁,圖1)的器主司馬井伯𤲮,主要活動於恭王後期至懿王時②。七年趞曹鼎(《集成》2783,圖38)、師至父鼎(《集成》2813,圖39)、利鼎(《集成》

___

① 這類只有命服賞賜而無職務任命的册命銘文,在西周中晚期並不少見,一般册命銘文所用的動詞"册命",在這類銘文中多改用"册賜"。參看《讀首陽〈吉金琱記〉六則》,見本書第330頁。召簋銘文仍用"册命",這一點比較特殊。

② 《𤲮簋年代及相關問題》,見本書第3—25頁。

2804，圖 40)、師毛父簋(《集成》4196)、師瘨簋蓋(見本書第 43 頁，圖 20)、豆閉簋(《集成》4276，見本書第 18 頁，圖 10)、救簋蓋(《集成》4243)、元年師虎簋(見本書第 43 頁，圖 19)、五祀衛鼎(《集成》2832)、十二年走簋(《集成》4244)、永盂(《集成》10322)等器銘文中的"井伯"，可能也都是這位井伯親。

圖 39　師奎父鼎

圖 40　利鼎

5. 吕簋(《銘圖》5257)

　　唯九月初吉丁亥，王格大室，册命吕。王若曰："吕，更乃考觐司奠(鄭)師氏，賜汝玄衣、黹純、載市、同黃(衡)、戈琱戠、厚必(柲)、彤沙、旂鑾，用事。"吕對揚天子休，用作文考尊毁，萬年寶用。

　　吕簋(圖 41)的器形、紋飾與前述伯申簋(圖 28)非常接近。其銘文雖是册命銘文，但缺少了右者與史官兩項要素，在"王格大室，册命吕"之後直接敘述册命内容，應是早期册命銘文尚未"規範化"的形態。吕的職司"觐司奠(鄭)師氏"很值得注意，"奠(鄭)師氏"應理解爲"奠(鄭)"地之"師氏"。吕的賞賜物品中，"戈琱戠、厚必(柲)、彤沙、鑾旂"一般是專門用來賞賜武官師氏的[1]，這與吕"司鄭師氏"的職務有關。

---

[1]　銘文"旂鑾"二字，應爲"鑾旂"誤倒。

圖 41 吕簋及其銘文

“奠(鄭)”是西周中期後段銅器銘文中多次出現的地名,學者大多認爲是今鳳翔一帶的“西鄭”。懿王時器免瑚(《集成》4626)銘文曰:“王在周,命免作司土(徒),司奠(鄭)還(縣)歠(林)罘吴(虞)罘牧。”李家浩認爲“還”應讀爲“縣”,西周時期的“縣”是指王畿以内、國都以外的地區或城邑四周的地區①。周王任命免爲“司徒”,掌管“鄭縣”的林、虞、牧等事②。首陽齋藏曶簋(《銘圖》5217,見本書第 11 頁,圖 4)銘文中,周王命曶“司奠(鄭)駘(?)馬”,應該是管理“鄭縣”的馬政,即司徒下屬的“牧”官③。由吕簋銘文可知,“鄭縣”還設有主管軍政事務的“師氏”。而在師晨鼎(《集成》2817)銘文中,周王命師晨“司邑人唯小臣、善夫守【友】官犬罘奠(鄭)人善夫官守友”,可見“鄭縣”内部還有管理周王宫廷事務的善夫等近臣。這些都説明“鄭縣”是周王直接管轄的領地,設有分管各項事務的完備的官僚

① 李家浩:《先秦文字中的“縣”》,《著名中年語言學家自選集·李家浩卷》,安徽教育出版社,2002 年,第 15—19 頁。

② 永盂銘文有“奠(鄭)司土(徒)函父”,與免瑚年代相近,“函父”或即“免”之字。

③ 傳世器有奠(鄭)牧馬受簋(《集成》3878-3880),年代在西周中晚期之際,器主名“受”,其官職爲“奠(鄭)”地的“牧馬”,與曶相同。

機構。西周金文中還有"豐還（縣）"，見於長安張家坡出土的元年師旋簋（《集成》4279－4282，見本書第 151 頁，圖 82）銘文："王呼作册尹克册命師旋曰：備于大左，官司豐還（縣）左右師氏。""豐縣"的"左右師氏"與"奠（鄭）師氏"應該是性質相同、地位相近的職官；由此推斷，"豐縣"内部應該設有與"鄭縣"相似的職官系統①。"縣"作爲王畿内部由周王直轄的一級行政建制，出現於西周中期，反映了西周中央政府機構的發展和王權對地方控制的加强②，是中國早期國家演進過程中的一件大事。

　　李家浩引述《穆天子傳》"天子入于南鄭"，《竹書紀年》"穆王元年築祇宫於南鄭"、"穆王所居鄭宫、春宫"等史料，並據《漢書・地理志》顔師古注"周自穆王以下都於西鄭"之説，指出《穆天子傳》《竹書紀年》之"南鄭"應爲"西鄭"之誤；並認爲金文有"王在奠（鄭）"之語，與它器"王在周"同例，故"奠（鄭）"應爲國都③。根據文獻記載，"奠（鄭）"在穆王時已成爲重要的别都，但在穆王時期金文中，周王舉行儀式的主要地點仍然是"莽京"而非"奠（鄭）"④。金文記述周王在"奠（鄭）"舉行册命及賞賜儀式的，過去所見有免尊（《集成》6006）、免卣（《集成》5418）、大作大仲簋（《集成》4165）和三年瘋壺（《集成》9727）；其中免尊、免卣與免瑚爲同人之器，時代亦應接近；大作大仲簋與吕簋器形相似，年代當在穆恭之際；唯三年瘋壺可能晚到孝夷時期。新見旂伯簋（《銘圖》5147，圖 42）銘文記述周王在"奠（鄭）宫"賞賜旂伯"貝十朋"。此器形態與廿八年㪔簋（見本書第 45 頁，圖 21）相似，雙耳上端略低於口沿，頸部飾長尾小鳥紋，字體、書風也顯得較早，或爲穆王後期之器，"奠宫"即穆王所建之"鄭宫"（祇宫）。前述涉及"鄭縣"職官之器，舀簋可能早到穆恭之際，師晨鼎則在孝夷時期。可見

---

① 　關於"奠還（縣）"、"豐還（縣）"内部的職官設置，可參看松井嘉德：《西周奠（鄭）考》，《日本中青年學者論中國史・上古秦漢卷》，上海古籍出版社，1995 年，第 61—68 頁。

② 　與"還（縣）"同時出現且性質相近的行政建制還有"五邑"，其官員稱"邑人"，有"旬人""虎臣""走馬"等職官。在此不能詳論。

③ 　李家浩：《先秦文字中的"縣"》，《著名中年語言學家自選集・李家浩卷》，第 16—18 頁。

④ 　銘文出現"莽京"之器主要出現於昭穆時期，其中一般被定爲穆王器者有鮮簋（《集成》10166）、静簋（《集成》4273）、静卣（《集成》5408）、伯姜鼎（《集成》2791）、伯唐父鼎（《銘圖》2449）、老簋（《銘圖》5178）等器。另外遹簋（《集成》4207）銘文出現"穆王"，雖爲恭王初年作器，但所記之事仍發生在穆王時。

"奠(鄭)"作爲別都當始於穆王後期,恭懿時期達於極盛("鄭縣"行政機構之設置或在此時),西周中晚期之際走向衰落。

圖 42　旟伯簋及其銘文

綜合吕簋的器形、紋飾以及銘文形式、内容等各方面因素,其年代應定於恭懿之際。

6. 矜簋(《銘圖》5258)

唯正月初吉丁丑,昧爽,王在宗周,格大室。祭叔右矜,即位中廷。作册尹册命矜,賜鑾,令邑于奠(鄭),訊訟,取遣五鋝。矜對揚王休,用作朕文祖豐仲寶簋,世孫子其永寶用。

矜簋(圖 43)現藏中國國家博物館,爲侈口帶蓋的圈三足簋,體形矮扁,頸部明顯收束,腹部外鼓,圈足下接三個柱狀小足;半環形耳,其上飾獸首,下有小垂珥;蓋緣及口沿下飾"W"形的顧首龍紋,與申鼎等器的龍紋相似,但龍腦後的冠特別發達而成翻卷狀。與矜簋最爲相似的銅器是臺北故宮藏同師簋(《集成》3703,圖 44),兩器的外形、紋飾幾乎没有差別。如果除去兩器圈足下接的小足,與趩簋(《集成》4266,圖 45)也非常接近。矜簋的銘文書體與廿七年衛簋、豆閉簋、親簋等器接近,故其年代也應在恭懿時期。

圖 43　矜簋及其銘文

圖 44　同師簋　　　　　　　　　　　圖 45　趞簋

　　矜簋銘文是比較典型的册命銘文,但在介紹史官時只説"作册尹册命矜",不言"王呼",仍帶有早期的特徵。其右者"祭叔"前所未見,"祭"字作[字形][字形]二形,上部爲手持二倒矢,過去多隸定爲"淼",與字形不符。李學勤據郭店楚簡《緇衣》所引"祭公之顧命"的"祭"字形體,指出過去釋"淼"的這個字實際上應該是"彗"字,假作"祭",西周金文中的"淼公"就是文獻中的祭公①,其説甚是。昭穆之際金文中有"祭公",見於嗣鼎(《集成》

① 李學勤:《釋郭店簡祭公之顧命》,《文物》1998 年第 7 期,第 44—45 頁。

2659)、窅鼎(《集成》2740－2741)、厚趠方鼎(《集成》2730)三器,可能就是祭公謀父或其父輩(即與昭王同死於漢水的那位祭公)。同時代的令鼎(《集成》2803)銘文中有"祭仲",西周早期太史觶(《銘圖》10629)銘文中有"祭季",另有祭季鬲(《集成》495)。"祭仲""祭季"與羚簋的"祭叔"應該都是祭氏族人。自祭公謀父之後,祭氏再没有出現過位高權重的代表人物,羚簋的"祭叔"是祭氏首次見於册命銘文。

羚簋銘文中的"令邑于奠(鄭)",是指賜給羚在"鄭"地的采邑;"邑"爲動詞,與金文中多見的"侯于某地"的"侯"字用法相同。可見周王不僅在"鄭"設有直轄的職官機構,而且還把"鄭"的土地賜給臣下作爲采邑。西周中期後段至西周晚期,有一些從大族分出的小宗旁支,往往將"奠(鄭)"字加於原氏名之前,形成"奠(鄭)某氏"的複合氏名,如奠(鄭)井氏、奠(鄭)虢氏、奠(鄭)同(凡)氏等。有學者指出這些家族就是從井氏、虢氏、同(凡)氏等世族的大宗分出,而别封於"奠(鄭)"地的小宗①,這一觀點得到羚簋銘文的支持。值得注意的是,這類複合氏名始見於西周中期後段(即穆王以後),説明此時大世族進入一個快速發展的時期。

羚簋銘文的"訊訟"和"取邋"也多見於册命銘文。"訊訟"亦作"訊小大友鄰"或"訊庶友鄰",是指司法審判。"取邋"的含義,學者有不同解釋,如陳夢家認爲是徵收罰款,陳漢平、朱鳳瀚等主張是貴族官員的俸禄②。因爲"取邋"大多出現在"訊訟"之後,我認爲可能是從判處的罰金中提取一部分作爲官員個人收入,是周王賦予受命者的一項特權。"取邋"的數額均爲"五"的倍數,恭王時期的哉簋(《集成》4255)、趩簋與羚簋一樣都是"五鋝",親簋的器主井伯親貴爲王朝冢司馬,也不過"十鋝"。直到宣王時期的番生簋(《集成》4326)和毛公鼎(《集成》2841),才增加到"廿鋝"和"卅

_____

①　參看松井嘉德:《西周奠(鄭)考》,《日本中青年學者論中國史・上古秦漢卷》,第42—60頁。另外在"豐"也有類似的别封的小宗,如井氏的小宗"井叔氏",其氏名亦稱"豐井",有豐井叔簋(《集成》3923)可證。

②　陳夢家:《西周銅器斷代》,第193頁;陳漢平:《西周册命制度研究》,第261—262頁;朱鳳瀚:《西周金文中的"取徵"與相關諸問題》,陳昭容主編:《古文字與古代史》第一輯,臺北:中研院歷史語言研究所,2007年,第191—211頁。

鈴",可見"取邁"的數目有一個逐漸上升的過程。"訊訟"和"取邁"是伴隨着册命銘文的成熟而出現的,穆王時期銘文中還没有發現。

7. 附論幾件僞作之器

《銘圖》一書所録新見私藏青銅器中,與本文所論密切相關者,還有由鼎(《銘圖》2453,圖 46)、由盨蓋(《銘圖》5673,圖 47)和廿六年倗叔壺(《銘圖》12401,圖 51)。然而從器形和銘文看來,這幾件器物的可靠性頗有疑問,故於本節之末略加討論。

圖 46　由鼎及其銘文

由鼎、由盨蓋的銘文内容、行款、書體都基本相同,僅個别字形有異,其銘文曰:

唯正月初吉庚寅,王在康宫,格于大室。榮伯入右由,即位。王呼内史尹册命由。王曰:"由,命汝作服。賜汝金車、旂、㣇巿、幽黄(衡)。"由敢對揚天子丕顯休,用作朕考殷。由其萬年子子孫永寶用。

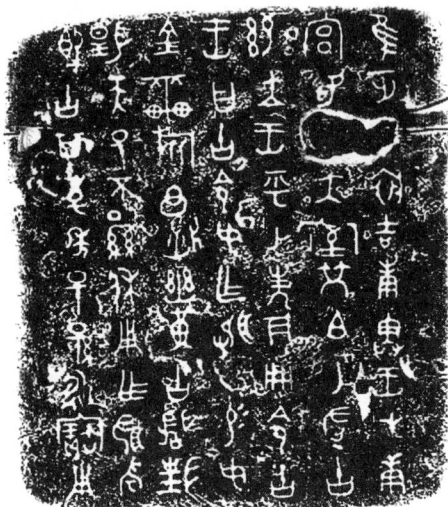

圖 47　由盨蓋銘文

器主之名,《銘圖》原釋爲
"古",與字形不符,應改釋"由"。
從《銘圖》所收銘文拓本看來,其
文字書寫較爲拙劣,字形多有訛
誤,應是僞銘①。但其內容並無明
顯破綻,屬於比較標準的冊命銘
文,各項要素基本齊備;"榮伯入
右由"之後,用"即位"來代替冊命
銘文常見的"立中廷,北向",同於
趞簋和虎簋蓋,是年代較早的特
徵。其中的右者"榮伯",是西周
中晚期金文中重要的政治人物,
見於同簋(《集成》4271)、衛簋(《集成》4209 – 4212)、裘衛盉(《集成》
9456)、永盂(《集成》10322)、宰獸簋(《銘圖》5376 – 5377)、弭伯簋(《集成》
4257)、卯簋蓋(《集成》4327)、輔師嫠簋(《集成》4286)、康鼎(《集成》
2786)、敔簋(《集成》4323)、應侯視工鐘(《銘圖》15314 – 15316)等器銘文。
因此,由鼎、由盨蓋銘文雖屬僞作,但其內容或有所本。

　　由鼎通高 23.2—23.5 厘米,口徑縱 16.5、橫 19.9 厘米,器形近似西周
早期至中期前段多見的小型方鼎。器身呈橢方形,直口方唇,頸部內收,
腹部微鼓,四條柱狀足橫截面呈半圓形;鼎身短邊頸部兩側有一對扭索狀
附耳,長邊頸腹間有一對獸首半環形耳,獸角螺旋形,下有鉤狀垂珥;頸部
飾雲雷紋填地的歧身夔龍紋,四足上部飾有獸首。形態類似的附耳橢方
形鼎在穆王前後比較多見,如上海博物館藏毛公旅鼎(《集成》2724)、扶風
莊白出土的伯戔鼎(《集成》2824)等;濟陽劉臺子六號墓出土的一件方鼎

---

　　①　本文初稿曾將此二器作爲真器討論,但 2013 年 10 月 19—20 日在上海復旦大學召開的"簡
帛文獻與古代史"學術研討會暨第二屆出土文獻青年學者論壇上發表之後,不少與會學者對銘文可
靠性提出質疑,我反復斟酌後乃改爲今說。

(M6：21)頸部明顯内收，與由鼎尤爲近似①。但以往所見此類鼎的足部均爲圓柱形，由鼎則爲半圓柱形，説明其年代較晚。由鼎器身正面的一對獸首半環形耳，以往在方鼎上從未見過，非常特別；耳上部獸首的螺旋形角，多見於西周中期後段至西周晚期，也是較晚的特徵。由鼎的器形雖然罕見，但其細節均符合西周中期銅器的常見特徵，應非向壁虚造，不排除銘僞而器真的可能，還有一種可能則是器、銘均模仿真器而僞作。由盨蓋器形未見著録，亦無文字介紹，但《銘圖》將其定名爲“盨蓋”，説明其形制當與一般的盨蓋相似，其上可能有四個曲尺形紐，卻置時可以爲足，這種類型的器蓋也常見於橢方形小鼎上。可見由鼎與由盨蓋原本應是同一件器物的器和蓋（或者更準確地説，是仿照同一件器物的器、蓋而僞造），後分歸不同藏家。此二器雖然很可能是僞作，但我認爲應有真器爲其模本，因此不能一概否定其研究價值。

以往所見方鼎多自名爲“鼎”或“鼒”，由鼎器形類似附耳小方鼎，其銘文卻自名爲“𣪘”，表面看來似是一個明顯破綻，其實不然。陳夢家在討論西周中期後段的伯鮮盨（《集成》4361－4364，見本書第16頁，圖9）時曾指出：“盨之出現，約當懿王時，此前所未見。此器是盨而自名曰𣪘……在形制花紋上和稱謂上，似皆代表盨初出現的情況。”②陳氏發現初期的盨自名曰“𣪘”而不曰“盨”，在當時資料尚不豐富的條件下，可謂獨具卓識。近年由於應侯再盨（《銘圖》5639，見本書第15頁，圖8）等新材料的發現，已將盨這一器類出現的時間上限前推到穆恭之際③。在目前所見西周中期後段的銅盨中，應侯再盨、瘨盨（《集成》4462－4463）、伯敢尊盨（《銘圖》5613－5614）等都自名爲“𣪘”，達盨蓋（《銘圖》5661－

①　山東省文物考古研究所：《山東濟陽劉臺子六號墓清理報告》，《文物》1996年第12期，第8頁，圖七。

②　陳夢家：《西周銅器斷代》，第246頁。

③　應侯再盨出土於平頂山應國墓地M84，見河南省文物考古研究所等：《平頂山應國墓地八十四號墓發掘簡報》，《文物》1998年第9期，第4—17頁；該墓下葬年代被發掘者定於恭王後期，其説甚是。另外，北趙晉侯墓地M13也出土銅盨，是該墓地中年代最早的一例，資料尚未發表，介紹見北京大學考古學系、山西省考古研究所：《天馬——曲村遺址北趙晉侯墓地第二次發掘》，《文物》1994年第1期，第8頁。與M13配對的M9墓主被推定爲武侯寧族，約當穆王時，M13作爲夫人墓，下葬時間可能略晚，或可進入恭王早期。

5663)則自名爲"須（盨）"，總體看來稱"段"者多而稱"盨"者少。到西周晚期，自名"盨"者占了絕大多數，但仍有少數自名"段"者，如華季嗌盨（《集成》4412）等①。圈足盨在形制、組合和功能上都與"段"相似，本身就是由"段"分化而來，因此早期多自名爲"段"。而由鼎這種形態類似方鼎的器物也自名爲"段"，恰好説明它在當時是被歸入"盨"類的。西周晚期除多見圈足盨外，還有爲數較少的四足盨，如晉侯鞦盨（《銘圖》5630，圖 48）、召伯虎盨（《銘圖》5518，圖 49）、矢賸盨（《銘圖》5514）、應侯盨（《銘圖》5503，圖 50）等。李零曾指出，這種四足盨是由西周中期帶矩形紐器蓋的附耳方鼎發展而來②。這一見解現在已得到新材料的證實。中國國家博物館新近入藏的内史盨，器身橢方形，垂腹，圜底，四柱足，兩附耳，蓋上有四個曲尺形紐；其與此前所見附耳方鼎的主要區別，是柱足較爲短小；而其銘文與由鼎一樣，也是自名爲"段"③。國博將其定名爲"盨"是十分正確的。從器形、紋飾看來，内史盨的年代大約在穆恭之際，是目前所見年代最早的四足盨。由鼎亦應定名爲"盨"而非"鼎"，結合其形態、紋飾特徵和銘文内容，

圖 48　晉侯鞦盨

---

① 另如录盨（《集成》4357－4360）自名"盨段"。這種習慣甚至延續到春秋早期，如棗莊東江小邾國墓地出土的滕侯蘇盨（《銘圖》5620）仍自名爲"段"。

② 李零：《關於銅器分類的思考》，見《入山與出塞》，文物出版社，2004 年，第 258 頁。但李零認爲西周中晚期的盨全都是由附耳帶蓋小方鼎演變而來，則未必符合實際情况。由現有材料看來，圈足盨和四足盨的最早標本基本上是同時出現，應該各自有其源頭，圈足盨應是從簋分化而出，四足盨則來源於附耳帶蓋的橢方形小鼎（後者的功能很可能與其他方鼎不同，而接近於簋）。

③ 此器資料尚未公開發表，但最近在中國國家博物館"新入藏文物展"展出，照片見於網絡。【作者案：此器現已收入中國國家博物館編：《近藏集粹——中國國家博物館新入藏文物》，北京時代華文書局，2016 年。】值得注意的是，内史盨的腹底外緣四足之間還連接有一圈很矮的假圈足，説明它其實是圈足盨與附耳小方鼎融合的産物；從類型學上説，它應該是圈足下接四小足的附耳盨（如應侯盨，圖 50）的直接前身，而與由盨、矢賸盨等底部無圈足的四足盨有所區別。

年代應晚於内史盨,以定於恭懿時期爲宜①;其銘文中的"榮伯",與同
簋、衛簋、裘衛盉、永盂銘文中的"榮伯"可能是同一人。

圖49　召伯虎盨

圖50　應侯盨

《銘圖》所録廿六年倗叔壺(圖51),蓋内有銘文四字:"叔作醴壺。"
其器外底銘文曰:

　　　唯廿又六年十月初己卯,倗叔作囸甫寶尊壺,其萬年子子孫孫
永寶用。

張懋鎔、朱鳳瀚兩位學者在其文章中都將此器作爲真器討論,張文
將其定爲穆王時器,朱文則認爲其年代在西周中期偏晚,不早於恭王②。
倗叔壺器銘"四要素"俱全,如果此器可靠,則對西周金文曆譜和銅器斷
代研究都有不小的影響。但最近陳小三撰文指出,倗叔壺的整體形制、
提梁的高度以及兩端獸首風格均與西周時期的銅壺差異明顯,器底銘
文字口生硬、外緣多豁口、同一字的筆畫粗細不匀,而器蓋銘文筆畫流
暢,與器底銘文差異頗大。因此他認爲倗叔壺器身及器底銘文應爲僞

---

① 《銘圖》還收録了一件由盉(《銘圖》14798),其銘文内容與由鼎、由盨蓋基本相同,而書風
差異較大,筆畫軟弱無力,字口模糊,文字多有訛誤,僞作痕迹較由鼎、由盨蓋更爲明顯。此器造
型、紋飾也顯得生硬粗糙,應是僞器無疑,銘文當是照搬由鼎、由盨蓋。
② 張懋鎔:《新見金文與穆王銅器斷代》,《文博》2013年第2期,第20—21頁;朱鳳瀚:《關
於西周金文曆日的新資料》,《故宮博物院院刊》2014年第6期,第19—21頁。

圖 51　倗叔壺(左)及其蓋銘(中)、器銘(右)

作,器蓋及銘文則不僞①。陳文所論證據確鑿,倗叔壺器底銘文的確十分可疑,應該盡量排除它給西周銅器斷代研究帶來的擾亂。

二、西周中期後段青銅器的變化

以上文涉及的新出青銅器爲出發點,結合以往學者的研究成果,根據銘文中出現的人名及其他因素,我將恭王時期具有斷代意義的代表性銅器分爲十組,列舉如下(其中少數銅器或可早到穆王晚期或晚到懿王時):

(一)“穆王”王號組

長甶盉(《集成》9455)、遹簋(《集成》4207)、牆盤、師𤳙鼎(《集成》2830)

---

① 陳小三:《試論“倗叔壺”和作册吳盉》,《中國國家博物館館刊》2015 年第 3 期,第 61—64 頁。

案：長甶盉、遹簋銘文中的"穆王"，自王國維開始被認爲是"生稱"，故此二器長期被定爲穆王標準器，對西周中期銅器斷代影響極大。但 20 世紀 80 年代以來，贊同"謚號説"的學者逐漸增多。如果"穆王"是謚號，此二器應作於恭王初年，銘文記事則發生在穆王晚期。牆盤和師虎鼎銘文中的"穆王"無疑是謚號，故學者公認此二器爲恭王標準器（也有人將師虎鼎定於孝王時）。

（二）獄、衛組

獄器群：獄鼎（《銘圖》2329）、獄簋一式（《銘圖》5275、《銘圖續》460）、獄簋二式（《銘圖》5315－5318、《銘圖續》459）、獄盤（《銘圖》14531）、獄盉（《銘圖》14799），銘文右者"周師"。

衛器群：衛簋（《銘圖》5368－5369），右者"仲侃父"。

案："獄"與"衛"應爲兄弟關係，我將獄器年代定於穆恭之際，並推測獄器之右者"周師"即井伯親之父[1]。

（三）穆公、尹姞組

盠器群：盠方尊（《集成》6013）、盠方彝（《集成》9899－9900，右者"穆公"）、盠駒尊（《集成》6011－6012，呼召者"師虡"）

師遽器群：師遽簋蓋（《集成》4214）、師遽方彝（《集成》9897，呼召者"宰利"）

穆公自作器：穆公簋蓋（《集成》4191，呼召者"宰利"）、穆公鼎（《銘圖》1242）

尹姞（公姞）器群：尹姞鬲（《集成》754－755）、公姞鬲（《集成》753）、次尊（《集成》5994）、次卣（《集成》5405）

其他：馘簋（《集成》4255，右者"穆公"）

案："穆公"活動於穆恭之際，我曾推測他就是井伯親和第一代

---

[1] 《親簋年代及相關問題》，見本書第 3—25 頁。

“井叔”之父,與獄器之右者“周師”或爲同一人①。尹姞鬲銘文曰“休天君弗忘穆公聖妍明弼事先王”,可見此時“穆公”已死,“先王”應指穆王,故該器年代應在恭王早期。

(四) 井伯組

井伯自作器:廿四年親簋

井伯擔任“右者”之器:七年趞曹鼎、利鼎、師奎父鼎、師毛父簋、師癭簋蓋、豆閉簋、救簋蓋、召簋

案:井伯親於恭王二十四年被册命爲“冢司馬”,故右者稱“司馬井伯”或册命地點在“周師司馬宮”之器,如師癭簋蓋、師奎父鼎、走簋、救簋蓋,其年代均應在此之後。故十二年走簋應移入懿王世。元年師虎簋的右者爲“井伯”,但被公認爲懿王器;故其餘右者稱“井伯”之器,也不排除晚到懿王早期的可能。十二年永盂銘文中“井伯”之地位已僅次於“益公”,故其年代也晚於親簋,應移入懿王世②。十五年趞曹鼎原被多數學者歸入本組,其銘文出現“龏(恭)王”,應是懿王時所作器,但記事年代仍屬恭王。利鼎器主或即“宰利”,則本組可通過利鼎與穆公組繫聯。

(五) 益公組

九年乖伯簋(《集成》4331)、廿年走馬休盤(《集成》10170)、廿三年倗伯再簋

案:乖伯簋、休盤亦有可能屬懿王世或更晚。“益公”擔任右者的申簋蓋(《集成》4267)、王臣簋(《集成》4268)、師道簋(《銘圖》5328)年代應該略晚,或爲懿孝時器。

---

① 《親簋年代及相關問題》,見本書第 22—23 頁。
② 《親簋年代及相關問題》,見本書第 20—21 頁。案:該文將永盂定爲恭王器,本文改變舊有觀點,將其下移入懿王。

(六) 榮伯組

同簋(《集成》4270－4271)、衛簋(《集成》4209－4212)

(七) 密叔組

卅年虎簋蓋、趩簋、申鼎、伯申簋

　　案：本組通過虎簋蓋可與井伯組繫聯。

(八) 作册吴組

作册吴盉、盤

　　案：作册吴自作之二祀吴方彝，及"内史吴"任史官之元年師虎簋，皆爲懿王器。牧簋則晚到孝夷時期。本組通過"内史吴"任史官之師痽簋蓋，可與井伯組繫聯。

(九) 其餘有紀年銅器

元年郘智簋(《集成》4197，右者"康公")、廿七年裘衛簋(右者"南伯")、廿八年斷簋(右者"毛伯")

　　案：五祀衛鼎《集成》2832)銘文有"余執恭王恤功"之語，其記事應在懿王時，九年衛鼎(《集成》2831)、裘衛盉(《集成》9456)亦然。但五祀衛鼎之"井伯"與裘衛盉之"榮伯"，與恭王時"井伯"、"榮伯"應爲同一人。再通過永盉，可將井伯組、益公組、榮伯組繫聯在一起。

(十) 其餘無紀年銅器

曶簋、吕簋、羚簋(右者"祭叔")、吕服余盤(右者"備仲")、殷簋(右者"士成")、士山盤

郭沫若在 20 世紀 30 年代提出的"標準器斷代法"，至今仍然是西周銅器斷代研究最核心的方法論。陳夢家、郭寶鈞等學者倡導的"器群斷代法"，從根本上説仍然是以"標準器"爲核心，向外繫聯同時、同人、同地、同坑之器，可視爲"標準器斷代法"的延伸和擴展。誠如不少學者所指出的

那樣，"標準器斷代法"的一大問題，就在於"標準器"本身年代的不確定性。如果"座標"本身發生"位移"，參照此"座標"而確定位置的一系列銅器也必然隨之移動。而隨着新材料的湧現和研究的不斷深入，很多早年被認定爲"標準器"的銅器，後來都發生過"位移"①。

　　不同研究者對"標準器"的年代判斷有異，將直接影響他們對西周銅器分期斷代的整體觀感，進而導致他們在銅器組合、紋飾、銘文字體、書風、内容、形式乃至歷史發展趨勢等方面產生認識上的分歧。例如張懋鎔在《新見金文與穆王銅器斷代》一文中，列舉了 15 件穆王時期的"標準器"和"次標準器"②；而在我看來，其中除剌鼎（《集成》2776）、班簋、庚嬴卣（《集成》5426）、鮮簋 4 器之外，均應爲恭王時器③。可以想見，這種對"標準器"年代判斷的巨大差異，必將使我們對西周中期青銅器和銘文演變的趨勢產生截然不同的看法。目前學界對"王號生稱説"與"謚號説"尚且未達成一致意見④，如要解決這些分歧，勢必需要更多新資料的支持和長期深入的研究。同時，避免對"標準器斷代法"的單一使用和對金文曆譜的過度依賴，更多地利用考古發掘出土的組合相對完整的墓葬和窖藏資料，兼顧器物組合形式和形態、紋飾的演變，將對器物的考古類型學分析和對銘文内容的歷史學分析融入銅器斷代研究之中，不失爲在現有資料條件下改進研究方法的一條出路。

　　20 世紀八九十年代，已有一些學者以考古發掘的墓葬、窖藏資料爲基礎，對西周青銅器進行全面整理和系統分析，在整體的分期、斷代研究

---

　　①　最顯著的一例，就是唐蘭根據"康宮原則"將矢令方尊（《集成》6016）和方彝（《集成》9901）從成王下移至昭王，從而將一大批曾被郭沫若、陳夢家定於成康時期的銅器拉晚到昭穆時期，使西周前期（成王至穆王）的銅器斷代體系產生根本變化。見唐蘭：《西周銅器斷代中的"康宮"問題》，《考古學報》1962 年第 1 期，第 15—48 頁；《論周昭王時代的青銅器銘刻》，《古文字研究》第二輯，中華書局，1981 年。唐蘭的這一創見曾受到很多質疑，但近幾十年來經過多批新出土銅器的驗證，已得到學界的普遍認同。

　　②　張懋鎔：《新見金文與穆王銅器斷代》，《文博》2013 年第 2 期，第 23—24 頁。

　　③　廿六年佣叔壺器底銘文爲僞作，不計在内。長由盉、遹簋銘文記事在穆王時，作器年代已到恭王初年。

　　④　如李學勤、張懋鎔、夏含夷等學者即贊同"生稱説"，"夏商周斷代工程"也采用此説。而彭裕商、王占奎等學者則支持"謚號説"，我也是"謚號説"的堅定支持者。

方面取得很大推進①。他們建立起來的分期斷代體系，經過近年新出土材料的檢驗，除局部需加以改進或討論外，整體上符合西周青銅器的發展規律和趨勢，爲我們今天的工作打下了良好基礎。迄今爲止，下葬年代約在穆王時期的高等級銅器墓葬，經過考古發掘且銅器組合保存完整的爲數較多，如寶雞茹家莊 M1 和 M2（強伯夫婦墓）②、長安花園村 M15 和 M17③、扶風齊家十九號墓④、扶風莊白伯戜墓⑤、山東濟陽劉臺子六號墓⑥等。相比之下，目前已公布資料的恭懿時期銅器墓要少得多，長安普渡村長由墓⑦、翼城大河口 M1017 的下葬年代可能在恭王早期⑧，絳縣橫水M1、M2（倗伯夫婦墓）和平頂山應國墓地 M84 約在恭王晚期（也可能進入懿王初年）⑨。爲便於將這些墓葬的隨葬銅器組合加以比較，我將這 12座墓葬出土的主要銅禮樂器列表於下：

---

① 代表性論著包括李豐：《黃河流域西周墓葬出土青銅禮器的分期與年代》，《考古學報》1988年第 4 期，第 383—419 頁；盧連成、胡智生：《陝西地區西周墓葬和窖藏出土的青銅禮器》，盧連成、胡智生編：《寶雞強國墓地》，文物出版社，1988 年，第 470—529 頁；曹瑋：《周原西周銅器的分期》，北京大學考古系：《考古學研究》（二），北京大學出版社，1994 年，第 144—165 頁，另見《周原遺址與西周銅器研究》，科學出版社，2004 年，第 9—38 頁；朱鳳瀚：《古代中國青銅器》，南開大學出版社，1995年，第 753—778 頁。

② 盧連成、胡智生編：《寶雞強國墓地》，第 271—384 頁。

③ 陝西省文物管理委員會：《西周鎬京附近部分墓葬發掘簡報》，《文物》1986 年第 1 期，第 1—31 頁。

④ 陝西周原考古隊：《陝西扶風齊家十九號西周墓》，《文物》1979 年第 11 期，第 1—11 頁。

⑤ 扶風縣文化館、陝西省文管會等：《陝西扶風出土伯戜諸器》，《文物》1976 年第 6 期，第 51—60 頁。

⑥ 山東省文物考古研究所：《山東濟陽劉臺子西周六號墓清理報告》，《文物》1996 年第 12 期，第 4—25 頁。

⑦ 陝西省文物管理委員會：《長安普渡村西周墓的發掘》，《考古學報》1957 年第 1 期，第 75—85 頁。

⑧ 山西省考古研究所大河口墓地聯合考古隊：《山西翼城縣大河口西周墓地》，《考古》2011 年第 7 期，第 9—18 頁。我根據所出霸伯簋、倗伯盆、尚盂等年代較晚的銅器，認爲大河口 M1017 的下葬年代應在恭王早期。

⑨ 山西省考古研究所等：《山西絳縣橫水西周墓地》，《考古》2006 年第 7 期，第 16—21 頁；《山西絳縣橫水西周墓發掘簡報》，《文物》2006 年第 8 期，第 4—18 頁；河南省文物考古研究所等：《平頂山應國墓地八十四號墓發掘簡報》，《文物》1998 年第 9 期，第 4—17 頁。案：橫水墓地發掘者將 M1、M2 的年代定於穆王時期或略晚，我根據 M1 出土倗伯再簋及兩墓出土其他銅、陶器的總體特徵，認爲兩墓下葬年代應在恭王末年或懿王初年，參看《橫水、大河口西周墓地若干問題的探討》，見本書第257—261 頁。

器類＼墓葬	長花 M15	長花 M17	茹家莊 M1 甲	茹家莊 M1 乙	茹家莊 M2	劉臺子 M6	齊家 M19	伯戜墓	長由墓	大河口 M1017	橫水 M1	橫水 M2	平頂山 M84
直角方鼎	2	1		2		1				5①			
圓角方鼎				1	1	2		2					
圓鼎	2	2	5	5	5	3	2	1	4	8	5	3	2
鬲			2	3	1				2	1	1		
甗		1		1	1	1	1	1	1	1	1	1	1
方座簋		2									1		
圈足簋	2		4	4	4	5	2	1	2	6	2		
圈小足簋				1	1						2	1	
盂（盂形簋）								1		1	1		
盨										2			1
豆				4						4			
盆										2			
盤		1		2	1	1	1	1	1	1	2	1	1
盉		1		1		1	1	1	1		2	1	1
尊	2	1		2		1	1			3		1	1
卣	2	1		1		1	1		1	3		1	1
壺		1		2				1	1	1	2		
罍				1					1	1			
爵	2	2		2		2	2	2	2	7		1	1
觶	1	2		1		2	1	1		2	1		1
觚		1							2	3		1	
編鐘				3					3	3	5	5	

---

① 該墓出土方鼎5件，已發表兩件，一為直角方鼎，一為圓角方鼎，但具體各有幾件，簡報未説明。該墓還出土銅斝1件，銅人頂盤1件，未列入上表。

　　由上表可知,恭懿時期墓葬的銅器組合基本延續了穆王時期的形式,但在以下幾個方面有明顯變化:

　　(一)方鼎基本消失。方鼎在穆王時期級別較高的墓葬中幾乎是不可缺少的器類,但到恭王時期則基本不見。在目前所見傳世和流散銅器中,也沒有年代確定晚於穆王的方鼎①。

　　(二)"列鼎"制度得到進一步發展。橫水墓地 M1 畢姬墓隨葬五鼎,均爲垂腹柱足(或半柱足)圓鼎,形態相似,大小相次,除最大的一件飾長尾鳥紋外,其餘均爲素面加一周弦紋(圖 52)②。形制相同、大小相次的奇數圓鼎與形制、大小均相同的偶數簋相配的"列鼎"、"列簋"制度,最早見於茹家莊 M1 強伯墓甲室(殉妾墓)③,但該墓隨葬的鼎、簋形制與周文化禮器風格迥異,當是一種特殊的地方類型。橫水 M1 出土的"列鼎"是典型的周文化銅鼎,且出於王朝大貴族畢氏之女畢姬墓中,這説明"列鼎"制度在王朝貴族中已有一定程度的普及。但橫水 M1 並沒有與"列鼎"相配的"列簋",可見這一新興的禮制尚處於形成過程中。

　　(三)盛食器中新出現了盨和盆。平頂山應國墓地 M84 出土應侯再盨一件(見本書第 15 頁,圖 8),另外晉侯墓地 M13、大河口 M1017 也都出現了盨,後者還出土佣伯盆一對(M1017：9、26,《銘圖三》616－617,圖53)。過去學者多認爲盨和盆最早見於西周中晚期之際,扶風莊白一號窖藏出土的癲盨(《集成》4462－4463)和微癲盆(《集成》10324－10325,圖54)往往被作爲典型例證。考古新發現證明盨和盆的最早標本在穆恭之際已經出現。

---

　　①　前文提到的由鼎雖然形態類似方鼎,但實際上是四足盨。大河口 M1017 出土 5 件方鼎,其中 M1017：2 爲直角方鼎,飾乳釘紋,M1017：10 爲圓角方鼎,飾大獸面紋,其形制、紋飾均偏早,應爲昭穆時期遺留下來的器物。

　　②　目前已發表的資料對這五件鼎並沒有全面介紹,但橫水 M1 全部銅器現在中國國家博物館"古代中國"陳列展出,使我們得以一窺其全貌。

　　③　曹瑋指出,所謂"列器"(形制相同的成組銅器)早在商代就已出現,西周早期也不乏其例,但以鼎簋爲核心、各種器用嚴格配置的一整套"列器"制度,是到西周後期(懿孝以後)才形成的,見《從青銅器的演化試論西周前後期之交的禮制變化》,《周原遺址與西周銅器研究》,第 99 頁。

圖 52　橫水 M1 出土銅器（中國國家博物館“古代中國”陳列）

圖53　倗伯盆　　　　　　　　　　圖54　微癲盆

　　（四）酒器仍以尊、卣、爵、觶組合爲主，但數量減少，一般每種只出一件①。罍至恭王後期已消失。尊、卣、方彝等西周早期的典型酒器直至懿孝時期仍有少量殘餘，爵一直延續到西周中晚期之際②。西周晚期流行的成對使用的長頸鼓腹圓壺，恭懿時期墓葬中還沒有出現。目前所見此類圓壺，年代最早的當數莊白一號窖藏出土的三年癲壺（《集成》9726－9727，圖55：a）和十三年癲壺（《集成》9723－9724，圖55：b）；扶風强家一號墓出土的兩件圓壺（圖55：c），形制與十三年癲壺非常相似，年代都應在西周中晚期之際。晉侯墓地M92出土的晉侯僰馬圓壺（《銘圖》12276－12277，圖55：d），形態和

───────────

　　①　翼城大河口M1017出土酒器較多，如尊、卣、觚都是3件，爵甚至多達7件。該墓以及年代更早的大河口M1隨葬鼎、簋和酒器的數量都遠遠超過同時期的同等級墓葬，應是該家族的一種特殊傳統。而且該墓隨葬的尊（M1017：21）、卣（M1017：16）形制、紋飾均類似昭穆時期，應爲前代遺留之物。

　　②　懿王時仍有趞尊、吳方彝等器，匡卣（《集成》5423）銘文出現"懿王"，應爲孝王時器。張家坡M163出土尊、卣蓋、爵等酒器，由同出的井叔釆鐘，發掘者推斷其墓主爲井叔夫人，與其配對的M157爲井叔釆墓，並將兩墓年代定於張家坡墓地的第三期，即共懿孝時期，見中國社會科學院考古研究所：《張家坡西周墓地》，中國大百科全書出版社，1999年，第153—161、368頁。朱鳳瀚進一步將兩墓下葬年代定於孝夷時期，見《商周家族形態研究（增訂本）》，天津古籍出版社，2004年，第664頁，其說可從。但M163出土的尊、卣形制均較早，應爲前代遺留之物。晉侯墓地M8也出土一件爵，該墓下葬年代可能已到宣王時，發掘者認爲此爵爲前代之物，見北京大學考古學系、山西省考古研究所：《天馬——曲村遺址北趙晉侯墓地第二次發掘》，《文物》1994年第1期，第16、18頁。另外，莊白一號窖藏出土的癲爵（《集成》8916－8917、9070），年代在西周中晚期之際，在目前能夠準確斷代的西周銅爵中年代最晚。

a. 三年㝬壺

b. 十三年㝬壺

c. 強家M1出土圓壺

d. 晉侯僰馬圓壺

圖 55

紋飾都比上面幾件壺要早,可視爲其前身[1]。

　　(五)出現成套的銅制明器。橫水 M1 隨葬兩套盤、盉,其中一套製

---

[1]　　另外晉侯墓地 M33 和 M91 各出土一件晉侯僰馬方壺(《銘圖》12430－12431),原應爲一對,與僰馬圓壺形態、紋飾相近,亦可視爲西周晚期方壺的前身。晉侯墓地 M91、M92 墓主一般認爲是晉侯喜父(靖侯宜臼)夫婦,M33、M32 墓主一般認爲是晉侯僰馬(厲侯福)夫婦,前者的下葬年代約在西周中晚期之際,後者則在西周中期後段,但應晚於橫水 M1、M2。

作極爲粗劣,顯然是專門爲隨葬製作的明器。該墓出土的鼎、簋也有幾件做工粗糙,似非實用器(圖 52)。穆王時期的扶風齊家 M19 和 87 張家坡 M1 等墓葬已出土成套陶禮器①,但隨葬成套銅制明器的現象還没有發現,而到西周晚期隨葬銅明器已非常普遍。另外,横水 M1 出土銅簋中,製作粗劣的幾件均爲前期流行的侈口簋,而代表當時新式樣的倗伯再簋則是實用器。模仿當時已不流行的早期器形,也是西周晚期銅明器的一個特點。

(六)編鐘數目增加,倗伯夫婦墓與強伯墓級别相當,但編鐘由 3 件增加到 5 件。

下葬於西周中晚期之際的高等級墓葬,目前已公布資料且組合完整的,僅有扶風强家一號墓一例。此墓隨葬 4 圓鼎、5 簋、2 圓壺、1 甗、4 鬲、1 盤、1 盉②。其銅器組合與恭懿時期的同等級墓葬相比,最重大的變化就是尊、卣、爵、觶等酒器徹底消失,而代之以成對的圓壺(圖55:c);其次是出現了一套大小、形制、紋飾完全相同的銅鬲(圖56:h),其數目與鼎數相同。除了没出現形制相同、大小相次的奇數"列鼎"外,强家一號墓的銅器組合形式已與西周晚期非常接近。相比之下,恭懿時期墓葬的銅器組合雖然已經開始向西周晚期過渡,但總體上仍與西周中期前段(昭穆時期)更爲接近。

器物形制方面,以鼎、簋兩個主要器類的變化最能説明問題。恭懿時期的圓鼎仍然延續了昭穆時期開始流行的垂腹、柱足(或半柱足)、圜底或近平底的風格。雖然在傳世和流散銅器中已經出現申鼎(見本書第 47 頁,圖 24)、利鼎(見本書第 55 頁,圖 40)這樣接近西周晚期風格

---

①　陝西周原考古隊:《陝西扶風齊家十九號西周墓》,《文物》1979 年第 11 期,第 1—11 頁;中國社會科學院考古研究所灃西隊:《1987、1991 年陝西長安張家坡的發掘》,《考古》1994 年第 10 期,第 903 頁。

②　周原扶風文管所:《陝西扶風强家一號西周墓》,《文博》1987 年第 4 期,第 5—20 頁;曹瑋主編:《周原出土青銅器》,巴蜀書社,2005 年,第八卷第 1730—1777 頁,第九卷第 1790—1875 頁。

圖 56　扶風强家一號墓出土的部分銅器

的鼎，但目前在墓葬資料中還沒有發現。扶風强家一號墓所出的 4 件
圓鼎（圖 56：a—d），仍然是前一階段流行的垂腹淺圜底半柱足鼎，並没
有出現西周晚期常見的半球腹或垂腹蹄足鼎。另外，晉侯穌盨（《銘圖》5630、5647－5650，見本書第 64 頁，圖 48）、
晉侯穌鼎（《銘圖》2332）、晉侯穌鋪（《銘圖》6153，圖 58）均爲西周晚期
風格，而出土於 M92 的另一件晉侯穌鼎（《銘圖》2232，圖 57）爲半球腹、
蹄足、附耳、口沿下飾一周橫鱗紋，更是西周晚期常見的形式。但是 M1

圖 57　晉侯穌鼎

圖 58　晉侯穌鋪

被盜追繳的一件圓鼎卻是垂腹柱足、上腹飾一周弦紋（圖 59），M2 也出土了一件相似的圓鼎（M2：10）①。M1 墓主"晉侯穌"，學者多認爲即《史記·晉世家》記載的釐侯司徒，其在位時間大約與"共和"同時。即使認爲《晉世家》的年代記載有誤，晉侯穌的在位時間恐怕也不會早於厲王。可見半球腹或垂腹蹄足鼎取代垂腹柱足鼎的過程，直到西周中晚期之際還没有最後完成。

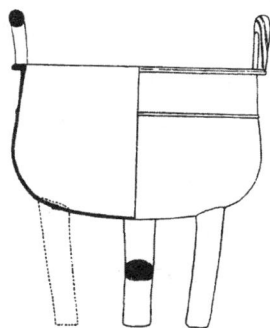

圖 59　晉侯墓地 M1 圓鼎

　　恭懿時期墓葬所見銅簋也仍然以侈口圈足簋爲主，但器形有趨於矮扁化的趨勢，在簋的圈足下添加小足的風格開始流行。除了在侈口圈足簋下添加小足外，新出現的形制主要有兩種。一種是以倗伯再簋、應侯再簋爲代表的直口（子母口）垂腹簋，一種是以横水 M2：62（見本書第 18 頁，圖 11）爲代表的斂口鼓腹瓦紋簋；而後者除去圈足下的小足後，其造型、紋飾與恭懿時期的師虎簋（見本書第 43 頁，圖 19）、豆閉簋（見本書第 18 頁，圖 10）等器幾乎全同。臺北故宫藏遹簋（《集成》4207，圖 60）與横水 M2：62 器形、紋飾都很相似，唯圈足下三小足較高，説明其年代可能

① 北京大學考古系、山西省考古研究所：《1992 年春天馬——曲村遺址墓葬發掘報告》，《文物》1993 年第 3 期，第 20、26 頁。

略早於後者;遹簋銘文中出現"穆王",支持"王號生稱説"的學者多定爲穆
王標準器,但如果將"穆王"看作謚號,則此器的製作年代已到恭王初年,
與類型學分析的結果相符。斂口鼓腹帶蓋的圈三足簋是西周中期後段至
西周晚期最爲常見的一類簋,其耳部有半環形耳和獸首銜環耳兩種,三小
足在西周中期後段多作圓柱或方柱狀(圖56:e-f),從西周中晚期之際
開始多作獸爪或象鼻狀。而師虎簋、豆閉簋這類不帶小足的斂口圈足簋
在西周中期晚段也相當多見。應該注意到,斂口全瓦紋簋在昭穆時期就
已出現,其代表有賢簋(《集成》4104-4105,見本書第265頁,圖104)、緯
簋(《集成》4192-4193)、睿簋(《集成》4194)以及可能從晉侯墓地 M114
流出的晉侯簋(《銘圖》4736-4737,圖61)等①。但昭穆時期的這類簋爲
數不多,耳部爲半環形耳或附耳,未見獸首銜環耳,圈足下亦未見三小足。
直到恭懿之際,斂口圈三足簋在墓葬中也只是個別發現,侈口圈足簋仍是
主流,橫水倗伯夫婦墓就是顯例(圖52)。而在强家一號墓出土的 5 件簋
中,有 4 件斂口圈三足簋(圖56:e-f),其中兩件爲半環形耳,兩件爲獸首
銜環耳;唯一一件侈口圈足簋(圖56:g)製作粗劣,似爲明器。可見斂口圈
三足簋取代侈口圈足簋而成爲主流,應該發生在恭懿以後,在西周中晚

圖 60　遹簋

圖 61　晉侯簋

① 晉侯墓地 M114 出土的一件簋(M114:219)與流散的兩件晉侯簋形制、紋飾、體量基本相
同,可見那兩件晉侯簋很可能是 M114 被盜流出的。M114 墓主一般認爲是晉侯燮父,其夫人墓
M113 還出土一件瓦紋圓鼎(M113:57)。參看北京大學考古文博院、山西省考古研究所:《天
馬——曲村遺址北趙晉侯墓地第六次發掘》,《文物》2001 年第 8 期,第 4—21 頁。該簡報將兩墓下葬
年代定爲西周早中期之際,其説可從。

期之際已接近完成，似乎比鼎的變化略早。

此外，穆王時期墓葬所出銅鬲主要有兩種：一種是延續西周早期風格的帶立耳或附耳的分襠鬲，一種是新出現的仿陶器風格的無耳平沿、器身飾繩紋的聯襠鬲。恭懿時期墓葬中，前一種鬲已極少見，後一種鬲成爲主流，後來發展爲西周晚期流行的寬平沿弧襠鬲（圖 56：h）。恭懿時期墓葬中出土的甗，體形比昭穆時期顯得更寬矮。昭穆時期四足盉比較常見，恭懿時期則基本不見四足盉，多爲三足，且體型更爲低矮。昭穆時期的盤多數雙耳低於口沿，而恭懿時期雙耳高於口沿者已很普遍。

紋飾風格方面，穆王時期雖然素面加弦紋或小紋飾帶的"素樸"風格已占上風，但西周早期延續下來的繁縟華麗的"滿花"風格仍然多見。而到恭懿時期，"素樸"風格幾乎一統天下，"滿花"之器變得極爲少見。穆王時期，西周早期盛行的獸面紋、方格乳釘紋、勾連雲雷紋等紋飾仍時有所見，而到恭懿時期這些紋飾則已基本絕迹。康昭之際開始出現的垂冠華麗大鳥紋到穆王時期達於極盛，而到恭懿時期僅有少量遺留[①]。穆王時期作爲小紋飾帶的主要是長尾小鳥紋和"S"形顧首龍紋，恭懿時期除了延續這兩種紋飾外，還增加了"W"形顧首龍紋（見本書第 59 頁，圖 43—45）和各式竊曲紋。尤其是由獸面紋、夔龍紋、鳥紋演變而來的各式竊曲紋，在穆王時期非常少見，而在恭王早期的長由墓銅器中已占相當比重，後來更發展爲西周晚期的主流紋飾。瓦紋在穆王時期還很少見，且集中於全瓦紋斂口圈足簋一種器形。到恭懿時期，除全瓦紋簋外，還出現了將瓦紋作爲主體紋飾配置於蓋面和腹部，竊曲紋、小鳥紋等作爲輔助紋飾帶配置於蓋緣和口沿下的斂口圈足簋或圈三足簋，日後發展爲簋類的主流。強家一號墓出土的 4 件斂口圈三足簋均屬此類（圖 56：e - f）。但在強家一號墓銅器上充當小紋飾帶的仍然是夔龍紋和小鳥紋，雖然這些紋飾已經高度簡化，與竊曲紋接近，但仍能辨認出龍和鳥的形象（圖 62：a - d）。直到西周晚期前段的南宮柳鼎（《集成》2805）和晉侯鮒盨（《銘圖》5647 -

① 目前所見恭懿時期飾大鳥紋的銅器只有親簋、師湯父鼎、申簋蓋等少數幾件。

5650,圖 62：e)上，仍然裝飾着簡化的顧首龍紋。可見在紋飾方面，西周晚期的竊曲紋、瓦紋、波帶紋、鱗紋（含重環紋）等抽象紋樣取代西周中期的龍紋、鳥紋等寫實紋樣，同樣是一個相當漫長的過程。

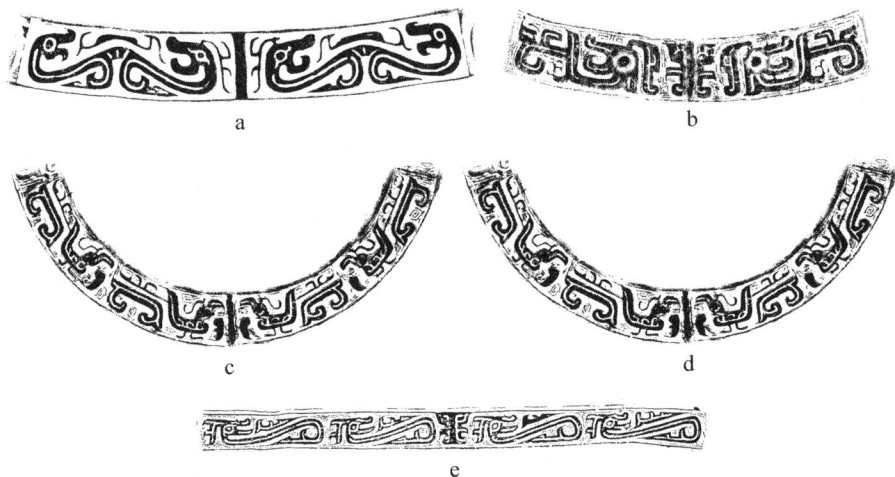

圖 62　a－d. 强家一號墓銅器紋飾(a. 鼎，b－d. 簋)；e. 晉侯𫒼盨紋飾

　　綜上所述，恭懿時期的銅器與穆王時期相比，在器類、組合、器形、紋飾等各方面都以繼承爲主；如果僅從"量"的角度來考察，新出現的因素所占比重並不大，這也是很多學者在對西周銅器進行分期時將穆、恭兩代劃入同一期的主要原因①。但如果考慮到"質"的層面，穆恭之際發生的變化就絕對不容忽視。越來越多的新出土資料顯示，恭王時期的青銅器已經開始出現很多西周晚期的典型特徵，而這些特徵在穆王時期還没有發現或僅有萌芽。如果將恭、懿、孝、夷時期視爲西周青銅器從前期向後期演變的過渡期，那麼恭王時期無疑已經開啓了這一過渡

----

　　①　盧連成、胡智生和朱鳳瀚都將西周"第三期"定爲穆恭時期(但其第一、二期的内涵並不相同)，見盧連成、胡智生編：《寶雞强國墓地》，第 513—521 頁；朱鳳瀚：《古代中國青銅器》，第766—770 頁，這一看法在新版的《中國青銅器綜論》(上海古籍出版社，2011 年)一書中得到繼承，見該書第 1284—1301 頁。曹瑋則將周原出土西周銅器分爲五組，其中前三組爲"前期"，四、五組爲"後期"，恭王以前屬於前期，懿孝以後歸於後期，見《周原遺址與西周銅器研究》，第 33—35 頁。早在 20 世紀 60 年代，唐蘭就根據眉縣出土的盨器群將西周銅器分爲前後兩期，恭王被歸入前期，見《〈青銅器圖釋〉敘言》，《唐蘭先生金文論集》，紫禁城出版社，1995 年，第 99—112 頁。

期的大門。早在 20 世紀 60 年代，郭寶鈞就以灃東普渡村長由墓爲界標，以穆王末葉爲分界將西周銅器群的風格分爲前後兩期①，可謂極富遠見。本節首先使用"標準器斷代法"，通過銘文繫聯和分組總結出恭王時期的典型銅器群，然後通過對墓葬出土資料的考古學分析，揭示出恭懿時期銅器具有承前啟後的特點，兩種研究方法取得的結論基本一致。如果在銅器斷代研究中考慮到恭王銅器"承前"的一面，就不必因爲器形、紋飾帶有"穆王色彩"而將廿七年裘衛簋、廿四年親簋等器提前到穆王時。同時，認識到恭王銅器"啟後"的一面，利鼎、申鼎等帶有明顯晚期風格的銅器出現於恭王時期，也是完全可以理解的。如果囿於以往的成見，或僅僅爲了牽合金文曆譜，而將親簋、虎簋蓋、作册吴盉等銅器提前至穆王時，就會導致穆王銅器出現早晚各期因素混雜並行的混亂局面。這不僅不符合考古類型學的普遍規律，也與穆王時期墓葬資料呈現的整體面貌相去甚遠。

三、對"西周晚期禮制改革"的一點思考

前文通過對新出恭王時期銅器的分析，以及對穆王和恭懿時期銅器組合與風格的比較，進一步認定虎簋蓋、作册吴盉、裘衛簋、親簋等紀年高於"二十三年"的銅器均應爲恭王時器，因此我對恭王紀年應在 30 年以上的假説有了更充分的信心。如前文所論，十二年走簋和永盉均應爲懿王器，故懿王在位至少有 12 年。而目前學者普遍定於孝夷時期的銅器，還有七年牧簋、六年宰獸簋、五年師旋簋等。因此即使采取最保守的估計，西周中期後段即恭、懿、孝、夷四王的積年也在 50 年以上②。如果將十三

①　郭寶鈞：《商周青銅器群綜合研究》，文物出版社，1981 年，第 44 頁。另外，李豐將西周銅器墓葬分爲六期，其中穆王前後爲第四期，恭懿以後至夷屬之間爲第五期，同樣是着眼於穆、恭之間的差異，見李豐：《黃河流域西周墓葬出土青銅禮器的分期與年代》，《考古學報》1988 年第 4 期，第 396—397 頁。

②　"夏商周斷代工程"擬定的西周金文曆譜，將恭王紀年定爲 23 年，懿王 8 年，孝王 6 年，夷王 8 年（《夏商周斷代工程 1996—2000 年階段成果報告（簡本）》，第 36 頁），合計 45 年，比我的估計要短得多。近年新見的晙簋（《銘圖》5386，器形未見）銘文紀年爲"十年"，出現"朕丕顯考龏（恭）王"之語，無疑是懿王標準器，已經打破了"工程"所定懿王紀年。

年癲壺也納入孝夷時期,這一積年更可增加到 60 年以上。這一時期幾乎占據整個西周王朝的五分之一,其在西周歷史和考古上的重要地位不容忽視。

20 世紀八九十年代,中外學者不約而同地注意到西周晚期青銅器在組合、形制、紋飾等各方面都發生了翻天覆地的變化,有學者甚至將其稱爲"禮制改革"或"禮制革命"[①]。傑西卡·羅森(Jessica Rawson)將上述變化總結爲五點:

1. 從商代繼承下來的古代飲酒器逐漸消失,包括爵、角、觚、觶,以及在西周曾十分流行的盛酒器卣和尊。

2. 引入新的器物,包括大型壺、豆、盨、簠和匜。

3. 引入舊器物的新形式,包括直棱紋簋、水平瓦紋簋、飾以條紋的平沿鬲、鑒。最後三種器物是由陶器器形發展而來。

4. 從南方引進了帶有管柄的新型樂器:鐘。

5. 完全相同的鼎或簋組成九鼎八簋(或七鼎六簋等等)的組合,用於表明等級[②]。

曹瑋也表達了類似看法[③]。羅泰(Lothar von Falkenhausen)還補充了很重要的一點:幾何紋飾代替以動物紋飾爲主的肖形紋飾,反映人們對商代以來流行的花紋在禮制上的功用已刮目相看,對禮器的內涵也有了全新的解釋[④]。

至於這一"禮制改革"發生的時間,羅森和羅泰兩位學者都定於西周

---

　　① 　見 Jessica Rawson, *Western Zhou Ritual Bronzes From the Arthur M. Sackler Collections*, (Washington, D.C: Arthur M. Sackler Foundation, 1990), Vol. II A, pp.96-111;傑西卡·羅森:《是政治家、還是野蠻人?——從青銅器看西周》、《西周青銅器鑄造技術革命及其對各地鑄造業的影響》,見《祖先與永恒——傑西卡·羅森中國考古藝術文集》,三聯書店,2011 年,第 38—43、52—54 頁;羅泰(Lothar von Falkenhausen):《有關西周晚期禮制改革及莊白微氏青銅器年代的新假設:從世系銘文說起》,臧振華編:《中國考古學與歷史學之整合研究》下册,臺北:中研院歷史語言研究所,1997 年,第 651—676 頁。

　　② 　傑西卡·羅森:《祖先與永恒——傑西卡·羅森中國考古藝術文集》,第 53 頁。

　　③ 　曹瑋:《從青銅器的演化試論西周前後期之交的禮制變化》,見《周原遺址與西周銅器研究》,第 91—106 頁。

　　④ 　臧振華編:《中國考古學與歷史學之整合研究》下册,第 652 頁。

中晚期之際①,其重要標誌就是莊白一號窖藏中的瘋組器。羅泰將瘋器的年代定爲西周晚期,認爲它們是“禮制改革”之後的産物②。曹瑋則將穆恭以前劃分爲西周前期,懿孝以後劃分爲西周後期,認爲主要的變化發生在恭懿之際③。雖然對年代的判斷不盡相同,但他們都將這一“改革”視爲短時間内發生的“突變”。羅森更主張這一變革是靠來自上層的法令突然確立。

近年李峰對此提出不同意見,他認爲“並没有任何文字證據可以證明曾經有過一次作爲社會變革項目而被一個或多個主體所策劃並實施的‘改革’”,所謂“禮制改革”應該是“更加廣泛的社會政治轉變中的一個小組成部分”④。而根據本文的分析,西周青銅器的這一重大變革大約自穆恭之際已經啓動,至夷厲之際基本完成,横跨整個西周中期後段,至少五六十年的時間,應該説是一場“漸變”而非“突變”。從這一點上説,我更加贊同李峰的看法。過去學者之所以形成“突變”的印象,是因爲西周中期後段的考古發掘資料過於匱乏,以至於西周中期前段(昭穆時期)與西周晚期之間出現一個明顯的斷層。而近年不斷湧現的新材料正在逐漸填補這一斷層,證明很多原先被認爲是西周晚期才出現的新器形、新紋飾,其實早在恭懿時期就已存在。

從銅器銘文看來,西周王朝的政治、經濟體制在穆恭之際發生了更爲顯著的變化,最爲突出者可舉出以下幾點:

1. “册命體制”的確立

陳夢家早就指出,右者與史官代宣王命的制度,只有到恭王時才具體

---

① 羅森認爲變化發生在公元前 880 年前後,見《祖先與永恒——傑西卡·羅森中國考古藝術文集》,第 38 頁;羅泰則認爲是發生在公元前 850 年前後的厲王時期,見 Lothar von Falkenhausen, *Chinese Society in the Age of Confucius（1000 – 250BC）: The Archaeological Evidence*（Los Angeles: Cotsen Institute of Archaeology, UCLA, 2006）, pp.56 – 64。

② 雖然羅泰對微氏家族世系的解釋現在看來不盡合理(參看《重論西周單氏家族世系——兼談周代家族制度的一些問題》,見本書第 184—185 頁),但他對瘋器年代的判斷是準確的。近年來越來越多的學者傾向於認爲瘋器的主體應在厲王時期。

③ 曹瑋:《周原遺址與西周銅器研究》,第 91 頁。

④ 李峰:《西周的政體——中國早期的官僚制度和國家》,三聯書店,2010 年,第 41 頁。

見於銘文；白川靜也認爲，廷禮册命的定型到恭王時期才完成①。伴隨着册命銘文走向定型，西周王朝在朝廷禮儀、官員任免與升遷、等級制度以及相應的命服制度等方面形成了一整套完整、複雜的體系，我稱之爲"册命體制"②。可以説，恭王以後的西周王朝政治完全建立在"册命體制"的基礎之上③。

2. "世族政治"的出現

與"册命體制"建立幾乎同時，少數世家大族壟斷了册命儀式中的"右者"之位，把持了朝廷大權，其中最爲顯赫的是井氏、益氏、榮氏三大家族。這種我稱之爲"世族政治"的政治形態從恭王開始一直延續到厲王時期，因"國人暴動"的激烈衝突而告終④。"世族政治"帶來了世家大族的繁榮和分衍，很多家族的小宗旁支在西周中期後段別族而出，如井氏之分出"井叔氏"、虢氏之分出"虢叔氏"，都是在恭王時期⑤。

3. 王權的衰微

史載"懿王之時，王室遂衰"（《史記·周本紀》）。其後孝王以懿王之叔的身份即位，是西周史上唯一非"父死子繼"的繼承。孝王死後，"諸侯"複擁立懿王太子燮，是爲夷王。孝夷兩代的王位繼承危機應該是導致王權衰落、世族坐大的重要原因。西周中期後段的册命銘文中，周王經常屈尊到世家大族的宗廟或宮室主持册命，也顯示出"世族政治"對王權的擠壓。

---

① 陳夢家：《西周銅器斷代》，第 401 頁；白川靜《金文通釋》卷六《西周史略》，神户：白鶴美術館，昭和 55 年(1980)，第 87 頁。

② 《册命體制與世族政治——西周中晚期王朝政治解析》，見本書第 239—243 頁。

③ 白川靜指出，周初至昭穆時期爲西周史之前期，以在"莱京"舉行的"辟雍禮儀"爲標誌；恭王以後爲西周史之後期，以"廷禮册命"爲象徵，見《金文通釋》卷六，第 81—91 頁。這一論斷抓住了西周史分期的關鍵。

④ "國人暴動"的性質，我認爲是大族與厲王之間的矛盾所造成的内亂，詳見《册命體制與世族政治——西周中晚期王朝政治解析》，見本書第 245—247 頁。

⑤ 《親簋年代及相關問題》，見本書第 22—23 頁；《周原强家西周銅器群世系問題辨析》，見本書第135—138 頁。

4. 對外政策轉向消極

昭穆時期屢見於金文的對外征伐,在恭懿時期銷聲匿迹,孝夷時期也只見史密簋(《銘圖》5327)、五年師旋簋等少數幾例涉及對外戰爭的銘文。戰爭不僅是王室補充經濟資源和提高自身權威的最佳途徑,廣大中小貴族也可利用參戰之機建功立業,獲得晉升和賞賜。戰爭的絶迹不僅是周王朝國力衰弱的結果,也與王權不振和對外政策的消極密切相關。

5. 周王朝政治和禮儀中心的轉移

昭穆時期,周王經常在"葊京"舉行祭祀、大射、捕魚等典禮。而到恭王時期,這類典禮從銅器銘文中消失,取而代之的是在"周"地(或"成周"、"宗周")的王室宮廟以及別都離宮中舉行的册命和賞賜儀式。"奠(鄭)"和"五邑"的興起也很值得注意。

6. 土地制度的變化

西周時期爲數不多的幾篇涉及土地交換的銘文,如倗生簋(《集成》4262 - 4265)、五祀衛鼎、九年衛鼎、衛盉等,年代均集中於恭懿時期,其意義學者已多有闡發。在裘衛諸器銘文中,對土地爭議做出裁決的是幾位出身大世族的卿士,周王則完全缺席,可見經濟制度變化的背後仍然是"世族政治"的陰影。

以上六個方面可視爲環環相扣的六個環節,其中第一、二兩個環節是其中的關鍵。可以説,西周中期後段的王朝政治是以"世族政治"爲内核,而以"册命體制"爲其外在的制度保障。所謂"禮制改革",正是在這樣的大背景之下出現的。穆王之後,周王朝國力衰退,無法通過對外戰争獲取新的資源。在資源日益匱乏的前提下,只有通過調整分配模式才能緩解貴族社會的内部矛盾。"册命體制"正是適應這一需要而產生,它以官職世襲保障了貴族的既得利益,以制度化的任命和升遷保證大多數成員擁有相對合理的上升空間,以右者與受命者之間的從屬關係建立起世族之間的政治網絡,以複雜嚴密的命服制度象徵貴族社會的等級秩序。同時,"册命體制"用象徵性的命服取代了西周前期如金、貝、土地之類實質性的賞賜,這也是適應資源匱乏的一種舉措。可以說,"册命體制"的主要作用就是盡可能排除王權的影響,在大世族主導下,由貴族階層自主、自足地完成資源配置,並將這種分配模式固定爲一種政治秩序。

西周中晚期之際最終建立的新禮器制度,以成套化、等級化爲主要特徵,正是這一貴族社會新秩序的物化表現。而禮器上鑄造的長篇册命銘文,也以家族集體記憶的形式反復強化這種秩序。同時,禮器形態和紋飾的簡樸化,一方面反映了其功能由宗教向人事的轉移,另一方面大大節省了原料和工藝的消耗,使更多的貴族能夠在資源緊張的條件下負擔起與其等級身份相稱的禮器配置①。因此,西周中期後段的"禮制改革",某種程度上可視爲"册命體制"和"世族政治"的直接產物。這一變革肇始於穆恭之際,與"册命體制"和"世族政治"同步發展,在後兩者達於極盛之時最終完成。隨後出現的厲王集權、"國人暴動"和"宣王中興",摧毀了"世族政治"格局,使"册命體制"趨於瓦解②。經過厲宣之際和幽平之際的兩場大內亂,宗周傾覆,周室東遷,王綱解紐,不知有多少家族和邦國在歷史的驚濤駭浪之中歷經興衰沉浮。然而"禮制改革"的成果——西周晚期的禮器制度卻得以繼續發展,一直延續到春秋中期。究竟是何種力量,在摧毀西周王朝權力結構的同時,仍然維繫着貴族社會的基本秩序? 這仍是需要我們繼續思考的問題。

附記：本文初稿完成於 2013 年 9 月,此後曾在 2013 年 10 月 19—20 日在上海復旦大學召開的"'簡帛文獻與古代史'學術研討會暨第二屆出

---

① 羅泰曾推測"禮制改革"的原因,認爲西周中期貴族階層人口激增,出現大量分宗立氏的現象,同時可供分配的資源卻日益匱乏。貴族階層爲了調整內部關係,迫切需要建立嚴格的等級秩序,西周晚期等級化、系統化的禮器制度正是這一等級秩序的體現。而西周晚期銅器往往製作簡單粗糙,這與大批新獨立的世族需要製造新禮器有關。見羅泰:《有關西周晚期禮制改革及莊白微氏青銅器年代的新假設：從世系銘文説起》,臧振華編:《中國考古學與歷史學之整合研究》,第 670—673 頁。其論點與我的認識基本相合,也給了我很大啟發。

② 《册命體制與世族政治——西周中晚期王朝政治解析》,見本書第 244—252 頁。

土文獻青年學者論壇"和 2014 年 4 月 25—26 日在天津南開大學召開的首屆"古史新鋭南開論壇"上宣讀。此次正式發表前做了較大幅度的修改並補配了插圖。在此對兩位審稿專家的寶貴意見和來國龍、崎川隆先生的熱情幫助謹致謝意。

（本文原刊浙江大學藝術與考古研究中心編：《浙江大學藝術與考古研究》第二輯，浙江大學出版社 2015 年。插圖原統一置於正文之後，現改爲隨文安插，並刪去了原有的"圖版説明"）

册命銘文的變化與
西周厲、宣銅器分界

　　2003 年初陝西眉縣楊家村西周單氏家族青銅器窖藏的發現，曾在學界引起不小的轟動①。其中四十二年、四十三年兩組逨鼎是目前所見西周時期紀年最高的銅器，而逨盤銘文則明確記載其父"龏叔"曾輔佐"刺（厲）王"，那麼器主單逨應主要活動於宣王時期。因此，該窖藏銅器的出土爲我們提供了一批寶貴的宣王後期標準器②，這對於推進西周晚期銅器分期斷代研究是一個難得的契機。筆者將單逨諸器銘文與西周晚期的重要銅器反復繫聯、對比，發現其中存在着一定規律，可以作爲劃分厲、宣兩代銅器的參考標準。

　　四十三年逨鼎(《銘圖》2503－2512)銘文提到周王在"周康宮穆宮"册命單逨，這一册命地點在四十二年逨鼎(《銘圖》2501－2502)銘文中寫作"周康穆宮"。顯然，後者是前者的省稱。在西周晚期銅器銘文中，類似這種形式的册命地點還能見到不少，參見表一：

---

　　①　有關資料見陝西省考古研究所等：《陝西眉縣楊家村西周青銅器窖藏發掘簡報》，《文物》2003 年第 6 期；陝西省文物局、中華世紀壇藝術館：《盛世吉金——陝西寶雞眉縣青銅器窖藏》，北京出版社，2003 年。相關研究論著近年已有數十篇之多，在此不能備舉。關於器主之名，學者或釋爲"逨"，或釋爲"逑"，或讀爲"佐"；筆者暫從李零等先生說(參見李零：《讀楊家村出土的虞逨諸器》，《中國歷史文物》2003 年第 3 期)，釋爲"逨"。

　　②　李學勤曾經指出，"楊家村窖藏青銅器(盉除外)應屬宣王後半，與銘文紀年是吻合的"(《眉縣楊家村新出青銅器研究》，《文物》2003 年第 6 期，第 72 頁)。很多學者也表達了類似看法，筆者深表贊同。

表一

册命地點	銅 器 名 稱
周康邵（昭）宮	三年頌器①、十九年趞鼎（《集成》2815）
周康穆宮	十八年善夫克盨（《集成》4465）、廿八年裘鼎（《集成》2819）、裘盤（《集成》10172）、四十二年逨鼎
周康宮穆宮	四十三年逨鼎
周康宮穆大室	廿七年伊簋（《集成》4287）
周康𢟍（夷）宮	十六年成鐘（《銘圖》15264）
周康宮夷宮	十七年此簋（《集成》4303）、此鼎（《集成》2821）、十八年吳虎鼎②（《銘圖》2446）
周康宮夷大室	卅一年𩵋比鼎（《集成》2818）
周康剌（厲）宮	十六年克鐘（《集成》204－208）、克鎛（《集成》209）

　　早在 20 世紀 30 年代，唐蘭就提出西周金文中的“康宮”爲康王之宮廟，“康邵（昭）宮”爲昭王之廟，“康宮𢟍（夷）大室”爲夷王之廟，“康剌（厲）宮”爲厲王之廟③。到 60 年代，唐蘭進一步將其發展爲著名的“康宮原則”，即凡出現“康宮”的銅器銘文，其年代均在康王以後。同樣道理，凡是出現“夷宮”者，其年代必晚於夷王；出現“厲宮”者，必晚於厲王④。這一斷代原則至今仍得到多數學者的認同。

　　筆者在研究中進一步發現，凡是銘文中出現“周康某宮”或“周康宮某大室”這類册命地點者，往往可以互相繫聯，並輾轉連及其他一些重要銅器，參見表二：

　　① 頌器見於著録者包括簋 8 件（《集成》4332－4339）、鼎 3 件（《集成》2827－2829）、壺 2 件（《集成》9731－9732），另有史頌器，學者多認爲史頌與頌爲同一人。

　　② 吳虎鼎銘文及器形參見穆曉軍：《陝西長安縣出土西周吳虎鼎》，《考古與文物》1998 年第 3 期。相關討論亦詳見該期。

　　③ 唐蘭：《作册令尊及作册令彝銘文考釋》，原載《國立北京大學國學季刊》第四卷第一期，1934 年；收入《唐蘭先生金文論集》，第 6—14 頁。

　　④ 唐蘭：《西周銅器斷代中的“康宮”問題》，原載《考古學報》1962 年第 1 期，收入《唐蘭先生金文論集》，第 115—167 頁。

表二

器　名	紀　年	地　點	人　物
克鐘	十六年	周康剌(厲)宮	士曶
大克鼎(《集成》2836)		宗周穆廟	申季、尹氏
成鐘	十六年	周康徲(夷)宮	
此鼎、簋	十七年	周康宮夷宮	司土毛叔、史翏
無叀鼎(《集成》2814)		周廟、圖室	司徒南仲、史翏
駒父盨(《集成》4464)	十八年		南仲邦父、高父
善夫克盨	十八年	周康穆宮	史趛
吳虎鼎	十八年	周康宮夷宮	伯道、善夫豐生、司工雍毅、芮司土寺夆
趩鼎	十九年	周康昭宮	宰訊、史留、内史𩾔
小克鼎(《集成》2796)	廿三年	宗周	
𤰈比盨(《集成》4466)	廿五年		善夫克
伊簋	廿七年	周康宮穆大室	申季
袁盤	廿八年	周康穆宮	宰頵、史斳、史減
𤰈比鼎	卅一年	周康宮夷大室	虢旅、攸衛牧
善夫山鼎(《集成》2825)	卅七年	周、圖室	南宮乎、史夆
述鼎甲	卌二年	周康穆宮	司工散、尹氏、史減、長父
述鼎乙	卌三年	周康宮穆宮	司馬壽、史減、尹氏、榮兑
頌器	三年	周康昭宮	宰引、尹氏、史虢生

這些銅器銘文中，克鐘出現"周康剌(厲)宮"，即厲王之廟，故被學者公認爲宣王時器。而吳虎鼎有"申剌(厲)王命"的語句，自然也屬宣王標準器，學者均無疑義。由克鐘器主"善夫克"，可以繫聯大小克鼎、克盨、𤰈比盨、𤰈比鼎；由𤰈比鼎的"虢旅"，可以繫聯虢叔旅鐘(《集成》238-244)；由大克鼎的"申季"，可以繫聯伊簋。此外，由此簋的"史翏"，可以繫聯無叀鼎和駒父盨。後兩器的"南仲"，學者多認爲就是《大雅・常武》和《小雅・出車》中的"南仲"，是宣王時重臣。而無叀鼎的"圖室"又見於善夫山

鼎，後者紀年高達三十七年，學者亦多定爲宣王器。由善夫山鼎的"南宮乎"，又可繫聯南宮乎鐘（《集成》181）。另外，由兩套逑鼎的"史減"，還可繫聯袁盤（鼎）和師袁簋（《集成》4313），這一點論者多已提及。

　　關於上述銅器的具體斷代，過去學界爭議較大。以著名的克器爲例，郭沫若曾將克鐘定於夷王時期，大小克鼎、克盨定於厲王時期。陳夢家則將克器均定於夷王時期；唐蘭將克鐘定爲宣王器，而將大小克鼎、克盨定爲厲王器；馬承源等學者則主張應定於西周中期孝王時[①]。又如頌與史頌諸器，郭沫若定於恭王時，陳夢家分別定於夷、厲時期，此後多數學者主張定爲宣王時器[②]。但近年來隨着新材料的湧現和斷代研究的深入，不少學者傾向於將這些銅器的年代向下拉到宣幽時期。例如，彭裕商就將表二所列舉銅器都定於宣王範圍内，劉啟益也修改舊説，將原定於厲王的克器、禹比器等改定於宣王時期[③]。

　　"夏商周斷代工程"專家組初步排定的西周金文曆譜中，除袁盤、禹比簋（鼎）、善夫山鼎排在厲王外，其餘"四要素"俱全之器均排在宣王範圍内[④]。楊家村窖藏出土後，參加"工程"的不少學者表示應將袁盤調整至宣王。近年，李學勤等學者更傾向於將頌器定於幽王三年[⑤]。因此，筆者主張將上述銅器（頌器除外）均定在宣王時期[⑥]，頌器

---

　　① 郭沫若：《兩周金文辭大系圖録考釋》下册，第 112—113、121—123 頁；陳夢家：《西周銅器斷代》，第 259—266 頁；《唐蘭先生金文論集》，第 334—339 頁；馬承源主編：《商周青銅器銘文選》，文物出版社，1988 年第三卷，第 212—222 頁。

　　② 郭沫若：《兩周金文辭大系圖録考釋》下册，第 71—73 頁；陳夢家：《西周銅器斷代》，第 279—281、306—307 頁。馬承源主編《商周青銅器銘文選》將頌器定爲宣王，史頌器定爲"共和"，下引彭裕商書則將頌與史頌諸器都定於宣王時期。

　　③ 彭裕商：《西周青銅器年代綜合研究》，第 435—478 頁；劉啟益：《西周紀年》，第 371、385—389 頁。

　　④ 參看《夏商周斷代工程 1996—2000 年階段成果報告（簡本）》，第 30—35 頁。

　　⑤ 李學勤：《頌器的分合及其年代的推定》，《古文字研究》第二十六輯，中華書局，2006 年；朱鳳瀚：《商周家族形態研究（增訂本）》，第 666 頁。

　　⑥ 關於禹比盨簋（鼎）的年代，筆者同意彭裕商、劉啟益將其定爲宣王器之説；而善夫山鼎，筆者亦贊成馬承源、彭裕商、劉啟益等，將其定爲宣王器（參看《商周青銅器銘文選》及彭裕商、劉啟益前引書）。李學勤曾主張將山鼎定爲厲王 37 年器（《膳夫山鼎年世的確定》，《文物》1999 年第 6 期）。但山鼎造型、紋飾與毛公鼎、禹比鼎、梁其鼎等器接近，其蹄足寬大，亦爲較晚的特徵；銘文中"返入覲璋"的儀節同於逑鼎、頌器，"眉壽綽綰永命靈終"等嘏辭多見於宣幽時期。而李先生近年已傾向於將頌器定於幽王時，那麽山鼎的年代亦可相應調整到宣王。

則定於幽王三年，這與近年西周銅器斷代及年代學研究的最新成果基本符合。

　　由此我們似可得出一個推論：凡銘文中出現"周康某宮"（或"周康宮某宮"、"周康宮某大室"）的銅器，其年代均不早於宣王。就目前所見，這類銅器中紀年最早者是宣王十六年，是否還有年代更早的，尚有待今後新材料的驗證。另外，無叀鼎和善夫山鼎的"圖室"，也是宣王時新出現的册命地點，無叀鼎的年代似乎也不會早於十六年克鐘。

　　筆者試用這一原則檢視上海博物館所藏成鐘（《銘圖》15264，圖63）的年代，也獲得了支持[1]。成鐘銘文曰："〔唯十又六年九月丁亥，王在周康徲（夷）宮，王親賜成此鐘。成〕其萬年子子孫孫永寶用享。"〔〕內之字爲刻銘，其中前19字在鉦部，其後3字在左鼓，最後11字（含重文2）爲鑄銘，亦在左鼓。據陳佩芬介紹，此鐘鉦部原本鑄有銘文，被刮去後改刻現在的銘文。這種情況在東周時期比較多見[2]，但在西周銅器中還極爲罕見。估計此鐘的原主人因獲罪或在政治鬥爭中失利，其家產被周王籍沒，周王將此鐘轉賜給成。成遂將原銘文中含有器主之名及作器緣由的部分刮去，改刻以自己的紀事之辭，留下原有的"嘏辭"部分，與之銜接而成一全篇。此鐘篆部及正鼓部均飾卷雲紋，右鼓有一小鳥，形制、紋飾均類似西周中期的應侯視工鐘[3]，但刻銘年代顯然比作器年代要晚得多。陳佩芬將其定爲屬王器。然而其銘文中出現"周康夷宮"，根據前文的分析，其年代不應早於宣王。碰巧的是，成鐘的年、月、干支可與宣王時的克鐘相合，後者爲"十六年九月初吉庚寅"，恰在成鐘的"丁亥"之後三日。因此筆者認爲，成鐘刻銘的紀年應爲

---

　　①　成鐘器形、拓片見陳佩芬：《夏商周青銅器研究》"西周篇（下）"，上海古籍出版社，2004年，第598—600頁。下引陳佩芬說出處相同。

　　②　比如春秋中晚期的淅川下寺楚墓所出有銘銅器中，就有不少銘文被刮去或破壞，學者推測這與器物原主在政治鬥爭中失敗，家產改歸他人有關，參看河南省文物研究所等：《淅川下寺春秋楚墓》，文物出版社，1991年。

　　③　應侯視工鐘圖像參見王世民、陳公柔、張長壽：《西周青銅器分期斷代研究》，第173頁，鐘13。該書將此鐘定爲西周中期恭王前後。【作者案：近年多數學者主張應侯視工諸器年代應在西周中晚期之際，即夷厲時期，參見本書第331—339頁。】

宣王十六年①。在宣王時期出現這種罕見的轉賜銅器、毀銘改刻的現象，可能與"國人暴動"之後的局勢動盪有關。

圖63　成鐘及其銘文

衆所周知，在西周中期晚段至晚期偏早階段的册命、賞賜類銘文中，"康宫"是出現最多的地點。據筆者不完全統計，"康宫"在恭王至屬王時期共出現13次，類似者還有"康寢"、"康廟"、"康大室"等，各出現1次。其次爲恭懿時期的"新宫"（出現7次），望簋（《集成》4272）銘文稱"周康宫新宫"，説明"新宫"是設於"康宫"之内。其餘還有"大廟"（出現4次）、"周廟"、"成宫"、"成大室"、"穆王大室"、"𤞓（夷）宫"（均只出現1次），應該也都屬於周王室宗廟系統，但它們與"康宫"的關係並無明確證據。從宣王十六年開始，"周康某宫"或"周康宫某大室"這一類地點在册命銘文中反復出現（表一所列銘文共12篇），而單稱"康宫"者卻變得極爲少見。伊簋

————————

① 據張培瑜《中國先秦史曆表》（齊魯書社，1987年）第59頁，宣王十六年九月庚寅朔（是年建丑），則丁亥應在八月下旬。此表製定的前提是西周晚期已有較精密的推步曆法，但依照此表，目前仍有少數銅器無法排入宣王曆譜中（如伊簋）。可見當時曆法的實際情況可能遠比我們設想的要複雜，故筆者不贊成將曆法作爲斷代的前提條件。

銘文稱"王在周康宮，旦，王格穆大室"，可見"穆大室"是設於"康宮"之內。因此，"康宮"在這一時期可能已成爲周王室宗廟的總稱，"周康昭宮"、"周康穆宮"等則是在"康宮"之內分設的昭、穆等歷代先王的宗廟[1]，而"某大室"則是指"某宮"的正室（這一點唐蘭先生也曾約略提及）。這種現象應非偶然，而是反映了周王室宗廟制度的某種變革，或至少是宗廟稱謂的變化。

除册命地點的變化外，宣幽時期的册命銘文中還有一些新現象，以下略舉四事：

（一）在西周册命類金文中，史官代宣王命是一個不可或缺的環節，一般以"王呼某册命某曰"開頭。而在兩套述鼎銘文中，除了"王呼某册命某"外，還多了一位"授王命書（賫書）"的史官。在四十二年鼎銘中，受"王呼"而"册賫"述的是史淢，"授王賫書"的是尹氏；而在四十三年鼎銘中，兩者的位置剛好顛倒，受"王呼"的是尹氏，"授王命書"的是史淢。可見這兩種職能的區分並不嚴格，執行者都是史官。類似這種出現兩位史官的册命銘文，目前所見只有趞鼎、袁盤（鼎）和頌器，其中年代最早的是趞鼎（宣王十九年）。可見，這一新現象與册命地點的變化幾乎是同時發生的[2]。

（二）表二列舉的宣幽時期銅器銘文中，有三篇都是由"宰"來充當右者，即趞鼎的"宰訊"，袁盤（鼎）的"宰顥"，頌器的"宰引"。西周時期的"宰"屬於周王身邊的近臣，其主要職責是服侍周王及后妃的日常起居，管理各項宮廷事務。類似的職官還有西周早期常見的"小臣"和中晚期的"善（膳）夫"。這類近臣起初多由被征服的異族人擔任，其實質是家內奴隸，身份比較低微。因此，西周册命銘文很少見到由"宰"來充當右者的。

---

①　朱鳳瀚認爲"康宮"自昭王時始建於成周之後，已逐漸發展爲一個極大的宗廟宮殿群區，康王以後諸王宗廟都建立在此區域內，因此都在其宮名前加"康"或"康宮"，是爲了標明其所在地（《〈召誥〉、〈洛誥〉、何尊與成周》，《歷史研究》2006 年第 1 期）。其說很有道理。

②　過去曾有學者提出"共和"十四年應併入宣王紀年的看法（參看王占奎：《西周列王紀年擬測》，《考古與文物》2003 年第 3 期），其說雖尚未得到學界廣泛認可，但對於解釋一系列重大變革何以集中發生在宣王十六年之後，未嘗不是一個有益的視角。

據目前所見,自西周中期晚段至厲王時期,可確定由"宰"擔任右者的册命類銘文只有 5 篇,即望簋、蔡簋(《集成》4340)、吳方彝(《集成》9898)、害簋(《集成》4258)、師毀簋(《集成》4324)①。其中蔡簋銘文明確記載,受命者蔡的職官是"宰",職責是"死司王家";望簋器主也受命"死司畢王家",其官職亦應是"宰"。害的職責是"官司夷僕、小射、底魚",可能是管理周王的部分近衛部隊,而師毀的職官則是樂師,兩者也都與周王關係密切。只有吳方彝的器主官爲"作册"(亦稱"內史吳"),屬於史官系統。可見這一階段由"宰"任右者的册命儀式中,受命者多是周王身邊的近臣,與"宰"屬同一職官系統。

在宣幽時期三篇由"宰"充當右者的册命銘文中,只有趠鼎器主的官職不詳。頌器的器主又稱"史頌"(見於史頌鼎、簋等器),是史官,但又受命監管成周的商賈。袁盤(鼎)的器主又稱"師袁",屬於武官師氏,師袁簋銘文記載,他曾率師征伐淮夷。由此可見,這一時期由"宰"儐右的受命者,其身份已不限於內朝近臣,其職權亦遠遠超越宮廷事務,這又從側面反映了作爲右者的"宰"自身地位的提高。而近臣權勢的增長則是王權加強的重要表現之一,這是宣王時期很值得注意的發展趨勢②。

(三)在四十三年逑鼎所記册命儀式之末,有這樣一個儀節:"逑拜稽首,受册佩以出,反(返)入堇(覲)圭。"同樣的地方,四十二年逑鼎則作"逑拜稽首,受册賽以出",未言"返入覲圭"。之所以有這種區別,大概是由於前者有正式的職官任命,後者只是賞賜禮物和田地。類似的儀節以往僅見於卅七年善夫山鼎和三年頌器銘文③,前者稱"山拜稽首,受册佩以出,

---

① 西周中晚期還有一類銘文,是由王"呼"某人"召"某人入見,並賞賜其物品;擔任"呼召"者常見"宰",如伯湯父鼎(《集成》2780)、師遽方彝(《集成》9897)、大師盧簋(《集成》4251)等。這種儀式其實並非"册命",因此也無法反映"宰"的地位。

② 宣幽時期,與"宰"同爲近臣的"善夫"在金文中顯得更爲活躍,其代表就是善夫克與梁其父子,學者多曾論及。關於西周晚期王權的加強,筆者擬另文詳論。

③ 晉侯穌鐘(《銘圖》15298-15313)銘文記載周王在成周"公族整師宮"賞賜晉侯穌"駒四匹",而後"穌拜稽首,受駒以出,返入,拜稽首"(參看馬承源:《晉侯穌編鐘》,收入《中國青銅器研究》,上海古籍出版社,2002 年,第 313—331 頁)。銘文所記屬一般的賞賜而非册命,故無右者,但其末尾的儀節除無"覲璋(圭)"之外,與上述諸器非常相似。關於晉侯穌鐘年代目前有屬王、宣王兩說,一時還難有定論,但僅從此儀節看來,筆者覺得屬宣王(33 年)的可能性似更大。

返入堇(覲)章(璋)”，後者稱“頌拜稽首，受令(命)册，佩以出，返入覲璋”。可見這種儀節開始在册命銘文中出現，很可能是宣王晚期的事，幽王時期仍在延續。《詩・大雅・韓奕》曰“韓侯入覲，以其介圭，入覲于王”，此詩歷代學者多定爲宣王時。《左傳》僖公二十八年記載晉文公接受天子册命後，“受策以出，出入三覲”，説明春秋時期的册命禮仍在沿襲這種儀節①。述鼎的“覲圭”以往未見於册命銘文，僅在五年瑚生簋(《集成》4292)銘中出現，但彼器所記只是發生在瑚生與其宗君召伯虎之間的儀式。單述的地位雖然高於善夫山和史頌，但“覲圭”的級别是否如陳漢平所説的那樣高於“覲璋”，則尚難確定，至少當時普通貴族的交往中也存在“覲圭”的現象。

（四）述盤銘文記載，周王命單述“觌司四方吳(虞)、替(林)，用宮御”。單氏家族世襲爲王朝虞官，職掌山林川澤，“用宮御”應是指以山林川澤的出産供應宮廷之需。“用宮御”一語以往僅見於幽王三年的頌器銘文，器主頌的職責是“官司成周賈廿家，監司新造賈，用宮御”，應該是管理成周的一些商賈，以其貨物供給王室。由此看來，“用宮御”作爲一種官職專用語，也是從宣王末年才開始出現。不少學者指出，單述官司“四方虞林”的職能表明，周厲王對山林川澤實行“專利”的政策爲宣王所繼承。而“用宮御”一語出現於册命銘文中，則説明厲王時期尚屬非常手段的“專利”政策至此已得到制度化的確立，而其目的正是爲了解決王室的經濟需要。“用宮御”的範圍不僅包括山林川澤，還覆蓋了成周的工商業，也説明王室對經濟資源的控制在强化②。

以上我們探討了宣王時期册命類銅器銘文出現的一些重大變化。在筆者看來，這些變化可以作爲今後斷代研究中劃分厲、宣兩代銅器的參考

①　有關論述可參看陳漢平：《西周册命制度研究》，第306—308頁。
②　兮甲盤(《集成》10174)銘文中周王命兮甲“政司成周四方賈(積)，至于南淮夷”，正反映了周王朝通過成周貿易控制東南財賦資源的企圖，也凸顯了此時南淮夷對於王室經濟的重要性。關於此盤年代，學者多定爲宣王五年，筆者認爲很可能是幽王時器，在此不能詳論。

標準。以往學者雖然在西周晚期銅器的具體斷代方面做了不少工作，並提出此期銅器可進一步劃分爲早、晚兩段的設想①，但未能拿出像唐蘭"康宫原則"那樣的明確斷代標準。實際上，宣王時期（至少是中後期）的銅器與厲王時期相比，無論是在器類組合還是在器形、紋飾上，都能看出一些變化的端倪②。如果能將本文提出的標準與器形、紋飾、銘文用語及字體等因素相結合，對西周晚期銅器做一番全面的清理，我們對厲、宣兩代銅器分界的認識應該會更加清晰③，本文的觀點也可借此得到檢驗。當然這項任務並非本文所能完成，還有待研究者的共同努力。

　　附記：新近公布的文盨（《銘圖》5664）銘文説："唯王廿又三年八月，王命士智父殷南邦君、諸侯。"李學勤指出，"士智父"就是克鐘銘文中的"士智"，並將此器與駒父盨相聯繫，認爲其年代爲宣王二十三年（《文盨與周宣王中興》，《文博》2008 年第 2 期），其説甚是。文盨的公布又爲宣王中期增加了一件標準器，值得重視。筆者撰寫本文時未及利用這條材料，現附記於此。

　　（本文原刊《文物》2009 年第 1 期）

---

　　① 朱鳳瀚在《古代中國青銅器》（南開大學出版社，1995 年）第 777 頁就表達了這種看法，李學勤也曾表示楊家村銅器群可以幫助我們進一步區別厲、宣兩世的器物（《陝西眉縣出上窖藏青銅器筆談》，《文物》2003 年第 6 期，第 55 頁）。

　　② 比如西周晚期常見的半球腹蹄足鼎，在厲王時期多數腹較深，蹄足不夠發達（如大鼎、多友鼎、南宫柳鼎等）；而宣王時期此類鼎則腹較淺，蹄足較寬大，年代愈晚則愈甚。又如西周晚期銅簋雖絕大多數爲斂口帶蓋的圈三足簋，但宣幽時期之器，其耳部裝飾的獸首多有高聳的雙角，口中吐出向內勾卷的長舌，耳下的垂珥多呈翻卷的象鼻狀，其代表如伊簋、頌簋、師袁簋等，而這種風格在厲王時期還極爲少見。

　　③ 筆者在《單述諸器銘文習語的時代特點和斷代意義》一文中（《南開學報（哲社版）》2008 年第 6 期，見本書第 100—113 頁），總結了西周晚期銅器銘文中一些習慣用語的演變規律，可作爲本文的補充説明。

單逨諸器銘文習語的
時代特點和斷代意義

　　2003 年 1 月陝西眉縣楊家村發現西周單氏家族青銅器窖藏，一經公布立即在學界引起熱烈討論，至今仍不斷有新作發表①。由於該器群中兩組逨鼎的高紀年（四十二與四十三年）以及逨盤銘文中單逨之父"龏叔"曾輔佐"剌（厲）王"的記載，多數學者均同意將單逨所作諸器視爲宣王晚期的標準器②。關於此器群在西周銅器斷代研究中的重大意義，學者已有不少論述，但大多是從人物繫聯、金文曆譜以及器形紋飾等角度着眼。其實單逨諸器銘文中的一些習慣用語本身就具有鮮明的時代特點。從這一年代明確的基點出發，聯繫同時代銘文中的類似用語，加以縱向和橫向的比較，不僅能夠深化對金文習語發展規律的認識，對銅器斷代研究也會有很大幫助③。

　　所謂"習語"，大多是一些空泛的"套話"，其中最多的是作器者對祖先或周王的頌贊之辭、周王對臣下的褒揚勉勵之辭以及作器者的祈福之辭。

---

　　①　該窖藏銅器資料見陝西省考古研究所等：《陝西眉縣楊家村西周青銅器窖藏發掘簡報》，《文物》2003 年第 6 期；陝西省文物局、中華世紀壇藝術館：《盛世吉金——陝西寶雞眉縣青銅器窖藏》，北京出版社，2003 年。相關研究論著近年已有數十篇之多，在此不能備舉。關於器主之名，學者或釋爲"逨"，或釋爲"逹"，或讀爲"佐"；筆者暫從李零等先生說，釋爲"逨"，參看李零：《讀楊家村出土的虞逨諸器》，《中國歷史文物》2003 年第 3 期。

　　②　除"逨"之外，窖藏銅器銘文中的器主還有"單五父"、"叔五父"、"單叔"。李學勤先生認爲這幾個稱謂實爲同一人，"楊家村窖藏青銅器（盂逨外）應屬宣王後半，與銘文紀年是吻合的"（《眉縣楊家村新出青銅器研究》，《文物》2003 年第 6 期，第 72 頁）。不少學者也有類似看法。

　　③　1985 年在楊家村窖藏附近還曾發現一銅器窖藏，出土甬鐘 10 件，鎛 3 件（另有 5 件鐘流散海外），參看劉懷君：《眉縣出土一批西周窖藏青銅樂器》，《文博》1987 年第 2 期。其中 4 件甬鐘爲"逨"所作，銘文與逨盤非常相似，所敘應爲同時之事，作器時間亦應接近。因此本文討論的"單逨諸器"包括兩套逨鼎、逨盤與逨鐘。另外，本文重點不在字詞的考釋，這方面的疏漏亦請讀者鑒諒。

前兩者多出現在銘文中間，後者一般在銘文末尾，通常被稱爲"嘏辭"。這類用語的高度形式化使其可能在不同人物、不同背景的銘文中被反復套用，形成一時之風氣，因此對斷代研究有重要的參考價值。早在銅器斷代奠基之作《兩周金文辭大系》中，郭沫若先生就將"文字之體例，文辭之格調"作爲斷代的"參驗"標準之一①。時隔不久，徐中舒先生撰成《金文嘏辭釋例》一文，專門對兩周金文中常見的"嘏辭"做了系統的搜集、分類與考釋；他頗有見地地指出："嘏辭爲具有大衆性之語言，一時代有一時代之風格，一地方有一地方之範式……故此等語言，在銅器研究上，亦可爲粗略的劃分年代或地域之一種尺度。"②20世紀五六十年代，陳夢家先生在《西周銅器斷代》一書中經常對金文習語加以歸納利用，例如他指出"世孫子"一語多見於恭懿時期之器，"乃一時通行的短語"，"拜稽首"之詞自康王至西周之末皆通用，而懿王時始有"拜手稽首"與"拜手稽手"之稱等等③。近年來西周銅器斷代研究不斷深入，但很多學者仍然十分注意銘文習語在斷代上的作用。例如彭裕商先生就特別强調金文中一些常見詞語及句式的時代性，並將其與文獻互相參證，提出了不少很有價值的見解④。由此可見，在斷代研究中以銘文習語作爲參證，是一種頗具傳統且行之有效的方法。

　　述盤（《銘圖》14543，見本書第156頁，圖83）銘文的前半部分是以單述的口氣追述歷代先公及其所輔佐之先王的事蹟，後半部分則以"王若曰"開頭敘述天子對單述的册命，其中亦有天子對單氏先祖的褒揚之辭。述鐘（《銘圖》15634－15638）銘文通篇皆用單述的口氣敘述，可看作述盤的"縮略版"。兩套述鼎（《銘圖》2501－2512）銘文都只記録周王對單述的册命，其中褒揚單氏先祖的部分與述盤大致相同。在這些連篇累牘的頌贊、褒揚之辭中，有很多用語都出現在時代相近的銅器銘文中，有些完全

---

　　①　郭沫若：《兩周金文辭大系圖録考釋》下册，第3頁。
　　②　參見《徐中舒歷史論文選輯》上册，中華書局，1998年，第563頁。
　　③　陳夢家：《西周銅器斷代》，第158、224頁。
　　④　參看彭裕商：《金文研究與古代典籍》，《四川大學學報（哲學社會科學版）》1993年第1期；又《西周青銅器年代綜合研究》，第16—17頁。

相同，有些則略有差異。爲節省篇幅，便於比較，筆者選擇其中一些最爲
常見的用語列爲下表：

表一　單述諸器與時代相近的銅器銘文中所共見的習語

單述諸器習語	同類用語	所見銅器
克幽明厥心 克咎明厥心 （述盤、述鐘）	克明厥心	㝬鐘乙（《集成》247）、師望鼎、秦公鐘（《集成》262）
	恖㣉厥心	大克鼎（《集成》2836）
	敬明乃心	師詢簋（《集成》4342）、塱盨（《集成》4469）
	啟厥明心	戎生編鐘（《銘圖》15239－15246）
克明🕮（慎）厥德① （述盤）	克慎厥德	井人妄鐘（《集成》109）、梁其鐘（《集成》187）、番生簋（《集成》4326）
	慎厥德	師望鼎（《集成》2812）
	淑慎厥德	大克鼎（《集成》2836）
夾召先王，龏（恭）勤大命（述鼎、述盤）②	述匹先王，龏（恭）勤大命	單伯昊生鐘（《集成》82）
	𢖫辥厥辟，龏（恭）勤大命	毛公鼎（《集成》2841）
	召匹晉侯，用龏（恭）王命	戎生編鐘
柔遠能邇（述盤）	柔遠能邇	大克鼎、番生簋

上表所列諸器中，年代最早的是㝬王時的㝬鐘，而師詢簋③、塱盨、毛

---

① “🕮”字舊多釋“哲”，近年陳劍先生釋爲“慎”（《說“慎”》，載《簡帛研究二〇〇一》上册，廣西師範大學出版社，2001年），其說可從。

② “龏”字舊或釋“勞”，或釋“勳”，或釋“恪”，證據皆不足。董珊先生認爲“龏”字乃從“収（拱）”得聲，述鼎、述盤的“龏勤大命”、“有龏于周邦”應讀爲“恭勤大命”、“有功于周邦”（《略論西周單氏家族窖藏青銅器銘文》，《中國歷史文物》2003年第4期）。新出柞伯鼎銘文稱“乃聖祖周公繇有共于周邦”，朱鳳瀚先生亦由此指出“龏”字乃從“共”得聲，在這種句式中可讀爲“功”（《柞伯鼎與周公南征》，《文物》2006年第5期）。案：戎生編鐘銘文有“用龏（恭）王命”，文例與“龏勤大命”相近，可爲佐證。

③ 關於師詢簋，郭沫若最早將其定爲宣王元年器（《大系》，第139—140頁）；李學勤先生最初亦從郭說，將師詢簋定爲宣王器，後出之十七祀詢簋定爲㝬王器（參見《新出青銅器研究》，第90頁）。其後不少學者主張將詢簋定在西周中期恭懿之際。近年李先生也改變觀點，將師詢簋和詢簋改定爲恭王器（《西周青銅器研究的堅實基礎》，《文物》2000年第5期）。不過彭裕商先生仍支持李學勤早年之說（《西周青銅器年代綜合研究》，第16—17頁）。筆者贊同彭裕商說，具體理由請參看彭書。關於師酉、師詢諸器的年代和先後關係，筆者有另文專論。

公鼎、大克鼎、番生簋、井人妄鐘均可定於宣王時。師望鼎和單伯昊生鐘亦是宣幽時器①。戎生編鐘銘文可與春秋初年的晉姜鼎（《集成》2826）相聯繫，李學勤先生將其定在晉昭侯六年（周平王三十一年，前 740 年）②，其說甚是。秦公鐘的作者，學者多認爲是秦武公（前 697—前 678 年在位），而春秋秦器較爲保守，無論器形、紋飾、銘文字體及文體皆沿襲西周晚期遺風。因此我們可以認爲，表一所列舉的習慣用語大致起源於厲王時期，在宣幽時期最爲流行，其影響及於春秋早中期。

　　單述諸器頌贊用語的一個重要特點是多見疊音詞，如述盤有"往諫諫"、"穆穆趯趯（翼翼）"、"趄趄（桓桓）克明慎厥德"，述鼎有"穆穆秉明德"等語。"穆穆翼翼"一語又見於梁其鐘，戎生編鐘的"趄趄（桓桓）趯趯（翼翼）"與"趯趯穆穆"，秦公簋（《集成》4315）的"剌剌（烈烈）趄趄（桓桓）"等用語亦與之類似。與"桓桓克明慎厥德""穆穆秉明德"類似的用語，有"穆穆克明厥心"（師望鼎）、"穆穆克慎厥德"（番生簋）、"穆穆秉元明德"（虢叔旅鐘）、"穆穆秉德"（井人妄鐘）、"穆穆帥秉明德"（秦公簋）等等。此外，"穆穆""桓桓"等詞語也常置於先祖考稱謂之前以作定語，如禹鼎（《集成》2833）稱"丕顯桓桓皇祖穆公"，大克鼎稱"穆穆朕文祖師華父"等，而虢季子白盤（《集成》10173）稱"桓桓子白"則是器主的自誇之辭。早在穆王時期的𢻰方鼎（《集成》2824）銘文中，已出現了"用穆穆夙夜尊享孝綏福"的語句，但直到西周中晚期之際，疊音詞的使用才開始普遍起來。除禹鼎外，厲王時期的瘋鐘（《集成》246）銘文亦有"瘋桓桓聖趄"之語③。

---

　　① 過去學者多將師望鼎定於西周中期懿王前後。彭裕商先生首先指出，師望所作銅器帶有強烈的晚期色彩，其年代不應早於厲王（《西周青銅器年代綜合研究》，第 423—425 頁）。筆者曾就彭說進一步論證，師望鼎及簋、盨、壺等器均應屬西周晚期偏晚即宣幽時期（《周原強家西周銅器群世系問題辨析》，《中國歷史文物》2007 年第 3 期，見本書第 130—132 頁）。郭沫若曾將單伯昊生鐘定爲厲王器，彭裕商亦同此說（參見《大系》，第 118—119 頁；《西周青銅器年代綜合研究》，第 422 頁）。但在楊家村窖藏出土之後，學者多認爲述盤銘文中的五世祖"零伯"就是揚簋（《集成》4294）、裘衛盉（《集成》9456）的"單伯"，活動於恭懿時期，亦即單伯鐘的作者。唯曹瑋先生認爲單伯昊生鐘定於西周晚期更合適，或爲單述本人作器，甚至更晚（《陝西眉縣出土窖藏青銅器筆談》，《文物》2003 年第 6 期，第 65 頁）。案：曹說有理。筆者亦認爲單伯昊生與恭懿時期的單伯（零伯）絕非同一人，很可能是單述之子，故應在幽王時期甚至更晚。

　　② 李學勤：《戎生編鐘論釋》，《文物》1999 年第 9 期。

　　③ 井人妄鐘銘文曰"妄憲憲聖趄，寵處宗室"，文例與之相同。

　　西周晚期銘文中另一類疊音詞是擬聲詞，目前僅見於三器，均爲編鐘：

　　　1. 逨鐘：用作朕皇考龏叔龢鐘，鎗鎗悤悤，𢆶𢆶鏘鏘

　　　2. 梁其鐘：用作朕皇祖考龢鐘，鎗鎗鏓鏓，銇銇鏘鏘

　　　3. 㝬鐘（宗周鐘，《集成》260）：王對作宗周寶鐘，倉倉悤悤，𢆶𢆶雝雝

以上三篇銘文中的擬聲詞，均位於作器之辭與嘏辭之間，用以形容編鐘聲音之悅耳，其格式與用字也完全相同，顯然是一脈相承而來。梁其鐘與逨鐘年代相近，㝬鐘則爲厲王所作器，可見這類擬聲詞最早也是出現於厲王時期。四字一組且雙聲疊韻的擬聲詞出現於編鐘銘文中，應該與音律的發展有關；而其他疊音詞的廣泛流行也恰在此時，很可能是受到前者的影響。春秋初年的戎生編鐘銘文曰"用作寶協鐘，厥音雝雝，鎗鎗鏞鏞，㻪㻪𢆶𢆶"，基本沿襲了西周晚期同類用語的形式和用字，而類似的用語在整個春秋時期的編鐘銘文中都很常見。

　　在宣幽時期金文頌贊用語中還常見"㝬純亡（無）敄"一詞[①]，雖然在單逨諸器銘文中沒有出現，但見於大克鼎、師望鼎、虢叔旅鐘（《集成》238）、梁其鐘、𤼈鼎（《銘圖》2439）等器[②]。此外，井人妄鐘銘稱"㝬純用魯"，兮甲盤稱"休亡（無）敄"，亦是此語之變例。恭王時期的牆盤（《集成》10175）銘文在頌贊其"文考乙公"時，使用了"㝬純無諫"一詞，可視爲"㝬純無敄"的前身。孝夷時器師道簋（《銘圖》5328）銘末嘏辭有"用匄㝬純盉（和）㽙（恒）命靈終"一句[③]，新出之五年琱生尊（《銘圖》11816-11817）銘文亦曰"用祈通禄㝬純靈終"（其紀年應爲宣王五年）[④]；在這裏，"㝬純"的

---

　　①　"㝬"字過去常被釋爲"得"，但其下部偏旁大多作"毛"而非"手"，個別作"屯"；釋爲"得"，不妥，但目前尚無合適的説解。
　　②　𤼈鼎1995年出於陝西咸陽，參看吳鎮烽：《高祖、亞祖、王父考》，《考古》2006年第12期。
　　③　師道簋1996年出土於內蒙古寧城縣小黑石溝，銘文及器形參看李朝遠：《師道簋銘文考釋》，收入《青銅器學步集》，文物出版社，2007年，第243—250頁。案：此器形制、紋飾與五年師旋簋極爲相似，年代大約在孝夷時，李朝遠先生定爲懿王器，似偏早。
　　④　參看寶雞市考古研究所、扶風縣博物館：《陝西扶風五郡西村西周青銅器窖藏發掘簡報》，《文物》2007年第8期。案：此器與五年、六年琱生簋銘文内容有關聯，有學者定爲厲王器，筆者認爲應定於宣王。

意義應該和"純魯"、"純祐"等詞語接近。從現有資料看來,"屖純無敃"作爲一個獨立完整的用語,其出現亦不早於宣王。

四十三年述鼎記録周王對單述的命辭,有"毋敢妄(荒)寧,虔夙夕叀雍我邦小大猷"之句。與之最爲接近的是毛公鼎:"汝毋敢妄(荒)寧,虔夙夕惠我一人,雍我邦小大猷",另外師詢簋亦曰"命汝惠雍我邦小大猷"①。以下"毋敢不妻不型"、"毋敢不中不型"等語近似於牧簋(《集成》4343),"毋韠橐,韠橐唯有宥縱,乃敄(侮)鰥寡"近於毛公鼎,"用作余我一人叞(怨),不肖唯死"近於塑盨,學者已多指出。除牧簋可早到孝夷時期外,其餘亦均爲宣王時器。

册命銘文中,命辭之後往往是受命者"對揚"天子"休命"之語,單述諸器均作"述敢對天子丕顯魯休揚"。這種句式較爲特殊,是將"對揚"兩個連用的動詞拆開,而將"揚"字置於句末,這樣的例子以往在西周金文"對揚"用語中僅見4例:

　　1. 善夫克盨(《集成》4465):克拜稽首敢對天子丕顯魯休揚

　　2. 虢叔旅鐘:旅對天子魯休揚

　　3. 梁其鐘:梁其敢對天子丕顯休揚

　　4. 追簋(《集成》4219):追敢對天子顙揚

陳夢家先生已注意及此,並指出此數者"皆先後同時期器"②,誠爲卓見③。懿孝時期的趞尊(《集成》6516)銘文曰"趞拜稽首揚王休對",與此句式同類,僅"對"與"揚"的位置互爲顛倒。然而西周中期至晚期早段很長時間内,這種特殊句式僅見趞尊一例;而到宣幽時期才突然增多,可見是一種流行時間很短的現象。

---

　　① 【作者案:"叀"、"惠"均應釋爲"助"。】

　　② 《西周銅器斷代》,第265頁。

　　③ 克盨和虢叔旅鐘均爲宣王器。梁其諸器的總體特徵接近西周末年,李學勤先生指出梁其乃善夫克之子(參見《新出青銅器研究》,第231頁),其説甚是。追簋的年代學者多定於西周中期,彭裕商先生根據其銘文字體及用語將其定爲宣王器(《西周青銅器年代綜合研究》,第470頁)。案:彭説有理。追簋器身所飾顧首夔龍紋多見於兩周之際。

單述諸器銘文中，叚辭均占有很大的篇幅，類似的長篇叚辭在宣幽時期比較多見，筆者將其搜集列爲下表[①]：

表二　宣幽時期銅器銘文中的長篇叚辭

器　名	叚　辭
述盤	用追享孝于前文人，前文人嚴在上，異（翼）在下，豐豐（蓬蓬）鬟鬟（勃勃），降述魯多福，眉壽綽綰，授余康龕純祐通禄永命靈終。述眈（晙）臣天子……
卌二年述鼎	用享孝于前文人，其嚴在上，趨（翼）在下，穆穆秉明德，豐豐（蓬蓬）鬟鬟（勃勃），降余康龕純祐通禄永命，眉壽綽綰，眈（晙）臣天子……
述鐘	用追孝，邵格喜侃前文人，前文人嚴在上，豐豐（蓬蓬）鬟鬟（勃勃），降余多福，康龕純祐永命。述其萬年眉壽，眈（晙）臣天子……
井人妄鐘	用追孝、孝侃前文人，前文人其嚴在上，敤敤（蓬蓬）鬟鬟（勃勃），降余厚多福無疆……
梁其鐘	用邵格喜侃前文人，用祈匄康龕純祐，綽綰通禄。皇祖考其嚴在上，敤敤（蓬蓬）鬟鬟（勃勃），降余大魯福亡（無）旲……
晉侯蘇鐘 （《銘圖》15298－ 15313）	用邵格前文人，前文人其嚴在上，翼在下，敤敤（蓬蓬）鬟鬟（勃勃），降余多福……
虢叔旅鐘	皇考嚴在上，異（翼）在下，敤敤（蓬蓬）鬟鬟（勃勃），降旅多福……
善夫克盨	皇祖考其豐豐（蓬蓬）鬟鬟（勃勃），降克多福，眉壽永命，眈（晙）臣天子……
士父鐘 （《集成》145）	用喜侃皇考，皇考其嚴在上，敤敤（蓬蓬）鬟鬟（勃勃），降余多福無疆，唯康祐純魯，用廣啟士父身，勴于永命……
媘鐘、戜狄鐘 （《集成》35、49）[②]	……［喜］侃先王，先王其嚴在帝左右，戜狄不鼖（恭），敤敤（蓬蓬）鬟鬟（勃勃），降福無疆，媘［禄］……
旲生殘鐘 （《集成》104）	用降多福，用喜侃前文人，用祈康龕純魯，用受……
通禄鐘（《集成》64）	……授余通禄康龕純祐，廣啟朕身，勴于永命，用寯光我家，受……

---

①　此表所列諸器，晉侯蘇鐘目前有屬王、宣王兩説，筆者傾向於宣王説；士父鐘、戜狄鐘、通禄鐘的具體年代難以斷定，上限或可到屬王；其餘諸器均應在宣幽時期。

②　郭沫若認爲此二器爲一套編鐘中殘餘的兩件，銘文可連讀（《大系》，第83頁）。案：因鐘銘不全，作器者之名未出現，所謂"媘""戜狄"皆銘中字詞，非器主之名；但從"先王"看來，器主應是一代周王，屬王、宣王的可能性均存在。

最後三器銘文不全，如果銘文完整的話，其形式應該與其餘諸器接近。比較上述銘文，不難發現這一時期的嘏辭，無論是詞語的搭配還是語句的順序，都已形成較爲固定的格式。其"通例"爲："某作器，用邵格喜侃前文人（皇祖考），前文人嚴在上，翼在下，蓬蓬勃勃，降（授）余多福無疆，康䚣純祐通禄永命，眉壽綽綰，畯臣天子，靈終。"當然，不同銘文中詞語的增減和先後順序會有變化，但基本格局則大同小異。

宣幽時期還有一些銘文中的嘏辭與上述諸器接近，但形式較爲簡略。見下表：

表三　宣幽時期銅器銘文中的短篇嘏辭

器　　名	嘏　　辭
小克鼎（《集成》2796）	用匄康勪純祐眉壽永命，靈終
善夫山鼎（《集成》2825）	用祈眉壽綽綰永命，靈終
此鼎（《集成》2821）	此其萬年無疆畍（畯）臣天子，靈終
追簋	用祈匄眉壽永命，畯臣天子，靈終
𢙸簋（《集成》4153）	𢙸其沘沘（熙熙）萬年無疆，靈終靈命
微縊鼎（《集成》2790）	用賜康勪魯休純祐，眉壽永命，靈終
虢姜簋（《集成》4182）	用祈追孝于皇考惠仲，祈匄康䚣純祐通禄永命
蔡姞簋（《集成》4198）	用祈匄眉壽綽綰永命彌厥生，靈終
頌鼎（《集成》2827）	用追孝，祈匄康䚣純祐通禄永命，頌其萬年眉壽，畯臣天子，靈終
不其簋（《集成》4328）	用匄多福眉壽無疆永純，靈終
伯梁其盨（《集成》4446）	用享用孝，用匄眉壽多福，畯臣天子，萬年唯極

與表二所列者相比，上述銘文主要是省去了"用邵格喜侃前文人（皇祖考），前文人嚴在上，翼在下，蓬蓬勃勃"這一部分，"降余多福"之後的一連串詞語則改用"祈匄"等動詞領起。如果將前者看作"正式版"的話，後者則可稱爲"簡化版"。值得注意的是，"正式版"多見於編鐘銘文中，"簡

化版"則多見於鼎、簋等器,説明這一時期的銘文文體可能因器類和用途的不同,而發生了某些分化。

實際上,在厲王時期已經開始出現類似形式的嘏辭(表四):

表四　厲王時期銅器銘文中的嘏辭

器　　名	銘　文　用　語
五祀 㝬 鐘(《集成》358)	用喜侃前文人,前文人庸厚多福,用申固(固)先王,受皇天大魯命,文人陟降,降余黄煮,授余純魯……
㝬鐘(宗周鐘,《集成》260)	用邵格丕顯祖考先王,先王其嚴在上,㝬㝬(勃勃)數數(蓬蓬),降余多福,福余順孫,參壽唯利,㝬其萬年畯(畯)保四國。
㝬簋(《集成》4317)	用康惠朕皇文剌(烈)祖考,其格前文人,其瀕在帝廷陟降,申固(固)皇帝大魯命,用諆保我家、朕位、㝬身,陀陀降余多福,憲煮宇暮遠猷。㝬其萬年龘寶朕多禦,用桒壽,匄永命,畯(畯)在位,作寉在下。
㝬鐘甲(《集成》246)	用邵格喜侃樂前文人,用祿壽,匄永命綽縮媚禄純魯,弋皇祖考高對爾烈,嚴在上,豐豐(蓬蓬)㝬㝬(勃勃),融綏厚多福,廣啟㝬身,勖于永命,裹授余爾龘福。㝬其萬年楂角熾光義文神無疆覨福,用寅光㝬身,永余寶。
㝬鐘乙(《集成》247－250)	用追孝齟祀,邵格樂大神,大神其陟降,嚴祜爨綏厚多福,其豐豐(蓬蓬)㝬㝬(勃勃),授余純魯通禄永命眉壽,靈終……
師㝬鐘(《集成》141)	用喜侃前文人,用祈純魯永命,用匄眉壽無疆……
叔向父禹簋(《集成》4242)	其皇皇降余多福繁釐,廣啟禹身,勖于永命

以上銅器除師㝬鐘可能早到夷王前後之外,其餘均被定爲厲王時器[1]。試將上表與表二、三對照,不難看出這一時期的嘏辭與宣幽時期有

---

[1]　微伯㝬諸器的年代爭議較大,20世紀80年代學者多將其定在懿孝時期,個別器物下限或至夷、厲。近年來,不少學者主張將㝬器主體向下拉到夷厲時期。如李學勤先生將㝬鼎定爲孝王,三年㝬壺定爲夷王,㝬盨、十三年㝬壺、㝬簋、㝬鐘等器均定在厲王時(《莊白㝬器的再考察》,饒宗頤主編《華學》第八輯,紫禁城出版社,2006年)。彭裕商將㝬盨定爲夷王器,而將其餘㝬器定在厲王時(《西周青銅器年代綜合研究》,第354、403—406頁)。案:㝬鐘正鼓部所飾的蝸狀顧首象鼻夔紋多見於宣幽時期,銘文用語也與㝬鐘、㝬簋相似,將其定爲厲王器是合理的。

很多共同點,例如長篇嘏辭多見於鐘銘。一些宣幽時期流行的詞語,如
"邵格喜侃""前文人""嚴在上""蓬蓬勃勃""通禄""永命""綽縮""靈終"
等,此時也已經出現。但仔細比較,會發現兩個時期的嘏辭仍存在不少差
異。爲了讓這些差異顯得更加清晰,下面我們來對西周晚期嘏辭中一些
常用詞語做分別的考察。

1. 邵格喜侃

"邵格"一語最早見於西周中期偏晚的大師盧豆(《集成》4692),其
銘文曰"用邵洛(格)朕文祖考",同人所作的大師盧簋(《集成》4251)多
被定爲孝夷時器。"喜侃"一語最早見於西周中晚期之際的師㝬鐘,大
約與之同時的鮮鐘(《集成》143)銘文亦稱"用侃喜上下"①。此外,長安
張家坡墓地 M163 出土的井叔鐘(《集成》356)銘文曰"用喜樂文神人",
"喜樂"之義近於"喜侃",此後未見,也應是較早的用法②。宣王以前,
"邵格"與"喜侃"多分別使用,"邵格喜侃"連言之例僅見癲鐘甲(《集成》
246);且該器在"喜侃"之後還有動詞"樂"(癲鐘乙亦曰"邵格樂大神"),
同類之文例在宣幽時期尚未見到。因此,"邵格喜侃"連用可能是宣幽
時期特有的現象。

2. 前文人

"前文人"一詞最早見於西周中晚期之際的善鼎(《集成》2820)和伯㦬
簋(《集成》4115)③。前者銘文曰"唯用綏福,號前文人",後者曰"唯用綏
神,褢(懷)號前文人",其形式均顯得偏早。"前文人"在宣王以前雖然已

---

① "侃喜"一語又見於兮仲鐘(《集成》65)、叔姃簋(《集成》4137),爲"喜侃"之變例,比較
少見。

② 朱鳳瀚先生將該墓年代定於夷王前後(《商周家族形態研究(增訂本)》,第 644 頁),其説
可從。

③ 彭裕商先生推測善鼎年代應在夷厲時期,認爲善鼎與㦬簋銘文用語相似,年代應接近,且㦬
簋器主與穆王時的伯㦬並非一人(《西周青銅器年代綜合研究》,第 387 頁)。案:彭説甚是。善鼎有
"永寶用之"之語,多見於西周晚期至春秋金文,年代不會太早,伯㦬簋可能與傳世録伯㦬簋(《集成》
4302)爲同一人所作。

經流行,但此時與之相當的詞語還有"文神人"(井叔鐘)、"大神"(瘋鐘乙)等等,用法没有宣幽時期那麼統一。

3. 嚴在上,翼在下

就現有資料看來,"嚴在上"一語始見於屬王時的𪒠鐘(宗周鐘)和瘋鐘甲,但"翼在下"在屬王時期還没有出現。而宣幽時期除單獨使用"嚴在上"外,還多見"嚴在上,翼在下"連用的形式。此外,𪒠鐘有"(前文人)其瀕在帝廷陟降"之語,五祀𪒠鐘曰"文人陟降",瘋鐘乙稱"大神其陟降"。"陟降"之意實與"嚴在上,翼在下"接近,宣幽時期前者似已被後者取代。

4. 蓬蓬勃勃

"豐豐彙彙"又作"數數彙彙",即"蓬蓬勃勃",一般位於"嚴在上"與"降福"之間,屬王時期已是如此。𪒠鐘(宗周鐘)曰"彙彙數數",兩詞互倒,爲僅見之例,可能也是因爲年代較早,用法尚未固定。

5. 純魯、純祐

"純魯"一詞最早見於長安縣花園村 M17 出土的伯姜鼎(《集成》2791),年代約在昭穆時期,至西周中晚期之際開始流行,屬王時期多見。至宣幽時期,"純魯"似爲"純祐"所取代,僅昊生殘鐘(《集成》104)等少數銅器仍使用"純魯"①。

6. 媚禄、通禄

𪒠辭稱"禄"起於恭懿時期,有"媚禄""純禄""通禄""百禄"等幾種用法,以"媚禄""通禄"最爲多見。"媚禄"一詞始見於恭王時的牆盤②,流行

---

① 春秋時秦公鐘、叔弓鎛(《集成》272)等銘文仍有"純魯"一詞,應是對早期傳統的沿襲。
② 牆盤銘文的不少用語均爲瘋鐘所繼承,除"媚禄"外還有"㫰角熾光"、"黼福"等,顯示了家族傳統的延續性。

於西周中期晚段至厲王時期,在或者鼎(《集成》2662)、師酉鼎(《銘圖》
2475)①、癲鐘甲等器銘文中均有出現。"通禄"一詞始見於癲鐘乙,目前
在厲王時期僅見此例。至宣幽時期,"通禄"開始廣泛流行,並取代了
"猶禄"。

7. 康爾、康勵

"康爾""康勵"兩詞多置於"純祐""魯休"之前作修飾語,兩者意義應
接近,流行於宣幽時期,"康爾"較"康勵"更爲多見。目前在宣王以前的銘
文中還没有見到使用這兩個詞的例子。

8. 永命

"永命"一詞亦始見於恭懿時期,如乖伯簋(《集成》4331)曰"用祈純禄
永命魯壽",應侯視工鐘(《集成》107－108)曰"用祈眉壽永命"②。此後直
至春秋時期,"永命"始終流行於嘏辭中,其組合形式以"眉壽永命"、"通禄
永命"最多見。孝夷時器師道簋銘文中有"恒命"一詞,與"永命"同義,但
極少見。厲王時期的癲鐘甲、叔向父禹簋銘文中出現了"廣啓某身,勵于
永命"這一短語,在宣幽時期的士父鐘、通禄鐘等器銘中仍能見到(此二器
也可能早到厲王時)。另外,宣王時的番生簋銘文稱"(皇祖考)嚴在上,廣
啓厥孫子于下,勵于大服",與"廣啓某身,勵于永命"形式相近。

9. 綽綰

"綽綰"一詞始見於癲鐘甲,目前厲王時器僅見此一例。至宣王時期
"綽綰"始廣泛流行,多與"眉壽"連用,稱"眉壽綽綰"或"綽綰眉壽"③。春
秋初年的晉姜鼎(《集成》2826)仍有"綽綰眉壽",應爲此語流行的下限。

---

① 師酉鼎爲近年保利博物館所藏,參看朱鳳瀚:《師酉鼎與師酉簋》,《中國歷史文物》2004 年
第 1 期。案:朱先生將該器定爲恭王四年,筆者覺得有可能晚到孝夷時期。
② 【作者案:我後來認爲應侯視工器年代在厲王時,參看《讀〈首陽吉金〉瑣記六則》,本書第
331—339 頁。】
③ 叔孫父簋(《集成》4108)、史伯碩父鼎(《集成》2777)稱"綰綽",應爲變例。

10. 覜（晙）臣天子

陳夢家先生指出，"臣天子"之語始見於師俞簋（《集成》4277）[①]。然
"覜（晙）臣天子"一語目前僅見於宣幽時期銘文中，宣王以前尚未見一例。

11. 靈終

"靈終"一詞最早見於孝夷時期的師道簋，厲王時僅見癲鐘乙一例，宣
幽時期則大量流行，一般置於嘏辭句末。鄂簋言"靈終靈命"，叟季良父壺
（《集成》9713）言"靈終難老"，徐中舒先生指出："凡金文言靈冬者，多爲西
周之物，而言靈命或難老者則多在春秋之世，此兩器適爲過渡時期之
作。"[②]其説甚是。

通過上文的梳理可以看出，複雜的長篇嘏辭最早出現於夷厲時期（其
中個別詞語在恭懿時期已零星出現），但此時長篇嘏辭數量較少，形式也
很不固定。而宣王時期長篇嘏辭開始廣泛流行，形成了比較固定的格式，
並出現一些前所未見的詞語和搭配。因此，如果我們將西周晚期視爲金
文嘏辭發展的高峰期，那麼這一高峰期還可劃分爲前後兩個階段——夷
厲時期僅僅是"初步發達期"，宣幽時期才是"全盛期"。

以上我們從單述諸器銘文出發，對西周晚期銅器銘文中一些最爲常
見的習慣用語做了分類整理和比較。由此可以看出，宣幽時期銘文中的
習慣用語在格式、用詞和搭配上都與此前有顯著的區別。在區分厲王和
宣幽時期的青銅器時，這一規律可以作爲參考標準。最近，筆者在《册命
銘文的變化與西周厲、宣銅器分界》一文中指出，凡銘文中册命地點爲"周
康某宮"（或"周康宮某宮""周康宮某大室"）的銅器，其年代均不早於宣王
十六年[③]。以此爲標準，通過銘文内容的繫聯，並結合册命制度的其他變
化，可將善夫克諸器、此鼎、兩攸比諸器、袤盤等重要銅器的年代定在宣王

①　《西周銅器斷代》，第 189、265 頁。案：陳先生將此器定於懿王，目前學者多定爲孝王前後。
②　《徐中舒歷史論文選輯》上册，第 534 頁。
③　該文載於《文物》2009 年第 1 期，見本書第 90—99 頁。

時,三年頌器則爲幽王時器。而通過本文對銘文習語的分析,一方面爲將克器、此鼎、善夫山鼎、頌器等紀年銅器定於宣幽時期提供了輔助證據;另一方面,一些無紀年或銘文不易繫聯的銅器,如師望鼎、追簋、井人妄鐘、單伯昊生鐘、梁其鐘等,其年代亦可大致確定在宣幽範圍内。由於篇幅所限,對於以上銅器斷代的具體理由在此不能詳細説明①,筆者當另撰專文進行綜合論述。

(本文原刊《南開學報(哲學社會科學版)》2008 年第 6 期)

---

① 讀者可參看前引彭裕商書及劉啟益《西周紀年》(廣東教育出版社,2002 年),筆者對很多銅器的斷代意見與兩書相同。

西周金文中的"異人同名"現象
及其對斷代研究的影響

在西周銅器斷代研究中,銘文内容的"繫聯"是一項基本方法。銘文内容一般包括時間、地點、人物、事迹等要素,其中"人物"是最重要的一類。在郭沫若、陳夢家、唐蘭等前輩學者的研究實踐中,"人名繫聯法"發揮了非常大的作用。但是,由於當時對金文人名稱謂的規律認識不足,在使用"人名繫聯法"時存在過於簡單草率的問題。比如將金文中的同一稱謂直接認定爲同一人,並將相關的銅器定爲同時,這種做法在早期的斷代研究中相當普遍。

自20世紀80年代以來,學界對金文人名稱謂進行了深入的綜合研究,逐漸摸索出其中的一些規律。幾位學者先後指出,金文中的人名稱謂經常重複出現,因此不能簡單地將同一稱謂認定爲同一人,而應具體分析[1]。先秦人名稱謂一般由姓、氏、名、字、排行、爵稱、謚號等部分組合而成,不同類型的稱謂包含的"成分"各異,其重複的概率也有很大差別。比如排行、爵稱、謚號,不同家族、不同個人都可以使用,由這幾種"成分"構成的稱謂,重複概率就很高;像"釐伯"、"龏叔"、"公仲"等稱謂,如果不參考其他信息,很難將其與某一個人相對應。姓、氏是家族的標誌,由姓、氏和其他"成分"組成的人名稱謂,可大致確定其出身的姓族或氏族,如"伯姜"是出身於某姜姓家族的長女,"虢姜"是出身於姜姓而嫁給虢氏(姬姓)的女子,"榮伯"是榮氏家族的長子等等。但在這種情況下,仍不能斷定某

---

① 參看盛冬鈴:《西周銅器銘文中的人名及其對斷代的意義》,《文史》第十七輯,中華書局,1983年;吳鎮烽:《金文人名研究》,收入《考古文選》,科學出版社,2002年。

一稱謂必屬於某一個人,比如很多學者都曾指出,榮氏家族的每一代長子都可稱"榮伯",西周時期可能先後出現過多位"榮伯"。名、字是標誌個人的符號,按理説其重複的概率較小,但是中國歷代同名、同字的現象屢見不鮮,先秦時期亦不例外。清代學者王梓材就指出過先秦人名中的"祖孫相襲"現象①,同一國族尚且不嫌祖孫同名(字),不同國族之間當然同名(字)的可能性就更大了。盛冬鈴先生曾用大量例證説明西周金文中存在的這種"異人同名"現象,在此基礎上提出了斷代研究中使用"人名繫聯法"的前提條件②,其見解得到不少研究者的重視。

下面就結合近年新出金文,略舉數例,對這種"異人"而"同名(字)"的現象做進一步的揭示。

1. 曶

西周金文中名"曶"者甚多。僅就長篇銘文而言,"曶"自作的銅器有曶鼎(《集成》2838)、曶壺蓋(《集成》9728)以及近年發表的曶簋(《銘圖》5217,見本書第 11 頁,圖 4)③,其他銘文中出現的還有"宰曶"(蔡簋《集成》4340、大師虘簋《集成》4251)、"士曶"(克鐘《集成》204)④。就年代來説,曶簋最早,約當穆恭之際,曶鼎一般定在孝王前後,曶壺蓋多定於屬王;"宰曶"大約相當於孝夷時期,"士曶"則活動於宣王中期。就擔任的職官而言,曶簋器主受命"司奠馭馬",掌管奠(鄭)地的馬政,屬於司徒系統的牧官;曶鼎器主受命"更乃祖考司卜事",屬於宗伯系統的卜官;曶壺器主則是"作冢司土于成周八師",是總管"成周八師"的大司徒,地位顯赫;"宰曶"是管理王室宫廷事務的近臣,"士曶"則屬司寇系統掌管司法、監察的官員。可見,這五位名"曶"者的年代都相隔一定距離,而其職官又分屬性質不同的系統,因此有理由認爲他們是五個不同的人物。

---

① 參看《世本八種》,商務印書館,1957 年,《王梓材撰本》,第 68 頁。
② 參看前引盛文,《文史》第十七輯,第 50—53 頁。
③ 張光裕:《新見曶簋銘文對金文研究的意義》,《文物》2000 年第 6 期。
④ "士曶"又稱"士曶父",見於新發表的文盨(《銘圖》5664)銘文,參看李學勤:《文盨與周宣王中興》,《文博》2008 年第 2 期。

2. 再、再父

西周金文中名"再"者以往所見不多,但近年新出金文中發現不少。平頂山應國墓地 M84 出土應侯再盨(《銘圖》5639,見本書第 15 頁,圖 8),"應侯再"應是該墓之主,墓葬年代約在恭王時期,"應侯再"大概是活動於穆恭之際的一代應侯①。2005 年發掘的山西絳縣橫水墓地 1、2 號墓中,有多件銅器爲"倗伯再"所作②;墓葬年代應在恭懿之際,"倗伯再"是媿姓小邦倗氏的君主。吉林大學吳振武教授曾介紹私人收藏的一件再簋(《銘圖》5213－5214、《銘圖續》443－444),年代亦在恭王前後,作器者"再"是王朝貴族遣氏的小宗③。以上三位名"再"者雖然年代接近,但分屬不同的國族,顯然不是同一人。此外,1973 年陝西岐山縣賀家村墓地 M3 出土一件榮有司再鼎(《集成》2470),1975 年附近的董家村窖藏出土銅器中有一件榮有司再鬲(《集成》679),兩器形態、紋飾均屬西周晚期偏晚階段,器主"榮有司再"是大世族榮氏的家臣。西周金文中字爲"再"者也有數例。近年公布的獄盤(《銘圖》14531)、盉(《銘圖》14799)銘文中有"師再父",其年代約在穆恭之際④。1981 年南陽市郊磚瓦廠墓葬中曾出土仲再父簋(《集成》4188－4189),年代約在宣幽時期⑤;銘文表明器主"仲再父"是南申伯的"有司",官爲"太宰"。這兩位字"再父"者年代相隔至少上百年,肯定不是一人。

3. 或

1975 年陝西扶風莊白墓葬出土伯或諸器,當時吳鎮烽等先生所作的

---

①　參看河南省文物考古研究所等:《平頂山應國墓地八十四號墓發掘簡報》,《文物》1998 年第 9 期。另外保利博物館所藏再簋(《銘圖》5233)的器主也是這位"應侯再",見《保利藏金》,嶺南美術出版社,1999 年,第 74 頁。

②　山西省考古研究所等:《山西絳縣橫水西周墓地》,《考古》2006 年第 7 期;《山西絳縣橫水西周墓發掘簡報》,《文物》2006 年第 8 期。

③　吳振武:《新見西周再簋銘文釋讀》,《史學集刊》2006 年第 2 期。

④　參看吳鎮烽:《獄器銘文考釋》,《考古》2006 年第 6 期;韓巍:《親簋年代及相關問題》,見本書第 7—8 頁。

⑤　崔慶明:《南陽市北郊出土一批申國青銅器》,李學勤:《論中再父簋與申國》,皆載《中原文物》1984 年第 4 期。

簡報將其與傳世的录戓卣(《集成》5419－5420)、录簋(《集成》4122)、伯戓簋(《集成》4115)、录伯戓簋(《集成》4302)等器相聯繫,認爲它們都是同一人所作①,其説至今仍有影響。不過李學勤、盛冬鈴等學者指出,录戓卣銘文中的"录"與"戓"是兩個人,作器者應爲"录"而非"戓",此器應更名录卣;录伯戓簋的"录"是國族名而非私名,"录伯戓"與"录"也非一人②。從時代上看,伯戓諸器是穆王標準器,录卣、录簋與之同時。录伯戓簋銘文記録的是周王對录伯戓的册命,其中一些用語如"緐自乃祖考有功于周邦,佑闢四方,惠弘天命"③,以及賞賜物品如秬鬯和朱虢靳等成套車馬器,都是接近西周晚期時才流行起來的,因此其年代至早不過西周中晚期之際。伯戓簋銘文有"唯用綏神,懷號前文人,秉德恭純"等語,其年代應與录伯戓簋接近,作器者可能是同一人。但穆王時期的伯戓與中晚期之際的录伯戓顯然不是同一人。

以上所舉僅是幾個最具代表性的例子,實際上西周金文中的"異人同名(字)"現象還有很多,前引盛冬鈴、吳鎮烽文舉例豐富,此處不再徵引。

鑒於西周金文中"異人同名(字)"現象的普遍性,我們在使用"人名繫聯法"進行斷代研究時,必須對這種可能性有充分的估計。應該説,20 世紀90 年代以後的銅器斷代研究中,學者對於使用"人名繫聯法"已經采取了較爲審慎的態度,糾正了過去存在的一些錯誤認識。對於一些重複概率較大的人名稱謂,比如"井伯"、"榮伯",學者大多已不再將其簡單視爲同一人,而是結合其他背景資料,盡量區分其時代先後。但由於名、字這種稱謂與個人的關係更加密切,其"異人同名"的可能性似乎没有得到研究者的足夠重視,以致一些"歷史遺留問題"長期未得到解決。以下僅舉兩個典型例證。

1. 望簋與師望諸器

宋代著録的望簋(《集成》4272)僅有銘文摹本傳世,器形已失傳,銘文

---

①　吳鎮烽、雒忠如、羅西章:《陝西扶風出土伯戓諸器》,《文物》1976 年第 6 期。
②　李學勤:《新出青銅器研究》,第 271 頁;前引盛文,第 52 頁。
③　【作者案:"惠弘"之"惠",應釋爲"助"。】

中的册命地點在"周康宫新宫"。"新宫"這一地點又見於師湯父鼎(《集成》2780)、師遽簋蓋(《集成》4214)、虎簋蓋(《銘圖》5399‐5400)和殷簋(《銘圖》5305‐5306)等器,年代均爲恭懿時期。望簋銘文中還有一位"史先",此人多見於西周中期偏晚階段的銘文,又稱"内史先"①。因此,學者多將望簋的年代定於恭王或懿王②。傳世器還有一件師望鼎(《集成》2812),銘文記録"大師小子師望"作器,同人所作之器還有壺(《集成》9661)、簋(《集成》3682)、盨(《集成》4354)各一件(見本書第 131—132 頁,圖 70—73)③。長期以來,學者普遍認爲望簋器主與師望乃是同一人,故將二者定於同時,上引郭沫若、馬承源、劉啟益、白川静諸家均無異説。

　　近年彭裕商先生始指出,師望諸器的銘文格式、遣詞、字體以及器形和紋飾都帶有較多的晚期色彩,其年代不應早於厲王④。筆者在彭説的基礎上,進一步結合師望諸器的造型、紋飾特徵,論證其年代應在宣王甚至更晚⑤。因此,師望與望簋器主的年代相隔甚遠。師望是"太師"的僚屬,其頭銜爲"師",屬於武官"師氏"系統。而望簋銘文記録周王對望的册命,右者爲宰佣父,望的職責是"死司畢王家",即管理畢地的王室財産,顯然屬於周王身邊的近臣,其官職很可能是"宰"⑥。二者的官職,一屬外朝,一屬内朝,在周代世官制度下,兩者集於一身的可能性是很小的。無論從年代還是從官職上看,這兩位名"望"者都不太可能是同一人,應該是"異人同名"。

---

　　①　【作者案:"史先"之"先"從字形看來實非"先"字,有學者釋爲"失"或"屰(敥)"。以下涉及此問題,不再另行出注。】

　　②　郭沫若首先將望簋定爲恭王器,見《兩周金文辭大系圖録考釋》下册,第 80 頁;陳夢家亦將此器歸入"恭王"目録下,見《西周銅器斷代》,第 2 頁;此外,唐蘭、馬承源等學者也將望簋定於恭王(唐蘭:《西周青銅器銘文分代史徵》,第 425 頁;馬承源主編:《商周青銅器銘文選》第三卷,文物出版社,1988 年,第 145 頁)。而劉啟益和日本學者白川静都將望簋定於懿王,見劉啟益:《西周紀年》,第 308 頁;白川静:《金文通釋》卷三上,京都:白鶴美術館,昭和 44 年(1969),第 67 頁。

　　③　師望鼎圖像見陳仁濤:《金匱論古初集》,香港亞洲石印局,1952 年,第 57 頁;師望壺見王世民、陳公柔、張長壽:《西周青銅器分期斷代研究》,第 134 頁;師望簋、盨分別見(宋)王黼等:《博古圖》卷十六、十八。

　　④　彭裕商:《西周青銅器年代綜合研究》,第 423—425 頁。

　　⑤　《周原强家西周銅器群世系問題辨析》,見本書第 130—132 頁。

　　⑥　與望簋年代接近的蔡簋(《集成》4340),右者爲宰昚,蔡的職責是"死司王家,外内毋敢有不聞,司百工,出入姜氏命",與望非常相似,而蔡的官職正是"宰"。

2. 師湯父鼎與仲枏父諸器

20 世紀 60 年代,陝西永壽縣好時河村曾先後出土仲枏父鬲(《集成》746－752)、簋(《集成》4154－4155)等銅器①,作器者稱"師湯父有司仲枏父",說明器主字"仲枏父",是另一貴族師湯父的家臣。傳世銅器有師湯父鼎(《集成》2780,見本書第 14 頁,圖 5),銘文記録周王在"周新宮"之"射盧"賞賜師湯父弓矢等器;器腹傾垂明顯,獸蹄形足,足根寬大,口沿下飾長尾顧首鳥紋,腹部飾垂冠、鉤喙、卷尾的大鳥紋②。"新宮"、"射盧"這兩個地點又見於十五年趞曹鼎(《集成》2784),該器銘文中出現"恭王"。此外,"新宮"還見於上文提到的望簋等器,其年代均在恭懿時期;"射盧"又見於匡卣(《集成》5423),該器銘文中出現"懿王"。因此,師湯父鼎多被學者定爲恭懿時器③。同時,大多數學者將仲枏父鬲、簋銘文中的"師湯父"與師湯父鼎的器主看作同一人,從而認爲仲枏父器與師湯父鼎大致同時,將其定爲西周中期④。直到近年,仍有不少著作持這種觀點⑤。

仲枏父鬲(圖 64)爲平襠、蹄足,足根特別寬大,器身飾有顧首吐舌的蜷曲夔紋,與傳世的虢文公子𣪘鬲(《集成》736)以及三門峽虢氏墓地出土

---

① 吴鎮烽等:《陝西永壽、藍田出土西周青銅器》,《考古》1979 年第 2 期。案:仲枏父器前後分多次出土。仲枏父鬲銘文見於著録者共 7 件,器形見於著録者共 5 件,其中 3 件現藏陝西省博物館(陝西省考古研究所等:《陝西出土商周青銅器(四)》,文物出版社,1984 年,第 158—160 頁),兩件現藏上海博物館(陳佩芬:《夏商周青銅器研究》"西周篇(下)",上海古籍出版社,2004 年,第 266—269 頁);仲枏父簋見於著録者有兩件,一件藏陝博(《陝西出土商周青銅器(四)》,第 156 頁),一件藏故宮博物院(故宮博物院編:《故宮青銅器》,紫禁城出版社,1999 年,第 204 頁)。1962 年,好時河村還曾出土仲枏父匕(《集成》977)等銅器(陝西省文物管理委員會:《陝西永壽縣、武功縣出土西周銅器》,《文物》1964 年第 7 期),與以上諸器應是一人所作,上博、故宮收藏的仲枏父鬲、簋,可能是這次出土流散者(參看沈之瑜:《中枏父鬲跋》,《文物》1965 年第 1 期;梓溪:《陝西永壽縣出土青銅器的離合》,《文物》1965 年第 11 期)。【作者案:目前仲枏父器見於著録者共有鬲 9 件(《銘圖》3026－3034)、簋 2件(《銘圖》5156－5157)、匕 1 件(《銘圖》6318),參見張天恩主編:《陝西出土金文集成》,三秦出版社,2016 年,第 9 卷,第 157—184 頁。】

② 器形參見《中國青銅器全集》,文物出版社,1996 年,第五卷,二九。

③ 定爲恭王的有郭沫若、唐蘭、白川静、劉啟益等學者,見《兩周金文辭大系圖録考釋》下册,第 70 頁;《西周青銅器銘文分代史徵》,第 424 頁;《金文通釋》卷二,京都:白鶴美術館,昭和 43 年(1968),第 391 頁;《西周紀年》,第 314 頁。陳夢家先將此器歸入恭王下,後又認爲應移入懿世,見《西周銅器斷代》,第 162、209 頁。

④ 見沈之瑜:《中枏父鬲跋》,《文物》1965 年第 1 期;白川静:《金文通釋》卷二,第 396 頁;馬承源主編:《商周青銅器銘文選》第三卷,第 147—149 頁。

⑤ 參見王世民、陳公柔、張長壽:《西周青銅器分期斷代研究》,第 56 頁;劉啟益:《西周紀年》,第 315 頁;陳佩芬:《夏商周青銅器研究》"西周篇(下)",第 268 頁。

的虢季氏子*段*鬲(《集成》683)、虢季鬲(《銘圖》2946-2953)等極爲相似①。虢氏墓地的年代上限,目前尚有不同看法,部分學者認爲可早到西周晚期,也有學者認爲最早不過春秋初年,筆者傾向於後説。虢季氏諸鬲的年代應在兩周之際,有可能晚到春秋初期。仲柟父簋(圖65)爲斂口圈三足簋,耳部所飾獸頭有聳起的雙角,獸額部亦有形狀相似的"角",耳下的垂珥和圈足下的三小足都呈向外翻卷的象鼻狀;蓋頂及腹部飾瓦紋,蓋緣及口沿下飾S形凸目竊曲紋,圈足飾垂鱗紋。與其造型、紋飾最爲接近者,有宣幽時期的師袁簋(《集成》4313)、頌簋(《集成》4332-4339)②,以及三門峽虢氏墓地M2001出土的虢季簋(《銘圖》4465-4470)③。虢季簋與前舉虢季鬲出於同一墓,其年代亦應在春秋初年。由此可見,仲柟父鬲、簋的造型和紋飾普遍流行於西周晚期後段至春秋早期。因此,仲柟父器的年代應定在西周末年,銘文中的"師湯父"與師湯父鼎相隔甚遠,應該是"異人同字"④。

圖64　仲柟父鬲

圖65　仲柟父簋

---

① 諸器圖像參見王世民等:《西周青銅器分期斷代研究》,第54、55頁。

② 兩器圖像參見《西周青銅器分期斷代研究》,第87、88頁。案:兩器造型與仲柟父簋略有差別,耳上所飾獸頭都吐出向内勾卷的長舌,師袁簋的三小足爲獸爪狀。

③ 見河南省文物考古研究所等:《三門峽虢國墓》(第一卷),文物出版社,1999年,第45頁。前舉虢季鬲見該書第40頁。

④ 彭裕商先生根據仲柟父簋、鬲的器形、紋飾,將其定在宣王時,其説甚是;但他仍認爲兩位"師湯父"是同一人,因此將師湯父鼎定在西周晚期(《西周青銅器年代綜合研究》,第478頁),則是不合理的。《殷周金文集成(修訂版)》(中華書局,2007年)第三册將仲柟父簋定在西周晚期或春秋早期,合乎實際;但第一册將仲柟父鬲定在西周中期,則又與前説自相矛盾。

　　以上兩例充分説明了孤立運用“人名繫聯法”給西周銅器斷代研究帶來的消極影響。應該説,今天的銅器斷代研究已經形成了一套比較完善、成熟的方法。在有銅器實物或圖像可以依據的前提下,首先應根據器形、紋飾以及銘文字體、文例等因素斷定其大致的年代範圍,然後再根據銘文内容涉及的人、地、事將其進一步劃歸不同的“組”,最後盡可能聯繫標準器推斷具體的王世。這套“操作流程”的可靠性已經過近百年的實踐經驗和無數新材料的驗證。誠然,器形、紋飾的演變也並非直綫前進,偶爾也會出現違反常規的“特例”,但與“異人同名”現象相比,其概率畢竟要小得多。因此,在今後的研究中,對使用“人名繫聯法”應該更加慎重。若要將幾件與同一名、字有關的青銅器歸爲同一組,必須盡可能綜合考慮其他各項因素,避免僅根據人名的一致來下判斷。

　　(本文原刊《東南文化》2009 年第 6 期)

西周世族研究

周原強家西周銅器群
世系問題辨析

　　1974 年，位於陝西周原遺址的扶風縣強家村發現一西周銅器窖藏，出土青銅器 7 件，其中有銘文者 5 件[1]。銘文中均提到作器者的祖、考稱謂，而且可以互相繫聯。李學勤先生曾聯繫其他相關銅器，考訂了這一家族的姓氏和世系[2]，其結論一直爲學界信從，對西周銅器斷代和家族結構的研究產生了較大影響。近年來，有學者提出不同意見，但並未引起重視。本文試圖在前人基礎上，對強家青銅器群的世系問題重做分析，以期獲得更深入的認識。

一

　　爲便於討論，我們先將強家窖藏銅器銘文中的祖考稱謂列表於下：

器　　名	祖　考　稱　謂
師觀鼎（《集成》2830，圖 66）	朕考辜（郭）季易父
即簋（《集成》4250，圖 67）	文考幽叔
恒簋蓋（《集成》4199－4200，圖 68）	文考公叔
師㝨鐘[3]（《集成》141，圖 69）	烈祖虢季寏公、幽叔，皇考德叔

---

　　①　參看吳鎮烽、雒忠如：《陝西省扶風縣強家村出土的西周銅器》，《文物》1975 年第 8 期。兩件恒簋蓋銘文相同，因此銘文共有 4 篇。
　　②　李學勤：《西周中期青銅器的重要標尺》，原載《中國歷史博物館館刊》1979 年第 1 期，收入《新出青銅器研究》，文物出版社，1990 年（以下引李先生觀點，若不特別注明，皆出自該文）。
　　③　師㝨的"㝨"字，有些學者釋爲"丞"，因其不影響我們的討論，本文仍沿用《集成》的定名。

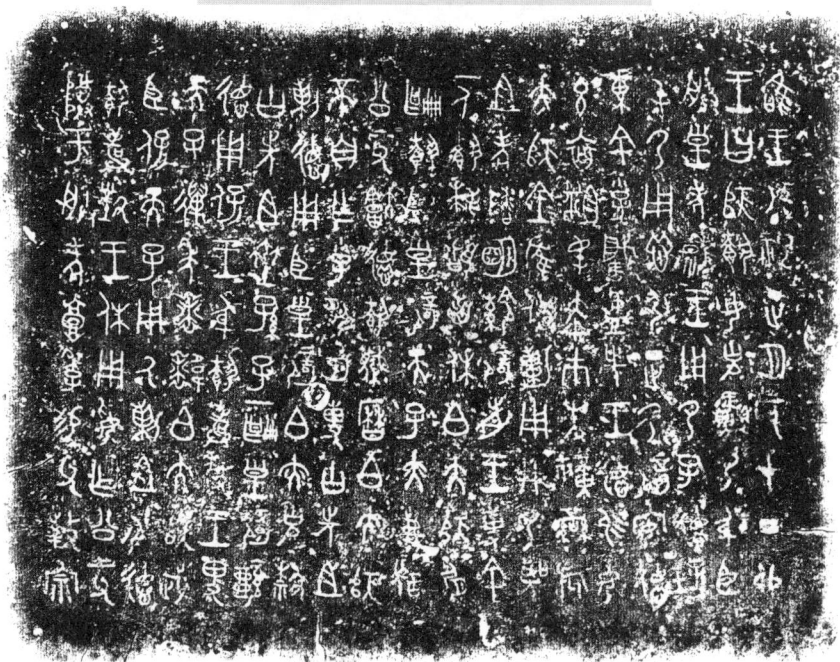

圖 66　師䰩鼎及其銘文

圖67　即簋及其銘文

圖68　恒簋蓋及其銘文

李學勤先生指出師虎鼎的"韋"字當讀爲"郭",古書中郭、虢通用,因此師虎的父親"郭季易父"就是師兢的"烈祖虢季"。傳世銅器有師望鼎(《集成》2812),器主自稱"大師小子師望",稱其皇考爲"宪公",而師虎鼎銘文也自稱是"伯大師"的"小子"。李先生將這些銅器聯繫在一起,認爲師虎即師望之父,其謐號爲"宪公";師望是即的"文考幽叔",即則是師兢的"皇考德叔"①。因此他將這一家族的世系排定爲:

虢季易父→師虎(宪公)→師望(幽叔)→即(德叔)→師兢

師虎鼎銘文中,天子稱師虎"臣朕皇考穆王",因此該器應屬恭王時。

_____

① 吳鎮烽、雒忠如在前引發掘簡報中已聯繫望簋和師望鼎,但認爲師兢乃師望之子。

圖 69　師奐鐘及其鉦部銘文

李先生以此爲基準，認爲師龢之父虢季爲昭王時人，師望約當懿孝時，即的年代在孝夷之間，師奐主要活動於厲王時。後來學者基本接受李先生對該家族世系的推定，僅在個別銅器的斷代上略有出入。

　　近年周言先生對李先生的意見提出異議①。他認爲師奐家族連續五代，相對於穆王至厲王的積年來說，世代過多。因此他重新排定了該家族世系：

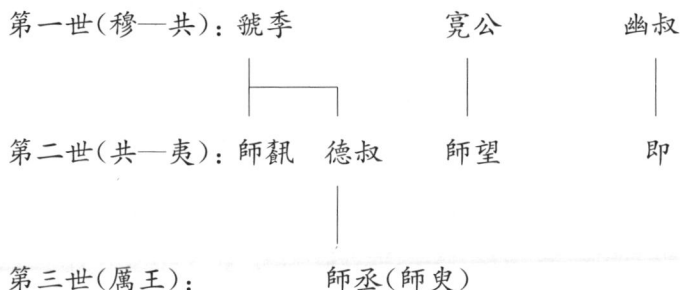

第一世（穆—共）：虢季　　　　　　宽公　　　　　　幽叔

第二世（共—夷）：師龢　德叔　　　師望　　　　　　即

第三世（厲王）：　　　　師丞（師奐）

①　周言：《也談强家村西周青銅器群世系問題》，《考古與文物》2005 年第 4 期。

他認爲虢季、宲公、幽叔不是前後相繼的三代，而是並列的同一代人。其主要根據，是將"宲公"的"宲"字解釋爲族氏，認爲師望是"宲氏"之後；又舉珊生簋和珊生鬲爲例，認爲"宲氏"是從召公一系分出①。師虔既然是虢季之後，自然應屬虢氏，他怎麼會把召公之後的"宲公"與自己的祖先並列祭祀呢？周先生對此的解釋是，周人有祭祀非直系祖先的傳統。

我們認爲周先生的論點缺乏根據。首先，"宲"字是西周金文中常見的謚號，見於很多家族的銅器銘文中；如果將其理解爲族氏，勢必將不同家族混爲一談②。其次，周先生過分擴大了周人祭祀旁系祖先的現象。按照他的理解，凡同出一姓的族氏都可以互相祭祀彼此的祖先，但是無論文獻還是金文都不能支持他的觀點。他所舉的幾個金文的例證多數不可靠③。目前所見出現多位祖考稱謂的銘文，無一例可以證明是並列的關係；相反，史牆盤和近年眉縣楊家村窖藏出土的逨盤明確記載了很多代前後相繼的祖先。因此，周先生對强家器群世系的推定難以令人信服。

實際上，在周文發表之前，彭裕商先生已就這一問題提出了很好的意見。他指出，師望所作銅器從銘文格式、遣詞、字體以及器形和紋飾看來，都帶有較多的晚期色彩，其年代不應早於厲王，因此師望不應是師龢之子、卽之父。師望的"皇考宲公"與師虔鐘的"虢季宲公"不能肯定是同一人④。如果將師望從强家器群世系中排除出去，從恭王至厲王的這段時間內，就只有師龢、卽、師虔三代，並不存在世代過多的問題。這與周言先生的方法相比，顯得更爲穩妥可靠。因此，我們將就彭先生的觀點深入論證，進而重新排定强家銅器群世系。

---

① 六年珊生簋（《集成》4293）稱召伯虎爲"宗君"，又稱"烈祖召公"，因此珊生應是召伯虎的小宗。同一器主所作的珊生鬲（《集成》744）則稱"文考宲仲"，故周先生有此説。
② 吳其昌《金文世族譜》就把"宲"、"釐（僖）"、"更（惠）"等謚號定爲族氏，列出了根本不存在的"宲氏"、"釐氏"、"更氏"。但其成書年代很早，難免受當時研究水準的局限。
③ 例如周文所舉录卣、彧方鼎的例子，李學勤先生早已指出，录與彧並非一人（《從新出青銅器看長江下游文化的發展》，收入《新出青銅器研究》），因此他們的祖考稱謂當然不一樣，不能證明彧並祭幾位祖輩或父輩。周文認爲師兒簋和𤺄兒簋爲同一人所作，也僅僅因爲二者同名，金文中同名現象非常多，不能以此爲據。
④ 彭裕商：《西周青銅器年代綜合研究》，第423—425頁。

二

　　"大師小子師望"所作銅器有鼎（《集成》2812）、壺（《集成》9661）、簋（《集成》3682）、盨（《集成》4354）各一件，其中鼎、壺現存於世，簋、盨已失傳，僅有宋代摹繪的圖像。師望鼎（圖70）照片見於陳仁濤《金匱論古初集》①，其形制爲西周晚期常見的垂腹平底蹄足鼎，與大、小克鼎同類；其足根特別寬大，與宣王時期的頌鼎（《集成》2827–2829）、函皇父鼎（《集成》2845）等接近，是年代較晚的特徵；耳側飾重環紋，西周晚期多見，口沿下的竊曲紋與宣王標準器吳虎鼎相似；腹部飾横S形大竊曲紋，比較少見，但也呈現晚期的作風。師望壺（圖71）爲圓壺，頸部有螺角獸首銜環耳，器身飾三層大波帶紋，與西周晚期的幾父壺（《集成》9721–9722）、弭叔壺②、番匊生壺（《集成》9705）相似③。師望簋（圖72）是西周晚期流行的斂口圈三足簋，腹部飾瓦紋，口沿下及圈足飾一正一反相間的竊曲紋；耳部的獸首有凸起的雙角，其下垂珥呈象鼻狀的鈎形，與宣王時期的頌簋（《集成》4332–4339）、伊簋（《集成》4287）等相似④。師望盨（圖73）耳部特徵與師望簋相同，腹部飾瓦紋，口沿下及圈足飾一周變形蟬紋⑤，這種紋飾常見於西周末葉至春秋初年⑥，因此盨的年代應該與簋接近。師望

---

　　①　陳仁濤：《金匱論古初集》，香港：亞洲石印局，1952年，第57頁。這是目前所見最爲清晰的照片，其他論著均由此轉引。【作者案：師望鼎近年已入藏美國芝加哥美術館。】

　　②　【作者案：此"弭叔壺"指1959年與弭叔師察簋、詢簋等器同出於陝西藍田縣寺坡村的一件圓壺。據段紹嘉《陝西藍田縣出土弭叔等彝器簡介》（《文物》1960年第2期）一文介紹，此壺爲"弭叔"所作，但未見銘文發表。據最新資料，此壺應無銘文，見張天恩主編：《陝西金文集成》，三秦出版社，2016年，第13卷，第96—114頁。】

　　③　師望壺器形見王世民、陳公柔、張長壽：《西周青銅器分期斷代研究》，第134頁，壺6；其餘諸器分別見同書，第132、134頁。彭裕商先生認爲師望壺接近西周中期偏晚的三年癲壺（見本書第76頁，圖55：a），實際上癲壺的波帶紋表面平滑，是較早的形態，師望壺等器的波帶紋凸起呈浮雕狀，比癲壺更晚。

　　④　師望簋圖像見（宋）王黼：《博古圖》卷十六，乾隆十八年黄氏亦政堂刊本，第十二頁。頌簋、伊簋器形參見《西周青銅器分期斷代研究》，第87—89頁。

　　⑤　師望盨圖像見（宋）吕大臨、趙九成：《考古圖 續考古圖 考古圖釋文》，中華書局，1987年，第58頁。另著錄於（宋）王黼《博古圖》卷十八。

　　⑥　周原雲塘出土的伯公父爵（《集成》9935–9936）口沿下就有這種紋飾（參看曹瑋主編：《周原出土青銅器》第3卷，巴蜀書社，2005年，第486—495頁），年代應在西周末年；三門峽虢氏墓地出土的車馬器上也多見這種紋飾（參看河南省文物考古研究所等：《三門峽虢國墓》（第一卷），文物出版社，1999年，第104、266、347頁），時代應在春秋早期。

圖 70　師望鼎及其銘文

圖 71　師望壺及其銘文

圖 72　師望簋及其銘文

圖 73　師望盨及其銘文

四器的形制、紋飾特徵,顯然更接近西周晚期,與西周中期差距很大。以往學者將師望器與强家器群繫聯,主要根據"宲公"這一相同的稱謂;實際上,"宲"字既然是謐號,不同家族、不同時代均可使用,重合的幾率很大,不足以爲據①。"大師"這一職官,西周中晚期都能見到②,雖然師龡和師望都是大師的屬官,他們的年代也未必接近。彭裕商先生認爲師望器與强家器群並無關聯,其理由是充分的。他將師望器定於厲王時,我們認爲可能要到宣王甚至更晚。

---

① 早在 20 世紀 70 年代,日本學者白川静就已指出這一點,並認爲師望與師龡並非一家,參見《金文通釋》卷六《補釋篇》,神户:白鶴美術館,昭和 55 年(1980),第 247—248 頁。
② 西周晚期的伯公父瑚(《集成》4628)、伯克壺(《集成》9725)有"伯大師",柞鐘(《集成》133)有"仲大師"。

　　傳世銅器銘文還有一件望簋（《集成》4272）①，學者多認爲器主與師望是同一人。銘文中的册命地點在“周康宫新宫”，“新宫”見於師湯父鼎（《集成》2780）、師遽簋蓋（《集成》4214）、虎簋蓋（《銘圖》5399－5400）和殷簋（《銘圖》5305－5306）等器，年代均爲恭懿前後。銘文中代宣王命的史官是“史先”，此人多見於中期偏晚階段的銘義，又稱“内史先”；學者通過銅器繫聯，認爲其活動年代在孝王前後。因此，望簋的年代大致不出懿孝時期，與師望器相距甚遠。在望簋册命儀式中擔任右者的是宰佣父，望的職守是“死司畢王家”，即管理在畢地的王室財産。很多學者指出，西周册命禮中的右者與受命者之間存在職務上的統屬關係，受命者多是右者同系統的下級屬官②。那麽望應該是宰佣父的下屬，他的官職很可能是“宰”③，屬於管理王室宫廷事務的近臣。師龢和師望都是“師氏”，他們的職官與望不屬同一系統；在周代家族世官制度下，這種情況不太可能發生在同一家族内部。另外，望稱其皇祖爲“伯甲父”，與師龢之父虢季易父顯然不是同一人。因此我們認爲，望簋的器主與師望不是同一人，他與師龢家族也没有關係。

　　排除了師望器和望簋，强家銅器群的世系只剩下虢季易父、師龢、即、師兂四代。如果依照李學勤先生的看法，認定師龢是“宄公”，即是“德叔”的話，師兂的祖輩“幽叔”就没有了着落。我們認爲，師兂鐘的“烈祖虢季宄公幽叔朕皇考德叔”這句話的讀法應該重新考慮。“虢季”與“宄公”之間不應斷開，也就是説，“虢季”和“宄公”不是兩代人，而是指同一人。“虢季”是族氏④，“宄”是謚號，“虢季宄公”就是虢季氏謚號爲“宄”的先公；他的字是“易父”，因此又稱“虢季易父”。師龢是“宄公”之子，應該是“幽

---

① 此器器形已失傳，僅見銘文摹本。
② 參看陳夢家：《西周銅器斷代》，第164頁；白川静：《金文通釋》卷六，《西周史略》第四章第一節“廷禮册命與官制”，第84—85頁；楊寬：《西周史》，上海人民出版社，1999年，第336頁。
③ 與望簋年代接近的蔡簋（《集成》4340），右者爲宰曶，器主蔡的職守也是“死司王家”，可相比照。
④ “季”在金文中也常用作個人的行第字，但是在這種用法時，謚號一般要放在行第字的前面，比如“宄仲”、“宄季”。因此“虢季宄公”的“虢季”還是解釋爲族氏較爲合理。

叔"。即是師兌的皇考"德叔",不必更動。因此,我們將强家銅器群的世系重新排列如下:

號季易父(寞公)→師龢父(幽叔)→即(德叔)→師兌

師龢父活動於穆王後期至恭王時,其父號季易父應該主要活動於穆王前期,上限可能進入昭王。即簋銘文中的右者是"定伯",又見於五祀衛鼎(《集成》2832),即應該活動於恭懿時期①。强家窖藏還有兩件恒簋蓋,因其銘文難與其他銅器繫聯,學者並未將恒排進該家族世系中。恒簋蓋側視呈平緩的弧形,表面全飾瓦紋,與師遽簋蓋最爲相似,後者是恭懿時器;與這種簋蓋相配的簋,多數是器身全飾瓦紋的斂口圈足簋,流行於西周中期後段,大多爲獸首銜環耳,即簋就是其中的典型②。因此我們認爲恒簋蓋與即簋年代接近,同爲恭懿時器。即和恒都没有冠以"師"的頭銜,李學勤先生認爲周王對即的賞賜與師龢父相似,其職司也和師氏有關,因此即也應該是"師",其説可從。恒接受的賞賜只有"鑾旂",規格比即低得多,我們認爲恒可能是即之弟。恒稱其文考爲"公叔",應該是師龢父的另一種稱呼:"幽叔"是稱其謚號,"公叔"則是稱其封爵;可能師龢父晚年被天子册命爲"公",故後代可以稱他爲"公叔"③。師兌鐘正鼓部飾工字形雲紋,篆部飾S形雙頭顧首龍紋,與它形制、紋飾最爲接近的是虢鐘(《集成》88-92)④。與虢鐘同爲一人所作的還有大師盧簋(《集成》4251-4252),學者多定於懿孝時期。考慮到師兌鐘銘文已出現"喜侃前文人"這種流行於晚期的用語,我們認爲其年代以定於孝夷時期比較合適,其下限有可能進入厲王。

師龢父鼎銘文中還提到兩個稱謂:"公上父"和"伯大師"。于豪亮先生

---

① 五祀衛鼎的年代,學者多定於恭王時,李學勤先生定於懿王時,彭裕商先生則定於孝夷時期。我們覺得從器形、紋飾看來,該器以定於恭懿時期爲宜。

② 器形參看《西周青銅器分期斷代研究》,第67—68、98頁。

③ 逑盤(《銘圖》14543)銘文中,單氏家族的始祖爲"單公",第二代爲"公叔",與此相似。【作者案:我對此問題的看法其後已改變,"公叔"是指"公"之子排行爲"叔"者,而不是説其本人有"公"之爵號;師龢父之父"號季寞公"生前有"公"之爵號,故其子可稱"公叔",參見本書第194—201頁。】

④ 兩器照片見《西周青銅器分期斷代研究》,第173、174頁。

認爲伯大師是師𤼈同祖而不同父的長兄,公上父是他們二人的祖父;伯大師從公上父那裏繼承了大師的官位,故師𤼈稱之爲伯大師①。我們覺得不能排除伯大師和師𤼈同爲虢季易父之子的可能。虢季易父的“季”是族氏,不是個人的排行,他有可能就是虢季氏的宗子。伯大師是易父的長子,繼承其父爲虢季氏大宗,擔任人師之職;師𤼈排行爲“叔”,是伯大師之弟,他的後代分立爲小宗。師𤼈鼎通篇只讚頌“聖祖”公上父的“猷德”,最後還説“作公上父尊于朕考郭季易父靈宗”,也就是説這件鼎是爲祭祀公上父而作,只是放置在虢季易父的宗廟裏。究其緣故,大概是因爲公上父曾被册命爲“公”,是本族列祖中功業比較顯赫的一位;他不一定是師𤼈的祖父,也可能是輩分更高的遠祖。

從虢季易父到師𡩺的四代人,基本上覆蓋了整個西周中期,對應從穆王到夷王的五位周王;因爲孝王是懿王之叔,所以周王的世系實際上也只有四代。從這個例子看來,西周時期的世族與王室相比,並不存在代數偏少的問題。“夏商周斷代工程”確定穆王在位 55 年,恭王 23 年,將懿、孝、夷三王的年數壓低至 22 年②。這樣一來,强家銅器群的前兩代有七八十年,後兩代卻只有二十幾年,這是難以想像的。我們認爲懿、孝、夷三王的年數應該不會如此之短。

三

《左傳》僖公五年:“虢仲、虢叔,王季之穆也。”西周的虢氏應該是“二虢”的後代。然而文獻和兩周金文中出現的虢氏族人有伯、仲、叔、季四種稱謂,虢的地望也有東、西、南、北四種説法,非常複雜。陳夢家先生曾對相關史料做了細緻的梳理排比,他指出,對於兩周虢氏孰爲仲、叔之後,以及孰爲東虢,孰爲西虢,諸家互不一致,都是漢晉學者的

---

① 于豪亮:《陝西扶風縣强家村出土虢季家族銅器銘文考釋》,參見《于豪亮學術文存》,中華書局,1985 年,第 12—13 頁。
② 《夏商周斷代工程 1996—2000 年階段成果報告(簡本)》,第 36 頁。

擬測，並非西周和春秋初所本有①。他還認爲，金文中虢氏的伯仲叔季開始是排行，後來變爲氏②。20 世紀 50 年代，三門峽上村嶺墓地出土虢季氏子𢼸鬲，郭沫若先生據以認定該墓地屬於虢季氏③。强家銅器群出土後，李學勤先生認爲屬於虢季家族，是虢叔所封西虢之後，其後代隨平王東遷於三門峽。此後，學者多持類似看法。90 年代，三門峽虢氏墓地又有新發現，出土的銅器銘文有"虢仲""虢季"兩種稱謂④。對於三門峽墓地的年代是西周晚期還是春秋早期，虢仲、虢季的年代以及他們究竟屬於虢氏家族的哪一支，學界還有不同意見，也非本文所能涉及。在這裏，我們只想對强家器群主人在虢氏譜系中的位置，加以澄清。

　　師𩛥的父親虢季易父應該是虢季氏宗子，但以往學者由此推定整個器群都屬虢季氏，則不太妥當。師𩛥的謚號是"幽叔"，即的謚號是"德叔"。與師𣄰鐘年代接近的三年𤼈壺（《集成》9726－9727）和𤼈鼎（《集成》2742），銘文中都有"虢叔"。宣王時期有虢叔旅鐘（《集成》238－244）⑤，銘文稱其皇考爲"惠叔"。"虢叔"這個稱謂從恭王一直延續到宣王，且有父子相繼的現象，可見"叔"字在這裏應非個人的排行。西周中晚期金文中常見的"井叔"，其年代亦有早晚之別。灃西張家坡墓地的幾座大墓都出土井叔所作銅器，研究者認爲屬於井叔氏的家族墓地⑥。陳夢家先生根據禹鼎（《集成》2833）等銘文指出，井叔氏和井伯氏都是昭穆時期的穆公之後⑦。

　　①　陳夢家：《西周銅器斷代》，第 384—397 頁。
　　②　《上村嶺虢國墓地》作者也持類似觀點（科學出版社，1959 年，第 51 頁），並認爲伯、季二族或者與仲、叔二族爲平行的四支，或爲仲、叔二宗的分支。
　　③　郭沫若：《三門峽出土銅器二三事》，參見《郭沫若全集·考古編》第六卷《金文叢考補錄》，科學出版社，2002 年，第 229—234 頁。
　　④　參看河南省文物考古研究所等：《三門峽虢國墓》（第一卷）。
　　⑤　虢叔旅又稱"虢旅"，見於禹攸比鼎（《集成》2818），學者多認爲是宣王三十一年器；又稱"叔旅魚父"，見於叔旅魚父簋（《集成》39），此鐘實爲其子所作。吳鎮烽先生指出虢叔旅名"旅"，字"魚父"，見《金文人名彙編》，中華書局，1987 年，第 145 頁。
　　⑥　參看中國社會科學院考古研究所：《張家坡西周墓地》，中國大百科全書出版社，1999 年；朱鳳瀚：《商周家族形態研究（增訂本）》，第 633—657 頁。
　　⑦　陳夢家：《西周銅器斷代》，第 270—272 頁。張家坡墓地 M163 出土井叔叔采鐘（《集成》356—357，見本書第 171 頁，圖 90），"叔"字下有重文符號，"井叔"二字應是族氏，"叔采"應是排行爲"叔"，字爲"采"；銘文稱"文祖穆公"，證明陳先生的看法是正確的。

我們認爲，西周中晚期的"虢叔"與"井叔"相似，都是同一家族的宗子代代相傳的稱號，"叔"在這裏應該是族氏名，這個家族應該稱爲"虢叔氏"。虢叔氏是從師咢（幽叔）開始自虢季氏分出，因爲本分支的始祖排行爲"叔"，故以"叔"爲氏，以區別於大宗①。從年代上看，瘋器的虢叔有可能就是師甹，虢叔旅則可能是師甹之子或孫，"惠叔"應該是師甹或其子的謚號②。我們試將西周時期虢叔氏的世系列表於下：

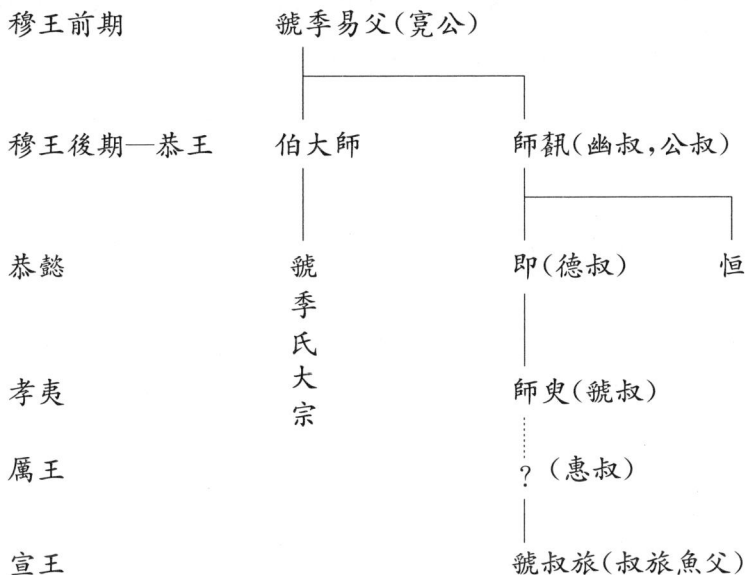

穆王前期	虢季易父（寛公）	
穆王後期—恭王	伯大師	師咢（幽叔，公叔）
恭懿	虢季氏大宗	即（德叔）　恒
孝夷		師甹（虢叔）
厲王		？（惠叔）
宣王		虢叔旅（叔旅魚父）

　　虢季氏這一支至少在虢季易父之時（昭穆時期）就已經存在了，但它與周初的虢仲、虢叔究竟是什麽關係還難以確定③。李學勤先生認爲虢季氏屬於西虢之後，從地理位置上看是合理的。在虢季易父之後，這一家族長期不見於金文，直到兩周之際，才出現虢季子白、虢季氏子毁、虢季氏

---

　　① 蔡運章先生認爲西周晚期的虢叔乃東虢之君（《西虢史迹及相關問題》，收入王斌主編：《虢國墓地的發現與研究》，社會科學文獻出版社，2000 年），我們覺得其説證據不足。

　　② 考慮到師甹的活動下限只到厲王早期，而虢叔旅則活動到宣王晚期，二者年代間隔過大，因此虢叔旅爲師甹之孫的可能性更大。

　　③ 李學勤先生從鄒安之説，認爲虢國宗出王季，故稱季氏，可備一説（《三門峽虢墓新發現與虢國史》，收入《走出疑古時代（修訂本）》，遼寧大學出版社，1997 年，第 178—181 頁）。蔡運章先生認爲虢季易父之父"公上父"即班簋的"虢城公"，而虢城公又是西虢始封君虢叔之後；另外師甹是虢季子白和虢公長父（虢仲）之父，即"虢宣公"（參見前引蔡文）。我們覺得其説缺乏有力證據。

子組等人物,在此期間可能經歷了一個由中衰到復興的過程①。虢叔氏雖然是在穆恭時期才從虢季氏分出,但是它在中晚期金文中出現的頻率要大大高於後者。從寎攸比鼎等銘文看來,虢叔旅在宣王時期曾擔任執政大臣,地位相當高。這種現象很值得注意,它説明西周世族的地位並不是由其在宗法體系中的位置決定的,後起的小宗可能會壓倒大宗②。在虢叔氏與虢季氏並立的這段時間裏,二者的關係究竟如何,還有待新資料證明。"虢叔"這個稱謂直到春秋早期仍然存在,有可能是虢叔旅的後裔。但是,在三門峽虢氏墓地並没有發現虢叔所作的銅器,究竟是虢叔氏並未和虢季氏一起東遷,還是東遷之後有另外的居地、葬地? 這個問題也有待今後考古工作的證明。

　　(本文原刊《中國歷史文物》2007 年第 3 期)

---

① 　還有一種可能是,西周中晚期這個家族的宗子並不使用"虢季"的稱號。
② 　朱鳳瀚先生已指出這一點,參見《商周家族形態研究(增訂本)》,第 395 頁。

眉縣盠器群的族姓、
年代及相關問題

　　2003 年初，陝西眉縣楊家村出土西周單氏家族青銅器群，其中的述盤(《銘圖》14543)銘文記録了該家族八代人的世系，史料價值極高[①]。20 世紀 50 年代，楊家村附近還出土過一組銅器，器主名叫"盠"[②]。其中的方尊、方彝銘文稱"文祖益公"，説明盠是益公之後。益氏是西周時期的大世族，其宗子益公在西周中後期銘文中經常出現，是地位很高的王朝卿士。述盤銘文中，單述的四世祖稱爲"惠仲盠父"，學者多認爲"盠"與"惠仲盠父"是同一人，這兩群銅器屬於同一家族[③]。於是很多學者得出這樣一個推論：益氏是單氏家族的一個分支[④]。單氏爲姬姓，那麼益氏自然也是姬姓。到目前爲止，我們還没有看到不同意見。但是翻檢金文，我們卻發現一些足以構成反證的材料，在這裏提出來，希望引起學界注意。

---

　　①　參看陝西省考古研究所等：《陝西眉縣楊家村西周青銅器窖藏發掘簡報》，《文物》2003 年第 6 期。

　　②　參看郭沫若：《盠器銘考釋》，收入《郭沫若全集·考古編》第六卷《金文叢考補録》，科學出版社，2002 年，第 110—138 頁。這群銅器包括方尊一件(《集成》6013)、方彝兩件(《集成》9899、9900)、駒尊一件(《集成》6011)、駒尊蓋一件(《集成》6012)，均爲"盠"所作，方尊、方彝銘文大體相同，二駒尊亦同銘。近年董珊先生將器主之名釋爲"猛"(《略論西周單氏家族窖藏青銅器銘文》，《中國歷史文物》2003 年第 4 期)，本文仍從舊説。

　　③　參看馬承源：《陝西眉縣出土窖藏青銅器筆談》，《文物》2003 年第 6 期；李零：《讀楊家村出土的虞述諸器》，《中國歷史文物》2003 年第 3 期；前引董珊文。

　　④　楊亞長先生認爲盠的"文祖益公"即單述的二世祖"公叔"，益公可能是字或謚(《金文所見之益公、穆公與武公考》，《考古與文物》2004 年第 6 期)。我們認爲其説不可取。"益公"顯然不可能是字，金文中所見謚號基本上都可得到文獻印證，但文獻中未見有"益"字用作謚號之例。因此，益公之"益"仍當理解爲族氏。

一

1961 年 10 月,陝西長安縣張家坡發現一銅器窖藏,共出土有銘銅器 32 件①。其中有 4 件元年師旋簋(《集成》4279 - 4282,見本書第 151 頁,圖 82),銘文稱"文祖益仲",説明器主師旋是益氏族裔;另有 3 件五年師旋簋(《集成》4216 - 4218),形制、紋飾較前者略早。這個窖藏很可能屬於師旋的家族,也就是益氏的一個分支。值得注意的是,該窖藏還出有 3 件外族所作的媵器。銘文如下:

> 筍侯盤(《集成》10096):筍侯作叔姬媵盤,其永寶用饗。
>
> 伯百父鋻(《集成》9425):伯百父作孟姬媵鋻。
>
> 伯百父盤(《集成》10079):伯百父作孟姬媵盤。

"筍侯"之"筍"同"郇",爲文王子所封國,其地在山西臨晉②。伯百父亦屬姬姓。該窖藏還出土伯庸父鬲 8 件(《集成》616 - 623),銘文曰"伯庸父作叔姬鬲",此叔姬當即郇侯之女,伯庸父之妻③。又有伯梁父簋(《集成》3793 - 3796)4 件,銘文曰"伯梁父作嬛姞尊簋",郭沫若先生認爲嬛姞可能是伯梁父的妻或母。伯庸父和伯梁父應該都是器群的主人。因此郭沫若指出,這一器群的主人不姓姬,而是與姬姓和姞姓通婚。既然該窖藏屬於益氏的後裔,按照周人同姓不婚的原則,益氏就不會是姬姓。

益氏究竟是什麼姓? 1997 年出土於扶風縣段家鄉大同村的宰獸簋(《銘圖》5376 - 5377)爲我們提供了一條證據④。該器銘文稱"朕烈祖幽

---

　　① 參看郭沫若:《長安縣張家坡銅器群銘文匯釋》,原載《考古學報》1962 年第 1 期,第 1—12 頁,收入《郭沫若全集·考古編》第六卷,第 275—316 頁,有改動,本文引用郭氏意見以後者爲準;中國科學院考古研究所:《長安張家坡西周銅器群》,文物出版社,1965 年。

　　② 參看陳槃:《春秋大事表列國爵姓及存滅表譔異(三訂本)》,臺北:中研院歷史語言研究所,1997 年,第 665 頁。

　　③ 郭沫若最初認爲伯庸父鬲是爲其妻叔姬所作之器,又説筍侯即伯庸父(《考古學報》1962 年第 1 期)。但筍侯盤明是筍侯爲其女叔姬所作媵器,伯庸父不可能既是叔姬之夫,又是叔姬之父。陳夢家指出郭説前後矛盾,伯庸父與筍侯並非一人(《西周銅器斷代》,第 212 頁)。郭氏後來改正舊説,認爲筍侯是伯庸父的岳父(《郭沫若全集·考古編》第六卷)。

　　④ 參看羅西章:《宰獸簋銘略考》,《文物》1998 年第 8 期,第 83—86 頁。

仲、益姜”，益姜應該是幽仲的配偶，宰獸的先姘。金文中的女性稱謂，一般是在姓前加行第字、謚號或族氏。益姜的“益”字顯然不是排行，也不是謚號①，而只能是族氏。確定“益”是族氏，還可能存在兩種情況：一、“益”爲夫氏，即幽仲、宰獸家族之氏，益氏與姜姓通婚，當非姜姓，但不能確定是什麽姓；二、“益”爲父氏，益姜是益氏之女，那麽益氏應爲姜姓。

我們認爲第一種可能性可以排除。簋銘記載周王册命宰獸“更乃祖考，觏司康宫王家臣妾僕庸外内”②，説明宰獸的家族世襲爲“宰”，管理康宫内的王室家産，屬於“内臣”③。而益氏大宗的益公世代爲王朝卿士，位高權重；在乖伯簋（《集成》4331）銘文中，益公還帶兵征伐過眉敖。據盝方尊銘文記載，盝的職務是“司六師王行三有司”以及“六師眔八師執（藝）”，也是地位很高的軍政長官。元年師旋簋銘文中，天子册命師旋“官司豐還左右師氏”；而在五年師旋簋銘文中，他也曾帶兵東征，因此他屬於武官系統的“師氏”。由此可見，益氏家族無論大宗還是小宗，擔任的都是執掌軍政大權的“外朝”職官，尤其帶有濃厚的軍事色彩，與宰獸家族擔任的“内朝”官性質截然不同。在周代世官制度下，同一家族内部不太可能出現這種情況。因此我們認爲益姜之“益”應是其父族之氏，益氏應該是姜姓。

要確定這一結論，我們還需對幾條似爲反證的材料加以澄清。

第一，宋代著録的元年師詢簋（《集成》4342）④，銘文稱“朕烈祖乙伯、同益姬”。1959 年陝西藍田縣寺坡村出土的十七祀詢簋（《集成》4321）⑤，與元年師詢簋爲同一人所作，銘文稱“文祖乙伯、同姬”。與兩件詢簋屬於同一家族的還有傳世的師酉簋（《集成》4288－4291），銘文稱“朕文考乙

---

① 西周金文中先姘、先母的謚號通常與先祖、先考相同，此處如稱謚號，則應稱“幽姜”。

② 【作者案：宰獸簋銘文“庸”上一字應爲“莫”，“莫庸”爲動詞，全句當讀爲“觏司康宫王家臣妾，莫庸外内，毋敢無聞知”。】

③ 參看張亞初、劉雨：《西周金文官制研究》，中華書局，1986 年，第 40—42 頁。

④ 該器最早著録於（宋）薛尚功：《歷代鐘鼎彝器款識法帖》卷十四，中華書局，1986 年，第 69 頁，器形已失傳。

⑤ 參看段紹嘉：《陝西藍田縣出土弭叔等彝器簡介》，《文物》1960 年第 2 期，第 9—10 頁。

伯、寏姬"。"同益姬""同姬""寏姬"應該是同一個人①,至於爲什麼會出現稱呼上的差異,學者有不同看法。郭沫若先生認爲"同"字是指婦人之字與丈夫相同,"寏"字爲其本名,"益"是氏族名,即"益公"之"益"②。朱鳳瀚先生認爲"寏"爲謚號,"同"爲師酉、師詢家族之氏名(即寏姬夫家之氏名),"益"爲寏姬之父氏③。按照這種説法,"同益姬"是益氏之女,益氏就應該是姬姓。

我們覺得這一説法不無疑問。十七祀詢簋與弭叔師察簋以及弭叔鬲、盨、壺等銅器一同出土,詢的職務與弭叔一樣是師氏;他們應該屬於同一家族,也就是弭氏④。因此"同益姬"的"同"字不應是夫家師詢家族的氏名,而應是父家的氏名。同氏也是西周時期的重要世族,早期有"同公"(小臣宅簋,《集成》4201),晚期有"同仲"(元年師兑簋,《集成》4274)。唐蘭先生認爲"同"即"凡"字,同氏就是《左傳》僖公二十四年稱爲"周公之胤"的凡氏⑤,其説可從⑥。兩周金文女性稱謂有將父氏和夫氏疊加於姓前的形式⑦,但這種形式多見於女性自稱,未見用於稱呼先妣、先母者,因此"同益姬"也不會是這種情況。我們提出一種推測:"同益姬"的"益"字有可能是"孟"字的誤摹。春秋時期金文常在"孟"字上部的"子"旁下加兩點飾筆⑧,而西周晚期的伯家父簋銘文中,"孟姜"的

---

①　對於師酉和師詢的關係,學界存在兩種意見。一種認爲師酉是師詢之父,師酉之父"乙伯"即師詢之祖;另一種認爲師詢是師酉之父,兩器銘文的"乙伯"並不是同一人。近出師酉鼎證明,前一種意見更爲可信(參看下引朱鳳瀚文)。"同益姬"、"同姬"、"寏姬"應該是同一人,即師酉之母、師詢之祖母。

②　郭沫若:《弭叔段及詢段考釋》,參看《郭沫若全集·考古編》第六卷,第255頁。

③　朱鳳瀚:《師酉鼎與師酉簋》,《中國歷史文物》2004年第1期,第8頁。

④　1963年藍田縣輞川公社新村出土弭伯師耤簋(《集成》4257)(應新等:《陝西藍田縣出土的西周銅簋》,《文物》1966年第1期),器主弭伯應爲弭叔師察之兄。傳世尚有弭仲瑚(《集成》4627)、弭伯匜(《集成》10215)等銅器,也都出土於藍田附近,可見弭氏家族的封地就在藍田一帶。

⑤　唐蘭:《西周青銅器銘文分代史徵》,第318、325頁。

⑥　西周金文中同氏之"同"字,多作 形,右側一豎下端向外撇出,與一般的"同"字不一樣,而與"凡"字類似(參看容庚:《金文編》,中華書局,1998年,第545—546、881頁)。疑此字本爲"凡"字,作族氏時,加"口"旁以示區別,遂與"同"字相混。

⑦　如蘇冶妊鼎(《集成》2526)的"蘇冶妊"是夫氏在前,父氏在後;而蘇衛妃鼎(《集成》2381-2384)的"蘇衛妃"是父氏在前,夫氏在後。

⑧　參看容庚:《金文編》,第988頁。

"盂"字上部有一"八"字形，可看作這種飾筆的源頭。在銘文殘泐的情況下，這種帶有飾筆的"盂"字很容易與"益"字相混；元年師詢簋銘文中，"同盂"二字相連，"同"字的"口"旁與"盂"字的上部更難以區分（圖74）。傳世的宋代金文摹本多有摹寫走形的現象，此處出現誤摹的可能性還是相當大的。

a. 鑄公瑚（《集成》4574）　　b. 曹公盤（《集成》10144）
c. 伯家父簋（《集成》3856）　　d. 元年師詢簋"同益"二字

圖74

第二，盠駒尊（圖75）銘文説"王弗望（忘）厥舊宗小子"，很多學者認爲，這説明盠是周王的同姓子弟[①]，那麼盠所屬的益氏家族就應該是姬

圖75　盠駒尊及其銘文

①　此點似由陳夢家先生最早提出（《西周銅器斷代》，第171頁），劉啟益、董珊等先生均采此説（參看劉啟益：《西周紀年》，第266頁；董珊前引文）。

姓。我們覺得這個問題還值得重新考慮。除盠駒尊外，金文中"宗小子"
一詞僅見於何尊（《集成》6014）"王誥宗小子于天室"，此處"宗小子"可
以理解爲周王同宗晚輩的專稱。但是在盠駒尊銘文的"舊宗小子"之前
還有一個領格代詞"厥"，説明"舊宗小子"並不像何尊的"宗小子"那樣
是一個專用名詞。駒尊銘文中有一句話"王俯下不（丕）其（基），則萬年
保我萬宗"，類似的文句也出現在方尊（圖76）、方彝（圖77）銘文中，作
"王不（丕）叚不（丕）其（基），萬年保我萬邦"。細味文意，"萬邦"是泛指
天下所有的邦國，"萬宗"則是泛指天下所有的宗族。可見，"宗"在這裏
的含義等同於"族"，"舊宗"應該是指與周王室關係密切的舊族。盠的
家族益氏爲姜姓，姬、姜二姓很早就互爲婚姻。據劉啟益先生研究，西
周王朝每隔一代就有一位姜姓王后[1]，可見姜姓與周王室關係之密切。
益氏家族很可能與周王室有姻親關係，那麼周王稱益氏的晚輩盠爲"舊宗
小子"也是合乎情理的。

圖76　盠方尊及其銘文

①　劉啟益：《西周金文中所見的周王后妃》，《考古與文物》1980 年第 4 期，第 85—90 頁。

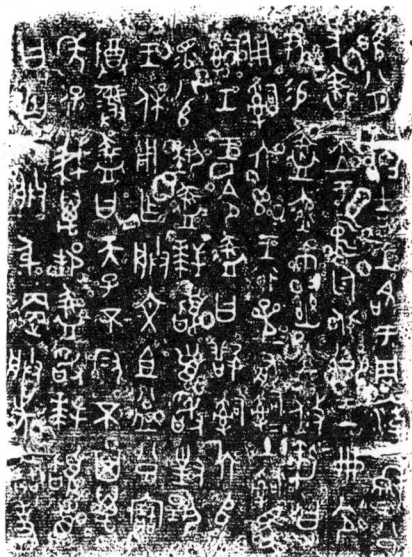

圖 77　盠方彝(《集成》9899)及其銘文(器銘)

　　第三，傳世銅器有畢鮮簋(《集成》4061)，銘文稱"皇祖益公"，作器者應爲益氏後裔。此器未見器形，字體屬西周中晚期，唐蘭先生定於夷王時①。劉啟益先生認爲畢鮮爲畢公之後裔，畢鮮之皇祖爲益公，則益公也應是畢公之後②。那麼，益氏就成了畢氏的一個分支，畢氏出自文王，益氏自當爲姬姓③。我們覺得此説也有疑問。西周時期，凡是小宗從大宗獨立出來，被命以新的"氏"，就不會再使用大宗的氏名④。如果益氏是畢氏的分支，"畢鮮"就不應該使用大宗畢氏的氏名，而應稱"益鮮"。因此我們認爲"畢鮮"並非畢公之後，而是益氏族裔之改封於畢地者，與《左傳》中先軫封於原而稱"原軫"、士會封於隨而稱"隨會"同例。望簋(《集成》4272)銘文稱"死司畢王家"，可見畢地有王室的財産；西周早期的召圜器

---

①　唐蘭：《西周青銅器銘文分代史徵》，第 502 頁。收入"附件一"，定名爲"畢蓋簋"。
②　劉啟益：《西周紀年》，第 267 頁。另外，楊亞長先生認爲此益公爲畢氏，且與嬰簋(《集成》4153)的"皇祖益公"可能是同一人(參見前引楊文)，他仍是將此處的"益公"理解爲謚號，前注已辨其非。
③　但此説與益氏爲畢氏分支的説法也難以相容。
④　例如燕國從召氏分出，從此以"匽(燕)"爲氏，不再稱召氏。

（《集成》10360）銘文記載，王賞給召"畢土方五十里"，可見周王曾經把畢地的土地賞賜給臣下。西周中晚期可能有一支益氏後裔改封於畢地，從此以"畢"爲氏，與文王之後的畢氏並非同一家族。

綜上所述，我們有理由認爲盨器群所屬的益氏家族不是姬姓，而是姜姓。因此，益氏不可能是姬姓單氏家族的分支。

<h2 style="text-align:center">二</h2>

學者認爲盨和單逨的祖先惠仲盨父是同一個人，主要有三點依據：一、兩個窖藏距離很近，可能屬於同一家族；二、盨的父親"大仲"與惠仲盨父的父輩"新室仲"排行相同；三、盨和惠仲盨父的稱謂都有一個"盨"字。我們覺得這幾個依據都值得懷疑。

根據金文人名稱謂的通例，"惠仲盨父"是字，"盨"是名，兩者的性質是不同的。金文稱"字"，往往在後面加一個後綴式的男子尊稱"父"（也作"甫"），前面加"伯仲叔季"等行第字，或者再加氏名或官名，對於已去世的祖考也有加諡號的[①]。"惠仲盨父"就是"諡號＋排行＋某父"的標準形式。古人稱字是表示對人的尊敬。金文中凡稱字的場合，或者是在不出現他人的情況下用於自稱，或者是用來稱呼父、祖以及地位高於自己的人，"惠仲盨父"就是單逨對祖先的尊稱。君主稱臣下，上級稱下級，則大多直呼其名，臣下在君主面前更是自稱其名而不敢稱字。《禮記·曲禮上》"父前子名，君前臣名"，這一點在金文中表現得非常明顯。在西周大量册命賞賜類金文中，臣下自稱字的例子極爲少見[②]。盨器銘文記錄的是天子對盨的賞賜、册命，還多次以"盨曰"的口氣頌揚天子的恩德。按照禮制，"盨"在這裏不可能是字，只能是名。"盨"和"惠仲盨父"一爲名，一爲字，一個人的名和字是不太可能采用同一個字的。因此我們認爲這兩

---

① 參看盛冬鈴：《西周銅器銘文中的人名及其對斷代的意義》，《文史》第十七輯，中華書局，1983年，第31—33頁。

② 目前所見的例子只有師奎父鼎（《集成》2813）和師毛父簋（《集成》4196）。兮甲盤（《集成》10174）雖然在銘末自稱"兮伯吉父作盤"，但是在銘文中追述自己從天子征伐、受天子册賞時，仍然自稱"兮甲"。

個稱謂並不是同一個人，而應該是兩個不同的人。

　　周原和豐鎬遺址都是貴族聚居之地，建築、墓葬、銅器窖藏鱗次櫛比，相隔不遠的兩個窖藏分屬兩個家族的事情司空見慣。眉縣楊家村一帶雖然不是那樣的中心都邑，但是居住有兩家以上的貴族也是很正常的。何況盠器群的年代要早於單氏器群，兩個家族可能是先後定居於此。至於"大仲"和"新室仲"排行相同，則純屬巧合，周人習慣在稱謂中用行第字，重合的幾率非常大。單逑的家族世襲爲虞官，管理山林川澤；益氏則主管軍政，族人多擔任武官師氏。從世官制度來講，單逑和盠也不太可能屬於同一家族。

　　關於盠器群的年代，學者向來有不同意見。李學勤定於穆王晚期[①]，郭沫若、唐蘭定於懿王[②]，陳夢家、劉啟益定於恭王[③]，彭裕商等先生定於懿孝時期[④]。單氏器群發現以後，學者既然認爲盠與惠仲盠父是同一人，逑盤銘文又説惠仲盠父曾服事昭王、穆王，於是很多人提出盠器群的年代過去定得偏晚，應該提前到昭穆時期[⑤]。現在我們既然證明盠與惠仲盠父並非一人，就有必要重新考慮這個問題。

　　先從銘文内容來看。盠方尊（圖 76）、方彝（圖 77）銘文中，册命儀式的"右者"爲穆公；駒尊（圖 75）銘文中，代天子呼召盠的人是師虖。穆公自作的銅器有穆公簋蓋（《集成》4191），飾有穆王時期流行的大鳥紋，李學勤先生定爲穆王晚期，其説可從。此外，穆公還見於戠簋（《集成》4255）和尹姞鬲（《集成》754－755），前者有"取徵五鋝"這種常見於西周中期晚段及晚期的用語，年代應該不會太早；後者作於穆公死後，學者多定於恭王時。因此，穆公大概主要活動於穆王後期，下限可能進入恭王前期。師虖

---

　　① 李學勤：《穆公簋蓋在青銅器分期上的意義》，原載《文博》1984 年第 2 期，收入《新出青銅器研究》，第 68—72 頁。
　　② 郭沫若：《盠器銘考釋》，收入《郭沫若全集·考古編》第六卷，第 110—138 頁；唐蘭《西周青銅器銘文分代史徵》"附件一"將盠器歸入"懿王"下。
　　③ 陳夢家：《西周銅器斷代》，第 169—174 頁；劉啟益：《西周紀年》，第 265—267 頁。
　　④ 彭裕商：《西周青銅器年代綜合研究》，第 344—345 頁。另外，馬承源主編《商周青銅器銘文選》第 3 卷（文物出版社，1988 年），王世民、陳公柔、張長壽《西周青銅器分期斷代研究》等也持類似意見。
　　⑤ 參看馬承源等：《陝西眉縣出土窖藏青銅器筆談》，《文物》2003 年第 6 期，第 43—65 頁。

與師遽方彝（《集成》9897，圖 79）、師遽簋蓋（《集成》4214）的器主是同一人。師遽方彝的"右者"是宰利，此人又見於穆公簋蓋①，説明師遽的活動時代與穆公有一段重合。師遽簋蓋屬於中期晚段流行的全瓦紋簋，其册命地點在"新宫"，多見於恭王前後金文。師遽方彝的年代，學者多定爲穆王晚期至恭王時，簋蓋有學者認爲可能晚到懿王時。盠方尊、方彝記載的册命儀式，已經具備了各種要素，接近西周中期晚段的固定形式。陳夢家先生指出，只有到恭王時期，右者和史官代宣王命的制度才具體見於銘文②。綜合以上各點，我們認爲將盠器群定在恭王時期比較穩妥。

　　再從器形和紋飾看。盠方尊（圖 76）和方彝（圖 77）是一組配套使用的酒器，其形制與西周早期的方尊、方彝不同，器身特別矮小，兩側有上卷如象鼻狀的耳。與盠方尊相似的銅器有小子生尊（《集成》6001）和服方尊（《集成》5968，圖 78）③。前者器身飾垂冠大鳥紋，後者飾獸面紋，唐蘭、劉啟益等先生均定於昭王時④。此二器比盠方尊更加瘦高，紋飾也顯得偏早，年代應早於盠方尊。與盠方彝類似者，有師遽方彝（圖 79）和井叔方彝（《集成》9875，圖 80）；三器造型基本相同，紋飾雖有差別，但風格非

圖 78　服方尊

---

　　①　學者多認爲宰利與利鼎（《集成》2804）的器主是同一人。利鼎的年代過去一般認爲屬恭王時，其形制爲立耳盆形鼎，口沿下飾兩周弦紋，與屬王時期的大鼎（《集成》2807）相似。近年有學者認爲該器當屬夷厲時期（彭裕商：《西周青銅器年代綜合研究》，第 377 頁）。但利鼎的腹部較大鼎要深，蹄足也不如後者發達，在該型鼎中屬較早的形態；且銘文中的册命地點"般宫"，不見於恭懿以後的金文，因此我們認爲利鼎可以早到中期晚段，不排除屬恭懿時期的可能。

　　②　陳夢家：《西周銅器斷代》，第 401 頁。

　　③　前者最早著録於《西清古鑒》8.2，圖像見《西周銅器斷代》下册，第 638 頁；後者器形見容庚：《商周彝器通考》下册，圖五五六，哈佛燕京學社，1941 年。

　　④　參看唐蘭：《西周青銅器銘文分代史徵》，第 268 頁；劉啟益：《西周紀年》，第 151 頁。

常接近。其中井叔方彝出土於灃西張家坡墓地 M170，發掘者將此墓所屬的井叔家族墓群排在該墓地的第三期，相當於恭懿孝時期①。朱鳳瀚先生進一步指出，M170 在井叔家族墓群中年代最早，相當於穆恭之際②。可見這種形式的方彝流行時間非常短，大約從穆王末年到恭王時期。這與我們從銘文內容得出的結論是一致的。

圖 79　師遽方彝

圖 80　井叔方彝

　　因此我們認爲，盠器群的年代還是以定於恭王時期比較合適，上限可能會進入穆王晚期，但不太可能早到昭穆之際。

三

　　盠駒尊銘文的"文考大仲"，可能主要活動於穆王時期③。傳世銅器有大簋（《集成》4165，圖81），銘文稱"朕皇考大仲"；陳夢家先生定此器於恭王時，並認爲大之"皇考大仲"與盠之"文考大仲"是一人，大與盠是兄弟④。此器爲弇口垂腹，獸首銜環耳（環已失），圈足下有三圓柱形矮足，口沿下飾竊曲紋⑤。與此器最爲相似的是陝西耀縣出土的殷簋（《銘圖》5305 –

　　① 中國社會科學院考古研究所：《張家坡西周墓地》，中國大百科全書出版社，1999 年，第368 頁。
　　② 朱鳳瀚：《商周家族形態研究（增訂本）》，第 640—649 頁。
　　③ 盠既然自稱"小子"，說明在穆恭之際的時候他還很年輕，可能剛剛繼承父親的職位。
　　④ 陳夢家：《西周銅器斷代》，第 169 頁。
　　⑤ 器形見故宮博物院編：《故宮青銅器》，紫禁城出版社，1999 年，第 199 頁。

5306，見本書第 50 頁，圖 30），銘文有“周新宮”，當爲恭王前後器①。因此陳先生之説可從。

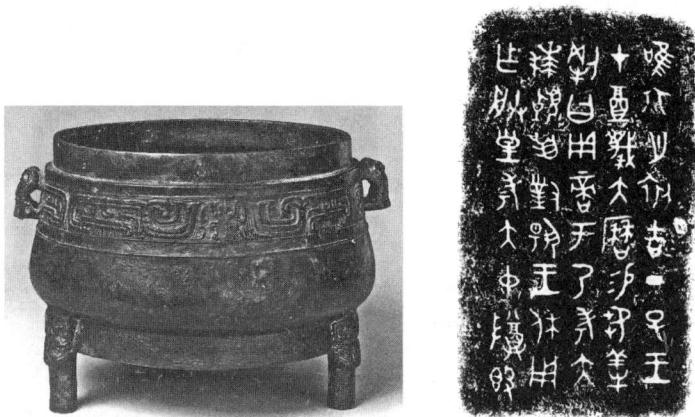

圖 81　大簋及其銘文

　　長安張家坡窖藏出土的元年師旂簋（圖 82），銘文稱“文祖益仲”。元年、五年師旂簋的年代，郭沫若、彭裕商定爲厲王②，陳夢家、唐蘭定爲懿王③，劉啟益、王世民等先生定爲夷王前後④。元年師旂簋爲西周中晚期常見的斂口圈三足簋，蓋頂及腹部飾瓦紋，蓋緣及口沿下飾獸面紋演變而來的竊曲紋，與它相似的有弭伯簋（《集成》4257）、弭叔簋（《集成》4253－4254）、師麶簋（《集成》4324－4325）等器⑤，我們認爲定於夷王前後比較合適。五年師旂簋（見本書第 51 頁，圖 32）形態與大簋有些相似，但圈足下

---

　　① 　保利博物館藏應國疘簋，形制也與上述兩器類似，唯雙耳作獸首半環形，頸部飾鳥紋（參看《保利藏金》，嶺南美術出版社，1999 年）。應侯疘所作其他銅器出土於河南平頂山應國墓地 M84，發掘者將墓葬年代定爲恭王後期（河南省文物考古研究所等：《平頂山應國墓地八十四號墓發掘簡報》，《文物》1998 年第 9 期）。傳世的仲競簋（《集成》3783），形態亦與上述諸器相似，但爲橢方形，圈足下有四小足（參見《商周彝器通考》下册，圖三一五），劉啟益先生定爲穆王時器（《西周紀年》，第 215 頁）。可見這種形式的簋主要流行於恭王時，上限可能進入穆王。

　　② 　參看郭沫若：《長安縣張家坡銅器群銘文匯釋》；彭裕商：《西周青銅器年代綜合研究》，第 398 頁。

　　③ 　陳夢家：《西周銅器斷代》，第 203—205 頁；唐蘭：《西周青銅器銘文分代史徵》“附件一”。

　　④ 　劉啟益：《西周紀年》，第 347—348 頁；王世民、陳公柔、張長壽：《西周青銅器分期斷代研究》，第 89、101 頁。

　　⑤ 　參看《西周青銅器分期斷代研究》，第 84—85 頁。

三小足勾卷成象鼻狀,蓋頂、蓋沿及腹部飾直棱紋,蓋緣及口沿下飾分尾鳥紋,年代當較元年師旋簋稍早,或可到孝王前後。師旋的祖輩益仲很可能活動於穆王時期,與大仲的年代相吻合。因此我們認爲益仲與盠的父親大仲可能是同一人。

圖 82　元年師旋簋及其銘文

　　張家坡窖藏還出土 3 件孟簋(《集成》4162 - 4164),銘文説"朕文考罙毛公、遣仲征無臭",學者多認爲與班簋(《集成》4341)銘文記載的毛公東征是同一件事,故定爲穆王時器①。此器爲敞口鼓腹的方座簋,器身飾顧首垂冠的大鳥紋,正是穆王時期的風格。從時代看來,孟有可能就是益仲(大仲),也就是盠和大的父親,師旋的祖父。孟的文考可能就是盠的"文祖益公",他曾參加毛公領導的東征戰役,這次戰役可能發生在穆王前期。但此役之後不久,在孟作器之時,他就已經去世了,因此他可能主要生活在昭穆之際。孟簋銘文説"毛公賜朕文考臣",可見孟的文考地位要低於毛公;盠稱他爲"益公",應該是後代的追尊,在他生前未必能夠使用"公"

---

① 　參看唐蘭:《西周青銅器銘文分代史徵》,第 355—357 頁;劉啟益:《西周紀年》,第 222—223 頁。

的稱號①。

　　穆王以後，益氏大宗世代稱"益公"，地位尊顯。而孟（益仲）的後代已經從益氏大宗分出，成爲獨立的小宗。孟之所以被稱爲"大仲"，可能因爲他是宗子益公的母弟，同時又是本分支的始祖②。這個家族是仍稱"益氏"，還是被命爲新的"氏"？現有資料還無法説明。盨和大都是孟之子，從盨器銘文看來，繼承宗子之位的可能是盨。師旟有可能是盨的兒子，此時這一家族已從眉縣楊家村一帶遷到了灃西③。我們試將這個家族的世系排列爲下表：

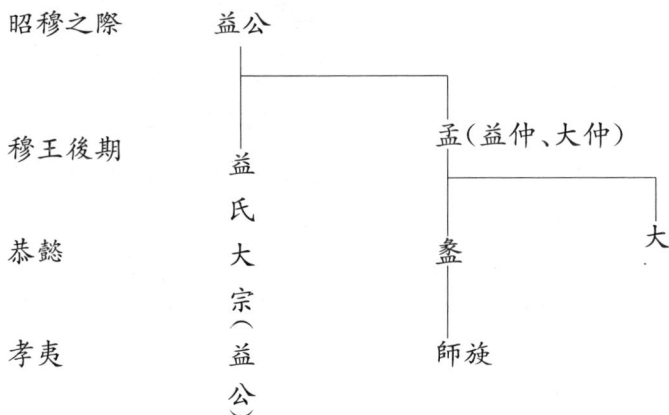

　　值得注意的是，20 世紀 80 年代在灃西張家坡村西南發掘的大片西周墓中，有 20 餘座偏洞室墓，大多集中分佈於墓地北區東部，年代主要在西周中期④。梁星彭先生認爲這些偏洞室墓的族屬與豎穴墓有別，源自西北辛店、劉家等類型遺存，屬古代羌族的某一支系⑤。出土師旟簋等銅

　　①　【作者案：此後我改變看法，認爲死後被追稱爲"某公"者，生前一般都擁有"公"的爵號。】
　　②　禹鼎（《集成》2833）銘文稱其祖爲"幽大叔"。《左傳》中鄭莊公之母弟稱"大叔段"，受封於京，稱"京城大叔"；周襄王母弟王子帶稱"大叔帶"，爲甘氏之祖。可見周代國君的同母弟地位特別高，往往受封爲獨立的分族；當時人稱其爲"大叔"，表明其與國君關係親近，地位尊貴；後代稱其爲"大叔"，則表示其爲本族始祖。
　　③　師旟能繼承祖先孟的宗器，説明他應該是這一家族的宗子。我們懷疑師旟與伯庸父爲同一人，一名一字，陳夢家將"旟"字隸定爲"事"，"庸"可訓爲"功"，"事"與"庸"意義相關。此窖藏其餘銅器，如伯喜簋、伯梁父盨，年代亦與師旟簋接近，他們跟師旟是什麼關係，目前還無法弄清。
　　④　中國社會科學院考古研究所：《張家坡西周墓地》，第 66—78 頁。
　　⑤　梁星彭：《張家坡西周洞室墓淵源與族屬探討》，《考古》1996 年第 5 期。

器的窖藏就位於這片墓地東面不遠處①,我們認爲該窖藏可能與墓地有關。益氏爲姜姓,"姜"即"羌",這片洞室墓有可能是益氏族人的墓地。益氏的興起大約在昭穆之際,與墓葬的年代相合。但是這些墓葬均爲中小型墓,墓主應該屬於該家族的中下層成員。益氏上層貴族的墓葬在哪裏?這片墓地究竟是屬於益氏大宗,還是小宗益仲一支? 這些問題還有待考古工作的證明,已發掘墓葬的東面可能還有大片墓地,值得關注。益氏族人的墓地緊鄰井叔家族墓地,井氏也是西周中期的大世族,兩個家族的關係究竟如何,也有待繼續探討。

　　(本文原刊《考古與文物》2007 年第 4 期)

---

　　① 　考古研究所灃西工作組《關於長安縣張家坡銅器群出土情況的説明》記録窖藏"在張家坡灃西磚廠的東門外 300 米處"(《考古學報》1962 年 1 期,第 12 頁),而 80 年代發掘的墓地就在灃西磚廠的位置。

重論西周單氏家族世系

——兼談周代家族制度的一些問題

　　2003 年 1 月陝西眉縣楊家村出土的西周單氏家族青銅器群,因其器類多樣,鑄造精美,銘文内涵豐富,涉及西周考古、文字與歷史研究的一系列重大問題,而備受學者矚目①。其中銘文長達 372 字的逑盤②,記錄了單氏家族自周初直至宣王時期前後八代人的世系,其時間跨度和祖先世代都超過了微氏家族窖藏銅器中的史牆盤和㝬鐘③,是西周金文中極其珍貴的家族世系資料。楊家村窖藏銅器銘文對於西周世族形態和家族制度研究的重大意義,引起不少學者的關注,近年來發表的相關論著已有十幾種之多④。研究者大多通過逑盤銘文提供的世系綫索,將以往所見有關單氏家族的銅器串連起來,在此基礎上對單氏家族的姓氏族源、宗支分衍、官職繼承等問題進行了探討,所論多有超越前人之處。但是,由於長期以來學界對周代家族形態和宗法制度存在認識上的分歧,因此目前研

---

　　①　有關資料參看陝西省考古研究院、寶雞市考古研究所、眉縣文化館:《吉金鑄華章——寶雞眉縣楊家村單氏青銅器窖藏》,文物出版社,2008 年。

　　②　器主之名,學者或釋爲"逑",或釋爲"逨",或讀爲"佐";本文暫從李零等先生之説,釋爲"逑"(參看李零:《讀楊家村出土的虞逑諸器》,《中國歷史文物》2003 年第 3 期)。

　　③　牆盤(《集成》10175)記錄了"高祖""微史烈祖""乙祖""亞祖祖辛""文考乙公"共五代先祖考,㝬鐘(《集成》246)記錄了"高祖辛公""文祖乙公""皇考丁公"共三代先祖考;兩器合計共記錄了微氏家族共七代人的世系,年代從殷末直至厲王時期。

　　④　目前所見代表性論著主要有:《陝西眉縣窖藏青銅器筆談》,《文物》2003 年第 6 期;《寶雞眉縣楊家村窖藏單氏家族青銅器群座談紀要》,《考古與文物》2003 年第 3 期;李學勤:《眉縣楊家村新出青銅器研究》,《文物》2003 年第 6 期;王輝:《逨盤銘文箋釋》,《考古與文物》2003 年第 3 期;李零:《讀楊家村出土的虞逑諸器》,《中國歷史文物》2003 年第 3 期;董珊:《略論西周單氏家族窖藏青銅器銘文》,《中國歷史文物》2003 年第 4 期;張天恩:《從逑盤銘文談西周單氏家族的譜系及相關銅器》,《文物》2003 年第 7 期;黃盛璋:《眉縣楊家村逑家窖藏銅器解要》,《中國歷史文物》2004 年第 3 期;朱鳳瀚:《商周家族形態研究(增訂本)》,第二章第六節"眉縣楊家村窖藏出土之逑器與其家族";張懋鎔:《眉縣窖藏青銅器與西周單逑家族》,收入《古文字與青銅器論集》第二輯,科學出版社,2006 年;田率:《陝西眉縣青銅器窖藏與西周單逑家族》,《中國歷史文物》2008 年第 4 期。

究者對單氏家族世系的解讀還頗有一些需要重新檢討的地方。本文將在總結現有研究成果的基礎上，重新梳理西周單氏家族世系，並對周代男性稱謂所反映的世族分衍規律進行深入探討。

一、相關銅器銘文的再清理

楊家村窖藏共出土有銘銅器 27 件，其中除天盂（《銘圖》6218）外，均爲單氏家族之器。爲便於討論，我們先將與本文相關的銘文隸寫如下①：

1. 逨盤（《銘圖》14543，圖 83）：

逨曰：丕顯皇高祖單公，桓桓克明慎厥德，夾召文王、武王達殷，膺受天魯命，匍有四方，並宅厥勤疆土，用配上帝。雩朕皇高祖公叔，克逨匹成王，成受大命，方狄不享，用莫四國萬邦。雩朕皇高祖新室仲，克幽明厥心，柔遠能邇，會召康王，方懷不廷。雩朕皇高祖惠仲盠父，盭龢于政，有成于猷，用會卲（昭）王、穆王，盜（調）政四方，撲（剪）伐楚荊。雩朕皇高祖零伯，㫃明厥心，不象（墮）□服，用辟龏（恭）王、懿王。雩朕皇亞祖懿仲，往諫諫，克匍（輔）保厥辟考（孝）王、遟（夷）王，有成于周邦。雩朕皇考龏叔，穆穆趩趩，龢訇于政，明陵（齊）于德，享辟剌（厲）王。逨肇尻（纂）朕皇祖考服，虔夙夕敬朕死事。肆天子多賜逨休。天子其萬年無疆耆黃耇，保奠周邦，諫辥四方。王若曰：逨，丕顯文武，膺受大命，匍有四方。則龢乃先聖祖考，夾召先王，龏（恭）勤大命。今余唯經乃先聖祖考，申憙（就）乃命，令汝疋（胥）榮兌，雗司四方吳（虞）、薔（林），用宮御。賜汝赤巿、幽黃、鑾勒。逨敢對天子丕顯魯休揚，用作朕皇祖考寶尊盤，用追享孝于前文人。前文人嚴在上，翼在下，豐豐（蓬蓬）𩫖𩫖（勃勃），降逨魯多福，眉壽綽綰，授余康鐚純祐通禄永命靈終。逨畯臣天子，子子孫孫永寶用享。

---

① 四十二年和四十三年兩套逨鼎（《銘圖》2501–2512）銘文因未涉及單氏世系，此處從略。

圖 83　逨盤銘文

2. 逨盉(《銘圖》14777)

逨作朕皇高祖單公、聖考尊盉,其萬年子孫永寶用。

3. 單叔鬲(《銘圖》2957－2965):

單叔作孟祁尊器[①],其萬年子子孫孫永寶用。

---

① 【作者案:所謂“器”,字形作▯,應釋爲“彖”,董珊前引文認爲當讀爲“鬲”,可從。】

4. 單五父壺(《銘圖》12349 – 12350):

單五父作朕皇考尊壺,其萬年子子孫孫永寶用。

5. 叔五父匜(《銘圖》14938)

叔五父作旅匜,其萬年子孫永寶用。

另外,1985年在楊家村窖藏附近還曾出土一窖青銅樂器,共有甬鐘10件、鎛3件(另有5件鐘流散海外)①。其中有4件甬鐘也是"逨"所作(《銘圖》15634 – 15636、15638),銘文內容與逨盤非常接近,所敘應爲同時之事,作器年代亦應相去不遠,故可與逨盤合併討論。

上述銘文中,作器者的稱謂有"逨"(又稱"吳〈虞〉逨")、"單叔""單五父""叔五父"四種。多數學者認爲這幾種稱謂所指爲同一人:"單"爲氏,"叔"爲排行,"五父"爲字,"逨"爲其名。但張天恩先生認爲"單五父"與"叔五父""單叔"爲同一人,也就是單逨之父"龏叔",那麼此窖藏應包括單氏家族兩代人的銅器②。黃盛璋先生則認爲"單叔"是單逨之父"龏叔","單五父"(叔五父)是單逨之子,此窖藏實包含單氏三代人之器③。單逨之父"龏叔"與厲王同時,而單逨諸器已到宣王晚期;如果"單五父"(叔五父、單叔)果真是單逨之父或其子,其銅器應該與單逨諸器有較大差別。但無論是從器形、紋飾還是從銘文特徵看來,上述銅器都難以再做進一步的時代區分。因此,以目前的斷代研究水平,尚無法對兩位學者的觀點提供有力的支持。我還是贊同多數學者的看法:逨、單叔、單五父、叔五父應爲同一人,窖藏銅器中除天盂外,皆爲單逨一人之器。

---

① 劉懷君:《眉縣出土一批西周窖藏青銅樂器》,《文博》1987年第2期。【作者案:流散海外的逨鐘目前已知有三件,一件爲范季融首陽齋所藏(《銘圖》15637),一件爲美國克利夫蘭美術館所藏(《銘圖續》1028),另一件藏於某私人藏家手中(《銘圖三》1277),尚有一件下落不明。】
② 張天恩:《從逨盤銘文談西周單氏家族的譜系及相關銅器》,《文物》2003年第7期。
③ 黃盛璋:《眉縣楊家村逨家窖藏銅器解要》,《中國歷史文物》2004年第3期。

　　根據逨盤銘文,可將單氏家族世系簡單復原如下:

文武	單公
成王	公叔
康王	新室仲
昭穆	惠仲盠父
恭懿	零伯
孝夷	懿仲
厲王	龏叔
宣王	逨

　　單氏家族在先秦文獻中始見於春秋早中期之際①。關於這個家族的起源以及在西周時期的情況,先秦文獻中沒有任何記載。春秋時期的單氏世代爲周王朝卿士,《國語·周語中》記單襄公對周定王之言曰"今雖朝也不才,有分族於周",韋昭注曰:"朝,單子之名也。有分族,王之族親也。"由此看來,單氏的確與周王室是同族。《元和姓纂》卷四:"周成王封少子臻於單邑,爲甸内侯,因氏焉。"②此説晚出,未詳所本,陳槃先生認爲可以存疑③。現在,逨盤銘文明確記載,單氏家族的一世祖單公大約與文王、武王同時,"單氏出於成王説"至此不攻自破。但單氏一族究竟何時從周王室分出,其始祖出自哪一代周王,還没有任何證據可以説明。甚至連單氏姬姓,也只是從《國語》得出的推論;雖然多數學者認爲毫無疑義,但在金文中暫時還没有看到直接證據。

　　單逨的二世祖"公叔"與成王同時。傳世器有叔作單公方鼎(《集成》2270),銘文曰:"叔作單公寶尊彝。"該器現藏澳大利亞國立維多利亞美術館,據李學勤先生介紹,其器身飾乳釘紋,口沿下飾鳥喙的夔紋。李先生

---

　　①　《春秋》經莊公元年"單伯送王姬",此爲單氏見於《春秋》之始。
　　②　《元和姓纂(附四校記)》,中華書局,1994年,第497頁。
　　③　陳槃:《不見於〈春秋大事表〉之春秋方國稿》,臺北:中研院歷史語言研究所,1982年,第61—63頁。案:吳其昌《金文世族譜》將單氏置於姞姓下,陳槃已辨其非。

曾認爲銘文中的單公可能就是成王少子,第一代單公①。逨器出土之後,他指出這位單公應是單逨的一世祖,而作器者"叔"就是單逨的二世祖"公叔",因此方鼎的年代應在成王偏晚②。學者基本上認同其説。逨盤和叔方鼎銘文中的"單公",都是後代對已故祖先的尊稱,與生稱的"穆公""益公""武公"等不同。但是在單逨的十代先祖考中,只有第一代單公稱"公",其他皆以排行字爲稱,這説明單公的地位與衆不同,很可能生前就已稱"公"。一般認爲,生稱"公"者都是地位很高的王朝貴族,可見單氏在周初還是比較顯赫的大族。

"公叔"這一稱謂以往見於芮公叔簋(《銘圖》4501)、恒簋蓋(《集成》4199)和賢簋(《集成》4104-4106),與單氏的"公叔"應該都不是同一人③。

單逨的三世祖"新室仲"在以往著録的金文中並未找到對應者。不少學者認爲,"新室"是指從大宗新分出的旁支,即建立新的家室。然而,西周世族凡是從大宗分立出旁支的,大多是以其新獲得的封地爲氏名,如"周公之胤"分爲凡、蔣、邢、茅、胙、祭諸氏。少數仍沿用大宗的氏名,但要加上其始封君的排行作爲區別標誌,比如井叔氏、虢季氏等等(詳下文)。像"新室仲"這種稱謂,以往在金文中從未見過,缺乏參照,實難確定"新室"二字的實際含義。

單逨的四世祖"惠仲盠父",學者均認爲就是 20 世紀 50 年代出於楊家村附近的盠器群的器主"盠"。盠駒尊銘文稱"文考大仲",盠方尊、方彝銘文稱"文祖益公",有學者認爲"大仲"和"益公"就是逨盤銘文中的"新室仲"和"公叔"。益公是常見於西周中期晚段銘文中的一位重要人物,是益氏家族的宗子。如果承認益公是單逨的祖先,必然會導致一個推論:益氏家族是從單氏家族分出的一個支系。對此,我曾發表過不同意見,認爲"惠仲盠父"與"盠"並非同一人;盠器群屬於益氏家族的小宗,益氏爲姜

---

① 李學勤:《記美澳收藏的幾件商周文物》,參見《新出青銅器研究》,第 315 頁。
② 李學勤:《眉縣楊家村新出青銅器研究》,《文物》2003 年第 6 期。
③ 李零先生懷疑賢簋和恒簋的"公叔"與單氏家族的"公叔"是同一人(《讀楊家村出土的虞逨諸器》)。朱鳳瀚先生指出恒簋年代在恭懿時期,晚於單氏的"公叔",且恒簋屬虢季氏,與單氏非同族;賢簋年代雖然較接近,但也無法肯定二者之"公叔"是同一人(《商周家族形態研究(增訂本)》,第665 頁),其説可從。

姓，與姬姓的單氏家族無關。盉的父親"大仲"與"惠仲盉父"的排行相同，應該是一種巧合。從職官上看，益公在恭懿時期的永盂銘文中位列諸公卿大臣之首，地位極高；據盉方尊銘文，盉的職務是"司六師王行三有司"以及"六師眔八師埶（藝）"，也是很有權勢的軍政長官；益氏小宗的後人師旋擔任的仍是武官系統的師氏。而單氏家族世襲爲虞官，有些世代擔任過司徒，主要掌管與土地、農牧林業有關的事務，與益氏家族的職官不屬同一系統，地位也相差甚遠①。將盉器群從單氏家族銅器中排除出去，對於理清單氏家族世系具有關鍵意義。

　　述的五世祖"零伯"，主要活動於恭懿時期。在這一時段内，過去所見有一位"單伯"，見於揚簋（《集成》4294－4295，圖 84）和裘衛盉（《集成》9456）銘文。不少學者指出，這位"單伯"很可能就是"零伯"。揚簋（《集成》4295）銘文曰：

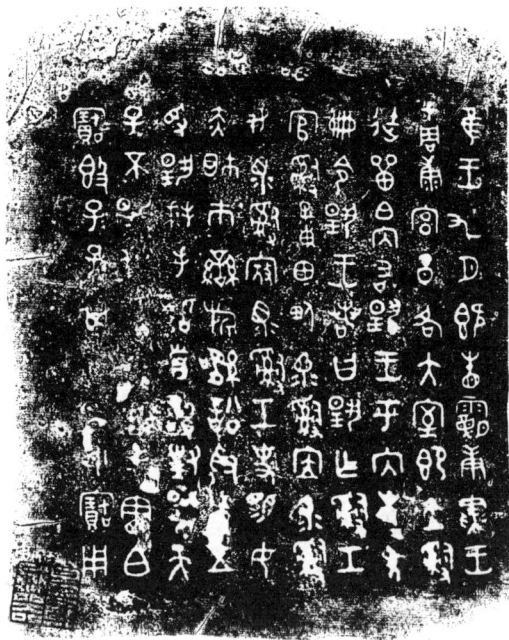

圖84　揚簋及其銘文

　　唯王九月既生霸庚寅,王在周康宫。旦,格大室,即位。司徒單
伯入右揚。王呼内史先册命揚,王若曰:揚,作司工,官司量(糧)田
甸,眔司立、眔司芻、眔司宼、眔司工史(事)①。賜汝赤巿、鑾旂,訊
訟,取徵五鋝。揚拜手稽首敢對揚天子丕顯休,余用作朕烈考憲伯寶
簋。子子孫孫其萬年永寶用。

　　此器爲斂口圈三足簋,蓋已失,螺角獸首銜環耳,圈足下三小足向
外鈎卷;口沿下及圈足飾獸面紋演變成的竊曲紋,腹部飾瓦紋,小足側
面飾重環紋②;由器形、紋飾看來,其年代約在西周中期偏晚階段。銘文
中代宣王命的史官“内史先”,又見於諫簋(《集成》4285)、蔡簋(《集成》
4340)、王臣簋(《集成》4268)、瘐盨(《集成》4462-4463)等器,其活動年
代主要在孝夷時期,上限可能進入懿王。揚簋的年代,郭沫若先生定爲
厲王,陳夢家、唐蘭、劉啟益等先生定爲懿王,彭裕商先生定爲夷王③。
現在看來,定於懿王是比較合適的,銘文中的“單伯”與零伯應該是同
一人。

　　單伯的官職是“司徒”,在金文中多寫作“司土”④。按照西周册命制
度的一般規律,受命者揚應是右者單伯的下屬,或至少是其同一系統的
下級官員⑤。揚的官職是“司工(空)”,具體職事是“官司糧田甸”,即管
理在“糧田”這種特殊性質的公田上耕作的“甸人”;其後的“司立”“司

---

① 末一“史”字,另一器(《集成》4294)作“司”,學者多認爲通“事”。
② 器形參見故宫博物院編:《故宫青銅器》,紫禁城出版社,1999年,第201頁。
③ 參見郭沫若:《兩周金文辭大系圖録考釋》下册,第118頁;陳夢家:《西周銅器斷代》,第
192—193頁;唐蘭:《西周青銅器銘文分代史徵》,第472頁;劉啟益:《西周紀年》,第300頁;彭裕
商:《西周青銅器年代綜合研究》,第357頁。
④ 除本器外,“司徒”這個官名僅見於無更鼎(《集成》2814)之“司徒南仲”,而南仲的後人南
宫乎又稱“司土南宫乎”(南宫乎鐘),可見“司徒”與“司土”本爲一事。
⑤ 早在20世紀50年代,陳夢家先生就已指出“右者與受命者在職務上有一定的關係”
(《西周銅器斷代》,第164頁)。70年代,日本學者白川静正式提出,廷禮之右者由當時的執政
擔任,似乎已成爲西周時期的原則,而且右者往往由受命者同一官職系統的最高長官擔任(《金
文通釋》卷六,第84—85頁)。80年代,楊寬先生引述並同意白川氏的觀點,認爲“右者與受命
者之間有着上下級的組織關係”(《西周王朝公卿的官爵制度》,《西周史研究》,《人文雜志叢刊》
第二輯,《人文雜志》編輯部,1984年,第93、115頁)。陳漢平先生也引用李學勤先生之説,稱西
周金文中儐者(即右者)與受命者職務之間有一定的統屬關係,受命者往往爲儐者的下級屬官
(《西周册命制度研究》,第110頁)。

芻”“司寇”“司工”與“官司糧田甸”是並列關係，就是掌管“糧田”之上的各項具體事務①。同屬懿王時期的免簋(《集成》4240)銘文記載器主免受命“司嗀(林)”，同一人所作的免尊(《集成》6006)又説免“作司工”，而免瑚(《集成》4626)銘文則説免“作司土，司奠(鄭)還嗀(林)眔吴(虞)眔牧”。這幾篇銘文記録了免的官職前後遷轉的過程，可見掌管林、虞、牧的官員應爲“司土”所轄，而“司土”與“司工”又屬於同一系統的職官。目前尚無證據可説明“免”是否就是單伯之名，但兩人的官職的確非常接近。單伯之後人單逨的官職是“虞”，職責爲“㽙司四方吴(虞)、嗇(林)”，也就是管理各地的山林川澤；他是“榮兑”的下屬，而榮氏的世職正是“司土”。這説明，單逨在最初接受册命時，職位要比其先祖單伯低。當然，單逨的官職還會不斷升遷，最終也有可能擔任“司土”。據宰獸簋(《銘圖》5376－5377)銘文，孝夷時期擔任“司土”的是榮伯，而宣王時期任“司土”的還有南宫氏，這説明“司土”一職可能由幾個家族輪流擔任。

　　裘衛盉年代應在懿王三年，銘文中的“單伯”無疑也是零伯。在主持裘衛與矩伯土地交易的五位大臣中，單伯排在伯邑父、榮伯、定伯、琼伯之後，可見其地位並不算高，可能此時尚未升任司徒。具體負責土地交割的是三位下級官員：司土微邑、司馬單旗、司工邑人服，這三人應該是地方上的“三有司”。單旗是單氏族人，有學者認爲他與1972年楊家村出土的旗鼎(《集成》2704)的器主是同一人；但亦有學者指出，旗鼎是西周早期康昭時器，與裘衛盉相隔太遠，二者不太可能是同一人。後一種意見應該是正確的，單旗和旗鼎器主應是湊巧同名，這種現象在西周金文中並不少見。

　　比揚簋年代稍早的同簋(《集成》4270－4271，圖85)銘文曰：

　　　　唯十又二月初吉丁丑，王在宗周，格于大廟。榮伯右同，立中廷，北向。王命同左右吴(虞)大父，司昜(場)、林、吴(虞)、牧，自淲東至

① 參看裘錫圭：《西周糧田考》，收入張永山主編：《胡厚宣先生紀念文集》，科學出版社，1998年；陳絜、李晶：《夵季鼎、揚簋與西周法制、官制研究中的相關問題》，《南開學報(哲社版)》2007年第2期。

于河，厥逆至于玄水。世孫孫子子左右吳（虞）大父，毋汝有閑。對揚
天子厥休，用作朕文考惠仲尊寶簋。……

圖85　同簋及其銘文

該器年代應在恭王時。李零先生指出，器主"同"的"文考惠仲"應即述盤
的"惠仲盞父"；"虞大父"應爲"同"之兄，或即述盤的"零伯"①。其説有理。
"大父"應是零伯之字，"虞"是其官職；零伯擔任虞官，應在其任司徒之前，故
此器年代應早於揚簋。同受命輔佐虞大父，管理"場、林、虞、牧"，也就是山
林、草場、狩獵、放牧之事，這正是虞官的具體職責；其管理範圍自淲水向東
至於河水，又溯河水而上至於玄水②，大致相當於今天關中東部渭河以北、黃
河以西的區域。虞大父大概是王朝的虞官，而同只是他手下管理某一區域的
虞官。册命儀式的右者是榮伯，可能此時虞大父和同都是榮伯的下屬。

西周金文中還有一位"單伯昊生"，其所作銅器有以下幾件：

---

① 李零：《讀楊家村出土的虞述諸器》。
② 此從楊樹達先生説，見《積微居金文説（增訂本）》，中華書局，1997年，第211頁。

1. 單伯昊生鐘（《集成》82, 圖 86）：

單伯昊生曰：丕顯皇祖烈考，迷匹先王，龏（恭）勤大命。余小子肇帥型朕皇祖考懿德，用保奠……

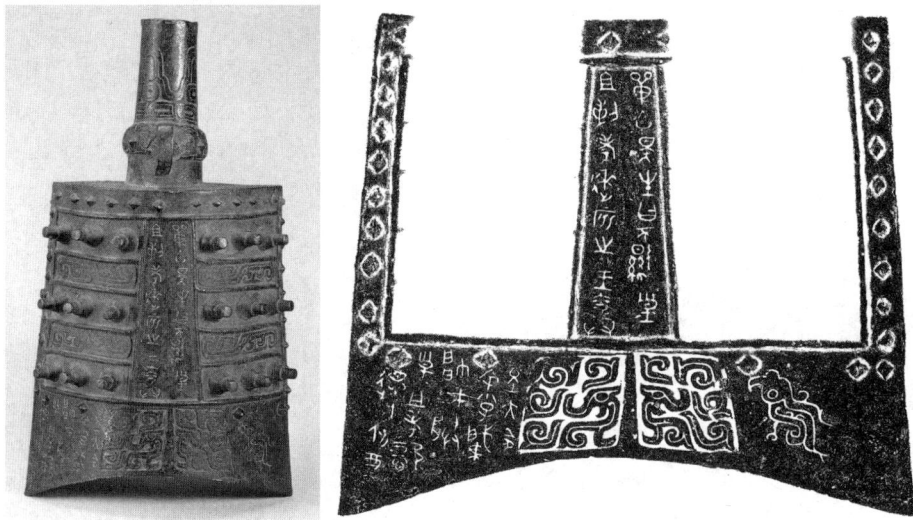

圖 86　單伯昊生鐘及其銘文

2. 昊生殘鐘（《集成》104－105, 圖 87）：

〔唯……月初〕吉甲戌，王命……周。王若曰：昊……生拜稽首敢對揚王休。昊生用作穆公大林鐘。用降多福，用喜侃前文人，用祈康樂純魯，用受……

3. 單昊生豆（《集成》4672, 圖 88）：

單昊生作羞豆，用享。

郭沫若、陳夢家先生皆認爲單伯昊生應即揚簋之單伯①，近年董珊等

① 見《兩周金文辭大系圖錄考釋》下冊，第 118—119 頁；《西周銅器斷代》，第 195 頁。

圖 87　昊生殘鐘銘文拓本　　　　　圖 88　單昊生豆及其銘文

先生亦持此説①。不過彭裕商先生指出，昊生兩鐘的銘文字體和用詞都接近西周晚期，故將二器定於厲王時②。

　　單伯昊生鐘（圖 86）甬部飾波帶紋和橫鱗紋，篆部飾 S 形竊曲紋，正鼓部似爲分解狀獸面紋，中有兩相背的夔紋；鐘身周邊還有一周菱形突起，在西周編鐘裏很少見到，但類似的菱形突起卻見於宣王時的克鎛（《集成》209）和春秋早期的秦公鎛（《集成》267－269）上③。另外，單伯昊生鐘左鼓部銘文字體草率，似是刻銘，而刻銘在西周銅器中僅見於宣王時的晉

────────

①　董珊：《略論西周單氏家族窖藏青銅器銘文》，《中國歷史文物》2003 年第 4 期。
②　《西周青銅器年代綜合研究》，第 422 頁。
③　單伯昊生鐘器形見陳佩芬：《夏商周青銅器研究》"西周篇（下）"，上海古籍出版社，2004 年，第 398 頁；克鎛見《中國青銅器全集》第五卷，圖一八九；秦公鎛見《中國青銅器全集》第七卷，圖五二。

侯蘇鐘(《銘圖》15298－15313)和成鐘(《銘圖》15264)①。昊生殘鐘(圖87)篆部飾斜角雲紋,鼓部飾工字形雲紋。兩器銘文中的一些用語,如"靣(恭)勤大命"、"喜侃前文人"、"康𪉟純魯"等,皆與述器相似,是流行於西周晚期後段的習慣用語②。同一人所作的單昊生豆(圖88)著録於《博古圖》卷十八,器形即西周晚期至春秋早期流行的"鋪";口沿下飾橫鱗紋,圈足飾波帶紋,器身外側有扉棱。總體看來,將單伯昊生器定在西周晚期顯然更爲合理,其年代很可能要比厲王更晚③。

另外,昊生殘鐘銘文中的"穆公",並不見於述盤所記單氏家族世系;如果該世系是連續完整的話,"穆公"的輩份就不可能早於單述。因此,單伯昊生與恭懿時期的單伯(零伯)絶非同一人。從時代看來,單伯昊生應比單述更晚,他或許是單述之子,繼單述之後爲單氏宗子者,昊生鐘銘的"穆公"可能就是指單述。"單伯昊生"的"伯"是其排行,"昊生"或許表明他是昊氏的外甥;其活動年代已接近西周末年,有可能進入春秋早期。傳世器有單伯原父鬲(《集成》737,圖89),銘文曰"單伯原父作仲姞尊鬲"。器形爲束頸、鼓肩、弧襠、蹄足,肩部有舌形扉棱,器身飾顧首蜷身的夔紋④。其年代應在兩周之際,故器主"單伯原父"很可能就是單伯昊生,"原父"爲其字,"仲姞"應是其夫人。

單述的祖父"懿仲"和父親"薛叔",在金文中也未見到對應的人物。而單述本人的事迹,除了前舉述盤外,主要見於兩套述鼎銘文。兩套鼎銘中,單述的私名之前都加上了官名"吳(虞)",稱爲"吳(虞)述",而不像述盤那樣僅稱私名"述"。這説明,鼎銘所記録的册命儀式應發生在

---

① 成鐘見陳佩芬:《夏商周青銅器研究》"西周篇(下)",第598—600頁。該書將其定爲厲王時器,但銘文中出現"周康夷宮",我們認爲應屬宣王時;該器鉦間銘文爲後刻,應是取别家之器後補以自家之銘(參見本書第94—95頁)。西周時期刻銘之器,其成因大多如此。
② 《單述諸器銘文習語的時代特點和斷代意義》,見本書第100—113頁。
③ 曹瑋先生也認爲單伯昊生鐘應爲西周晚期器,或爲述本人所作,甚至更晚(見《文物》2003年第6期,第65頁)。
④ 該器現藏故宮博物院,照片未見,全形拓片見北京圖書館編:《北京圖書館藏青銅器全形拓片集》第一册,北京圖書館出版社,1997年,第169頁。【作者案:該器照片見張天恩主編:《陝西金文集成》第12册,第182頁。】

圖 89　單伯原父鬲及其銘文

述盤所記單述受命爲虞官之後。四十三年鼎銘還有"昔余既令汝胥榮兌，**飘**司四方虞、林，用宮御；今余唯經乃先祖考有**舅**（功）于周邦，申就乃命，令汝官司歷人"的語句，更是明確説明此次册命是在命單述爲虞官之後的"重命"。而述盤銘文中出現"申就乃命"的語句，可見所記已非單述初次受命之事，此前他應該已接受過周王的册命，擔任過級別更低的官職。述盤與兩套述鼎無論是器形、紋飾風格還是銘文辭例都非常接近，製作時代應該不會相去太遠，甚至有可能是同時所作。單述之父"**舅**叔"曾輔佐厲王，那麼單述繼任單氏宗子應該是在宣王早期，他受命爲虞官不太可能晚到宣王末年。因此我很懷疑述盤銘文屬於"追記前事"，即器物製作時間比銘文記事發生的時間要晚很多，這種現象在金文中並不少見。

二、西周金文中"氏名十仲、叔、季"式稱謂的含義

對於金文中含有"仲""叔""季"等排行字的人名稱謂，如榮仲、榮季、弭仲、弭叔等，學者常常將其視爲某家族"小宗"之族長。因此，單氏家族

世系中的"公叔""新室仲""惠仲盨父""懿仲""罿叔"等稱謂,很多學者認爲是單氏"小宗"的代表。但問題並非如此簡單。

　　從文獻記載看來,不能繼承大宗的非嫡長子要獲得"小宗"的地位,需要得到國君或大宗宗子的認可,並需經過一定的儀式,獲得新的氏名,多數情況下還同時得到一塊封地,這就是所謂"受氏""立族"。如《左傳》隱公八年"無駭卒,羽父請謚與族"的記載,多爲研究周代姓氏、封建制度的學者引用。無駭爲魯公子展之孫,已屬"公孫"的下一代;無駭死後,羽父向魯隱公"請謚與族","公命以字爲展氏",這一宗支才有了自己的氏名。由此可見公子展至無駭的三代人,都還没有獲得"族",即獨立的氏名①,在宗法上應該仍然從屬於魯國公室。又如魯桓公之子叔牙,因爲在莊公立嗣時黨於公子慶父,公子季友以公命"使鍼季酖之,曰:'飲此則有後於魯國,不然,死且無後。'飲之,歸及逵泉而卒。立叔孫氏"。可見在叔牙生前,也没有獲得獨立的氏名和小宗的地位,其後代得立爲"叔孫氏"是在他死後。如果叔牙不服從莊公的命令服毒自盡,莊公甚至可以剥奪他的後代"受氏立族"的權利。又如下文引用的滕虎簋(見第六節),其器主"滕虎"是滕國的公孫,但仍以"滕"爲氏,説明他這一支也還没有成爲獨立的小宗,故仍使用滕國大宗之氏名②。

　　在《春秋》《左傳》中,由"國號+仲、叔、季"組成的稱謂,一般都是指某國國君之母弟。如隱公十一年之"許叔",莊公三年之"紀季",桓公十七年之"蔡季",杜注均認爲是國君之弟;楊伯峻先生也指出:"史例,諸侯之弟類以仲、叔、季稱,共仲、許叔、蔡季是也。"③《左傳》宣公十七年:"冬,公弟叔肸卒,公母弟也。凡大子之母弟,公在曰公子,不在曰弟。凡稱弟,皆母

---

①　《春秋》隱公二年"無駭帥師入極",杜注:"無駭不書氏,未賜族。"孔疏:"凡卿出使,必具其名氏以尊君命。今不書氏,故解云'未賜族',無族可稱故也。"《春秋》隱公八年:"冬十有二月,無駭卒。"杜注:"卒而後賜族,故不書氏。"以理推之,無駭之祖、父因"未賜族"也應該"不書氏"。

②　關於周代天子和諸侯的旁支後裔何時才能得以"命氏",歷代學者有很多爭議。陳絜先生重新總結這一問題,他認爲周王和諸侯後裔得"命氏"的時間並無一定之規,有王子或公子在世時命氏、公孫在世時命氏、公孫之子在世時命氏幾種情況(《商周姓氏制度研究》,商務印書館,2007年,第123—125頁)。

③　楊伯峻:《春秋左傳注(修訂本)》,中華書局,1990年,第160頁。

弟也。"歷代注疏家對這條凡例多有闡發。清人黄式三《春秋釋》曰:"《春秋》書同母之兄弟,重宗法也。"其説有理。考之《春秋》經傳,凡國君之同母弟,其政治地位都高於其他公子①。《左傳》襄公三十一年,叔孫豹曰:"大子死,有母弟則立之,無則立長,年鈞擇賢,義鈞則卜,古之道也。"在國君無後嗣或出奔的情況下,母弟有優先繼承權,相當於儲君②。國君在位時,母弟往往就得到優厚的封賜,握有很大的權力,其後代也多形成勢力強大的家族③。《春秋》經傳對國君之母弟給予"國號+排行字"的稱謂,除了表示特别的尊崇外,可能還有宗法上的意味:即他們在宗法上仍從屬於國君所統的"大宗",還没有獲得獨立的新氏名。

　　兩周時期,周王和諸侯的非嫡長子也有很多在生前受封,獲得新的氏名。比如周初分封的"文之昭""武之穆""周公之胤",就有很多是"王子"或"公子"。西周晚期晉文侯將母弟成師(桓叔)封於曲沃,師服諫之,有"今晉,甸侯也,而建國"之語,將文侯封桓叔比作"天子建國"(《左傳》桓公二年),説明桓叔一支從此具有獨立於大宗的地位。這些"王子"或"公子"受封之後,一般以封地之名作爲本分支的氏名,采用"新氏名+本人排行"的稱謂。比如武王之母弟叔封被封於康而稱"康叔",後改封於衛而稱"衛康叔",成王之母弟叔虞被封於唐而稱"唐叔",鄭莊公之母弟大叔段被封於京而稱"京城大叔"等。他們都不再使用"大宗氏名+本人排行"的稱謂,因爲受封以後,他們的宗支就從大宗分離出去,必須用新的氏名將自己與大宗相區别。因此,可以認爲文獻和金文中使用"國號(大宗氏名)+仲、叔、季"爲稱者,大多是國君(或宗子)還没有受封爲獨立小宗的母弟。

　　值得注意的是,在西周金文中有一些"大宗氏名+仲、叔、季"組成的稱謂,其中的排行字並不是指個人的實際排行,而是複合氏名的組成

---

　　①　此點承北京大學考古文博學院馮峰博士提示,特此致謝。
　　②　如上文提到的"許叔""紀季""蔡季"後來都得立爲君。又如《左傳》僖二十八年,衛成公出奔楚,由其母弟武(謚爲"夷叔")攝政,並參加踐土之盟。
　　③　如周襄王母弟大叔帶立爲甘氏,晉文侯母弟成師(桓叔)立爲曲沃氏並最終取代晉公室,鄭莊公母弟大叔段得封於京,魯莊公母弟季友之後立爲季孫氏,魯宣公弟叔肸之後立爲叔氏等。

部分。目前可以肯定的這類稱謂，有"井叔""虢季"和"虢叔"。使用這類稱謂的人，均是大宗之下某一分支的宗子，不同之處在於，他們並没有使用新的氏名，而是以大宗氏名加上本分支始祖的排行字作爲氏名。這些家族的每一代宗子，都以"大宗氏名＋始祖排行"爲稱，如井叔氏歷代宗子均稱"井叔"。除去第一代宗子稱謂中的排行字是代表本人的實際排行外，以下歷代宗子稱謂中的排行字並不等於其實際排行。在正常情況下，繼承宗子之位的一般是嫡長子"伯"，即使非嫡長子繼位，也不可能每一代的排行都相同。因此這類稱謂中的大多數實際上是"以氏代人"的稱法，如同春秋時期魯國子叔氏的宗子稱"子叔"一樣（詳見第六節）。很多學者將金文中的"氏名＋仲、叔、季"式稱謂理解爲小宗的代表，正是着眼於此。但必須注意，並非所有"氏名＋仲、叔、季"式稱謂都是"以氏代人"。從春秋文獻看來，絕大多數"國（氏）名＋仲、叔、季"式稱謂都是指某一個人，且其中的排行字都是個人的實際排行，並非是"以氏代人"，西周時期的情況應該不會相去太遠。要確定金文中的"氏名＋仲、叔、季"式稱謂屬於"以氏代人"的複合氏名，需要滿足一些特定條件。

　　第一，有明確的文字證據證明這類稱謂是作爲氏名來使用。比如兩周之際金文中有"虢季氏子組""虢季氏子𢱬"[①]，"虢季"之後加以"氏"字；三門峽虢氏墓地春秋早期大墓 M2001 出土多件"虢季"所作銅器[②]，其中的虢季鼎（《銘圖》2146－2152）銘文稱"季氏其萬年子子孫孫永寶用享"，虢季編鐘（《銘圖》15361－15368）銘文稱"季氏受福無疆"；可見"虢季"之"季"確實是指"季氏"，而非個人排行。又如長安張家坡西周墓地 M163大墓出土井叔鐘（《集成》356－357，圖 90），銘文稱"井叔＝采作朕文祖穆公大鐘"；"叔"字下有重文符號，故器主之名應讀爲"井叔叔采"；"井叔"的

<hr />

　　①　"虢季氏子組"所作有鬲（《集成》661）、簋（《集成》3971）、卣（《集成》5376）、壺（《集成》9655）等器，皆傳世者；"虢季氏子𢱬"所作有鬲一件（《集成》683），1956 年出於陝縣（三門峽）上村嶺 M1613。

　　②　見河南省文物考古研究所等編：《三門峽虢國墓》（第一卷），文物出版社，1999 年。

“叔”字是氏名的組成部分，“叔采”的“叔”字才是器主的個人排行。但這樣證據確鑿的例子目前只有虢季氏和井叔氏兩例。

圖90　井叔鐘及其銘文

　　第二，同一個“氏名＋仲、叔、季”式稱謂在不同時代的銘文中多次出現，延續時間較長，且有世代相承的現象。如“井叔”這一稱謂，見於免簋（《集成》4240）、趞尊（《集成》6516）、訇鼎（《集成》2838）、弭叔師察簋（《集成》4253）等器，年代約從恭懿時期延續到夷厲之際。20世紀80年代發掘的張家坡西周墓地中，M170、M165、M152、M163四座大墓皆出土“井叔”所作銅器①，其年代從恭王一直延續到厲王，説明“井叔”這一稱謂在這個家族內部至少傳承了兩三代人，故學者認爲這是“井叔氏”的家族墓地。厲王時銅器禹鼎（《集成》2833，圖91）銘文提到了“穆公”“幽大叔”“懿叔”三位先祖考，並稱禹“政于井邦”。陳夢家先生認爲，禹的祖考就是西周中期晚段金文中常見的“井叔”，禹本人也是一代“井叔”②；禹的“皇祖穆公”可能是穆恭時期的井伯，穆公之後井氏才分爲

①　參看中國社會科學院考古研究所：《張家坡西周墓地》，中國大百科全書出版社，1999年。
②　傳世器叔向父禹簋（《集成》4242）稱“朕皇祖幽大叔”，故“叔向父禹”即禹鼎器主，其排行亦爲“叔”。

伯氏、叔氏兩支①。朱鳳瀚先生指出禹鼎的"皇祖穆公"與井叔叔采鐘的"文祖穆公"很可能是同一人②。禹鼎的"幽大叔""懿叔"很可能就是張家坡大墓的主人,"幽大叔"應即井叔氏的始祖,"穆公"則是井氏大宗的宗子,是井叔氏"所自出"之祖③。另外,扶風齊村曾出土豐井叔簋(《集成》3923),年代約在宣幽時期;學者多認爲"豐井叔"即張家坡墓地"井叔"的後代,因其封地在豐邑範圍內,故又稱"豐井"。可見,井叔氏的歷代宗子生前均自稱"井叔",後人也用"諡號＋叔"的形式來稱呼他們。

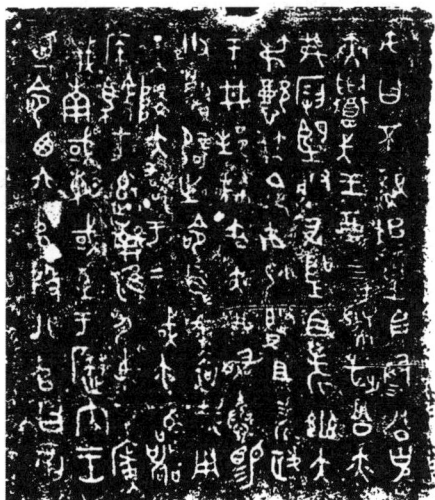

圖 91　禹鼎及其銘文前半部分

　　"虢季"這一稱謂最早見於師虎鼎(《集成》2830,見本書第 126 頁,圖66)銘文的"朕考剌(郭)季易父",又稱"虢季宄公"(師兌鐘《集成》141),其活動年代約在昭穆時期。此後直到兩周之際,"虢季氏"才在銅器銘文中重新出現,代表人物有"虢季子白"④"虢季氏子組""虢季氏子歧"⑤。以上

---

① 《西周銅器斷代》,第 270—272 頁。
② 《商周家族形態研究(增訂本)》,第 351 頁。
③ 參看韓巍:《西周金文世族研究》第三章第一節"井氏",北京大學中文系博士學位論文,2007 年。
④ 見虢季子白盤(《集成》10173),又見虢宣公子白鼎(《集成》2637)。
⑤ 又見虢文公子歧鼎(《集成》2634)。

稱謂中的"虢季"都是作爲氏名使用。三門峽 M2001 的墓主"虢季"則已
到春秋早期。雖然"虢季"在金文中出現不多,且多數集中於兩周之際,但
有"虢季氏"的直接證據,仍可確定其屬於"以氏代人"的稱謂。

　　與師訇鼎同出於扶風强家銅器窖藏的即簋(《集成》4250,見本書第 127
頁,圖 67)銘文稱"文考幽叔",恒簋蓋(《集成》4199,圖 68)銘文稱"文考公
叔",師袁鐘銘文稱"烈祖虢季宾公、幽叔,皇考德叔"(圖 69)[①]。學者多認爲
該窖藏銅器屬於虢季氏。我曾撰文重新梳理窖藏銅器銘文的世系,認爲包
含前後四代人:虢季易父(虢季宾公)→師訇(幽叔、公叔)→即(德叔)→師
袁;銅器主人並非虢季氏的直系後裔,而應是虢季氏之下分出的旁支"虢叔
氏"[②],其歷代宗子均稱"虢叔"[③]。夷厲時器癲鼎(《集成》2742)和三年癲壺
(《集成》9726–9727)銘文中的"虢叔"可能就是師袁。宣王時器虢叔旅鐘(《集
成》238)銘文稱"皇考惠叔",虢叔旅又稱"虢旅",見於宣王三十一年的兩攸
比鼎(《集成》2818),其父"惠叔"從年代上看可能是師袁或其子。比虢叔旅
更晚,兩周之際有多件"虢叔"所作銅器[④],這些"虢叔"可能是虢叔旅之子或
孫輩。"虢叔"這個稱謂與"井叔"相似,延續時間很長且有世代相承的現象。

　　與"虢季""虢叔"同類的稱謂還有"虢仲",最早見於恭王前後的砢簋
(《集成》4202)[⑤]。夷厲時期"虢仲"自作的銅器有虢仲盨蓋(《集成》
4435),與公臣簋(《集成》4184–4187)和新出柞伯鼎(《銘圖》2488)銘文中
的"虢仲"應該同是一人。宣幽時期還有"虢仲"自作的虢仲鬲(《集成》
708)。三門峽虢氏墓地 M2013 出土虢仲瑚(《銘圖》5867),流散的銅器中
有"虢仲之嗣或(國)子碩父"所作鬲(《銘圖》3023–3024);另外 M2009 出
土多件"虢仲"作器,被認爲是"虢仲"之墓,資料尚未發表;這位"虢仲"已
到春秋早期,與 M2001 墓主"虢季"大致同時。雖然"虢仲"這一稱謂延續

---

　　① 吳鎮烽、雒忠如:《陝西省扶風縣强家村出土的西周銅器》,《文物》1975 年第 8 期。
　　② 但與周初"王季之穆"的虢叔之後形成的"虢叔氏"是兩個不同的支系。
　　③ 《周原强家西周銅器群世系問題辨析》,見本書第 125—138 頁。
　　④ 如虢叔鬲(《集成》524、603)、虢叔盨(《集成》4389)、虢叔瑚(《集成》4498、4514)、虢叔盂(《集成》
10306)等。
　　⑤ 砢簋年代學者多定於厲王,我認爲應在恭王,參看《親簋年代及相關問題》,見本書第 10 頁。

的時間與"虢季""虢叔"相當,但缺乏世代相承的證據,尚不能肯定西周時期存在與"虢季氏""虢叔氏"並列的"虢仲氏"。

綜上所述,要將西周金文中的"氏名＋仲、叔、季"式稱謂確定爲複合氏名,最好有文字上的直接證據,否則需要這一稱謂在金文中反復出現,延續時間較長,且有世代相承的現象。目前符合這些條件的稱謂,只有"井叔""虢季"和"虢叔"。其餘此類稱謂,如"弭仲"(見弭仲瑚《集成》4627)、"榮季"(見卯簋《集成》4327)等,在金文中僅出現一次;又如"弭叔"①"榮仲"(見榮仲方鼎《銘圖》2412、榮仲爵《銘圖》7695)、"南仲"(見駒父盨《集成》4464、無叀鼎《集成》2814),雖然出現多次,但時代接近,很可能是指同一人。與"井叔""虢季""虢叔"相比,要將這些稱謂認定爲複合氏名,其證據顯然遠遠不夠。我認爲,這些稱謂中的"仲""叔""季"大多是指個人在兄弟中的排行。在嫡長子擔任宗子的正常情況下,"某仲""某叔""某季"只是某家族宗子之弟(很可能是同母弟),他們當然可以有自己的家室,但並不意味着已獲得自己的氏名,成爲相對獨立的"小宗"②。

最後還需提到,這種"大宗氏名＋始祖排行"式的複合氏名,在春秋時期仍有少數遺留。比如魯國叔孫氏之下有小宗"叔仲氏",其氏名就是由大宗氏名"叔"加上本分支始祖的排行"仲"組成。魯僖公之弟仲遂和魯宣公之弟叔肸的後代,分別立爲"仲氏"和"叔氏"(又稱"子叔氏"),也是以始祖排行爲氏名③。傳世器有樊季氏孫仲鼎(《集成》2624),器主是"樊季氏"族人,排行爲"仲";"樊季氏"應是樊國公子排行爲"季"者分立的小宗,與"虢季氏"同例。近年公布的春秋中期伯遊父諸器,其器主或作"黃季之

---

①　"弭叔"之器主要出於1959年藍田縣寺坡村窖藏,有弭叔師察簋(《集成》4253－4254)、弭叔盨(《集成》4385)、弭叔鬲(《集成》572－574)、弭叔壺等器,器主"弭叔"應該是同一人。另傳世器有弭叔作叔班盨(《集成》4430),年代亦屬西周晚期,與前面的"弭叔"有可能是同一人。

②　李曦先生曾指出:"某伯、某仲等等,首先指的是某一個具體的人,由於這個人身爲宗支之長,他的宗支就會因爲對他的稱呼而得名。如果一個宗支演變爲宗氏時,宗支名就有可能被沿用爲宗氏名。一些作爲氏名使用的某伯、某仲、某叔、某季就是這樣來的。"(《周代伯仲排行稱謂的宗法意義》《陝西師範大學學報(哲社版)》1986年第1期)其說基本概括出了"大宗氏名＋始祖排行"式複合氏名形成的過程,也指出這類稱謂轉化爲氏名的前提,是其所代表的"宗支"演變爲獨立的"宗氏"。

③　"仲氏""叔氏"是其在魯國内部之稱,若對他國稱之,應可加上魯國大宗(公室)氏名,稱"魯仲氏""魯叔氏"。

伯遊父"（伯遊父戺《銘圖》19239），或作"黃季氏伯馬頸君遊父"（伯遊父䚪《銘圖》14009），或作"馬頸君伯遊父"（伯遊父壺《銘圖》12412－12413、盤《銘圖》14510）①。器主伯遊父應是"黃季氏"宗子，"黃季氏"與"樊季氏"同例，是黃國小宗；"馬頸"可能是他的封地，也可視爲新的氏名，故他又自稱"馬頸君"；"黃季氏伯馬頸君遊父"，是並用舊、新兩個氏名，以標識器主的雙重身份②。這種複合氏名也像西周時期一樣，被用作小宗宗子的稱謂；如叔仲氏宗子亦稱"叔仲"（見《左傳》文公十八年），子叔氏宗子亦稱"子叔"，屬於"以氏代人"的稱法（參看第六節）。但多數情況下，這些小宗宗子仍是以個人實際排行爲稱，如叔仲氏有"叔仲惠伯""叔仲昭伯"，子叔氏有"子叔聲伯"；前文的"黃季氏伯馬頸君遊父"，"伯"既是個人排行，又有黃季氏宗子之義。西周時期歷代宗子都以"大宗氏名＋始祖排行"爲稱的現象，到春秋時期已變得非常少見③。

三、重新認識單氏世系和家族結構

通過第一節的梳理，我們看到在整個西周時期，單氏家族共傳承了九代；其中有一人稱"公"（單公），兩人稱"伯"（零伯、單伯昊生），三人稱"仲"（新室仲、惠仲盠父、懿仲），三人稱"叔"（公叔、龏叔、單逑〈叔五父〉）。在如何認識這些複雜的稱謂及其反映的家族結構方面，學者之間分歧較大。

李零先生認爲"公叔"應是單公下面分出的公叔氏，"新室仲"是從公叔氏分出的新支，其下"惠仲盠父""懿仲"皆同此例，均爲小宗，"高祖"並

---

① 參看周亞：《伯遊父諸器芻議》，收入《上海博物館集刊》第十輯，上海書畫出版社，2005 年。

② 董珊先生在《出土文獻所見"以諡爲族"的楚王族》（《出土文獻與古文字研究》第二輯，復旦大學出版社，2008 年）一文之末引用陳劍先生之説，認爲"黃季之伯遊父"與春秋金文所見的"邾叔之伯""邦季之伯歸夷"等都屬"某之某"的稱謂格式，作器者都是某個小宗的家族長，這種稱名方式對探討先秦家族制度很有裨益。

③ 春秋時期類似之例有衛國的孔氏，《禮記·祭統》孔疏引《世本》："莊叔達生得閭叔穀，穀生成叔烝鉏，烝鉏生頃叔羈，羈生昭叔起，起生文叔圉，圉生悝。"孔悝本人亦稱"孔叔"（《左傳》哀十五年）。孔文子（孔圉）稱"文叔"（《禮記·祭統》），又稱"仲叔圉"（《論語·憲問》），其實際排行應該是"仲"而非"叔"。孔氏歷代宗子均稱"叔"，與西周井叔氏非常相似。另外，晉國趙氏的歷代宗子都稱"趙孟"，似是始於趙盾（宣孟）。"孔叔"、"趙孟"都是本家族的大宗宗子，與小宗的複合氏名有所不同，其成因還值得進一步探索。

不一定是指單逨的直系先祖①。張天恩先生也認爲，逨盤所記祖先稱謂説明單氏家族每一代可能分爲若干支系，單逨只是其中的一支②。董珊先生則認爲單氏家族自單公以下一直存在伯、仲、叔至少三個支系，而逨盤記載的先祖考應視爲每一代人中最有代表性的人物，他們跟逨並不都是直系血緣關係③（李、張兩位之説可圖示爲“表一：A”，董説可圖示爲“表一：B”）。持這些看法的學者，實際上是把金文人名中帶有“伯”“仲”“叔”“季”等排行字的稱謂與大宗、小宗相對應，認爲只有“伯”才是大宗宗子，而“仲”“叔”“季”則代表從大宗分離出來的小宗旁支。

表一

A

單公
? 伯仲　公叔
　　? 伯　新室仲
　　　　? 伯　惠仲盨父
　　　　　　零伯
　　　　　? 伯　懿仲
　　　　　　? 伯仲　虤叔
　　　　　　　? 伯仲　單逨（叔五父）

C

單公　單叔氏
? 伯仲　公叔
　　　　新室仲
　　　　惠仲盨父
　　　　零伯
　　　　懿仲
　　　　虤叔
　　　　單逨

（單氏大宗）

B

┌（單伯氏）---------------- 零伯
單公├（單仲氏）------ 新室仲 —— 惠仲盨父 ------ 懿仲
└（單叔氏）公叔---------------- 虤叔 —— 單逨（叔五父）

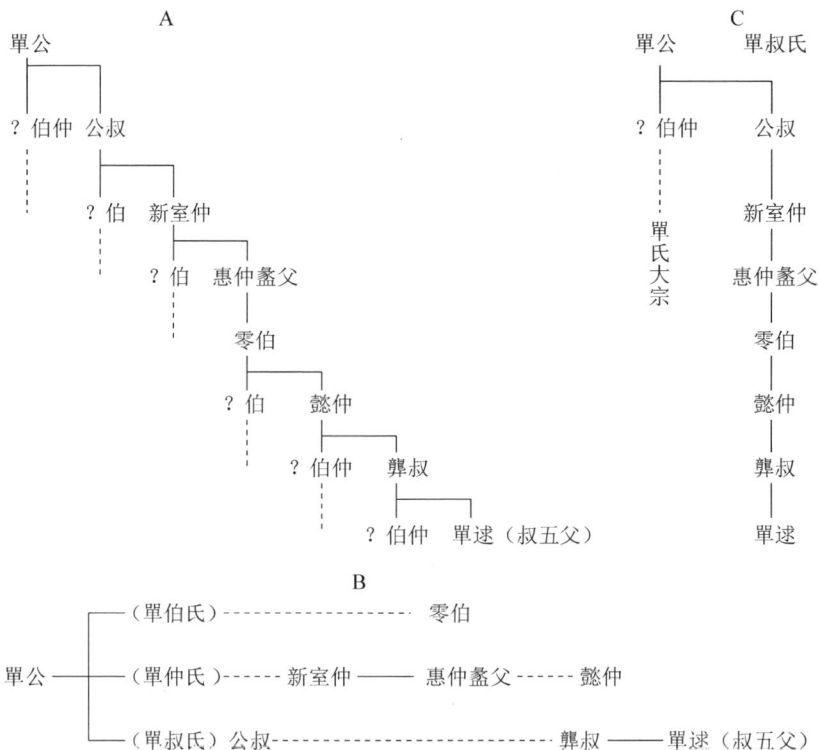

①　李零：《讀楊家村出土的虞逨諸器》。
②　張天恩：《從逨盤銘文談西周單氏家族的譜系及相關銅器》。
③　董珊：《略論西周單氏家族窖藏青銅器銘文》。

朱鳳瀚先生則認爲逨盤所列先祖與單逨皆爲直系血親；他同時指出，周人宗族内的小宗未必都會從大宗分出另立新支，當嫡長子不能就任宗子時，非嫡長子的同輩或子輩也可擔任宗子；單逨的幾位祖考雖非嫡長子，但並未從單叔氏分出，有些就是單叔氏宗子。他提出另一種可能性，單逨這一支是從其二世祖公叔開始從單氏大宗分出，應稱爲單叔氏，其宗子應可世代稱單叔①（朱先生的觀點可圖示爲"表一：C"）。

相比之下，我認爲朱鳳瀚先生的觀點更爲合理。衆所周知，周代宗法制度的核心是維護大宗和宗子在宗族内部的支配地位，其中祭祀權是宗子的一項重要權力，唯有大宗宗子才有權祭祀本家族始祖以下的歷代祖先。因此我們在東周文獻中才看到了以下記載：

《禮記·曲禮下》：

> 支子不祭，祭必告於宗子。

《禮記·喪服小記》：

> 別子爲祖，繼別爲宗，繼禰者爲小宗。有五世而遷之宗，其繼高祖者也。是故祖遷於上，宗易於下。尊祖故敬宗，敬宗所以尊祖禰也。庶子不祭祖者，明其宗也。

《禮記·郊特牲》：

> 諸侯不敢祖天子，大夫不敢祖諸侯。而公廟之設於私家，非禮也，由三桓始也。

《儀禮·喪服傳》：

> 諸侯之子稱公子，公子不得禰先君。公子之子稱公孫，公孫不得祖諸侯。

由這幾段材料可以看出，"庶子不祭祖"是宗法制度的重要内容之一，也就是規定繼承"別子"的小宗没有祭祀大宗諸先祖的權力。青銅禮器大

---

① 《商周家族形態研究（增訂本）》，第 659—670 頁。

多是用來祭祀祖先的祭器,製作祭器並在銘文中向祖先禱告祈福,在多數情況下也是宗子的特權。從兩周金文看來,小宗雖然也可以製作祭器,但在銘文中往往要特別提到"用享大宗"(虢鐘《集成》88)、"用享孝于大宗"(兮熬壺《集成》9671)、"用格我宗子"(善鼎《集成》2820)等話語,這說明小宗的祭祀權是從屬於大宗的[①]。"支子不祭,祭必告於宗子",也正是此意。述盤這類銘文之所以要歷數先祖考稱謂,除了夸耀本家族的光榮歷史、向列祖列宗祈福外,另一個重要目的就是表明自己擁有祭祀歷代祖先的權力,強調自己作爲家族繼承人的合法地位。

所謂"諸侯不敢祖天子,大夫不敢祖諸侯"之説,在傳世文獻和銅器銘文中都有不少反證,學者早已注意及之,並多有争論。陳絜先生由近年新出的應公鼎(《銘圖》2105)銘文出發,重新檢討了這一問題,他認爲:"西周時期乃至於春秋中期以前,在大小宗之間的祭祀體系中,必有一位祖神是重合的。"[②]這位"祖神"也就是小宗"所自出"之祖,即小宗始封君之父。如《左傳》"文之昭"諸國族,其始封君均爲文王之子,出自文王,故其直系後裔皆可祭祀文王,在敘述本家族譜系時也可向上追溯至文王。同理,"武之穆"諸國族可祭祀武王,"周公之胤"諸國族可祭祀周公。但是除去本分支"所自出"之祖外,大宗的其餘祖先皆不在小宗的祭祀範圍內;如"文之昭"只能祭祀文王,文王以上和以下的歷代先王均無權祭祀。從這個意義上講,"諸侯不敢祖天子,大夫不敢祖諸侯"也有其合理之處;諸侯和大夫只能"祖"其"所自出"的天子和諸侯,除此之外仍在"不敢祖"之列。

若單氏家族結構如"表一:A"所示,則單述作爲"龏叔"的非嫡長子,在追溯祖先世系時,只能及於本人"所自出"的"龏叔","懿仲"以上的先祖皆不在其祭祀範圍內。以同理推之,若單述一支是"懿仲"的直系後裔,則

---

① 劉源先生指出,大宗亨有主祭權,小宗只能在祭禮中擔任助祭(《商周祭祖禮研究》,商務印書館,2004年,第342—359頁)。另外,陳絜先生認爲西周金文中含有"用享于宗室"這類用語者,其作器者多非宗子(《商周姓氏制度研究》,第374—375頁)。案:對於陳説,目前雖然可以舉出一些反證,如伯□父簋(《集成》3995)、乖伯簋(《集成》4331)等,但也不能否認確有一些銘文,如仲叞父簋(《集成》4102)、叔妘簋(《集成》4137)、六年瑪生簋(《集成》4293)等,符合陳先生所論。

② 陳絜:《應公鼎銘與周代宗法》,《南開學報(哲社版)》2008年第6期。

其世系只能追溯到“零伯”；若是“新室仲”的直系後裔，則其世系只能追溯到“公叔”。但實際上，單述能夠將家族世系一直追溯到周初的“單公”，那麼單述至少應是“公叔”的直系繼承人，“單公”乃單述一支“所自出”之祖。或者單述本人就是單公的直系後裔，是單氏大宗的繼承者。

祭祀權的另一面是受祭權，不僅只有直系後裔才有權祭祀祖先，也只有直系祖先才可以享受後裔的祭祀。在商代晚期的周祭祀典中，對歷代先王已經有了直系和旁系的區別，所謂“直系”，就是有子繼承王位的先王；商王對直系先王的祭祀更爲頻繁、隆重，而且只有直系先王的配偶才能享受祭祀，旁系先王則否①。陳夢家先生指出：“這種祭祀上的差等，正是宗法的具體表現。”②周人的宗法制更加突出了直系祖先的受祭權，無論周王還是各級貴族，都只祭祀與自己有直接血緣關係的直系祖先，旁系祖先則被排除在外③。在目前所見兩周金文中，我們還没有看到周人祭祀旁系祖先的確切證據。如果單氏家族結構是像“表一：B”所顯示的那樣，單述作爲單氏小宗“單叔氏”的繼承者，就只會祭祀本分支的先祖，不可能去祭祀單氏大宗“單伯氏”和另一小宗“單仲氏”的列祖列宗。按照這種對單氏家族結構的理解方式，可以認爲單述在祭祀祖先時對於直系和旁系完全不加區別，全部“一視同仁”，這顯然違背了晚商以降宗法制的基本原則。

宗法制不僅表現爲血統和宗祀的傳遞，也體現在名號、權力、財産的繼承方面。“氏”是體現男性貴族家族出身的身份表徵，在周人看來，“保姓受氏”是家族繼承人的首要條件。只有大宗宗子才能繼續使用本家族的原有氏名，而從大宗分離出去的小宗必須采用新的氏名，否則就無法與大宗相區別。新氏名或者是采用封地名或官名，或者是用本分支始祖的

---

① 參看陳夢家：《殷虛卜辭綜述》，科學出版社，1956 年，第 370—373 頁；裘錫圭：《古代文史研究新探》，江蘇古籍出版社，1992 年，第 296—298 頁。

② 《殷虛卜辭綜述》，第 631 頁。

③ 《逸周書·世俘》記載武王克殷之後舉行祭典，“王烈祖自太王、太伯、王季、虞公、文王、邑考以列升”；太伯、虞公、伯邑考三位旁系祖先也與直系諸先王共同受祭，有違宗法制常規，故清代學者多以太伯等三人爲“附祭”（參看黃懷信：《逸周書匯校集注（修訂本）》，上海古籍出版社，2007 年，第 424 頁）。其實周初受商文化影響甚深，王國維就認爲此處是沿襲殷禮（《觀堂集林》第二册，中華書局，1959 年，第 431—432 頁）。

名、字、謚號等爲氏名（所謂"以王父字爲氏"），或者是在原有氏名之後加上本分支始祖的排行，組成"複合氏名"（如西周時的井叔氏、虢季氏，春秋魯國的叔仲氏等）。單公的後裔之中，第五代"零伯"又稱"單伯"，第八代述稱"單五父""單叔"，其後還有"單伯昊生"（又稱"單昊生"）。單氏家族的成員自始至終全都使用"單"這個氏名，沒有任何出現新氏名的迹象。如果單述果真屬於從單氏大宗分出的旁支，那他就應該在名、字之前冠以本分支的新氏名，而無權使用大宗的氏名"單"——如果這樣做，他就無法將自己與單氏大宗的族人相區別，也就無法體現宗法制的"等差"觀念。

　　這一點還體現在單氏家族的職官繼承上。前文説過，單述和他的五世祖"零伯"（即"單伯"、"虞大父"）都擔任過"虞"官。單述的職事是"𦥯司四方虞、林，用宮御"，而任職於"零伯"手下的"同"則是"司場、林、虞、牧，自淲東至于河，厥逆至于玄水"，可以看出與單述十分接近，只有等級和轄區的差別。可見，"零伯"（虞大父）當時的等級和職司應該與單述差不多。後來，"零伯"還曾升任王朝的"司徒"。單述雖然還沒有達到"司徒"的級別，但是在四十三年鼎銘中，他在原先的職事之外，又受命"官司歷人"，其接受的賞賜級別也相當高。雖然學界對"歷人"的性質存在爭議，但單述得到升遷則是不可否認的事實；如果仕途順利的話，他完全有可能繼承祖先任"司徒"。學者普遍認爲，西周王朝實行嚴格的世官制度，同一家族的每一代宗子往往擔任相同的職官，册命銘文中經常出現"更乃祖考司某事"就是明證。單述與"零伯"有着相似的仕宦經歷，這也説明單述就是單氏大宗的直系繼承人，而不是小宗旁支。

　　那麼如何解釋單氏宗子多數非嫡長子的現象呢？誠如朱鳳瀚先生所指出的那樣，雖然宗法制的核心是嫡長子繼承制，但實際上由於種種原因，嫡長子常常不能就任宗子，而是由非嫡長子來擔任。從《左傳》看來，春秋時期這種現象還經常發生。現以資料比較豐富、族人稱謂比較清楚的魯國世族叔孫氏和臧氏爲例。其世系見下表[①]：

―――――――――――

　　①　本表主要參考顧棟高：《春秋大事表》，中華書局，1993年，第1226—1230、1237—1240頁；另外還根據秦嘉謨輯補《世本》（《世本八種》，商務印書館，1957年，第154—155頁）做了補充。

表二　魯叔孫氏(含叔仲氏)、臧氏世系

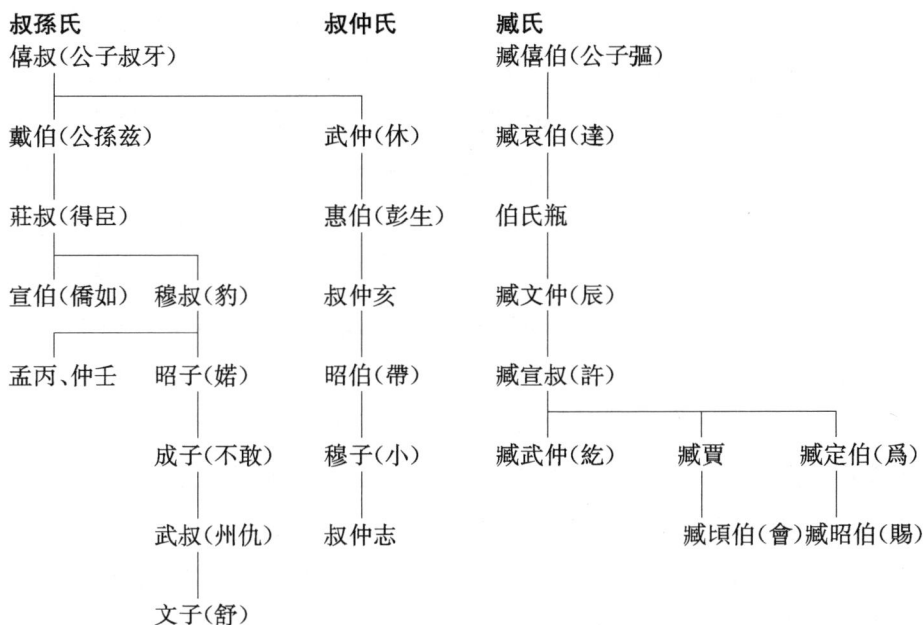

叔孫氏	叔仲氏	臧氏
僖叔(公子叔牙)		臧僖伯(公子彄)
戴伯(公孫茲)　武仲(休)		臧哀伯(達)
莊叔(得臣)　惠伯(彭生)		伯氏瓶
宣伯(僑如)　穆叔(豹)　叔仲亥		臧文仲(辰)
孟丙、仲壬　昭子(婼)　昭伯(帶)		臧宣叔(許)
成子(不敢)　穆子(小)　臧武仲(紇)　臧賈　臧定伯(爲)		
武叔(州仇)　叔仲志　臧頃伯(會)臧昭伯(賜)		
文子(舒)		

　　叔孫氏始祖公子叔牙排行爲"叔",其子公孫茲諡爲"戴伯",公孫茲之子得臣諡爲"莊叔",得臣之子僑如又諡爲"宣伯"。如果按照"表一：A"的理解,就可能認爲"莊叔"是從叔孫氏大宗分出的小宗"叔氏";而從《左傳》的記載我們知道,"莊叔"是不折不扣的大宗宗子。此時叔孫氏的小宗叔仲氏,其宗子卻諡爲"惠伯";如果僅根據"伯"的排行,就有可能判斷他是叔孫氏大宗的宗子。後來叔孫僑如因與魯成公之母穆姜通姦,欲排擠孟孫氏、季孫氏,而被驅逐出國。魯人召回在齊國的僑如之弟叔孫豹,立爲叔孫氏宗子,諡爲"穆叔"(又稱"穆子")①。叔孫豹晚年,由於其私生子豎牛作亂,本來應該繼位的年長之子孟丙、仲壬先後死去,最後由豹之庶子叔孫婼繼任爲宗子②。這些都是嫡長子因故無法擔任宗子,而由非嫡長子繼任的實例。叔孫婼(昭子)之後,由非嫡長子繼位的還有叔孫武叔(州仇)。在叔孫氏大

---

　　①　見《左傳》成公十六年。
　　②　見《左傳》昭公四年、五年。叔孫婼即位後,"朝其家衆",曰："豎牛禍叔孫氏,使亂大從,殺嫡立庶。"可見孟丙、仲壬雖非嫡長子,但在叔孫氏無嫡長子可嗣位的情況下,其儲君的地位亦等同於嫡子。

宗八代、九位宗子中，明確爲非嫡長子繼位的就有四位，比例相當高。

再來看魯國另一世族臧氏，其第一代至第三代皆稱"伯"：臧僖伯（公子彄）、臧哀伯（達）、伯氏瓶。而接下來的三代，臧文仲（辰）、臧宣叔（許）、臧武仲（紇）皆非嫡長子。《左傳》襄公二十三年記載："臧宣叔娶于鑄，生賈及爲而死。繼室以其姪，穆姜之姨子也，生紇，長於公宮，姜氏愛之，故立之。臧賈、臧爲出在鑄。"可見臧武仲完全是由於魯夫人穆姜的偏愛而立爲宗子，而本來有繼承權的嫡子臧賈、臧爲卻不得立。由此看來，臧文仲、臧宣叔以非嫡長子而繼位，或許也有特殊原因。臧武仲由於得罪季孫氏而被迫出奔，臧爲繼任爲宗子，謚爲"定伯"；後其子賜繼位，謚爲"昭伯"①。其後臧昭伯因爲黨於魯昭公伐季氏而出奔，季平子又立臧賈之子臧會爲臧氏宗子，謚爲"頃伯"②。臧氏宗子之位先後在兄弟三系之間輾轉，最後歸於臧賈一系，其間頗多"非常規"因素的影響。

魯國其他世族也大多發生過非嫡長子繼任宗子的情況。如季武子在無嫡子的情況下，就捨棄較年長的庶子公彌（公鉏）而立年幼的庶子紇（季悼子）；孟孫氏也曾在季孫氏小宗公鉏的干預下，廢黜法定繼承人孺子秩而立庶子羯（孟孝伯）③。可見，宗法制下的繼承原則雖然是"立適以長不以賢，立子以貴不以長"（《春秋公羊傳》隱公元年），但在實際政治生活中卻往往難以貫徹。除去家族内部矛盾、族際爭端、君主干預等造成對制度的人爲破壞以外，還有一些人力難以抗拒的自然因素，比如嫡長子早卒，或因病殘無法勝任宗子之責，這在文獻中都有實例可尋。即使在西周宗法制較爲穩固的時期，非嫡長子擔任宗子的情況可能也是很普遍的，單氏家族就屬於這種情況。

朱鳳瀚先生認爲單逨的家族是以"公叔"爲始祖，從單氏大宗分出的"單叔氏"，這從宗法制角度看來是完全合理的——單逨作爲"公叔"的直系後裔，有權祭祀本分支"所自出"之祖"單公"。但是，若從祖先稱謂來

---

① 見《左傳》襄公二十三年。臧紇（武仲）出奔後，"致大蔡"於臧賈，請他回國繼任宗子，可見臧賈應是長子。但臧爲設法取代了臧賈，臧爲非長子，卻與其子俱稱"伯"，不合常規，或有特殊原因。

② 見《左傳》昭公二十五年。

③ 見《左傳》襄公二十三年，孟孫羯以非嫡長子而稱"伯"，也值得注意。

看,此説仍有缺陷。

西周、春秋時期,大多數從大宗分出的小宗旁支都會采用新的氏名。在這種情況下,小宗的宗子一般都會以"新氏名＋本人實際排行"爲稱謂:第一代一般是非嫡長子,故以"新氏名＋仲、叔、季"爲稱;第二代以下若是嫡長子繼位則稱"新氏名＋伯",若是非嫡長子繼位則稱"新氏名＋仲、叔、季";如果小宗宗子獲封"公""侯"等爵位,則以"新氏名＋爵號"爲稱。據《史記》中《衛康叔世家》《管蔡世家》的記載,同屬"文之昭"的衛、蔡、曹三國,其西周時期的國君稱謂都具有以上特點。衛國始封君稱"康叔",其子稱"康伯",以下依次爲考伯、嗣伯、庴伯、靖伯、貞伯,貞伯之子受周夷王册命爲"侯",才改稱"頃侯"。蔡國始封君稱"蔡叔",三監亂後,周公復封其子胡於蔡,稱"蔡仲";"蔡仲"之子稱"蔡伯荒",下一代始稱"宫侯"。曹國始封君爲"曹叔振鐸",其子、孫爲"太伯脾""仲君平",以下至西周末年均以"謚號＋伯"爲稱,至春秋初年始改稱"公"。春秋時期也是如此,如晉文侯封其母弟成師於曲沃,稱"桓叔","桓叔"之子稱"莊伯",又稱"曲沃伯"。魯叔孫氏之始祖叔牙又稱"僖叔",其子稱"戴伯",以下各代也多以排行爲稱。

如前文所論,西周金文中凡從大宗分出的旁支,若不使用新的氏名,一般都會在大宗氏名之後加上本分支始祖的排行字,形成複合氏名,並作爲歷代宗子的稱謂。如果單述一支確是從單氏分出的"單叔氏",那麼就如井叔氏、虢叔氏一樣,其歷代宗子都應稱"單叔",單述對歷代祖考也應該都稱爲"某叔"。單述的家族仍然使用大宗的氏名"單",但其歷代宗子的稱謂卻是"伯""仲""叔"俱全,這與以上兩種情況都不相符。因此我認爲,單述的家族本身就是單氏大宗,是"單公"的直系後裔,並非"公叔"之後分出的"單叔氏"。這樣解釋,就可以避免"表一"所示三種對單氏家族結構的理解所帶來的種種矛盾。

四、"高祖""亞祖"的再認識

述盤銘文所記六代先祖,自單公至零伯皆稱"皇高祖",只有述的祖父輩懿仲稱"皇亞祖"。"高祖""亞祖"這兩種稱謂曾見於扶風莊白一號窖藏出土的牆盤和兩套癲鐘銘文,"亞祖"還曾見於扶風豹子溝出土的南宮乎鐘。以往學界對於"高祖""亞祖"在世系銘文中的含義曾有不少爭論,在此有必要做簡單的回顧。

微氏家族銅器出土之初,學者普遍認爲牆盤和癲鐘記録的家族世系是世代相承的,中間没有發生間斷(他們對微氏家族世系的理解如"表三"所示)。雖然此時學者並未特別關注"高祖""亞祖"的含義,但從他們對微氏家族世系的認識看來,"高祖""亞祖"應該不是固定特指某一代祖先,而是隨着世系的延續而推移;比如微氏家族的第四代作册旂,在第六代的牆盤銘文中被稱爲"亞祖",到第七代的癲鐘銘文中就被稱爲"高祖",而癲鐘銘文的"亞祖"則是指第五代作册豐了。20世紀90年代,美國學者羅泰先生提出不同意見,他認爲"高祖"和"亞祖"在世系銘文中所指稱的對象是固定不變的,"高祖"是指本家族的立族始祖,"亞祖"則是指小宗分支的立族者。由此他對微氏家族世系提出另一種理解:牆盤和癲鐘銘文的"高祖"都是指微氏家族的第一代始祖,"亞祖"都是指第四代作册旂;微氏家族自作册旂以下分立出一個小宗旁支,牆和癲都是此分支的後代,作册旂作爲此分支的始祖,和微氏家族的"高祖"一樣受到特別尊奉;癲鐘銘文中的"文祖乙公"既可能是指微氏家族的第三代"乙祖",也可能是指第五代"乙公"(豐);癲鐘記録的家族世系並不是代代相連的,中間可能有若干處斷裂[1](其觀點可圖示如"表四")。後來,李零先生又就羅泰的觀點提出修正:他雖然同意微氏家族自作册旂以下分立爲小宗的看法,但認爲"高祖""亞祖"並非固定的稱謂,而是隨世系而推移的[2]。

---

[1]　羅泰:《有關西周晚期禮制改革及莊白微氏青銅器年代的新假設:從世系銘文説起》,收入臧振華編:《中國考古學與歷史學之整合研究》下册,臺北:中研院歷史語言研究所,1997年,第651—676頁。

[2]　李零:《重讀史牆盤》,收入北京大學考古文博學院編:《吉金鑄國史——周原出土西周青銅器精粹》,文物出版社,2002年,第42—57頁。

因此其觀點與"表三"的圖示並無本質區別①。

表　三

	牆　盤	Ⅰ式瘺鐘	Ⅱ式瘺鐘
第一世	高祖		
第二世	微史烈祖		
第三世	乙祖		
第四世	亞祖祖辛(旅)	高祖辛公(旅)	高祖(旅)
第五世	皇考乙公(豐)	文祖乙公(豐)	亞祖(豐)
第六世	牆	皇考丁公(牆)	文考(牆)
第七世		瘺	瘺

表　四

	牆　盤	Ⅰ式瘺鐘	Ⅱ式瘺鐘
第一世	高祖	高祖辛公	高祖
第二世	微史烈祖		
第三世	乙祖	文祖乙公?	
第四世	亞祖祖辛(旅)		亞祖(旅)
第五世	皇考乙公(豐)	文祖乙公?	
第六世	牆	皇考丁公(牆)	文考(牆)
第七世		瘺	瘺

　　述盤銘文的問世對羅泰的觀點提出有力的反證。單述的五代先祖均稱"高祖",説明"高祖"並不是對本家族始祖特有的尊稱。李零先生指出,"高祖"的概念可遠可近②;曹瑋先生認爲"高祖"是始祖的稱謂,但直系的

---

①　早在 20 世紀七八十年代,唐蘭、黃盛璋、尹盛平、劉士莪等學者就主張微氏家族在作册旅之後別爲旁支,其主要根據是旅、豐、牆、瘺之器都有"木羊册"族銘,而同出的商尊、商卣、陵方罍等器的族銘卻與之不同。以上學者的論文均收入陝西周原考古隊編:《西周微氏家族青銅器群研究》,文物出版社,1992 年。
②　李零:《讀楊家村出土的虞述諸器》。

若干代先祖也可稱"高祖"①。朱鳳瀚先生進一步指出,從牆盤、癲鐘和述盤這幾例看來,"亞祖"都是指作器者的祖父,"高祖"則是指曾祖以上的男性祖先②。

然而問題並沒有到此結束,近年公布的𤔲鼎銘文(《銘圖》2439,圖92)又對上述看法提出了疑問:

　　𤔲曰:丕顯天尹,匍保王身,諫薛(乂)四方。在朕皇高祖師要、亞祖師夆、亞祖師窺、亞祖師僕、王父師彪于(與)朕皇考師孝,獻作尹氏童妾、甸人,毚純亡(無)啟,世尹氏家。𤔲夙……

𤔲的五代先祖除第一代師要稱

圖92　𤔲鼎銘文

爲"皇高祖"外,以下三代師夆、師窺、師僕均稱"亞祖"。𤔲稱其祖父師彪爲"王父",雖與文獻記載相合,但在西周金文中卻是首次出現。將𤔲鼎銘文與述盤和微氏諸器相對比(表五),不難發現它們對"高祖""亞祖"兩種稱謂的使用完全不同;不僅"高祖"不是對本族始祖的專稱,"亞祖"也不是對祖父的專稱。至此,從前學者對"高祖""亞祖"含義的種種解釋和推測可以説沒有一種適合於所有的材料。吳鎮烽先生由此認爲,"高祖"和"亞祖"都是對祖先的一般性尊稱,而非對某一代祖先的專稱,"亞祖"尤其不是特指"分支立族者"③。其説目前看來最爲穩妥。"高祖"和"亞祖"兩種

---

　　①　曹瑋:《"高祖"考》,參見《周原遺址與西周銅器研究》,科學出版社,2004年,第190—194頁。
　　②　《商周家族形態研究(增訂本)》,第663頁。
　　③　吳鎮烽:《高祖、亞祖、王父考》,《考古》2006年第12期;《𤔲鼎銘文考釋》,《文博》2007年第2期。

稱謂的使用，在當時可能並沒有禮制上的嚴格規定，而是隨作器者的家族傳統和具體語境而變化①。

表五　逨盤、微氏諸器、𤼈鼎稱謂對比

	逨　盤	牆　盤	Ⅰ式㝬鐘	Ⅱ式㝬鐘	𤼈　鼎
第一世	皇高祖單公	高祖			皇高祖師要
第二世	皇高祖公叔	微史烈祖			亞祖師夆
第三世	皇高祖新室仲	乙祖			亞祖師𡧜
第四世	皇高祖惠仲盠父	亞祖祖辛（𤻮）	高祖辛公（𤻮）	高祖	亞祖師僕
第五世	皇高祖零伯	皇考乙公（豐）	文祖乙公（豐）	亞祖	王父師彪
第六世	皇亞祖懿仲	牆	皇考丁公（牆）	文考	皇考師孝
第七世	皇考龏叔		㝬	㝬	𤼈
第八世	逨				

五、世系銘文的“連續”與“斷裂”

　　單氏銅器群中的逨盉，體量大小和造型、紋飾風格都與逨盤接近。不少學者指出，二者是相配使用的一套水器，應該是同時所作。逨盉銘文曰“逨作朕皇高祖單公、聖考尊盉”，“單公”是指單逨的一世祖，“聖考”是指單逨之父“龏叔”。很顯然，逨盉銘文只是截取了逨盤銘文中最遠和最近的兩位祖先，中間的五代先祖則被省略了，這大概是由於盉蓋無法容納長篇銘文所致。由此例看來，誠如羅泰、李零等學者所推測的那樣，西周時期記錄家族世系的銘文確實存在世代之間“斷裂”的情況。但這種“斷裂”究竟是特例還是普遍現象呢？

---

　　① 【作者案：我對這一問題的認識後來有變化。陳絜、李晶認爲，𤼈鼎銘文的“王父”並非指“祖父”，而應指“伯父”（陳絜：《𤼈鼎銘文補釋及其相關問題》，朱鳳瀚主編：《新出金文與西周歷史》，第200頁；李晶：《〈爾雅·釋親〉王父王母考》，《歷史研究》2016年第6期），其說甚是。另外朱鳳瀚先生曾在私下交流中指出，𤼈鼎的“亞祖師夆、亞祖師𡧜、亞祖師僕”可能並非前後相繼的三代先祖，而是三兄弟同爲“師”者。應該說這種可能性是存在的，按照這種理解，𤼈鼎銘文實際上只記載了𤼈的三代祖先：皇高祖師要（曾祖輩或更高）——亞祖師夆、亞祖師𡧜、亞祖師僕（祖輩）——王父師彪、皇考師孝（父輩）。因此𤼈鼎銘文並不能對“‘高祖’泛指曾祖以上先祖、‘亞祖’特指祖父”的認識構成挑戰。】

　　述盤、牆盤銘文詳細描述了歷代祖先的功業事迹，並與其輔佐的歷代周王相配，因此多數學者認爲其敘述的家族譜系是連續不斷的。但在西周金文中這樣的例子極爲少見，與之比較接近的大概只能找到𤼈鼎（圖92）和厲王時期的禹鼎（圖91）：

　　　　禹曰：丕顯桓桓皇祖穆公，克夾召先王，奠四方。肆武公亦弗遐忘朕聖祖考幽大叔、懿叔，命禹厷（纘）朕祖考，政于井邦。……

　　禹鼎銘文只提及了三位先祖考，且其重點並不在於夸耀祖先功業。禹的“皇祖穆公”，不少學者認爲就是盠方尊（《集成》6013）、㦣簋（《集成》4255）、尹姞鬲（《集成》754）及穆公簋蓋（《集成》4191）銘文中的“穆公”，其活動年代大約在穆、恭之際①。從穆、恭之際到厲王時，禹的家族共傳承了四代：穆公→幽大叔→懿叔→禹；與同一時期的周王室和單氏家族世系相比，其時間跨度是合理的。𤼈鼎的器形據介紹近似毛公鼎，結合字體、文例等因素，其年代應在西周晚期偏晚，與述器接近；銘文記錄了六代先祖考，較述盤少一代，但考慮到𤼈的家族世襲爲尹氏的家臣，其始祖“師要”的年代可能不會早到周初。因此我們有理由認爲𤼈鼎和禹鼎所記錄的世系都沒有發生間斷。

　　另外，春秋初年的戎生編鐘（《銘圖》15239－15246），其銘文形式與禹鼎相似，故亦一併論及：

　　　　唯十有一月乙亥，戎生曰：休辥皇祖憲公，桓桓趩趩（翼翼），啟厥明心，廣經其猷，臧再穆天子肅靈，用建于兹外土，遹司蠻戎，用榦不廷方。至于辥皇考昭伯，趩趩穆穆，懿肅不僭，召匹晉侯，用恭王命。今余弗叚廢其顯光，對揚其大福，嘉遣鹵積，俾參征繁湯（陽），取厥吉金，用作寶協鐘。……②

---

　　①　徐中舒：《禹鼎的年代及其相關問題》，參見《徐中舒歷史論文選輯》下册，中華書局，1998年，第999—1000頁；《西周銅器斷代》，第270—272頁。
　　②　此處從李學勤先生釋文，參看《戎生編鐘論釋》，收入《保利藏金》，嶺南美術出版社，1999年。下引裘錫圭、馬承源、王子初三文亦見該書。

銘文中的"穆天子",學者大多認爲就是周穆王。由於對"憲公""昭伯"和戎生三人的世系關係理解不同,學者對此器年代的判斷也存在分歧。馬承源和裘錫圭兩位先生都將"憲公""昭伯"和戎生視爲連續的三代人;馬先生認爲編鐘鑄造於恭王以後,當懿王時;裘先生則定爲厲王時器①。李學勤先生認爲編鐘銘文所記與晉姜鼎(《集成》2826)爲同一事,應在春秋初期的晉昭侯六年;戎生之祖"憲公"在周穆王時受封於畿外,至其父"昭伯"時已爲晉臣②。綜合考慮戎生編鐘的形制、銘文記事、辭例、字體等因素,我認爲將其定爲春秋初期之器是有充分根據的。按照李先生的理解,"憲公"與"昭伯"相去百餘年,二者之間顯然存在世系上的"斷裂"。但我覺得還可有另外一種解釋:"臧禹穆天子肅靈"是對祖先威靈的追念,暗示戎生這一支是周穆王的後裔,到西周晚期"憲公"這一代才由王臣改封於"外土",其受封年代與穆王並無關係。因此,"憲公""昭伯"和戎生仍有可能是連續的三代人。

在西周時期大多數銘文中,先祖考的稱謂只是在接近結尾的作器文辭中作爲祭祀對象而出現,大多采取"皇祖""文考"等概稱,較少出現標明具體個人的謚號、爵號等。而且大多只提及一位先祖或先考的稱謂,連續出現兩位以上先祖考的例子很少。就目前所見,出現三位以上先祖考稱謂的銘文大概只有5例:

1. 姬寏母豆(《集成》4693,圖 93):

　　姬寏母作大公、庸公、□公、魯仲、憲伯、孝公、静公豆。……

2. 師𡨄鐘(《銘圖》15266,圖 94):

　　師𡨄曰：作朕皇祖大公、庸公、封公、魯仲、憲伯、孝公,朕烈考静……龢鐘。……

---

① 裘錫圭:《戎生編鐘銘文考釋》;馬承源:《戎生鐘銘文的探討》。
② 李學勤:《戎生編鐘論釋》。另外王子初先生從戎生編鐘的形制和音樂學原理出發,亦將其年代定在春秋初期,見《戎生編鐘的音樂學研究》。

圖 93　姬妟母豆及其銘文

圖 94　師𥂇鐘及其銘文

3. 畀簋（《集成》4153，圖 95）：

畀作皇祖益公、文公、武伯、皇考龏（恭）伯鷺彝。……

圖 95　畀簋及其銘文

4. 師㝬鐘（《集成》141，見本書第 128 頁，圖 69）：

師㝬肇作朕烈祖虢季㝸公、幽叔，朕皇考德叔大林鐘。……

5. 癲鐘（《集成》246）：

癲桓桓聖趠，用追孝于高祖辛公、文祖乙公、皇考丁公龢林鐘。……

姬寏母豆、師㝬鐘和㝬簋的年代應爲西周晚期偏晚，師㝬鐘和癲鐘則在西周中晚期之際。姬寏母豆和師㝬鐘所記録的世系完全一致，説明師㝬和姬寏母應是一對夫婦，分别爲師㝬家族的祖先作祭器①。師㝬家族的世系包括七代先祖考，即使認定師㝬相當於西周末年，其始祖"大公"活動於周初，其世數和時間跨度仍與單氏家族相當。㝬簋的"皇祖益公"又見於永盂（《集成》10322）、休盤（《集成》10170）、王臣簋（《集成》4268）等器，其年代在恭懿時期；從恭懿到西周末年，㝬的家族共傳五代，較之單氏家族還多出一代。另外，在盠方尊銘文中還有一位"文祖益公"，其年代大約在昭穆之際，與單逑的四世祖"惠仲盠父"可能同時；如果將這位"益公"認定爲㝬的"皇祖"，其世系的時間跨度仍然與單氏相當。師㝬鐘與師鐙鼎、即簋等器同出於周原强家窖藏。師㝬鐘銘文中的"虢季㝸公"就是師鐙鼎銘中的"郭（虢）季易父"，大約活動於穆王前期；"幽叔"就是師鐙，活動於穆王後期至恭王時；"德叔"就是即簋器主，相當於恭懿時期；師㝬大約活動於孝夷時期，下限或到厲王②。

---

①　師㝬鐘 1992 年出於扶風縣召公鄉巨良海家村窖藏，姬寏母豆則是北宋熙寧年間"得於扶風"（《考古圖》卷五），兩者出土地相近。將兩器銘文對勘，可知姬寏母豆銘文"庸公"之下遺漏"封"字，可能是制范或摹寫時之誤。劉雨先生認爲師㝬和姬寏母是兄妹或姐弟關係，且將其世系與《史記·管蔡世家》記載的曹國世系相比，推定兩器爲西周晚期曹國之器（《師㝬鐘和姬寏母豆》，《古文字研究》第二十六輯，中華書局，2006 年）。其説似有問題。首先，西周金文中幾乎不見女性爲娘家先人製作祭器之例，卻有大量婦女祭祀夫家祖先的證據；其次，劉先生將銘文中的"封公、魯仲、憲伯"釋讀爲"封公魯、仲叕、宫伯"，顯然不妥；再次，即便如此釋讀，兩器銘文中的祖先大多也無法與曹國世系對應；最後，兩器均出於西周王畿腹地，與曹國相距甚遠。故我認爲師㝬應是任職於王朝的畿内貴族，與曹國無關。

②　過去學者大多將"虢季"、"㝸公"定爲兩人，"虢季"即"虢季易父"，"㝸公"即師鐙；"幽叔"乃傳世器師望鼎（《集成》2812）器主，"德叔"乃即簋器主，這樣師㝬家族的世系就多出一代。我曾對此説做出修正，參看《周原强家西周銅器群世系問題辨析》，見本書第 125—138 頁。

師史家族自穆王至夷厲之際共傳四代。痶鐘的"高祖辛公",學者大多認爲是昭王時的作册旂;"文祖乙公"即穆王時的作册豐,"皇考丁公"即恭懿時期的史牆,痶主要活動於孝夷至厲王前期。微氏家族自昭王至厲王共傳四代。

如果我們以周王室以及單氏、微氏家族世系爲衡量標尺,那麼以上世系銘文記録的世代數與其時間跨度之間的對應關係基本上是合理的①。一個家族的某些世代延續時間較長,而某些世代較短,這也符合自然規律。不同家族在短時期内傳承的世代數雖然有多少的差異,但從長時段看來,則相差不大。貴族家族的繼承往往比王室更爲穩定,其世代顯得比王室少也是可以理解的。因此上述銘文所記録的家族世系應該是連續而不間斷的,可以作爲復原西周世族形態的根據。

西周金文中提及兩位先祖考的,還可舉出以下幾例:

1. 南宫乎鐘(《集成》181)

司土南宫乎作大林協鐘。兹鐘名曰"無昊"……先祖南公、亞祖公仲必父之家。……用作朕皇祖南公、亞祖公仲……

2. 鬲攸比鼎(《集成》2818)②:

……比作朕皇祖丁公、皇考惠公尊鼎。……

3. 鼄兒簋(《集成》4168):

鼄兒作朕文祖乙公、皇考季氏尊簋。……

4. 仲再父簋(《集成》4188-4189):

南申伯大宰仲再父有司作其皇祖考遅(夷)王、監伯尊簋。……

---

① 西周恭、懿、孝、夷四王實際上只相當於三代人,而且學者普遍認爲懿、孝、夷三王在位時間較短。

② 同一人所作器還有鬲比盨(《集成》4466),銘文曰:"鬲比作朕皇祖丁公、文考惠公盨。"

　　南宮乎鐘器主又見於善夫山鼎（《集成》2825），後者爲宣王三十七年器，因此南宮乎大致與單述同時。不少學者認爲南宮乎的"皇祖南公"就是康王時大盂鼎（《集成》2837）銘文中的"祖南公"，或即周初名臣南宮适①。從"公仲必父"稱"公仲"看來，他極有可能是"南公"之子，那麼在南公、公仲必父與南宮乎之間就存在世系上相當長的斷裂②。不過"皇祖南公"也可能並非大盂鼎的"祖南公"，而是更爲晚近的一位先祖；如果是這樣的話，南公乎鐘記錄的世系仍有可能是連續的。仲爯父簋的年代約在兩周之際，與"夷王"之間年代間隔較遠，因此"夷王"有可能不是仲爯父的祖父而是其曾祖，在"夷王"與"監伯"之間或許至少空缺了一代。兩攸比鼎和𪓑兌簋的"祖"與"考"是否爲連續的兩代，僅從銘文本身難以斷定；不過兩器都屬西周晚期偏晚，兩人的"祖"又都稱日名，而西周中期以後稱日名的現象已日益稀少，由此看來兩器的"祖"與"考"之間也可能存在世系的斷裂。

　　通過上面的比較可以看出，只提及兩位先祖考的銘文，其"祖"與"考"之間存在世系斷裂的可能性較大，在使用這類銘文推斷家族世系時需要注意。正如李零等先生所言，金文中所稱的"祖"，其與作器者之間的關係可遠可近，既可能指作器者的祖父，也可能指本家族始祖以下的任何一位先祖。如果將金文中的"祖"一概認定爲作器者的祖父，就會帶來不少問題。

　　以著名的善夫克諸器的斷代爲例。唐蘭先生根據大克鼎（《集成》2836）銘文中提到克的"文祖師華父"曾"𪙵（恭）保厥辟𪙵（恭）王"，認爲善夫克的祖父活動於恭王時，故將大小克鼎、克盨（《集成》4465）都定爲屬王器；同時他又認爲克鐘（《集成》204－208）的"周康剌（厲）宮"是厲王之廟，

----

①　杜正勝：《周代封建制度的社會結構》，《中研院歷史語言研究所集刊》第五十本第三分，1979年，第551—613頁；李學勤：《大盂鼎新論》，參見《李學勤集》，黑龍江教育出版社，1989年，第162頁；朱鳳瀚：《商周家族形態研究（增訂本）》，第339頁。

②　當然，由於南宮乎鐘銘文並不完整，也不能排除南公、公仲必父之後還有其他先祖考的可能。

而將克鐘定爲宣王器①。後來，李學勤先生爲了調和善夫克一人之器横跨兩代、時間過長的矛盾，又提出克鐘與大小克鼎、克盨並非一人之器的説法②。實際上，以上問題均因學者將"文祖師華父"定爲善夫克之祖父，從而認定克的活動年代不能太晚所致。克器銘文中提到的先祖稱謂共有三個：文祖師華父（大克鼎）、皇祖考（孝）伯（克鐘）、皇祖釐季（小克鼎，《集成》2796－2802），顯然師華父與克之間至少還有一代先祖。如果認爲師華父就是孝伯或釐季，那麼師華父至少是克之曾祖，其家族自師華父至克共傳四代；如果認爲師華父、孝伯、釐季是三代人的話，則師華父至少是克之高祖，該家族共傳五代。善夫克家族從恭王至宣王傳承四到五代人是完全合理的，只要我們不把"文祖師華父"看作克的祖父，就有充分理由將克器全部定在宣王時③。

六、兩周金文中"公＋排行"類稱謂的意義

單氏家族的二世祖稱"公叔"，"公叔"這一稱謂也見於賢簋（《集成》4104－4106）、恒簋蓋（《集成》4199）、芮公叔簋（《銘圖》4501）④。兩周金文中所見的同類稱謂還有"公伯"和"公仲"。"公伯"見於虡簋（《集成》4167）和不其簋（《集成》4328）⑤。"公仲"見於南宫乎鐘、毫鼎（《集成》2654）、復公仲簋（《集成》4128）、復公仲盤（《集成》9681）、厝觶（《集成》6509）、庶觶（《集成》6510）、玕作父辛器（《集成》10581）和公仲佻簋（《銘圖》4660）⑥；其中復公仲簋、盤是一人之器，厝觶和庶觶的"公仲"應是同一人。從年代上看，以上諸器從西周早期一直延續到春秋初期⑦。

---

① 唐蘭：《關於大克鐘》，參見《唐蘭先生金文論集》，紫禁城出版社，1995年，第334—339頁。
② 李學勤：《論克器的區分》，參見《夏商周年代學札記》，遼寧大學出版社，1999年，第151—156頁。
③ 近年劉啟益、彭裕商等學者就持這種看法，參看《西周紀年》，第385—387頁；《西周青銅器年代綜合研究》，第451—454頁。
④ 【作者案："公叔"還見於芮公叔盤（《銘圖》14514）、胡應姬鼎（《銘圖續》221）。】
⑤ 【作者案："公伯"還見於公伯鼎（《銘圖》1591、《銘圖三》161）、鄁公伯簋（《集成》4016－4017）、蓳佳盉（《銘圖三》1242）。】
⑥ 【作者案："公仲"還見於南方追孝鼎（《銘圖》2073）。】
⑦ 除復公仲器屬春秋早期外，其餘均是西周時器，從西周早期一直延續到晚期。

這類稱謂的形式是由爵稱"公"加排行字"伯""仲""叔"構成。在排行字之後還可以加上個人的名或字：如復公仲簋器主自稱"復公仲若我"，"若我"是其名，"公仲姚"之"姚"也是其私名；南宮乎鐘稱"亞祖公仲必父"，"必父"爲"公仲"之字。另外，滕虎簋（《集成》3828）銘文稱"滕虎敢肇作厥皇考公命仲寶尊彝"，"公命仲"是在"公仲"二字之間加上相當於謚號的"命"字，比較特殊。這些稱謂既包括生前的自稱和他稱，也包括後代對已故祖考的追稱，可見其應用比較廣泛，應是當時貴族社會通行的稱謂。

唐蘭先生在論述賢簋時曾指出，銘文中的"公叔"應爲康叔之子；因康叔生前曾稱"公"，故其子可稱"公伯""公仲""公叔"①。朱鳳瀚先生也認爲，"公"之子輩可使用"公＋排行"這種稱謂，故"單公"之第三子可稱"公叔"②。

從傳世文獻看來，這種説法是有其道理的。試看以下數例：

例一，春秋晚期衛襄公之子、衛靈公之兄孟縶，又稱"公孟縶""公孟"③；他是"嬖人婤姶"所生，爲庶長子，故排行爲"孟"。

例二，戰國中期，曾反對趙武靈王"胡服騎射"改革的公子成，又稱"公叔成"；他是趙成侯之子，肅侯之弟，武靈王的叔父；武靈王稱其爲"叔"，又稱"公叔"④。

例三，《史記·魏世家》記載："惠王元年，初，武侯卒也，子罃與公中緩爭爲太子。"《索隱》引《紀年》："武侯元年封公子緩，……七年，公子緩如邯鄲以作難。"⑤公中（仲）緩應是魏武侯之次子，魏惠王之兄弟。

例四，韓宣惠王、襄王時有權臣公仲、公叔，相繼爲相，楊寬先生認爲二人"蓋皆韓公族之年長者"⑥。公仲名"侀"，亦作"朋""馮"⑦，文獻中亦

---

① 《西周青銅器銘文分代史徵》，第119—120頁。
② 《商周家族形態研究（增訂本）》，第662頁。
③ 見《左傳》昭公七年、二十年。
④ 見《史記·趙世家》《戰國策·趙二》。《趙世家》曰"王遂往之公子成家"，《戰國策》作"即之公叔成家"（《史記》，中華書局，1982年，第1808頁；《戰國策》，上海古籍出版社，1978年，第657頁）。
⑤ 《史記》，第1843頁。
⑥ 楊寬：《戰國史料編年輯證》，上海人民出版社，2001年，第661頁。
⑦ 公仲在文獻中多稱爲"公仲侈"或"韓侈"，"侀"因形近而訛作"侈"，前人多已言之。"侀""朋""馮"音近相通，"朋"又訛作"明"。

稱爲"韓俋"("俋"爲"偭"之訛)、"韓朋"或"韓馮"[1]。東周時期凡以"國號
＋私名"爲稱者,大多是各國的公子,因此,公仲、公叔有可能是韓昭侯或
宣惠王之子。

以上數例稱"公仲""公叔"者,都是國君的公子,符合"公"之子用"公
＋排行"爲稱的規律。

不僅公子可以稱"公仲""公叔",其後代還可以沿用此稱謂以爲
"氏"。《潛夫論·志氏姓》敘衛國之公族,就提到公孟氏、公叔氏[2]。公
孟氏的始祖應該就是前文提到的公孟縶,其後代見於《春秋》經傳者有
公孟彄、公孟緢等人[3];《墨子》的《耕柱》《公孟》篇中還有"公孟子",可能
也是公孟氏後人。公叔氏的始祖是衛獻公之子當,其後有公叔發(文
子)、公叔戍、公叔務人等[4];公子當生前應該可以稱"公叔當",其後人遂
以"公叔"爲氏。魏惠王時有相國公叔座("座"亦作"痤"),見於《史記·
商君列傳》,《索隱》曰:"公叔,氏;座,名也。"[5]公叔座(痤)又稱"公孫
痤"[6],可見他本人已非公子,而是公子的下一代;"公叔"此時已經演變
爲氏名,"叔"在這裏已不再指公叔座本人的排行。但是,魏惠王仍然尊
稱他爲"公叔";在這裏,"公叔"已不是國君之子的專有稱謂,而是"以氏

---

[1]　"韓俋"見《戰國策·秦二》(第155頁),《楚三》(第547頁),《韓三》(第1020—1021頁);"韓
朋"見《戰國策·韓一》(第939、940頁),又訛作"韓明",見《韓一》(第952頁);"韓馮"見《史記·田敬
仲完世家》(第1896頁)。

[2]　彭鐸:《潛夫論箋校正》,中華書局,1985年,第440頁。

[3]　公孟彄見《春秋》經及《左傳》定公十二、十三、十四年,哀公十年、十五年;公孟緢見《左傳》
哀公九年。案:《左傳》隱八年《正義》引《世本》,稱公孟彄爲衛靈公之子,字公孟,名彄;《春秋》經
定十二年杜注則以公孟彄爲"孟縶子",《正義》曰:"《世族譜》云:'孟縶無子,靈公以其子彄爲之後
也。'爲後則爲其子,故云孟縶子。"杜預此説顯然是爲調和《左傳》與《世本》而設,未免迂曲;我認爲
公孟彄爲公孟縶親子的可能性更大,《世本》之説未必都可信。另外《元和姓纂》卷一"衛襄公生公
孟縶,縶生丹,爲公孟氏"(《元和姓纂(附四校記)》,中華書局,1994年,第38頁),其説未詳所本;
鄧名世《古今姓氏書辯證》又以公孟彄爲縶之孫(《景印文淵閣四庫全書》本第922册,臺灣商務印
書館,2008年,第37頁),亦未詳所本,恐不可信。

[4]　《世本》曰:"衛獻公生成子當,當生文子拔,拔生朱,爲公叔氏。"(《禮記·檀弓》孔疏引)
案:"拔",《左傳》作"發";"朱",《左傳》作"戍",《禮記·檀弓》作"木",乃"朱"之訛。另外《古今姓
氏書辯證》説:"衛獻公少子發,國人謂之公叔,因以爲氏,所謂公叔文子者也。"(《景印文淵閣四庫
全書》本第922册,第35頁)恐不可據。

[5]　《史記》,第2227頁;《戰國策·魏一》亦記其事,"座"作"痤",見《戰國策》第784—786頁。

[6]　見《史記·秦本紀》《魏世家》(第201、1844頁)。

代人"的敬稱了①。

有了文獻的佐證，我們再回過頭來對金文中的此類稱謂做具體的分析。由於含有此類稱謂的銅器銘文所提供的背景資料詳略不一，此處只能選擇其中的部分典型例證。

1. 虡簋："虡拜稽首，休朕甸君公伯賜厥臣弟虡井五糧②，賜衰、胄、干、戈。虡弗敢忘公伯休，對揚伯休，用作祖考寶尊彝。"虡對"公伯"自稱"臣弟"，説明"公伯"是本國族的君主或宗子，"公伯"與虡既是兄弟關係，又是君臣關係。銘文中兩稱"公伯"，但最後卻説"對揚伯休"，不説"對揚公休"。這一點很重要，説明"公伯"本人並不具有"公"的爵號，"公伯"的含義即"公"之長子，故虡只能稱之爲"伯"，不能稱之爲"公"。

2. 亳鼎："公侯賜亳杞土、麊土、㮚禾、齔禾，亳敢對公仲休，用作尊鼎。""公侯"和"公仲"顯然是指同一人，是亳之君主。"侯"是外服諸侯特有的爵稱，"公侯"的稱謂爲金文中僅見；西周時期外服諸侯也可通過周王的特別冊命獲得"公"的爵號，"公侯"應該就是指獲得"公"爵的"諸侯"③。"公仲"的"公"既可能指其本人擁有"公"的爵號，也可能是指其父具有"公"的爵號，"仲"則是其個人排行。

3. 滕虎簋："滕虎敢肈作厥皇考公命仲寶尊彝。"此器年代約在西周中期穆王時，滕虎之父"公命仲"大概活動於昭王前後。滕縣莊里西遺址出土的西周滕國銅器中，有兩器銘文稱"滕公"：滕侯簋（《集成》3670）"滕侯作朕（滕）公寶尊彝"，吾䀇（《集成》565）"吾作滕公寶尊彝"。滕侯簋是康昭時器，吾䀇的年代大致與之相當，"滕侯""吾"和"公命仲"應同爲"滕公"之子輩，"滕公"活動於成康時期。"公命仲"的"公"即指"滕公"而言，

---

①　楊樹達先生在論賢簋之"公叔"時，舉春秋時衛國子叔黑背之子公孫剽亦稱"衛子叔"之例，説明當時指代個人可單稱氏而不稱名（《積微居金文説（增訂本）》，第 81 頁），但他以賢簋"公叔"爲春秋衛國公叔氏則不妥。

②　【作者案："井五糧"應釋爲"丹五量"，"井"字乃"丹"之訛，即丹砂，"量"當爲容量單位，參看翼城大河口 M1017 出土的霸伯簋、霸伯盨銘文。】

③　參見《新出金文與西周諸侯稱謂的再認識》，本書第 221 頁。

他是"滕公"之次子,"滕侯"之弟,"吾"或有可能是其私名①。

4. 公仲姚簋:"公仲姚作公▨寶簋。"▨字應爲女子父家之姓②。"公▨"的稱謂同於公姞鬲(《集成》753)之"公姞","公姞"亦即尹姞鬲(《集成》754)之"尹姞",因其爲"穆公"之夫人,故將丈夫之爵號冠於本姓之前而稱"公姞"。因此,"公▨"的丈夫也應擁有"公"的爵號。公仲姚應爲"公▨"與"公"之子,爲亡母作祭器③。故"公仲"在這裏的含義也是"公之次子"。

5. 賢簋:"唯九月初吉庚午,公叔初見于衛,賢從。公命使晦賢百晦糧,用作寶彝。""初見"或稱"初見事""初命",西周金文中數見,多是指新繼位的諸侯初次朝見周王並接受册命④。這裏的"初見",應是衛君新繼位,"公叔"初次到都城朝見。銘文中的"公"即新任衛國君主,"公叔"很可能是上一代衛君之子、新君之弟,受封於外地都邑者。器主賢是公叔的下屬,跟隨公叔朝見"公",得到"公"的賞賜。

6. 恒簋蓋銘文稱"用作文考公叔寶簋"。此器 1974 年出土於扶風强家青銅器窖藏,同出者還有師𩚹鼎、即簋、師臾鐘等器。師𩚹鼎銘文稱"朕考韋(郭)季易父",即簋銘文稱"文考幽叔",師臾鐘銘文稱"烈祖虢季宒公、幽叔,皇考德叔"。我曾對此群銅器銘文反映的家族世系做過重新梳理,認爲師𩚹之父"韋(郭)季易父"即師臾之曾祖"虢季宒公",師𩚹是即與恒二人之父,師臾之祖父⑤。師𩚹的謚號是"幽叔",因其爲"虢季宒公"之子,故也稱爲"公叔"。

7. 芮公叔簋銘文曰:"芮公叔作𤔲(祈)宮寶簋。"《首陽吉金》所收芮伯簋(《銘圖》4500)銘文曰:"芮伯作𤔲(祈)公日寶簋。"芮伯與芮公叔是兄弟,其父之謚號爲"𤔲(祈)公",芮公叔簋的"𤔲(祈)宮"即"𤔲(祈)公"之宗

---

① 參見《讀〈首陽吉金〉瑣記六則》,本書第 314—319 頁。

② 有可能是祁姓之"姚"或曹姓之"嬈"的訛體。【作者案:此推測不能成立。《銘圖》將此字釋爲"姊",然而在此器銘文中恐仍應作女子之姓理解。】

③ 若公仲姚是公▨之夫,則在夫爲妻作器的情況下,一般應將女子父家之氏冠於其姓之前,不應稱爲"公▨"。

④ 匽侯旨鼎(《集成》2628)"匽侯旨初見事于宗周",詈觶(《銘圖》10655)"唯伯初命于宗周"。

⑤ 《周原强家西周銅器群世系問題辨析》,見本書第 125—138 頁。

廟。"虞(祈)公"生前稱"公",故其子可稱"公叔";同理,"芮伯"亦可稱"芮公伯"①。

8. 南宮乎鐘銘文稱"先祖南公、亞祖公仲必父之家",又稱"朕皇祖南公、亞祖公仲",兩位先祖前後相連,很可能是父子關係。逑盤銘文於"單公"之後敘述"公叔",二者也是父子關係,與南宮乎鐘銘文相似。

以上諸例説明,唐蘭、朱鳳瀚等先生關於"公"之子可使用"公＋排行"式稱謂的觀點是可以成立的。這種稱謂形式透露出一些重要的歷史信息。首先,西周時期"公"的稱謂使用比較嚴格,不僅生稱的"某公"都具有"公"的爵號,而且後代追稱的"某公"也大多如此,尤其是在"氏名＋公"和"謚號＋公"的情況下②。正因爲西周的"公"具有爵位的意義,而不是像春秋時期那樣變成各國君主的通稱③,所以"公"之子才會用"公伯""公仲""公叔"這樣的稱謂來標誌自己的身份。其次,"公"作爲爵位性的稱號,不能世襲④。"公伯""公仲""公叔"的"公"都是指代其父,指代自身的是"伯""仲""叔"等排行字;只有本人再次獲得"公"的爵號,才能繼續稱"公",否則只能以排行字爲稱。如虢簋的"公伯",即使繼承了君位,也只能稱"伯"。再次,金文中稱"公伯""公仲""公叔"者,大多在本國、族中擁有較高的地位。如虢簋的"公伯"、亳鼎的"公仲"、逑盤的"公叔",都繼承了本國君主或本族宗子之位;而賢簋、即簋的"公叔"雖不能繼承大宗,也都得到分封,成爲獨立的小宗之始祖。文獻中的"公仲""公叔"也與之相似,大多是各國位高權重的高級貴族。

---

① 參見《讀〈首陽吉金〉瑣記六則》,本書第 326—328 頁。

② 西周金文在追念先祖考時,有些稱"公",有些則稱其排行(見第四節所引師紊鐘、顥簋、師臾鐘等銘文),説明生前未獲"公"爵的祖先,後代亦不能以"公"稱之;如果"公"在這裏屬於一般的敬稱,後代對祖先就可一概稱"公",不必加以區别。但殷遺民使用的"日名＋公"式稱謂(如"丁公""乙公""癸公"等)則接近一般敬稱,多數並無爵位意義。

③ 春秋時期各國之臣均稱其君主爲"公",對已故的先君一般以"謚號＋公"稱之,一些小國的君主且自稱爲"公"(參看王世民:《西周春秋金文中的諸侯爵稱》,《歷史研究》1983 年第 3 期,及下引陳恩林文)。

④ 陳恩林先生曾指出:"公爵只限於一身一世,其後世子孫則恢復本爵。"並舉班簋(《集成》4341)"毛伯"受命"更號城公服"而改稱"毛公",而其後代仍稱"毛伯"爲例(《先秦兩漢文獻中所見的周代五等爵》,《歷史研究》1994 年第 6 期,第 68 頁)。其説是。

　　春秋以降，隨着"公"泛化爲諸侯國君的通稱，"公＋排行"也成爲各國"公子"使用的稱謂。值得注意的是，與文獻記載不同，春秋時期銅器銘文中幾乎不見"公＋排行"類稱謂①，同時與之相似的"子＋排行"類稱謂開始流行②。如歸父敦（《集成》4640，圖96）銘文曰"魯子仲之子歸父爲其善敦"，器主"歸父"很可能就是春秋中期魯國的公孫歸父（子家），而"子仲"就是其父公子遂（又稱"襄仲""仲遂"）。公子遂爲魯莊公之子、僖公之弟，因此"子仲"之"子"即"公子"，"仲"是其個人排行。與"公＋排行"類稱謂一樣，"子＋排行"之後也可再加上本人的名或字。前者如曾子仲宣鼎（《集成》2737）③，後者如陳公子子叔原父甗（《集成》947，圖97），"子"下有重文號。

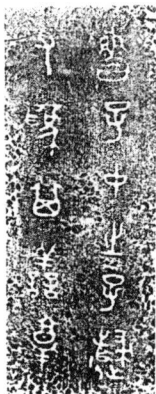

圖96　歸父敦銘文　　　　圖97　陳公子甗銘文

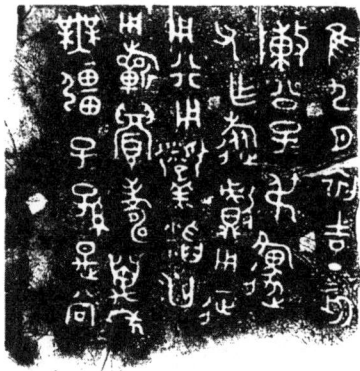

　　"子＋排行"類稱謂同樣見於傳世文獻，如春秋晚期魯國的公子慭又稱"子仲"（見《左傳》昭公十二年）；又如《春秋》成公十年"衛侯之弟黑背帥師侵鄭"，《左傳》曰："衛子叔黑背侵鄭"，子叔黑背亦是公子。凡稱"子＋排行"者，其後代大多得立爲獨立的小宗，如魯公子遂之後立爲東門氏（又

---

　　①　復公仲器是唯一之例，且在春秋早期。【作者案：鄅公伯簋亦爲春秋早期器。】
　　②　"子＋排行"類稱謂早在西周中期就已出現，穆恭之際的公姞鬲（《集成》753）銘文稱"子仲漁大池"，聯繫上下文，此處之"子仲"可能是"天君"（王后）之子，"子"即"王子"之意。但"子＋排行"類稱謂在西周金文中非常少見。
　　③　此類稱謂也可在"曾子"和"仲宣"之間斷讀，"曾子"即曾國之公子。

稱仲氏），衛公子黑背之後立爲子叔氏；而且其宗子亦可以"子＋排行"爲稱，如衛子叔黑背之子公孫剽，《左傳》稱之爲"子叔"①，這已是"以氏代人"的稱法了。另外，魯文公之子叔肸，其後代立爲叔氏，又稱子叔氏，其宗子亦可稱"子叔"②。雖然《春秋》、《左傳》中没有叔肸生前稱"子叔"的記載，但由以上諸例推測，他生前應該也可以稱"子叔"。

可見，西周金文中的"公＋排行"類稱謂發展到春秋時期，逐漸被"子＋排行"類稱謂取而代之。值得注意的是，文獻中以"子＋排行"爲稱者，有不少是國君的同母弟。如魯子叔氏始祖叔肸，就是宣公的母弟（《左傳》宣公十七年）。又如衛子叔黑背，《春秋》稱其爲"衛侯之弟"，凡《春秋》稱爲某國君"之弟"者，大多是指同母弟③。先秦時期，國君之母弟與國君的關係最爲密切，在眾公子中的政治地位最高（參見第二節）。由此反觀西周金文和文獻記載中的"公仲""公叔"，很有可能多是國君或宗子之同母弟，其政治地位較高正源於此。

附記：本文的基礎是作者的博士論文《西周金文世族研究》（北京大學中文系，2007 年 6 月）中關於單氏家族的一節。2009 年底加以補充擴展，篇幅增加兩倍。2010 年 7 月修改定稿，並補配了插圖。

（本文原收入朱鳳瀚主編：《新出金文與西周歷史》，上海古籍出版社，2011 年）

---

① 《春秋》經襄公元年"衛侯使公孫剽來聘"，《左傳》曰："衛子叔、晉知武子來聘。"

② 《左傳》昭公二十一年："於是叔輒哭日食。昭子曰：'子叔將死，非所哭也。'"叔輒應是當時子叔氏宗子。

③ 如《春秋》定公十年"宋公之弟辰……出奔陳"，《左傳》稱爲"母弟辰"；《春秋》襄公二十七年"衛侯之弟鱄出奔晉"，《左傳》襄公十四年稱爲"母弟鱄"；《春秋》隱公七年"齊侯使其弟年來聘"，《左傳》莊公八年"（齊）僖公之母弟曰夷仲年"，楊伯峻注："《春秋》所謂弟，皆同母弟。"

西周政體研究

新出金文與西周諸侯
稱謂的再認識

—— 以首陽齋藏器爲中心的考察

　　20 世紀 80 年代以來，學者對兩周銅器銘文中的人名稱謂進行了深入的研究。很多學者指出，西周時期的内服王臣（或稱"畿内封君"）與外服諸侯在稱謂上存在差異。内服王臣生前大多以"氏名＋個人排行"爲稱（如井伯、榮伯、井叔、虢季等，氏名大多是源於封地），少數地位較高者可生稱"公"（如益公、穆公、武公等），另有一些"公"屬於死後的追稱。外服諸侯國的君主通常以"國號＋侯"爲稱，諸侯國君稱"公"的現象較少，而且大多屬於死後追稱和一般泛稱①。這一規律性認識目前已基本得到學界認同，而且也獲得一些考古新發現的支持②。然而相關研究成果大多產生於 80 年代，在此後的 20 多年中，又有大量新的銅器銘文和考古資料湧現，其中一些與上述規律不盡相合；尤其是外服諸侯國君主的稱謂，呈現出相當複雜的形態。時至今日，新材料的積累已使我們不能不對西周時期外服諸侯的稱謂形式重做探討。本文希望以近年新出銅器銘文爲切入點，在這方面做一點嘗試。

---

　　① 參看王世民：《西周春秋金文中的諸侯爵稱》，《歷史研究》1983 年第 3 期；李零：《西周金文中的職官系統》，參見《李零自選集》，廣西師範大學出版社，1998 年，第 114—116 頁；吳鎮烽：《金文人名研究》，參見《考古文選》，科學出版社，2002 年，第 177—178 頁；盛冬鈴：《西周銅器銘文中的人名及其對斷代的意義》，《文史》第十七輯，中華書局，1983 年，第 33—38 頁。下文徵引上述論著觀點，不再另行出注。

　　② 比如屬於外服諸侯國的琉璃河燕國墓地、天馬——曲村晉國墓地、平頂山應國墓地，出土了帶有"匽侯""晉侯""應侯"銘文的銅器。

一、首陽齋藏鷟器與滕國早期君主稱謂

首陽齋所藏鷟觶、鷟簋二器銘文,透露了有關西周早期滕國君主稱謂的重要信息[①]。

鷟觶(《銘圖》10655,見本書第 315 頁,圖 117):

> 唯伯初命于宗周,史鷟賜馬二匹,用作父癸寶尊彝。

鷟簋(《銘圖》5106,見本書第 315 頁,圖 118):

> 唯九月,者(諸)子具服,公乃命在廟曰:凡朕臣與晦。鷟敢對公休,用作父癸寶尊彝。

"鷟"所作的銅器早在 1989 年山東省滕州市莊里西遺址一座西周殘墓中就有出土,不過資料至今尚未正式公布[②]。據滕州市博物館李魯滕先生介紹,此墓出土圓鼎、尊、簋、觶各 1 件,卣、觚、爵各 2 件,其中 7 件有銘文;除一卣銘"亞異矣對作父癸尊彝",一爵銘"父癸"及鷟鼎外,其餘四器均銘"史鷟作父癸寶尊彝",推測墓主應即"史鷟"[③]。其中銘文最長的鷟鼎(《銘圖》2373),共有 5 行 36 字,李魯滕先生釋文如下:

> 唯正月辰在壬申,公令遷(狩)□□,鷟隻(獲)瓏豕。公賞鷟貝二朋。公共觴(?),敢揚公休,用作父癸寶尊彝。

如李文所言,此銘是記述"公"在某地狩獵,鷟因獵獲"瓏豕"而得到"公"的賞賜,故爲"父癸"作器以紀念。由李文介紹的鷟鼎的形制、紋飾看來,其年代應與鷟觶、鷟簋相去不遠。莊里西殘墓出土的鷟鼎等器銘文與《首陽吉金》收錄的鷟觚、觶、簋銘文在人名、親稱、官職、年代各方面都完

---

① 首陽齋、上海博物館、香港中文大學文物館合編:《首陽吉金——胡盈瑩、范季融藏中國古代青銅器》,上海古籍出版社,2008 年,第 74、83 頁。書中還收錄鷟觚(《銘圖》9838)一件,銘文曰:"鷟作父癸尊彝。"(第 72 頁)

② 【作者案:此墓出土銅器資料已完整公布,見杜傳敏等:《1989 年山東滕州莊里西西周墓發掘報告》,《中國國家博物館館刊》2012 年第 1 期。】

③ 李魯滕:《鷟鼎及其相關問題》(以下簡稱李文),收入謝治秀主編:《齊魯文博——山東省首屆文物科學報告月文集》,齊魯書社,2002 年,第 111—119 頁。

全一致,因此有理由認爲兩批銅器都是同一人所作,甚至可以推定首陽齋
所藏三盨器就是從莊里西殘墓流出。李文指出,莊里西遺址是西周早期
至戰國早中期滕國貴族的集中埋葬之地,曾出土多件滕國銅器,因此盨鼎
銘文的"公"應是"滕公"。其説甚是。

將三器銘文結合起來考慮,我覺得盨觶的"伯"和盨簋、盨鼎的"公"應
是指同一人,即滕國的君主。盨觶的"唯伯初命于宗周",應是指新即位的
滕君到宗周朝見周王,並接受周王的册命①;在受命之前,他只能按照個
人排行稱"伯",等到正式册命之後才能改稱"公"。盨簋銘的"諸子具服",
應是指滕公受命返國以後,接受家族中諸兄弟子侄的朝見,並對他們命以
職事②。"公乃命在㢝曰:凡朕臣興晦","㢝"應是地名,此句是説滕公在
㢝地對其臣下發佈命令,"興晦"二字之含義尚待探討,或與農事有關。盨
顯然在受命的"朕臣"之列。盨簋銘文記事緊接盨觶之後,盨鼎又在盨簋
之後。

自 20 世紀 70 年代以來,莊里西遺址出土的西周滕器還有以下幾件:

> 1. 吾鬲(《集成》565):吾作滕公寶尊彝。
>
> 2. 滕侯方鼎(《集成》2154):滕侯作寶尊彝。
>
> 3. 滕侯簋(《集成》3670):滕侯作朕(滕)公寶尊彝。

吾鬲 1978 年出土於莊里西三號墓,同出者還有新(辛)妣簋(《集成》
3439 - 3440)兩件③。滕侯方鼎和滕侯簋(見本書第 317 頁,圖 119)1982
年出於另一座西周殘墓中④。王恩田先生根據兩墓銅器的形制特點,認
爲其年代約屬昭王時期,或可早至康王⑤。從盨器群的整體特徵看來,其
年代應略早於吾鬲、滕侯方鼎和滕侯簋,當在成康之世。

---

① 類似之例有匽侯旨鼎(《集成》2628):"匽侯旨初見事于宗周。"

② 春秋時器秦公鐘(《集成》262 - 266)銘文曰"盜(調)百蠻,具(俱)即其服","具(俱)服"也就
是"俱即其服"。

③ 滕縣文化館:《山東滕縣出土西周滕國銅器》,《文物》1979 年第 4 期。

④ 滕縣博物館:《山東滕縣發現滕侯銅器墓》,《考古》1984 年第 4 期。滕侯方鼎、吾鬲、滕侯簋
圖像分見《中國青銅器全集》第六卷,圖七六、七七、七八,文物出版社,1997 年。

⑤ 王恩田:《滕國考》,《東夷古國史研究》第一輯,三秦出版社,1988 年,第 260—269 頁。

　　李文認爲鬲鼎銘文中的"公"就是滕侯簋銘文中"滕侯"之父"滕公"。現在看來,鬲簋的"公"和鬲觶的"伯",與這位"滕公"應該也是同一人。按照王世民等先生的理解,吾哥和滕侯簋的"滕公"都是後代對已故祖先的追尊之號,並不意味着他生前可以稱"公"。但鬲簋、鬲鼎銘文顯示,在"滕公"生前,其臣下就已經稱他爲"公";如果將這裏的"公"理解爲臣下對君主的一般敬稱,就無法解釋爲何鬲觶銘文稱其爲"伯",而簋、鼎則改稱爲"公"。實際上,這種先稱"伯",後稱"公"的現象,已見於穆王時器班簋(《集成》4341),其銘文曰"王命毛伯更虢城公服",此後"毛伯"即改稱"毛公",説明毛伯在接替虢城公職位的同時也獲得了"公"的稱號。由此可見"公"在西周時期是周王賜予高級貴族的爵號,且與一定的職權(服)相聯繫,需通過特殊的册命儀式才能獲得。陳恩林先生由此指出:"公爵只限於一身一世,其後世子孫則恢復本爵。"[1]其説甚是。如述盤銘文記錄的單氏家族世系中,其始祖稱"單公",但其後代自"公叔"至"鼻叔"均以排行爲稱,無一人稱"公",就説明"公"爵不能世襲。近年陝西韓城梁帶村M502出土的畢伯克鼎(《銘圖》2273)銘文曰"畢伯克肇作朕丕顯皇祖受命畢公𩰿彝"[2];"畢伯克"應爲畢氏宗子[3],但他卻未能繼承祖先"公"的稱號;"受命畢公"這一首次發現的稱謂,明確將"受命"與"公"聯繫在一起,可見畢氏宗子"公"的稱號是因接受天子册命而來。可見,無論是作爲死後的追稱,還是生前臣下對君主的敬稱,"公"在西周時期的使用是相當嚴格的,並非以前所理解的那種泛泛的尊稱。

　　王恩田和李魯滕兩位先生都認爲"滕公"是文王之子錯叔繡,我以爲不然。西周時期從大宗分出的小宗旁支的第一代宗子(也包括一些諸侯國的始封君),其稱謂大多是以國族名加上個人的排行組成,如晉(唐)國始祖稱"唐叔",衛國始祖稱"康叔"等等。按照此規律,錯叔繡生

---

　　[1]　《先秦兩漢文獻中所見的周代五等爵》,《歷史研究》1994年第6期,第68—69頁。

　　[2]　參見張天恩:《新出土的芮國銅器銘文考述》,北京大學震旦古代文明中心編:《古代文明研究通訊》第45期。

　　[3]　朱鳳瀚先生指出"肇"有"始"義,凡金文稱"肇作"某器者,多是宗子繼位後不久初次製作祭器(《論周金文中"肇"字的字義》,《北京師範大學學報(人文社科版)》2000年第2期)。

前應該稱"滕叔"①。由盨觶銘文可知,"滕公"在受命之前稱"伯",説明他在家族中是嫡長子,其排行顯然不是"叔"。因此"滕公"與錯叔繡並非一人,他應是錯叔繡之子,滕國的第二代國君。錯叔繡封滕在成王時,其子"滕公"應該主要活動於康王時,盨器的年代就在這個時期。"滕公"之子"滕侯"在康王後期至昭王時,吾鬲的器主也是"滕公"之子,可能是"滕侯"之弟。

綜上所述,滕國始封君錯叔繡生前應稱"滕叔"("錯"或是死後之謚號);第二代滕君初即位時稱"滕伯",後受周王册命爲"公",改稱"滕公";到第三代滕君時才開始改稱"滕侯"②。

二、新出金文所見晉國早期君主稱謂

據《史記·晉世家》記載,晉國始祖爲成王母弟叔虞,受封於唐,稱"唐叔虞"③;叔虞之子燮父受命改封於晉,"是爲晉侯"。自燮父以下直到春秋早期的晉侯緡,《晉世家》皆稱爲"侯",這已得到晉侯墓地考古發現的證實。該墓地出土的銅器銘文有"晉侯僰馬""晉侯喜父""晉侯靯""晉侯穌""晉侯邦父"等稱謂,從西周中期延續到兩周之際④。近年新出金文又出現了"唐伯""晉公""晉伯"三個稱謂,對理解晉國早期歷史至關重要。

新出覎公簋(《銘圖》4954,圖98)銘文爲燮父由唐改封於晉提供了直接證據:"覎公作妻姚簋,遘于王命易(唐)伯侯于晉,唯王廿又八祀。"朱鳳

---

① 至於錯叔繡生前是否曾被册命爲"公",尚無證據可以説明。
② 對盨器以及滕國早期君主稱謂的分析還可參考《讀〈首陽吉金〉瑣記六則》第二節,見本書第314—322頁。
③ 北趙晉侯墓地 M113 出土叔夨方鼎(《銘圖》2419),學者多認爲是唐叔虞之器。另鄭玄《毛詩譜·唐譜》稱"成王封弟叔虞于堯之故墟,曰唐侯",應是漢人不明西周制度而做出的推測,先秦文獻並無叔虞稱"唐侯"的記載。
④ 臺北古越閣藏晉公戈(《銘圖》17327),李學勤先生認爲是晉釐侯之器(《古越閣所藏青銅兵器選粹》,《文物》1993年第4期)。趙世綱、孫華等先生提出不同意見,他們都指出晉國在武公之前的君主無稱"公"者,而且此戈的形制不可能早於春秋早期,器主應是晉獻公或晉武公(趙世綱:《晉公戈的年代小議》,《華夏考古》1996年第2期;孫華:《晉公戈年代小議》,《文物季刊》1997年第2期)。我贊同後一種意見。

瀚先生指出,覎公簋銘文中的"唐伯"就是晉國第二代君主燮父;因爲晉國始祖叔虞封於唐,故其子燮父仍稱"唐伯",直到成王將其改封於晉地之後才改稱"晉侯"[①]。這一看法得到多數學者贊同。燮父封晉,一方面是改換了封地,同時也改變了氏(國)名;另一方面是獲得了"侯"的爵號和身份,此後晉國的君主就可以稱"晉侯"了。在封晉以前,唐的地位大概相當於畿内封君,其君主應以"氏名(封地名)+排行"爲稱,故叔虞按其實際排行稱"唐叔",繼位之燮父因爲是嫡長子故稱"唐伯"。李伯謙先生認爲"唐伯"的"伯"是爵稱[②],李學勤、王澤文兩位先生則認爲是排行[③]。我贊同後一種意見。

圖98　覎公簋及其銘文

晉侯墓地 M9 出土一件小圓鼎,銘文爲晉侯所作,末尾有"晉公□室寶尊彝"字樣,李伯謙先生將缺字補爲"宗"[④]。孫慶偉先生認爲此"晉公"

---

① 朱鳳瀚:《覎公簋與唐伯侯于晉》,《考古》2007 年第 3 期。
② 李伯謙:《覎公簋與晉國早期歷史若干問題的再認識》,《中原文物》2009 年第 1 期。
③ 李學勤:《論覺公簋年代及有關問題》,《"夏商周斷代工程"簡報》第 163 期,後收入《通往文明之路》,商務印書館,2010 年;王澤文:《覎公簋試讀》,收入《甲骨文與殷商史》新一輯,綫裝書局,2008 年。
④ 李伯謙:《晉侯墓地墓主之再研究》,北京大學中國傳統文化研究中心編:《文化的饋贈——考古學卷》,北京大學出版社,2000 年,第 79 頁;《晉侯墓地墓主推定之再思》,北京大學震旦古代文明研究中心編:《古代文明研究通訊》第 9 期。後皆收入李伯謙:《文明探源與三代考古論集》,文物出版社,2011 年。

即晉侯變父①，其説甚是。已知晉侯墓地所出銅器銘文中，含有晉侯對其祖考稱謂的有兩件：M92 出土的晉侯喜父盤（《銘圖》14501）銘文稱“晉侯喜父作朕文考剌（厲）侯寶盤”，M31 出土的晉侯𩵦馬盤（《銘圖》14503）銘文稱“朕□考成侯”②。此外春秋初年的晉姜鼎（《集成》2826）亦稱“勿廢文侯𩔖命”。可見西周至春秋早期晉侯死後的謚稱應爲“謚號＋侯”。如果將 M9 圓鼎銘文中的“晉公”理解爲後代對祖先的一般敬稱，那麼歷代晉侯對其祖考應該都可稱“某公”，而不必稱“某侯”。相對合理的解釋，是變父在由“唐伯”改封“晉侯”之後，又被周王册命爲“公”；此後他可以自稱“晉公”，死後也被後人稱爲“晉公”。春秋銅器晉公盆（《集成》10342）銘文稱“我皇祖唐公”，以前多認爲是後世的追尊；現在看來，唐叔虞生前也有可能被册命爲“公”，生稱“唐公”。

首陽齋藏晉伯卣（《銘圖》13279，見本書第 322 頁，圖 121）銘文曰：“晉伯作厥啻（嫡）宗寶彝，其邁（萬）年永用。”③李伯謙先生認爲此器最有可能出自晉侯墓地 M6、M7（即晉成侯夫婦墓），“晉伯”之“伯”是排行，晉伯卣與 M91 出土的伯喜父簋（《銘圖三》496）和晉侯墓地流散的晉伯𥅁父甗（《銘圖》3339）都是某一代晉侯的長子在尚未繼承侯位時鑄造和使用的銅器④。我同意李先生的這些看法。從晉伯卣的形制看來，其年代應在穆王前後，相當於這一階段的晉國君主只有變父和武侯寧族。由𩵦公簋銘文可知，變父封晉之前稱“唐伯”，封晉之後則改稱“晉侯”，故“晉伯”不可能是變父。而變父以後的歷代晉君皆以爵號“侯”爲稱，在位時亦不可能稱“晉伯”。因此“晉伯”只能是某一代晉侯的嫡長子尚未繼承侯位時的

---

① 孫慶偉：《也辨“晉公宗室”——兼論晉侯墓地 M114 墓主人》，北京大學震旦古代文明研究中心編：《古代文明研究通訊》第 10 期。

② 參看李伯謙：《𩵦馬盤銘文考釋》，北京大學震旦古代文明研究中心編：《古代文明研究通訊》第 34 期，後收入《文明探源與三代考古論集》。

③ 見《首陽吉金》，第 92—93 頁。

④ 李伯謙：《晉伯卣及其相關問題》，北京大學震旦古代文明研究中心編：《古代文明研究通訊》第 40 期，後收入《文明探源與三代考古論集》。伯喜父簋資料尚未正式發表【作者案：現已收入《銘圖三》】，李先生文中公布了其銘文釋文：“隹（唯）正月初吉丁亥，白（伯）喜父肇乍（作）倗母寶簋，用夙夜享于王宗，子子孫孫其永用。”李先生認爲“伯喜父”是晉侯喜父（靖侯宜臼）未繼承侯位時的稱謂，其説是。

稱謂，因其地位相當於儲君，故可用"國號＋排行"自稱。晉伯卣銘文中的"奞（嫡）宗"應是指其父的宗廟，説明此時上一代晉侯已去世，但新君尚未得到周王的正式册命，所以仍稱"晉伯"而不能稱"晉侯"，情況與鬳簋銘文中滕君稱"伯"相似。從年代看來，晉伯卣應該是晉武侯寧族正式即侯位之前所作的祭器①。

由現有發現看來，晉國始祖叔虞封於唐，以其個人排行稱"唐叔"，後來可能被册命爲"公"而稱"唐公"。其子燮父繼位後亦以排行稱"唐伯"，而後被改封於晉，始稱"晉侯"，後又被册命爲"公"而稱"晉公"。燮父之後，直至春秋早期武公之前，歷代晉君均稱"晉侯"。除中間曾改換過封地外，晉國早期君主稱謂的演變與滕國非常相似，只不過其稱"侯"是從第二代開始。

三、新出金文所見應國君主稱謂的變遷

應國與晉國同爲"武之穆"。西周早期的應國君主均稱"應公"，傳世器有應公方鼎（《集成》2150－2151）、應公鼎（《集成》2553－2554）、應公簋（《集成》3477－3478）、應公觶（《集成》6174）、應公卣（《集成》5177）等。目前所見年代最早的應公之器，是上海博物館收藏的應公鼎（《銘圖》1430）②；此器爲通體素面的分襠圓鼎，與新邑鼎（《集成》2682）、亢鼎（《銘圖》2420）等器相似，年代在成康時期，器主有可能是應國始封君。應公觶器身較瘦高，頸部飾方格雲雷紋，與應公鼎年代接近，可能是一人所作。應公方鼎腹部略顯傾垂，口沿下飾鳥喙的夔紋；應公簋兩件器形均較矮扁，腹部傾垂明顯，其一口沿下飾夔紋，其二僅飾兩周弦紋，與昭穆之際的小臣宅簋（《集成》4201）等器相似；應公卣腹部亦傾垂明顯，提梁末端飾有貘首，蓋緣和口沿下飾顧首夔龍紋，與昭穆之際的遣卣（《集成》5402）、作册嗌卣（《集成》5427）相似③。以上四器年代明顯比應公鼎、觶要晚，很可

---

① 對晉伯卣的詳細分析請參看《讀〈首陽吉金〉瑣記六則》第三節，見本書第 322—326 頁。
② 見陳佩芬：《夏商周青銅器研究》"西周篇（上）"，上海古籍出版社，2004 年，第 13—14 頁。
③ 應公觶、應公方鼎器形參見陳夢家《西周銅器斷代》下册，第 634、635 頁。應公簋見《西清古鑒》卷十三，第十八、十九頁；應公卣見《西清古鑒》卷十六，第一頁。

能在昭穆之際①，器主"應公"可能是第一代應公之子或孫。

此外，西周早期還有傳世器應叔鼎（《集成》2172）"應叔作寶尊彝"，"應叔"應該是某一代應公之弟。應監甗（《集成》883）銘文則説明應國本爲西周早期設立的"諸監"之一，嚴格來講還不能稱爲"諸侯"，而是周王派往新征服地區監視殷遺民或當地土著的內服王臣，故其君主稱"公"而不稱"侯"。

應君稱"侯"始見於平頂山應國墓地 84 號墓的墓主"應侯爯"，該墓出土的應侯爯盨（《銘圖》5639，見本書第 15 頁，圖 8）銘文稱"肇作厥丕顯文考釐公尊彝"。另外，保利博物館收藏的爯簋（《銘圖》5233，見本書第 51 頁，圖 31）是從應國墓地流出，其銘文亦曰"用作文考釐公尊彝"，器主也是應侯爯。發掘者將 84 號墓年代定於恭王後期②，是合理的。由此推測，應侯爯在位年代應該在穆王後期至恭王前期，其父"釐公"大概活動於昭穆之際。因此"釐公"很可能就是應公方鼎等器的器主，即昭穆之際的那位應公。由此可見，"應公"稱號從成康一直延續到穆王，傳承了兩到三代人。到穆王後期的應侯爯，始受周天子册命爲"侯"，從此應國君主即改稱"應侯"。

應侯爯之後的應國君主是應侯視工，他也是目前所見銅器銘文資料最爲豐富的應侯。可確定爲應侯視工所作的銅器多爲近年新出，推測是從平頂山應國墓地流散；已知有編鐘 4 件（《集成》107－108、《銘圖》15314－15315，後兩件爲近年保利博物館藏），上海博物館藏應侯視工鼎（《銘圖》2436，見本書第 335 頁，圖 129），首陽齋藏應侯視工簋（《銘圖》5311，見本書第 332 頁，圖 125）③，以及保利博物館藏應侯視工簋兩件（《銘圖》5231－5232）④。另外，

---

① 應公鼎（《集成》2553－2554）兩件雖然未見器形，但銘文有"用夙夕齍享"之語，類似用語最早出現於昭穆之際，故其年代應與以上四器接近。【作者案：此鼎器形見《銘圖》2071，是分襠柱足圓鼎，飾大獸面紋，故其年代應與上博藏應公鼎相近。】

② 河南省文物考古研究所等：《平頂山應國墓地八十四號墓發掘簡報》，《文物》1998 年第 9 期。

③ 見《首陽吉金》，第 112—114 頁。另外宋代著録的一件應侯簋（《集成》3860），見《博古圖》卷十七，從器形、銘文看來與首陽齋藏簋是同時所作。

④ 【作者案：《銘圖三》新收録兩件私人收藏的應侯視工簋（512—513），與保利博物館藏應侯視工簋形制、紋飾、銘文全同，原應爲一組。】

保利博物館藏應侯壺(《銘圖》12265－12266)、盤(《銘圖》14385)和上海博物館藏應侯盨(《銘圖》5503)，雖然銘文没有出現應侯之名，但從年代上看很可能也是應侯視工之器①。李學勤先生將應侯視工諸器定於厲王時②，其説較爲合理。

　　以上銅器銘文中出現的先祖考稱謂，有"皇祖應侯"(應侯視工鐘)、"皇考武侯"(保利藏應侯視工簋)和"剌(烈)考武侯"(應侯視工鼎)。可見應侯視工之祖輩已稱"應侯"，其父之謚號爲"武侯"。李家浩先生認爲應侯視工鐘銘的"皇祖應侯"就是應侯再盨和保利藏再簋銘文中的"文考釐公"，釐公、再、視工是祖孫三代③。這實際上是將"釐公"看作後代對祖先的一般性尊稱，可與"應侯"互換使用，對此我持不同看法。西周早期的幾代應國君主均自稱"應公"，至應侯再始改稱"應侯"；同時應君對祖先的稱謂也發生變化，由"公"變爲"侯"；這説明"釐公"的"公"並非一般敬稱，而是含有爵號意味。聯繫上文所論滕、晉二國的相似情況，這一點就更加清楚。我認爲應侯視工鐘的"皇祖應侯"是指應侯再，而視工之父"武侯"則是應侯再之子。應侯視工主要活動於厲王時期，其繼位可能早到夷王，而應侯再在恭王後期已經去世，二者之間還有懿、孝兩代的時間差距。將"武侯"置於應侯再和視工之間，恰好可以彌補這一缺環，只不過"武侯"的銅器至今尚未發現。

　　近年公布的平頂山應國墓地 8 號墓所出應公鼎(《銘圖》2105，圖99)，是目前所見最晚的應國君主之器④。發掘簡報將此墓年代定於春秋早期，是合理的；但認爲應公鼎的年代在宣王晚期，我覺得失之偏早。應公鼎的形制屬於西周晚期常見的垂腹平底蹄足鼎，與克鼎、逨鼎、無叀鼎

---

①　平頂山市文物管理局 2000 年曾收集到一批可能出於應國墓地的被盜青銅器，其中一件鼎(《銘圖》2342)上殘留銘文有"應……剌(烈)祖釐……"字樣，應侯之名殘缺，簡報推測是應侯視工爲其祖父"釐公"所作祭器。但此鼎形制似較應侯視工諸器略晚，亦有可能是下一代應侯之器(參見本書第 339 頁，注①)。

②　李學勤：《論應侯視工諸器的時代》，參見《文物中的古文明》，商務印書館，2008 年，第 253—257 頁。

③　李家浩：《應國再簋》，見《保利藏金》，嶺南美術出版社，1999 年，第 77 頁。

④　參看河南省文物考古研究所等：《河南平頂山應國墓地八號墓發掘簡報》，《華夏考古》2007年第 1 期。

等宣王銅器相似，其腹部所飾垂鱗紋亦見於無更鼎；但其口沿下所飾波帶紋，在西周晚期同類鼎上均位於腹部，從未見有置於口沿下者①。這種紋飾配置上的異常説明其年代較晚，很可能到兩周之際甚至春秋早期，故應公鼎的年代與同墓所出其他銅器相去不遠。關於應公鼎銘文，學者已多有討論，但大多集中於對“武帝日丁”的解釋②。我覺得“應公”這一稱謂也應該引起注意，因爲這是應國君主時隔上百年之後再次稱“公”，其背後的歷史原因值得探索。在西周末年的變亂中，一些諸侯因爲支持平王有功而得到特殊的册命，如《史記·衛康叔世家》記載：“(衛)武公將兵往佐周平戎，甚有功，周平王命武公爲公。”衛國在頃侯時因爲厚賂周夷王而獲命爲“侯”，此後衛君即改稱“侯”；而衛武公得平王命爲“公”之後，衛君即由“侯”改稱“公”。由此看來，應公鼎的主人很可能也是在周末動亂中因爲特殊功勳而被册命爲“公”的。

圖 99　應公鼎及其銘文

　　與 8 號墓年代相近的 95 號墓出土銅器含有三種不同的器主稱謂③。公作敔鼎(《銘圖》2301－2302)和公作敔簋(《銘圖》5072－5073)是“公”爲

---

①　這類鼎口沿下大多飾以分解狀的獸面紋，以前多將其歸爲“竊曲紋”的一種。
②　參看陳絜：《應公鼎銘與周代宗法》，《南開學報(哲社版)》2008 年第 6 期。
③　參看河南省文物研究所等：《平頂山應國墓地九十五號墓的發掘》，《華夏考古》1992 年第 3期。簡報將該墓年代定於西周晚期偏早，但從出土器物特徵看來，應在春秋初年。

名爲"敔"的人所作，侯氏鬲(《銘圖》2854－2857)是"侯氏"爲"姚氏"所作，另有方壺兩件(《銘圖》12146)、盨兩件(《銘圖》5538)、盤一件(《銘圖》14411)是"應伯"自作。王龍正先生認爲"應伯"之"伯"是排行，表明他是某一代應侯的嫡長子；"敔"是"應伯"之私名，"侯氏"是"應伯"繼承侯位之後的稱謂，"姚氏"是其妻①。這些看法都很有道理。但他認爲"敔"就是厲王時器敔簋(《集成》4323)的器主，"公"即厲王時著名的大臣"武公"，進而將該墓年代定於厲王，則不妥。應伯盤腹部飾有三角形變形蟬紋，這種紋飾多見於春秋早期的車馬器和部分禮器上，在三門峽虢氏墓地和應國墓地 8 號墓中均多有發現，西周晚期銅盤上則從未見過。95 號墓出土多種銅明器，尤其是仿古式的尊，也是春秋早期墓葬的重要特點。因此，該墓有銘銅器的年代應該不早於兩周之際。應伯名"敔"，與敔簋器主恰好同名，但並非一人。我認爲，公作敔鼎、簋的"公"就是應公鼎的器主"應公"，"敔"乃"應伯"之名，亦即"應公"之嫡長子、應國之儲君，此二器乃"應公"在世時爲其子"敔"所作。"應伯"諸器是應伯敔尚未繼承侯位時自作(與晉伯卣相似)，侯氏鬲則是其繼位之後所作。應伯敔繼位後自稱"侯"而非"公"，這說明直到春秋早期，"公"的稱號仍不能世襲，尚未轉化爲諸侯國君的泛稱。

　　綜上所述，自始封至穆王前期的兩或三代應國君主均稱"應公"，穆王後期始改稱"應侯"。此後直至西周晚期，應君皆稱"侯"。兩周之際再次出現一位"應公"，但其子仍稱"侯"，說明應國作爲"諸侯"的性質並未改變。

四、其餘諸侯國資料的整理

　　還有一些諸侯國的資料雖然不如滕、晉、應三國那麽豐富，但在金文和文獻記載中仍有蛛絲馬迹可尋。

　　1. 魯。魯國始封君名義上爲周公旦，實際就封者爲其長子伯禽，文

---

① 王龍正：《平頂山應國墓地九十五號墓年代、墓主及相關問題》，《華夏考古》1995 年第 4 期。

獻均稱之爲"魯公"①。傳世器魯侯獻鬲(《集成》648)銘文曰:"魯侯獻作彝,用享辥厥文考魯公"。"魯侯獻"即魯煬公熙,"魯公"即其父伯禽。伯禽死後被稱爲"魯公",與燮父被稱爲"晉公"相同,也印證了文獻稱其爲"魯公"的記載。可見魯國始封君亦稱"公",下一代始稱"侯"。②《史記·魯周公世家》將伯禽以下的歷代魯君都稱爲"某公",可能是因襲了魯國史書的記載,並非西周時期的實際情況。

2. 楷(黎)。西周時期的姬姓封國楷(黎),不見於文獻記載,其銅器銘文卻多有發現。近年山西黎城縣發掘一處西周中晚期墓地,出土的一件銅壺(《銘圖》12241)上有"楷侯宰"字樣,證實"楷"即"黎",應是"西伯戡黎"之後在原地封建的諸侯國③。楷(黎)國是畢公高之子所封,其始封君稱"楷伯",見於康王時器獻簋(《集成》4205)④。另有叔噩觶(《集成》6486),銘文稱"叔噩作楷公寶彝",説明早期楷(黎)國君主也曾稱"公"。直到穆王時,楷(黎)國君主始改稱"楷侯",見於方簋蓋(《集成》4139)、蓍簋(《銘圖》5179)等器。

3. 近年山東高青縣陳莊遺址發現西周早中期城址和墓地,並發掘了單墓道大墓,在中型墓 M18 中出土了帶有"文祖齊公"銘文的銅器⑤。從器物年代看來,銘文中的"齊公"有可能是指齊國始祖太公望,由此證明齊國始封君亦稱"公"。

---

① 《史記·魯周公世家》:"(武王)封周公旦於少昊之虛曲阜,是爲魯公。周公不就封,留佐武王。……周公卒,子伯禽固已前受封,是爲魯公。"《左傳》定四年記成王時周公主持封建,"分魯公以大路"。《詩·魯頌·閟宮》:"乃命魯公,俾侯于東。"

② 近期朱鳳瀚先生披露的銅器蚁尊(《銘圖》11818)、卣(《銘圖》13347)銘文中出現"侯"和"朕皇考魯公"兩個稱謂(見《蚁器與魯國早期歷史》,收入朱鳳瀚主編:《新出金文與西周歷史》,上海古籍出版社,2011 年,第 1—20 頁)。我認爲這位"魯公"也是指伯禽,"侯"可能是魯煬公熙。

③ 參看高智、張崇寧:《西伯既勘黎》,北京大學震旦古代文明研究中心編:《古代文明研究通訊》第 34 期。【作者案:該墓資料現已公布,年代爲春秋早期,見山西省考古研究院:《山西黎城西關墓地 M7、M8 發掘簡報》,《江漢考古》2020 年第 4 期。】

④ 陳夢家先生根據獻簋銘文推測楷伯乃畢公之子,其説是,見《西周銅器斷代》,第 54 頁。

⑤ 以上信息得自山東省考古研究所鄭同修所長 2010 年 1 月 13 日在中國社科院考古研究所的報告及相關媒體報導。【作者案:高青陳莊遺址考古發掘資料見山東省文物考古研究所:《山東高青縣陳莊西周遺址》,《考古》2010 年第 8 期;《山東高青縣陳莊西周遺存發掘簡報》,《考古》2011 年第 2 期。M18 出土的豐卣(《銘圖》13253)銘文曰"豐啟(肇)作文祖甲齊公尊彝",豐觥銘文曰"豐啟(肇)作厥祖甲齊公寶尊彝"。】

4. 伯晨鼎（《集成》2816）“王命䵞侯伯晨曰：嗣乃祖考侯于䵞”①，可見䵞國的始封及其君主稱“侯”至少在伯晨的祖輩之時。但銘文最後卻說“作朕文考瀕公宮寶鼎”，說明伯晨之父在繼承侯位之後也曾被册命爲“公”，情況與兩周之際的“應公”相似。

除去以上見於金文之例，據《史記》中《衛康叔世家》《管蔡世家》記載，同屬“文之昭”的衛、蔡、曹三國，其西周時期的君主稱謂也具有類似特點。

衛國始封君稱“康叔”②，其子稱“康伯”，以下依次爲考伯、嗣伯、㡊伯、靖伯、貞伯。貞伯之子“厚賂周夷王，夷王命衛爲侯”，是爲頃侯，其子釐侯。釐侯之子武公“將兵往佐周平戎，甚有功，周平王命武公爲公”。武公以下歷代衛君均稱“某公”，但《春秋》仍稱其爲“衛侯”，可見武公的“公”爵並未被後代繼承，《史記》稱“公”應屬後人尊稱。

蔡國始封君稱“蔡叔”，三監亂後，周公復封其子胡於蔡，稱“蔡仲”。“蔡仲”之子稱“蔡伯荒”，下一代稱“宫侯”，“宫侯”以下直至春秋時期蔡國滅亡，其君主均稱“侯”。

曹國始封君爲“曹叔振鐸”，其子、孫爲“太伯脾”“仲君平”，以下至西周末年均以“謚號＋伯”爲稱，至春秋初年始改稱“公”。曹國的特殊之處，在於其君主從未見稱“侯”者，《春秋》亦稱其爲“曹伯”。《左傳》定公四年

---

① 有學者認爲“䵞”即“武之穆”的韓國，證據尚不充分。

② 【作者案：衛國始封君康叔封，在銅器銘文中稱“康侯”，見康侯丰方鼎（《集成》2153）、康侯鬲（集成）464）、康侯爵（《集成》8310）、康侯觶（《集成》6173）、康侯刀（《集成》11812）及沫司土疑簋（《集成》4059）等器。清華簡《繫年》第四章曰：“乃先建衛叔封于庚（康）丘，以侯殷之餘民。”金文中“康侯”的稱謂於此得到印證：“康”爲國名，源自封地“康丘”，“侯”爲爵稱，可見衛始封時乃外服諸侯。《繫年》接下來說“衛人自庚（康）丘遷于淇衛”，這又印證了沫司土疑簋“王束（既）伐商邑，誕命康侯鄙于衛”的銘文。“衛人自庚丘遷于淇衛”，與“康侯鄙于衛”顯然是同一件事。董珊認爲“‘鄙于衛’應理解做以衛爲邊邑，這是增大康侯的封地至衛”（《清華簡〈繫年〉所見的“衛叔封”》，收入《簡帛文獻考釋論叢》，上海古籍出版社，2014年）。然而還應注意到，衛君的稱謂由“侯”變爲“伯”恰好發生在衛康叔（康侯）之後。我認爲“康侯鄙于衛”正是造成這一變化的原因：自康丘遷於衛不僅是封地（都城）的遷移，也意味着衛君的身份由外服諸侯轉變爲内服王臣。因此我大膽推測，“鄙于衛”的“鄙”並非指衛國的邊邑，而是指王畿的邊鄙。康叔封封之時尚在武庚叛亂之前，擔負着監控殷商殘餘勢力的重任，故其身份爲“侯”。周公東征之後，殷商勢力已不再對周工朝構成威脅，康叔已無需再負擔軍事職能，故有“康侯鄙于衛”的變化。本文撰寫時《繫年》資料尚未公布，思考亦未能及此。西周時期衛國君主稱謂先是由“侯”變爲“伯”，後來又由“伯”變爲“侯”，其中可發之覆甚多。此處不便展開，只能先提出主要觀點，有待日後爲文詳論。】

記載"曹爲伯甸"，説明曹君的身份本非"侯"，而是近似畿内封君。

小　結

以上所舉之例，除齊爲姜姓封國外，其餘皆爲姬姓封國，而且其君主大多有稱"侯"的記録（曹除外），將它們定性爲外服諸侯國應該是没有問題的。但值得注意的是，這些國家的始封君甚至其後的若干代國君，卻都不稱"侯"，而是或稱"公"，或以個人排行爲稱。其君主開始稱"侯"的時間早晚不一，有些是從第二代開始（如晉、魯），有些要到第三、四代（如滕、應、楷、蔡），個别甚至晚到西周中晚期之際（如衛）。君主稱謂形式的變化具體可分爲以下幾種情況：

一、始封君及其後代均以個人排行爲稱，如衛、蔡。

二、始封君及其後代均稱"公"，金文中僅見應國一例。齊國的情況是否也是如此，尚未得到金文的證明。

三、始封君或其後代先以個人排行爲稱，後來受命改稱"公"。如晉（唐）、滕、楷（黎）。

四、始封君或其後代稱"侯"之後，又被册命爲"公"，比如晉侯燮父。另外《魯頌·閟宫》説"乃命魯公，俾侯于東"，似乎伯禽受封爲"侯"之前已具有"公"的爵號，但此爲後人追述，還不能排除伯禽封"侯"之後再受命爲"魯公"的可能。

五、君主稱"侯"已歷多代以後，又受命稱"公"。如應、邗、衛。

對這些現象背後的深層歷史因素加以剖析，似可得出如下認識：

一、在西周時期的男性貴族稱謂中，可以確定屬於爵位的主要是"侯"和"公"。"侯"作爲一種爵位，確如前人所論，本是由邊疆軍事職官轉化而來，直到西周時期仍具有鎮守邊疆、藩屏周室的軍事功能，因此是外服封君特有的稱號。西周時期，某國君主一旦受封爲"侯"，其子孫一般可以世代承襲，只需在繼位時獲得周王的重新册命和認可，這與"侯"在邊疆承擔軍事職能所需的穩定性有關。"公"多數情況下是周王授予王朝高級貴族的稱號，少數地位特殊或立有大功的諸侯也可被册命爲"公"，以示特別的尊寵。與"侯"不同的是，"公"的稱號不能世襲，説明它更多地承載着周王與臣下個人之間的權力授受關係。"公"在禮制上的地位要高於"侯"，如果一位諸侯先被册命爲"侯"，然後又受命爲"公"，就會采取最後也是最高的稱號"公"。"侯"與"公"稱號的使用在當時均有嚴格限制，只有接受周王册命爲"侯"和"公"的貴族才能使用——包括他生前的自稱、臣下對他的尊稱以及後代對他的追稱。除了殷遺民使用的"日名＋公"式稱謂外，可以説西周時期並不存在作爲"一般性敬稱"的"公"，"公"的稱號泛化爲諸侯國君的通稱要晚到春秋。

二、"伯"在西周時期並非一種爵位，多數情況下"伯"意味着個人的排行——即家族嫡長子。由於宗子一般由嫡長子繼任，故"伯"也成爲宗子的代名詞（但在非嫡長子繼任宗子的情況下，大多還是以個人實際排行作爲稱謂）。凡是没有通過正式册命而獲得"公"、"侯"等政治性稱號的貴族家族長，無論其屬於"内服"還是"外服"，都只能使用"氏名＋伯"的稱謂，因此可以説"伯"是使用最爲普遍的不帶政治意味的男性稱謂。西周諸侯國中出現的"國號＋伯"式稱謂，一般指的都是尚未繼承侯位的儲君。一些位於王畿之外的小邦之君也稱"伯"，例如近年山西絳縣橫水墓地發現的"倗伯"，其稱謂形式實際上與畿内封君没有差別。這類小邦的"伯"應該就是《尚書》的《酒誥》《召誥》兩篇中列入"外服"的"邦伯"，排在"侯、甸、男、衛"之後，地位顯然低於真正的"諸侯"。這些小邦大多是當地土著，大概没有資格受周王册命爲"侯"，多數只能作爲諸侯國的附庸。例如倗，應該就是晉國的附庸"懷姓九宗"之一[①]。爲了將這類小邦與真正的"諸侯國"相區别，最好不要將其稱爲"國"；比如倗，應該稱爲"倗氏"而非"倗國"。

三、西周"諸侯國"在始封時就已獲命爲"侯"者，目前看來爲數並不

---

① 【作者案：後來我在《横水、大河口西周墓地若干問題的探討》一文中已改變觀點，認爲倗、霸並非晉國的"附庸"，而是具有"晉臣"和"王臣"雙重身份的封君，見本書第 275—281 頁。】

多，魯、燕爲其代表。更多的國家在始封時，其君主稱謂與内服王臣並無區別。如果沒有文獻記載提供的歷史背景，單憑金文中的稱謂，我們無法斷定他們究竟是内服王臣還是外服諸侯。但是在傳承了幾代之後，多數國家的君主紛紛獲得"侯"的稱號。如果將是否使用"侯"的稱號作爲判斷"内服"與"外服"的標準，似乎可以得出這樣的推論：西周時期"内服"與"外服"的區別（即王畿的界綫）並非如後世理解的那樣是固定的，其邊緣可能相當模糊，而且終西周之世一直在變動之中。這種變動與王朝面臨的軍事形勢密切相關，比如晉、楷（黎）被封爲"侯"應該與山西一帶戎狄的威脅有關，而應、蔡的封"侯"可能是爲了應付淮夷（金文中留下了很多他們與相鄰外敵作戰的記録）。因此，王畿的界綫並非基於後世那樣的行政區劃，而是由封君的職能（服）來決定的；當外來壓力需要封君承擔更多的軍事職能時，他就可能從"内服"轉化爲"外服"，其封地也就相應轉變爲"諸侯國"。位於王畿邊緣的封君，隨着軍事形勢的變化而陸續轉化爲"諸侯"，這一進程貫穿了西周一朝的始終。

　　四、諸侯可以通過接受周王册命獲得"公"的稱號，意味着可以同時兼有"外服"和"内服"的雙重身份。亳鼎（《集成》2654）銘文曰"公侯賜亳杞土"，"公侯"正是擁有"侯"與"公"雙重身份的諸侯國君主。孫慶偉先生在解釋晉侯變父何以稱"晉公"時指出，變父與熊繹、吕伋、王孫牟、禽父曾"並事康王"（《左傳》昭公十二年），即以諸侯兼任爲王朝卿士，故可稱"公"（見前引孫文）。其説很有道理。西周早期諸侯稱"公"的現象尤爲多見，正是因爲此時很多諸侯國君仍在王朝兼職，"公"對於他們來説並不只是一個頭銜，而是代表實際的政治權力和身份。即使到西周晚期王朝與諸侯國的關係疏遠以後，將立下特殊功勳的諸侯册命爲"公"，仍然是周王籠絡和控制諸侯的有效手段，受命爲"公"的諸侯也因此得到更多參與王朝政治的機會。春秋時期諸侯在國内稱"公"現象的普遍，與王權的日益衰微和"王命"的氾濫乃是同一個過程。然而直到春秋中期霸政興起之時，"王命"仍然是政治合法性的最高來源，是霸主必須取得的護身符。這與西周早期以來諸侯以"公"的身份參與王朝政治的傳統是分不開的。

【作者案：本文初稿寫於 2010 年 10 月，隨後口頭發表於同年 11 月 5 日至 7 日在芝加哥大學召開的"二十年來新見古代中國青銅器國際學術研討會"。由於當時對文中涉及的一些問題思考尚不成熟，其後又被其他工作和雜務影響，導致本文的修改一直被擱置，未能正式公開發表，僅有部分內容經修改收入 2011 年發表的《讀〈首陽吉金〉瑣記六則》一文（已收入本書）。此後本文屢見學者徵引，根據的都是網絡上流傳的會議論文電子版。近年來有關周代諸侯稱謂與"五等爵制"問題，學界不斷有新作問世。如魏芃：《西周春秋時期"五等爵稱"研究》，南開大學歷史學院博士學位論文，2012 年；王世民：《西周春秋金文所見諸侯爵稱的再檢討》、李峰：《論"五等爵"稱的起源》，收入李宗焜主編：《古文字與古代史》第三輯，臺北：中研院歷史語言研究所，2012 年；劉源：《"五等爵"制與殷周貴族政治體系》，《歷史研究》2014 年第 1 期；朱鳳瀚：《關於西周封國君主稱謂的幾點認識》，收入上海博物館、陝西省考古研究院編：《兩周封國論衡——陝西韓城出土芮國文物暨周代封國考古學研究國際學術研討會論文集》，上海古籍出版社，2014 年。在研讀上述論著之後，我覺得本文的思路和着眼點仍與其他學者有所不同，故不嫌簡陋將其收入本書，以供學界討論。近年我對相關問題的思考仍在繼續，希望日後能另外成文詳論。】

册命體制與世族政治

——西周中晚期王朝政治解析

一、前　言

在西周史研究中，青銅器銘文（亦稱"金文"）是最重要的基礎性材料。目前已見著録的西周金文雖然數量浩繁，但具有較高史料價值的長篇銘文並不算多；而在長篇銘文中，册命類銘文又占了相當大的比例①。册命銘文對於研究西周王朝的中央官制、行政運作、等級構成以及名物制度等重大問題，都是極其珍貴的第一手材料，因此很早就受到學者重視。自上世紀 40 年代開始，對西周册命銘文的研究一直延續不絶，大陸先後有齊思和、陳夢家、陳漢平、黃盛璋等學者，港臺有黃然偉、張光裕、汪中文等學者，日本有白川静、武者章、吉本道雅等學者，都發表了專門論著②。

以往學者對西周册命銘文的研究，大多側重於"官制"和"禮制"兩方面，而對其中有關王朝世族的信息則較爲忽視。近年美國哥倫比亞大學

---

① 　所謂"册命"，文獻記載中又稱"策命"或"錫命"，就是周王通過一定的儀式向臣下封授官職，並賜予標誌其身份的命服。册命的内容事先書寫於簡册之上，稱爲"命册"或"命書"；受命者在册命儀式上領受"命書"，事後將册命儀式經過及"命書"内容鑄造於青銅器上以示紀念，就形成了册命銘文。

② 　齊思和：《周代錫命禮考》，《燕京學報》第 32 期，1947 年；陳夢家：《西周銅器斷代》（三），《考古學報》1956 年第 1 期（全書由中華書局 2004 年出版）；陳漢平：《西周册命制度研究》，學林出版社，1986 年；黃盛璋：《西周銅器中册命制度及其關鍵問題新考》，收入石興邦主編：《考古學研究——紀念陝西省考古研究所成立三十周年》，三秦出版社，1993 年；黃盛璋：《西周銅器中服飾賞賜與職官及册命制度關係發覆》，收入《周秦文化研究》，陝西人民出版社，1998 年（案：作者稱此文爲《西周册命制度與西周政治》之一章，作於文革前，1981 年曾在首屆先秦史討論會發表）；黃然偉：《殷周青銅器賞賜銘文研究》，香港：龍門書局，1978 年；張光裕：《金文中册命之典》，《香港中文大學中國文化研究所學報》第 10 卷下册，1979 年；汪中文：《兩周官制論稿》，高雄：復文圖書出版社，1993 年；汪中文：《西周册命金文所見官制研究》，臺北：臺灣編譯館，1999 年；白川静：《金文通釋》，卷六《西周史略》第四章第一節"廷禮册命與官制"，神户：白鶴美術館，1980 年；武者章：《西周册命金文分類の試み》，收入松丸道雄主編：《西周青銅器とその國家》，東京：東京大學出版會，1980 年；吉本道雅：《西周册命金文考》，《史林》第 74 卷第 5 期，1991 年。

李峰教授在《西周的政體──中國早期的官僚制度和國家》一書中,對西周册命銘文進行了更爲系統和深入的分析,由此對西周中央政府的構造和運作模式提出了很多富於啓發性的新見解[1],但此書也很少關注册命銘文所見西周官員的家族背景。事實上,大多數册命銘文中右者的稱謂,以及作器銘辭中受命者對其祖考的稱呼,都會透露出其家族背景。而右者與受命者的官職頭銜和具體職事,又會反映出他們的身份、地位及所屬的行政系統。本文試圖利用這些信息,對西周中晚期王朝權力結構和政治運作模式的演變加以探討。

二、册命制度中"右者原則"的再檢討

典型册命銘文一般會出現四位人物:作爲王朝最高權力象徵的周王,代表周王宣讀"命書"的史官,在册命儀式中擔任引導、相禮之職的右者,以及接受册命者。册命銘文在介紹過時間、地點以及"王在某宮,格大室"之後,就會以"某入右某,入門,立中廷"的形式來介紹右者。可見右者在儀式中的角色,即引導受命者進入宮廟正門,然後在庭院中規定的位置立定;整個過程中右者應始終居於受命者之右側,因以得名。近年公布的獄簋(《銘圖》5315,見本書第 8 頁,圖 2)、盤(《銘圖》14531)、盉(《銘圖》14799)銘文稱"朕光尹周師右告獄于王",衛簋(《銘圖》5368－5369)銘文稱"朕光尹仲□父右告衛于王",其形式異於以往所見的册命銘文[2]。"右告"爲兩動詞連用,此句應是指右者"周師"在立於中廷後向周王報告受命者"獄"的情況。可見右者的職責除了"右"之外還有"告",但隨着册命銘文的發展,不久"告"這一環節的記錄即被省略。獄簋等器的年代,應在西周中期穆、恭之際,反映了早期册命銘文不夠成熟的形態。故"右者"一職

[1] Li Feng, *Bureaucracy and the state in early China: governing the Western Zhou*, New York: Cambridge University Press, 2008。中文本由吳敏娜等翻譯,生活・讀書・新知三聯書店 2010 年 8 月出版。

[2] 參看吳鎮烽:《獄器銘文考釋》,《考古與文物》2006 年第 6 期;朱鳳瀚:《衛簋與伯獄諸器》,《南開學報(哲社版)》2008 年第 6 期。案:朱鳳瀚先生指出"衛"與"獄"乃兄弟關係,其銘文爲同時所作,其説甚是。

的出現,可視爲册命禮初步成型的標誌之一①。

册命禮中"右者"與受命者之間的關係,一直是學者重點關注的問題。早在 20 世紀 50 年代,陳夢家先生就已指出"右者與受命者在職務上有一定的關係"。70 年代,日本學者白川靜正式提出,廷禮之右者由當時的執政擔任,似乎已成爲西周時期的原則,而且右者往往由受命者同一官職系統的最高長官擔任。80 年代,楊寬先生引述並同意白川氏的觀點,認爲"右者與受命者之間有着上下級的組織關係"。陳漢平先生也引用李學勤先生之説,稱西周金文中儐者(即右者)與受命者職務之間有一定的統屬關係,受命者往往爲儐者的下級屬官②。時至今日,這一觀點幾已成爲海内外學者的普遍共識,我們可將其稱爲"右者原則"。有學者更以"右者原則"爲基礎對西周王朝的等級分層、權力結構等問題進行了更深層次的探索。

然而,台灣學者汪中文先生在系統梳理西周册命銘文的基礎上,對"右者原則"提出了數點質疑:

(一)右者所儐之對象,並不固定。

(二)受命者爲同一官職的情況下,右者身份往往不同。

(三)右者與受命者之爵秩高低,無必然之相應關係。

(四)受命者可能爲右者之屬官,目前僅見二例,即南季鼎與吕服余盤。

(五)職位相當者可以互儐。

(六)册命金文中不記右者的,其原因或爲銘文記事之省略,並非因受命者地位極高而無人可充當右者。

綜合以上各點,汪先生認爲,册命金文中的右者與受命者之間,並無

---

① 獄器年代,學者多定於穆王時期,筆者認爲應晚到穆、恭之際;另外,近年山西絳縣橫北墓地出土的倗伯爯簋(《銘圖》5208)亦有"右告"之語,其年代爲恭王 23 年。參看《親簋年代及相關問題》,見本書第 7—9 頁。

② 參看陳夢家:《西周銅器斷代》,第 164 頁;白川靜:《金文通釋》卷六,第 84—85 頁;楊寬:《西周王朝公卿的官爵制度》,《西周史研究》(《人文雜志叢刊》第二輯),《人文雜志》編輯部,1984 年,第 93—119 頁;陳漢平:《西周册命制度研究》,第 110 頁。

明顯而必然的上下統屬關係①。汪説可謂是對"右者原則"的全面顛覆，若其成立，則學界多年來對西周政治制度的很多重要觀點將成爲無根之論。汪説提出多年，支持"右者原則"的大陸學者並未見有力的回應②。但這一爭論與本文將要論述的問題關係至大，因此不能不首先予以辨析。

汪説的(一)(二)兩點乃是其立論的根本。汪氏以受命者中出現最多的"師"職爲例，指出其右者有"公"，有"伯"，有"司馬"，有"司工"，有"公族"，有"宰"，以此證明右者與受命者的官職並無嚴格的對應關係。然而仔細分析起來，這一論據並不那麼可靠。

首先，"公""伯"乃一般性的貴族稱謂，並不含有官職的意味。稱"公"者一般是地位較高的王朝貴族，"伯"在多數情況下與"仲""叔""季"一樣都是貴族的個人排行③。如果沒有其他輔助因素，單憑這類稱謂，我們無從得知右者擔任的職官，更無從分析其與受命者職官的聯繫。

其次，西周時期的職官系統雖有一定程度的職務性分化，但仍處於比較低級的形態，同一官名並不一定代表同類的職務。以"師"爲例，雖然這一官名起源於軍事性首長，西周金文中的"師"大多數也確屬軍政官員，但仍有大量的例外存在。比如師嫠簋(《集成》4324)的器主師嫠，就是周王的宮廷樂師，其職務與軍事毫無關係。又如師穎簋(《集成》4312)器主雖頭銜爲"師"，但其實際官職卻是"司士"，具體職務是"官司汸闈"，屬司法、監察類的官員。另外，西周王畿內的地方行政系統中有"師"，如師瘨簋(《集成》4283)的"邑人師氏"；貴族家族內的家臣組織也有"師"，如師獸簋(《集成》4311)的器主就是大貴族伯龢父的家臣。西周金文中的"師"，其職務既有種種不同，其地位亦有天壤之別，故其右者出現多種官職也是十

---

① 汪中文：《試論册命金文中之"右"者及其與"受命"者之關係》，《大陸雜誌》第77卷第5期，1988年；又見《兩周官制論稿》，第57—63頁；《西周册命金文所見官制研究》，第248—253頁。

② 李峰先生也對汪氏之説持否定態度，他認爲汪氏的問題在於只注意右者與受命者官職名稱之間的關係，而且將"師"視爲一個單一、特定的官職，但他並未對汪氏的方法和論據進行全面的分析。見《西周的政體——中國早期的官僚制度和國家》，第126頁。

③ 學者多將"伯"視爲一種爵稱，但筆者認爲西周時期的"伯"大多仍是個人排行，同時在嫡長子繼承制下具有家族宗子的意味，與"公""侯"等反映等級和職位的爵稱不同。

分自然的①。

　　實際上,如果深入分析一下汪氏所舉之例,就會發現受命者"師"與右者"司馬"之間有明顯的聯繫。請看表一:

表 一

器　名	册命地點	右　者	受命者職務
1. 師痕簋蓋(《集成》4283)	周師司馬宫	司馬井伯親	官司邑人師氏
2. 師虎簋(《集成》4316)	杜立	井伯	啻官司左右戲繁荆
3. 師毛父簋(《集成》4196)		井伯	
4. 師㝬父鼎(《集成》2813)		司馬井伯	
5. 救簋蓋(《集成》4243)	師司馬宫	井伯	大備于五邑守堰
6. 豆閉簋(《集成》4276)	師戲大室	井伯	司㝎俞邦君司馬弓矢
7. 師晨鼎(《集成》2816)	周師彔宫	司馬共	胥師俗司邑人
8. 師俞簋蓋(《集成》4277)	周師彔宫	司馬共	觐司佳人

　　上表中,例1—4及例7、8的受命者,其官職均明確爲"師";其中,例1、2師痕與師虎的職務都與軍政有關,例7的師晨更是師俗的下屬。例5、6的受命者雖然不帶官銜,但其職務具有明顯的軍事色彩,也可推定其官職爲"師"。例1—6的年代均在恭、懿時期,其右者應爲同一人,全稱爲"司馬井伯親",省稱"司馬井伯"或"井伯"。由新出親簋(《銘圖》5362)銘文可知,"司馬井伯親"是西周中期大世族井氏的宗子,在恭王二十四年被册命爲"冢司馬",即周王朝的最高軍政長官②。因此,例1—6的受命者都可視爲右者"司馬井伯親"的下屬。例7、8的年代,學者多定於孝、夷時期。陳夢家先生指出,例1的册命地點"周師司馬宫"就是"司馬井伯親"的宮室,在例5中省稱"師司馬宫";而例7、8的"周師彔宫"即從前的"周

---

　　① 李峰先生將西周金文中的"師"理解成"前軍事官員",即曾經擔任過軍事職務的官員均可使用"師"的頭銜(見《西周的政體》,第226—229頁),其説有一定道理,但仍不能涵蓋像師毲這樣的例子。

　　② 《親簋年代及相關問題》,見本書第3—25頁。

師司馬宮”，其右者“司馬共”即“司馬井伯親”的下一代[①]。雖然在井伯親和司馬共擔任右者的册命銘文中，也有受命者官職非“師”的例子[②]，但畢竟只占少數。受命者“師”與右者“司馬”的官職聯繫在井氏家族兩代之間延續不絕，説明“右者原則”至少在西周中期晚段確實存在。前輩學者之所以提出“右者原則”，很大程度上也是受這一例證的啓發。

　　除外朝的軍政官員系統外，“右者原則”在内朝近臣系統中也有體現。據目前所見，自西周中期晚段至厲王時期，可確定由“宰”任右者的册命銘文有 5 篇，即望簋（《集成》4272）、蔡簋（《集成》4340）、吳方彝（《集成》9898）、害簋（《集成》4258）、師晨簋（《集成》4324）[③]。其中蔡簋銘文明確記載受命者蔡的官職是“宰”，職責是“死司王家”；望簋器主也受命“死司畢王家”，其官職亦與“宰”接近。害的職責是“官司夷僕、小射、底魚”，可能是管理周王的部分近衛部隊，而師晨的職官是樂師，兩者也都與周王關係密切。只有吳方彝器主官爲“作册”（亦稱“内史吳”），屬於史官系統。可見這一階段由“宰”任右者的册命儀式中，受命者多是周王身邊的近臣，與“宰”屬同一職官系統[④]。

　　誠如汪先生所言，在多數册命銘文中，“右者原則”似乎並不明顯。然而造成這種情況的原因可能非常複雜，需要具體分析。首先，目前我們對西周官制的認識仍十分有限，對很多官職的職權範圍和性質都不是很清楚，再加上右者與受命者均有明確官職標識的册命銘文本來就只占少數，這爲我們的分析帶來很多困難。其次，西周王朝的官僚系統雖然已出現科層化和專業化的萌芽，但其程度仍然較低，不能用戰國以降成熟官僚制的標準來衡量。比如“官”“職”分離現象在西周時期就相當普遍，受命者

---

　　① 　陳夢家：《西周銅器斷代》，第 164 頁。

　　② 　比如井伯爲右者的七年趞曹鼎（《集成》2783）和司馬共爲右者的瘨盨（《集成》4462），其受命者都是史官，但這兩例册命都只有命服賞賜而無官職任命，與常規册命不同，故其對右者的要求可能較爲寬鬆。

　　③ 　西周中晚期還有一類銘文，是由王“呼”某人“召”某人入見，並給以賞賜。擔任“呼召”者常見“宰”，如師湯父鼎（《集成》2780）、師遽方彝（《集成》9897）、大師虘簋（《集成》4251）等。這種儀式與册命禮性質不同，故此處不列入。

　　④ 　關於這一點，李峰先生亦有所論及，見《西周的政體》，第 128 頁。

的官稱與其實際管理的事項可能相去甚遠,而且很多官員在其"本職"之外還帶有"兼職"(類似後代的"差遣")。在這種情況下,右者與受命者之間的聯繫有可能不是以表面的官稱,而是以實際的職事爲紐帶,這就大大增加了問題的複雜性。最後,西周冊命制度並非一成不變,右者與受命者的關係在西周中期和晚期就有很大不同(詳見下文)。如果將不同時代的冊命銘文等量齊觀,就會沖淡"右者原則"的色彩,也會掩蓋很多有價值的綫索。

不過,汪先生對於"右者原則"並非全然否定,他也承認"右者蓋由王室執政大臣所擔任,地位皆極尊貴"①。而且他對"右者原則"的質疑也具有相當學術價值。比如汪説的(四)、(六)兩點,就是完全正確的。能夠證明受命者爲右者之直屬輔佐官員的冊命銘文,至今也僅見汪氏所舉兩例。某一系統最高長官的冊命儀式亦可有右者,如親簋器主受命爲"冢司馬",已是王朝最高軍政長官,其右者爲"司工逿",與"司馬"不屬同一系統②。又如第(三)點是針對陳漢平先生"儐者與被儐者之爵秩高低有相應關係"之説③。陳氏的主要論據源於《儀禮》、《周禮》等傳世文獻,目前在西周金文中還沒有足夠的證據支持④。總之,汪先生的質疑提醒研究者,對"右者原則"的定義和運用必須十分謹慎,盡量考慮到冊命銘文中存在的種種複雜因素,避免將這一原則絕對化⑤。

通過以上的辨析,本文將"右者原則"重新定義如下:

冊命銘文中的受命者與右者一般屬於同一官職系統,或二者職司有相關之處。右者的官爵一般應高於受命者(極少數高級官員可能例外),不少銘文中右者由受命者所屬官職系統的最高長官擔任,但受命者不一

---

① 汪中文:《兩周官制論稿》,第 57 頁。
② 汪説第(五)點"職位相當可互儐"在此例中可以成立,但這種情況畢竟罕見,不具普遍意義。
③ 陳漢平:《西周冊命制度研究》,第 109—110 頁。
④ 就筆者所見,目前金文中僅有一例可支持陳説,即弭伯簋(《集成》4257)與弭叔簋(《集成》4253)。弭叔爲弭伯之弟,受命輔佐弭伯,其地位顯較弭伯爲低,而其右者"井叔"之地位也低於弭伯之右者"榮伯"。然此爲孤證,尚不足以推而廣之。
⑤ 國內學者在利用金文研究西周官制時,習慣將其與《周禮》等東周文獻相對照,甚至援《周禮》"六官"來"復原"西周官制。陳漢平先生對"右者原則"的擴大化就是受此影響。汪氏之説對於這種方法上的誤區也有警示作用。

定是右者的直接下屬。

這一定義將成爲下文解析册命體制與世族政治的出發點。

三、册命體制的成立與世族政治的形成

陳夢家先生曾指出，右者與史官代宣王命的制度，只有到恭王時才具體見於銘文；白川静也認爲，廷禮册命的定型到恭王時期才完成[①]。但不少學者將虎簋蓋（《銘圖》5399－5400）、廿七年衛簋（《集成》4256）、盠方尊（《集成》6013）等典型册命銘文的年代定於穆王，因此提出册命制度形成於穆王時期的看法。筆者通過對早期册命銘文形式演變的分析，認爲制度化的册命禮最早萌芽於穆王晚期，其定型大約在恭、懿之際[②]。因此，通過"右者原則"分析西周王朝的權力結構，最早只能始於穆、恭之際。穆王以前的情況只能由文獻記載以及金文所記録的貴族活動來窺知一二。

武王至昭王時期，西周王朝的上層權力仍然掌握在文王時期形成的"開國功臣集團"及其後裔手中。這一"集團"包括兩個組成部分：第一是周王室親貴，其骨幹是文王諸子形成的各大世族（"文之昭"），如周公、畢公、康叔、毛叔及其後裔；第二是克商之前投效周邦的異族，如太公、召公、榮公、南宮括、尹佚及其後裔[③]。但各大世族的勢力並不平衡，且有此升彼降的趨勢。成王時期的重臣首推周公，其次則爲召公，一度曾出現周、召二公"分陝而治"的局面。周公去世後，其子君陳未能鞏固周氏的地位。由《尚書·顧命》篇可知，康王即位時，畢公已取代周公後裔而與召公比肩。康王時金文中出現最多的大臣爲召公（太保），而大盂鼎（《集成》2837）銘文顯示南宮括之後裔南宮氏也有相當地位。而到

---

① 陳夢家：《西周銅器斷代》，第 401 頁；白川静：《金文通釋》卷六，第 84 頁。

② 《親簋年代及相關問題》，見本書第 3—25 頁。

③ 召公和榮公據文獻記載均爲"周同姓"，但其統系所出並不明確；而且召、榮二氏之銅器銘文均有使用日名與族氏銘文（舊常稱"族徽"）的傳統，與殷遺民及東方系氏族相似。故白川静提出召氏乃出自殷系而被周人吸納的氏族（《召方考》，見《甲骨金文學論集》，京都：朋友書店，1973 年，第 171—203 頁）。筆者推測召氏、榮氏是投效周人後被賜予姬姓的東方系氏族，詳見韓巍：《西周金文世族研究》第二章第一、二節，北京大學中文系博士學位論文，2007 年。

昭王時期，周公的直系後裔"明伯"重新取得朝廷大權；他先任"太保"之職，改稱"明保"；其後又被册命爲"公"，受命掌管成周的卿事寮，"尹三事四方"（令方尊，《集成》6016），其權勢之大可直追前代的周公、太公、召公等重臣。周氏的旁支同（凡）氏和祭氏此時也相當活躍，其宗子均稱"公"，形成一族三"公"的獨大局面。總體看來，西周早期的王朝政治雖然帶有少數大族首領專權的"寡頭政治"色彩，但大族的地位並不穩固，其命運往往系於個別政治强人的作爲。利用大族之間的矛盾，王權尚有相當大的伸展空間。

穆王時期，周氏大宗迅速退出政治舞臺，旁支同（凡）氏和祭氏也走向衰落①。一些沉寂多年的舊族重新走上前臺，如虢氏與毛氏，其代表人物有見於班簋（《集成》4341）銘文的虢城公與毛公班。同時，一些新興世族迅速崛起，如與毛公班同見於《穆天子傳》的井公利，就是新貴井氏的代表。此外還有見於孟簋（《集成》4162－4164）銘文的益公和遣仲，其後代分別形成益氏、遣氏兩大世族。因此，穆王一朝在西周世族的發展史上是一個新舊交替的過渡時期，世族升降頻繁，西周早期的"寡頭政治"始終没有出現。這種局面可能與穆王有意抑制大族的統治策略有關，《逸周書·祭公》篇中"無以蔽御士疾莊士大夫卿士"的告誡就是一種曲折的反映。

必須指出，通過文獻與金文復原穆王以前王朝政治的努力具有相當大的局限性。現存文獻只保留了歷史中的一些重要片段，而金文也無法反映當時政治生活的整體面貌。大多數銅器銘文都是由中小貴族所作，其中出現的政治人物很多不見於文獻記載；不少銘文只記録人物的名、字而未提及族氏，學者推測其家族背景時經常會出現誤判。比如昭穆時期銘文中多次帶兵東征的"伯懋父"，有學者推測爲衛康叔之子"康伯髦"，但並無有力證據。穆王時期銘文中有一位帶兵征討淮夷的"師雍父"（亦稱

---

① 此時祭氏宗子爲見於《逸周書·祭公》篇的祭公謀父，他在臨終時諄諄告誡穆王："汝無以蔽御士疾莊士大夫卿士，汝無以家相亂王室，而莫恤其外。"言辭中透露出面臨衰落的大族强烈的危機感。

“伯雍父”），其地位看似並不遜於伯戥父。然而 1975 年陝西扶風莊白村南發現伯戥墓，從出土銅器銘文看來，墓主伯戥就是以前所見的伯雍父；此墓規格並不算高，只能算是中型墓①，可見伯戥的地位遠遠無法與毛公、益公等重臣相比。由此看來，學者對伯戥父身份的推測也可能完全不符合實際。

　　由於史料本身的局限，我們對穆王以前的王朝政治只能勾勒出一個大致的輪廓。但到穆、恭之際，程式化的冊命銘文的出現，使情況發生了根本轉變。此後直到西周覆亡，冊命銘文在長篇銘文中一直穩居主體地位。我們知道，銅器銘文對政治活動的記錄是具有主觀性的，一般都會選擇被作器者視爲家族榮耀的事件。冊命成爲長篇銘文的主要内容，説明這種儀式乃是當時貴族政治生命中的頭等大事，也是整個王朝政治運轉的中心。因此可以毫不夸張地説，西周中晚期的王朝政治已進入一個“冊命體制”的時代。冊命銘文穩定的形式、龐大的數量和漫長的時間跨度，既便於表格式的對比和量化分析，也使歷時性的觀察和比較成爲可能。因此，雖然西周中晚期文獻史料明顯不如早期豐富，但在冊命銘文的支持下，政治史與制度史研究的深度和廣度都超過早期，方法也更爲科學、嚴謹。

　　根據筆者對西周銅器斷代和歷史分期的認識，本文將恭王至西周末年的歷史劃分爲兩個階段：恭王至厲王爲第一階段，宣王、幽王爲第二階段②。

　　首先，我們將第一階段冊命銘文中的右者，與其家族出身、出現次數及時代列表如下：

_____

① 參看羅西章、吳鎮烽、雒忠如：《陝西扶風出土西周伯戥諸器》，《文物》1976 年第 6 期，第 51—60 頁。

② 傳統觀點認爲在“國人暴動”、厲王出奔與宣王即位之間還有所謂“共和行政”的 14 年，不過近年很多學者主張獨立的“共和”紀年並不存在，但這段時間究竟應該劃入厲王還是宣王紀年，還存在爭論。因爲目前年代可確定爲“共和”時期的銅器寥寥無幾，故此爭議對本文的影響不大，可暫置不論。另外還需指出，本文提出的很多觀點與筆者對相關銅器年代的判斷有很大關係，而筆者對很多銅器的斷代與目前學界通行觀點有所不同，具體原因本文難以詳述，請參看筆者發表的有關論文。

表　二①

世族	人　物	出現次數	銅　器	時　代
井氏	穆公	2	（詳正文，下同）	穆恭之際
	井伯（親）	9		恭懿
	司馬共	4		孝夷
	井公（武公）	3		厲
	井叔	4		懿孝夷
益氏	益公	5		恭至厲
榮氏	榮伯	7		恭至厲
密氏	密叔	2	虎簋蓋、趞簋（《集成》4266）	恭
	康公	1	郘智簋（《集成》4197）	恭
虢氏	虢仲	1	疴簋（《集成》4202）	恭
南宮氏	南伯	1	衛簋（《集成》4256）	恭
祭氏	祭叔	1	羚簋（《銘圖》5258）	恭
備氏	備仲	1	呂服余盤（《集成》10169）	恭
單氏	單伯	1	揚簋（《集成》4294）	懿孝
定氏	定伯	1	即簋（《集成》4250）	恭懿
召氏	宰琱生	1	師嫠簋（《集成》4324）	厲

由上表可以看出，恭王至厲王時期擔任右者的人物主要集中於井氏、益氏、榮氏三大世族，而且只有三大世族的代表人物可以長期保持右者的地位。其餘家族多數僅一見，且大多集中出現於偏早的恭王時期。三大世族中，井氏族人擔任右者的次數高達 22 次，幾乎相當於益、榮二氏總和（12 人次）的一倍。這種極度不平衡的現象，説明"册命體制"形成不久，少數大世族就壟斷了右者的位置；這也意味着他們共同占據了西周王朝

---

① 本表所列的右者，只包括家族出身可考的；還有不少右者的稱謂僅含有名、字或官名等信息，如伯俗父、宰犀父、公族縣等，其家族不詳，故不列入本表。【作者案：此表及"表三"未收入本文發表後新出現的銅器銘文，但對本文的結論並無影響。】

的權力核心,而其他世族則逐漸被排擠出核心圈之外①。

　　爲使讀者對這一問題有更清晰的認識,有必要對井、益、榮三大世族的情況做一簡介。井氏家族爲姬姓,族源不詳②,最早見於昭穆時期的井季夐卣(《集成》5239)等器。"井伯"這一稱謂最早見於恭王初年的長由盉(《集成》9455)銘文③,其人主要活動於穆王後期,很可能就是親簋(見本書第4頁,圖1)銘文提到的"文祖幽伯"以及《穆天子傳》中的井利。從親簋"更乃祖服,作冢司馬"的記載看來,至少從穆王後期開始,井氏宗子已擔任王朝最高軍政長官"冢司馬"一職。"幽伯"的下一代"穆公",在盠方尊、𢽟簋(《集成》4255)二器銘文中擔任右者,其自作之器還有穆公簋蓋(《集成》4191);他能夠使用"公"的稱號,地位應該很高。親簋器主司馬井伯親可能是穆公之子,於恭王二十四年繼承"冢司馬"的世職,故恭懿時期銘文中的"井伯"應該都是此人。除"表一"所列6器外,井伯親還在七年趞曹鼎(《集成》2783)、利鼎(《集成》2804)和走簋(《集成》4244)銘文中任右者。井伯親的下一代"司馬共"主要活動於孝夷時期,雖然他的稱謂中沒有"井"的氏名,但從"司馬"的官銜以及他常在"周師彔宮"(即井伯親之宮室)參與册命的情況,仍可推斷他是井氏宗子。除"表一"所列2器外,他作爲右者還見於諫簋(《集成》4285)和癲盨(《集成》4462-4463)。厲王時期井氏家族的代表是赫赫有名的"武公",又稱"井公"④。他作爲右者見於敔簋(《集成》4323)、南宮柳鼎(《集成》2805)和曶壺蓋(《集成》9728)。在禹鼎(《集成》2833)銘文中,武公派遣同族之小宗禹率領家族私屬武裝蕩平了鄂侯馭方發動的叛亂;而在多友鼎(《集成》2835)銘文中,武公又命

---

　　① 李峰先生認爲西周中央政府是以王畿地區所有貴族家族的參與爲前提的,而不僅限於被少數幾個家族所壟斷(《西周的政體》,第212頁)。筆者認爲這一看法在恭王至厲王時期只適用於王朝權力結構的中下層,當時政府的高層職位顯然具有很強的"壟斷性"特徵。

　　② 不少學者認爲井氏與封於河北的邢國同出一源,均爲周公之後;但此説只是根據"井"、"邢"二字形體相近得出的推論,並無切實證據。筆者對此有詳細辯證,參看韓巍:《西周金文世族研究》第三章第一節。下文對井、益、榮三氏的介紹亦詳見該文相關章節。

　　③ 長由盉銘文中出現"穆王",過去學者受王國維"時王生稱説"的影響,多將此器定爲穆王標準器。此説雖久已受到質疑,但仍有不少學者信從。筆者贊同"穆王"等王號爲死後謚號,故對一些銅器年代的看法有所不同。

　　④ 禹鼎銘文稱武公命禹"政于井邦",説明武公是井邦之主。

家臣多友率家族私兵擊退了獫狁的入侵。可見在武公當政時，井氏家族的勢力臻於極盛，其私屬武裝的實力甚至超過了王朝勁旅六師、八師，武公也重新獲得"公"的頭銜。

　　井氏家族還有一個小宗旁支"井叔氏"，其宗子稱"井叔"，作爲右者見於懿、孝、夷時期的册命銘文免簋（《集成》4240）、免卣（《集成》5418）、趞尊（《集成》6516）和弭叔簋（《集成》4253），此外還見於曶鼎（《集成》2838）。禹鼎銘文（見本書第 172 頁，圖 91）稱"丕顯桓桓皇祖穆公，克夾召先王，奠四方。肆武公亦弗遐忘朕聖祖考幽大叔、懿叔，命禹厤（纂）朕祖考，政于井邦"。陳夢家先生指出，禹的祖考就是金文中常見的"井叔"，禹本人也是一代"井叔"；禹的"皇祖穆公"可能是穆恭時期的井伯，穆公之後井氏才分爲伯氏、叔氏兩支[①]。20 世紀 80 年代，陝西長安縣張家坡西周墓地發掘了一組大型墓葬，出土銅器銘文表明屬於井叔家族[②]。其中 M163 出土的井叔叔采鐘（《集成》356）銘文稱"文祖穆公"，朱鳳瀚先生認爲這位"穆公"和禹鼎的"皇祖穆公"很可能是同一人[③]。陳夢家的推測於此得到證實。井叔氏的始祖與井伯親同爲穆公之子，大概在懿王時期獨立爲小宗，受封於豐邑，故亦稱"豐井氏"；其宗子代代稱"井叔"，亦稱"豐井叔"[④]。從禹鼎銘文看來，井叔氏隸屬於井氏大宗，與大宗之間類似於君臣關係[⑤]。

　　益氏爲姜姓[⑥]，其宗子一般稱"益公"。目前所見年代最早的益公是盠方尊銘文中的"文祖益公"，大約活動於昭穆時期。作爲右者的益公，見於恭懿時期的休盤（《集成》10170）、申簋蓋（《集成》4267），孝夷時期的王臣簋（《集成》4246）和師道簋（《銘圖》5328），以及屬王時的詢簋（《集成》4321）。此外，益公還見於恭懿時的倗伯再簋（《銘圖》5208）和乖伯簋（《集

──────────

　　①　陳夢家：《西周銅器斷代》，第 270—272 頁。案：陳氏認爲"穆公"即"井伯"，這一點筆者不贊同。
　　②　參看中國社會科學院考古研究所：《張家坡西周墓地》，中國大百科全書出版社，1999 年。
　　③　朱鳳瀚：《商周家族形態研究（增訂本）》，第 351 頁。
　　④　西周晚期有豐井叔簋（《集成》3923）。
　　⑤　另外，井氏大宗在夷、厲時期還分出另一小宗"奠（鄭）井氏"，其宗子稱"奠井叔"，其銅器有康鼎（《集成》2786）、奠井叔康盨（《集成》4400）等。但奠井宗子未見任右者，説明其地位較低。
　　⑥　近年有學者認爲益氏是姬姓世族單氏的旁支，但筆者根據宰獸簋（《銘圖》5376－5377）銘文，推定益氏爲姜姓，與單氏無關，參看《眉縣盠器群的族姓、年代及相關問題》，見本書第 139—153 頁。

成》4331)銘文①。孝夷時期的牧簋(《集成》4343)銘文稱"文考益伯",器主牧在先王時受命"作司士",時王命他繼續任此職,負責監察百官及司法刑獄。從牧的地位看來,他很可能也是一代"益公";其父"益伯"也是益氏宗子,但可能未及受册命爲"公"。"司士"或是益氏大宗世襲的職位之一。穆王時期,益公之次子"益仲"分立爲小宗;益仲之子盠約當穆、恭之際,受命"司六師王行三有司:司土、司馬、司工"並"兼司六師眔八師執(藝)"(見盠方尊),是位高權重的軍政大臣。盠的後人師旂活動於孝夷時期,他在元年師旂簋(《集成》4279－4282)銘文中受命"備于大左,官司豐還左右師氏",在五年師旂簋(《集成》4216－4218)銘文中又受命率軍"羞追于齊",也是地位較高的武官。

　　榮氏之始祖爲西周開國功臣之一②,漢儒以其爲"周同姓"。但金文中尚未見榮氏爲姬姓的確證,且榮氏之銅器銘文有使用日名的現象,故有可能與召氏、南宮氏一樣,都是被周人吸納的東方系氏族。《書序》記載成王"俾榮伯作《賄肅慎之命》"。目前所見最早的榮氏銅器爲昭王時的榮仲方鼎(《銘圖》2412)與榮子旅諸器,"榮伯"這一稱謂直到恭王時才見於金文。榮伯任右者的册命銘文,恭懿時期有衛簋(《集成》4209－4212)、同簋(《集成》4270),孝夷時期有宰獸簋(《銘圖》5376－5377)、弭伯簋(《集成》4257)、應侯視工鐘(《集成》107－108)、輔師嫠簋(《集成》4286),厲王時有康鼎(《集成》2786)。宰獸簋銘文中榮伯之官銜爲"司土",即文獻記載之"司徒",其職司偏重土地、財賦相關之事。金文中雖有"榮仲"、"榮季"等稱謂,但榮氏似乎並未像井氏、益氏那樣分化出獨立的小宗。

　　綜上所述,在井、益、榮三大族中,井氏與益氏不見於文獻記載及西周早期金文,以致其族源至今不明;他們的崛起,都是在穆王時期。榮

---

　　①　佣伯再簋近年出土於山西絳縣橫北村大墓,參看山西省考古研究所等:《山西絳縣橫水西周墓發掘簡報》,《文物》2006年第8期。

　　②　《國語·晉語四》稱周文王"諏於蔡、原而訪於辛、尹,重之以周、邵、畢、榮",韋昭注以爲"榮"即"榮公"。

氏雖屬"開國功臣集團",但並非周人嫡系,在穆王以前長期默默無聞,直到恭王時才躋身上層。因此,三大族的政治發迹都與穆王時期世族的劇烈變動以及恭王時期"册命體制"的形成密切相關。不同之處僅在於井、益兩族屬於"新貴",榮氏則是中衰之後復興的"舊族"。恭王以後直至厲王的百年之中,井、益、榮三家分別世襲爲王朝幾大職能系統的最高長官,並因此長期占據右者之位,形成穩定的"鐵三角"格局。而穆王以前曾叱吒風雲的諸大族,如周氏、召氏、虢氏、南宫氏、毛氏、祭氏等,則幾乎從此時的政壇上銷聲匿迹。這種局面與穆王以前的王朝政局形成鮮明對比。

尤其值得注意的是,在懿王時期幾篇涉及土地封賜、交換或糾紛的銅器銘文中[①],出現了朝廷諸執政大臣聯合"聽政"的現象。其中出現的執政大臣名單按銘文中原有的先後次序可排列如下[②]:

> 永盂(《集成》10322):益公、井伯、榮伯、尹氏、師俗父、遣仲
>
> 五祀衛鼎(《集成》2832):井伯、伯邑父、定伯、琼伯、伯俗父
>
> 衛盂(《集成》9456):伯邑父、榮伯、定伯、琼伯、單伯

這種井然有序的排列,應是以諸大臣政治地位的高下爲據。益公是總領百僚的最高長官,當時僅他一人可以進入内廷傳達王命,也只有他擁有"公"的稱號。井伯爲王朝大司馬,其地位僅次於益公;榮伯擔任司土(徒),主管土地、財賦,位在井伯之下;尹氏是史官系統的首長,故僅次於榮伯;師俗父(伯俗父)曾任司寇(見南季鼎,《集成》2781),單伯曾任司徒(見揚簋),都是地位略低的分掌某一部門的長官。伯邑父、定伯、琼伯職務不詳,但他們位次在伯俗父之前,尤其伯邑父還在榮伯之前,地位應該很高,惜其族氏不明。

---

① 關於下列三器的年代,學界主要有恭王和懿王兩説。因五祀衛鼎銘文中出現"恭王"稱號,其年代應在恭王以後;且永盂和衛盂的紀年分別爲"十二年"和"三年",而井伯親繼任冡司馬是在恭王二十四年,顯然在此之前尚無如此高的地位。因此筆者將三器年代定爲懿王。

② 永盂銘文首先介紹益公"入即命于天子",然後益公出宣王命,其後再以"厥眔公出厥命"(即與公一同宣佈王命者)的形式介紹其餘諸大臣,顯然益公的地位要高於衆人。

　　在衛鼎和衛盉的例子中完全没有出現周王的身影，少數大貴族共同
做出的裁決，已具有與"王命"相似的合法效力。永盉之例則説明，即使在
發佈"王命"的場合，也需有諸執政大臣的共同見證，似乎只有如此"王命"
才能得到貴族階層的認可而生效。可見此時的王權已相當衰弱，王朝政
治幾已蜕變爲世族與王權的"共治"。同時，這種諸大臣共同列席的"集體
負責制"①，説明各世族的實力還比較均衡，權力也相對分散。恭王時期
很多世族都有擔任右者的機會，直到懿王時權力尚未被少數大族壟斷。
然而這種"貴族共和"局面似乎只是曇花一現，在懿王之後的銅器銘文中
再也没有見到。

　　雖然恭王至夷王時期是西周史上傳世文獻最爲缺乏的階段，但我
們仍能從有限的記載中對王朝政治的大背景有所瞭解。《國語·魯語
下》載春秋魯國大夫閔馬父之言，稱"周恭王能庇昭、穆之闕而爲'恭'"，
韋昭注："昭王南征而不反，穆王欲肆其心，皆有闕失。言恭王能庇覆
之，故爲'恭'也。"②説明恭王對昭、穆兩代"擴張型"的施政方針可能有
所修正。他在位期間偃武修文，崇用"莊士大夫卿士"，"册命體制"的建
立可能與他的推動有關，世家大族也在其庇護下迅速壯大。而"懿王之
時，王室遂衰"（《史記·周本紀》），懿王從鎬京遷都犬丘，蓋有其政治上
的隱情。懿王崩，恭王之弟也就是懿王之叔辟方立，是爲孝王，這是西
周王位繼承中唯一一次打破常規的事件。内中詳情雖不可知，但權力
鬥争在所難免。孝王以僭位之君，法統上失去優勢，必然要主動尋求大
族的支持，以致世族專權的局面愈發不可收拾③。"孝王崩，諸侯復立懿
王太子燮，是爲夷王"，至此王朝嫡脈斷而復續。所謂擁立夷王的"諸
侯"，大多應是王畿内的世族，後世史書多不能區分。夷王即位是依靠
世族共同扶持，可見大族此時已具有決定王朝命運的實力。因此，西周

---

①　李峰先生貼切地將其比喻爲"委員會"，見《西周的政體》，第89頁。
②　《國語》，上海古籍出版社，1988年，第216—217頁。
③　《史記·秦本紀》記載，孝王欲立非子爲秦人之嫡嗣，遭到申侯反對而不得不作罷，亦可見
王權之微弱。

中期的世族政治是由恭王爲政而啟其端,懿王暗弱而壯其流,孝、夷發生繼承危機而終致失控。

以往在學者的觀念中,似乎只有春秋魯"三桓"、晉"六卿"的專權才可稱爲"世族政治",而對西周"世族政治"的認識則相對模糊。例如張懋鎔先生認爲西周一代的政治,實質上都是世族政治①。朱鳳瀚先生則認爲西周世族雖是王朝的政治基礎,但西周時期始終沒有形成足以抵消王權的穩定的世族集團,周王朝政體仍是君主專制②。其實,我們在定義某種"政治"模式時,主要的根據應是其中的主導力量③。世族在王朝政治中占據主導地位的階段,其政治形態即可稱爲"世族政治"。西周恭王至夷王時期,少數大族長期把持朝廷大權,周王只是作爲最高權力的象徵而存在,將這一階段的王朝政治形態稱之爲"世族政治",應該是名副其實的。

四、世族政治與册命體制的内在聯繫

如上節所論,西周世族政治是與"册命體制"同時誕生的一對雙生子,因此二者之間必然存在與生俱來的血肉聯繫。

在西周早期的册命和賞賜銘文中,命辭的内容和賞賜的品類都有很大的自由度,可根據受命者的個人背景和當時的情勢而決定。而在"册命體制"形成後,這種自由被極大地壓縮了。首先,儀式的進程和命辭的内容嚴重程式化,除去稱謂和官職外,幾乎不帶有任何個人色彩。其次,世襲成爲貴族獲取權力最主要的途徑,以致大量册命銘文都會出現"先王既命汝,我唯申就乃命"或"命汝更乃祖考司某事"這樣的語句。與之形成鮮明對比的是,册命銘文中很少見到對受命者行政能力和功績的描述。這説明在通常情況下,供職於王朝的貴族大多是沿着與祖先相同的道路走

①　張懋鎔:《金文所見西周世族政治》,參見《古文字與青銅器論集》,科學出版社,2002年,第154—161頁。
②　朱鳳瀚:《商周家族形態研究(增訂本)》,第396頁。
③　田餘慶先生在定義東晉"門閥政治"時指出,"門閥政治"是皇權衰弱的情況下被迫接受的與門閥士族的"共治"(《東晉門閥政治》,北京大學出版社,2006年)。其説對筆者很有啟發。

完自己的仕途,個人的表現雖然可能發揮作用,但恐怕相當有限;同時,周王在多數情況下也只能承認貴族的既得權益,很少能以自己的好惡對其加以進退①。最後,"册命體制"下的賞賜物固定爲象徵貴族身份地位的命服,而且其層級化和系統化的程度日益加深,形成與世官制嚴密配合的等級體系。貴族隨着職位的提升和資歷的加深,在新的册命儀式中獲得更高級別的命服;這種"升級"也幾乎是預先確定的,只需年資達到標準即可獲得,與個人的能力和功績關係不大。因此,"册命體制"下的權力結構具有很強的穩定性,一切都按照既定的軌道運轉。册命儀式的參與者仿佛只需在一成不變的表格上留下各自的簽名即可。

　　西周早期的册命銘文只出現周王和受命者兩位人物,說明權力的授受只是王權與貴族個人之間的事情。而"册命體制"下右者的出場,意味着大世族的代表加入到這一權力授受的過程中。早期册命銘文中,右者負有向周王介紹受命者的職責,說明右者對受命者的情況需有一定瞭解,這也可以部分地解釋爲何右者通常由受命者同系統的上級長官擔任。册命禮中右者對受命者的引導和介紹,暗示着他具有類似受命者"政治監護人"的身份;尤其在受命者始登仕途,初次接受册命的場合,這種意味更爲明顯。在世襲制度下,這種"政治監護"關係很容易在兩者的家族之間世代傳遞,從而演變爲兩個家族之間的政治隸屬關係。"表一"所顯示的井氏家族兩代宗子與屬下衆"師"之間的密切關係,就是典型例證。這種關係甚至還反映在册命地點的選擇上:由井伯親任右者的册命禮,有兩次是在"周師司馬宫"(簡稱"師司馬宫")舉行;而其繼承者司馬共任右者的4次册命禮②,全部都是在"周師录宫"(即從前的"周師司馬宫")進行,此

---

　　①　李峰先生通過對册命銘文的統計,得出西周中晚期嚴格的世襲任命僅占38%,而且大多集中在西周中期的結論,由此認爲世襲繼承並非西周官員任職的主要途徑,家族背景只能爲貴族走入仕途提供資格保證,官員的任命和升遷具有很大靈活性,官員個人的表現和周王的決定都有很大作用(見《西周的政體》,第193—225頁)。筆者的意見有很大不同,而且認爲李峰先生對册命銘文的認識和典型個案的分析(如師虎、申季等例)都存在一些問題,在此不能詳論。
　　②　除"表一"所列外,還有諫簋和瘨盨。此外,宰獸簋的册命地點也在"周師录宫",不過右者爲"司土榮伯"。

時的"周師录宫"似已成爲具有某種特殊政治意義的場所①。日本學者伊藤道治據此認爲,周王赴師某之宫進行册命,"表明以司馬某爲首的師,形成了極有實力的集團"②。實際上已經點出了這種家族之間以職務關係爲媒介結成的政治隸屬關係。

在穆王以前,銅器銘文中時常見到周王對中下層貴族進行賞賜的事例,甚至作爲世族隸屬者的家臣也能得到天子的賞賜。比如獻簋(《集成》4205)銘文中,作爲畢公家臣的獻就得到天子賞賜的"金車"。伊藤道治就此指出西周早期的王權尚可直接支配中下級貴族和陪臣③。雖然此時大貴族賞賜中小貴族的事例同樣多見,他們之間也存在職務上的統屬關係;但這種關係一般只限於個人之間,尚未擴大爲家族之間世襲的隸屬關係④。因此周王可以通過提拔中下層貴族來擴大王權的統治基礎,同時抑制大世族的過度膨脹。然而"册命體制"形成之後,周王對臣下的賞賜以册命禮中制度化的命服爲主。册命禮之外,體現周王與臣下"私人恩惠"關係的賞賜則大爲減少;其賞賜的項目也從早期的土地、金、貝等經濟資源,變爲兵器、玉器、裘服等象徵性的禮儀用品。而且隨着時間推移,普通的賞賜儀式也受到册命禮的"同化",其中的"呼召"者即相當於册命禮中的右者,只是地位較低而已。

在這種情況下,王權基本喪失了與中下層貴族溝通的渠道和機會,周

---

① 周王親赴臣下之宫廟舉行册命禮的現象,西周中期晚段較爲多見。據筆者統計,恭王至厲王時期舉行册命或賞賜儀式的地點中,周王室宗廟出現 30 次,諸侯宗廟 1 次,周王離宫 8 次,周王之臨時駐居地"某应"5 次;臣下之宫廟出現 14 次,僅次於王室宗廟,占總數的四分之一强,其中"師"之宫廟又絶大多數(12 次)(詳見韓巍:《西周金文世族研究》,第 278 頁)。除前文所舉之外,尚有獄盤的"師再父宫"、大師虘簋(《集成》4251)的"周師量宫"、牧簋的"師汙父宫"、善鼎(《集成》2820)的"大師宫"。

② 伊藤道治著,江藍生譯:《中國古代王朝的形成——以出土資料爲基礎的殷周史研究》,中華書局,2002 年,第 115 頁。

③ 伊藤道治著,江藍生譯:《中國古代王朝的形成——以出土資料爲基礎的殷周史研究》,第112 頁。

④ 以定居成周的殷遺史官作册大和作册夨令父子兩代爲例:作册大活動於康王時期,當時他是召公的下屬(作册大方鼎,《集成》2758);而到昭王時期周公後代"明保"接掌成周之時,作册夨令已是"明保"的下屬了(令方尊,《集成》6016)。甚至同一個人也可先後爲不同的上級服務,比如與作册夨令同爲"明保"下屬的亢,就曾經是召公的屬官(亢鼎,《銘圖》2420)。

王的活動幾乎無法擺脱"册命體制"以及大世族所營造的權力網絡的控制。周王可以直接操縱的只有其周圍的近臣,但此時的近臣無權參與外朝政事,只能管理有限的宫廷事務和王室財産。因此,王權的活動空間被大大壓縮,以致在册命、賞賜儀式之外基本看不到周王的身影。昭穆時期,周王經常主持祭祀大典以及射禮、籍田、狩獵、捕魚等儀式活動,昭王曾兩次親征荆楚,穆王也有西巡和東征的事迹。而到恭王至夷王時期,周王的這類活動幾乎絶迹,甚至連對外戰争也變得極爲罕見。目前所見,恭、懿時期没有出現涉及戰争的銘文①,孝、夷時期也只見史密簋(《銘圖》5327)、五年師旋簋等少數例子,與穆王以前戰事連綿不斷的情况截然不同。對外戰争不僅是周王補充經濟資源和提高自身權威的最佳途徑,廣大中小貴族也可利用參戰之機建功立業,獲得晉升和賞賜,這樣的例子在穆王以前比比皆是。戰争的絶迹不僅是周王朝國力衰弱的結果,也與王權不振和對外政策的消極密切相關。中下層貴族喪失了通過"體制外"途徑獲得上升的機會,從而進一步加深了他們對"册命體制"和世家大族的依賴。

　　"册命體制"通過將一種儀式制度化,使其具有神聖性和合法性。在這一體制中,每個角色固定的位置決定了其權利與責任的穩定性。"册命體制"下理想的王朝權力結構,是將參與政治生活的各種勢力納入一個固定的軌道,使其各安其分,各司其職,共同分享國家權力。從這個意義上説,"册命體制"具有維護貴族階層整體利益的"公共性"色彩。因此,它對於君權自我擴張的"自利性"有很大的抑制作用,這一點與後世的官僚制有相通之處。然而西周時期國家權力的承擔者並不是作爲獨立個體的官僚,而是由血緣紐帶和人身隸屬關係凝結成的世族集團,"册命體制"的運行基礎是以血緣爲準則的世襲制。在實際政治運作中,由於缺乏來自王權的制約,處於權力結構上層的大世族必然會傾向於利用體制的慣性,使

────────

① 　乖伯簋銘文稱"王命益公征眉敖",過去學者多把"征"理解爲"征伐",近年有人將"征"解爲"征會",屬和平的外交活動。後説更符合銘文的語境。另外,無異簋(《集成》4225)等涉及"王征南夷"的銅器,不少學者定於恭懿,筆者認爲應晚到屬王。

國家權力爲自己的家族利益服務。同時，貴族社會的高度層級化使中下層貴族只能通過上層來分享權力，原本屬於"公權"範圍的職務統屬關係逐漸演化爲家族乃至人身的隸屬關係，整個貴族階層便會以少數大族爲核心凝聚爲幾個權力集團。如果衰弱的王權無力阻止這一化"公"爲"私"的進程，王權與世族的"共治"將會不可避免地蜕變爲少數大族的"共治"。

恭王以後之所以能夠長期維持井、益、榮三大族的"共治"局面，一方面是因爲王權長期不振，另一方面是因爲三大族之間基本保持着力量的均勢。但這種微妙的平衡難以持久，一旦周王不甘屈居大族之下，或者大族之間的均勢被打破，"共治"局面即無法維持。夷王時期，這種苗頭已經出現。《史記·周本紀》《正義》引《紀年》，稱夷王三年"致諸侯，烹齊哀公於鼎"[1]，正是夷王試圖重振王權的表現。同時對外戰爭也開始增多，在西北、東南兩面都曾取勝。《後漢書·西羌傳》引《紀年》稱夷王"命虢公率六師伐太原之戎，至於俞泉，獲馬千匹"[2]。史密簋等器記載的東征，有可能也發生在夷王時。"虢公"任統帥一事尤爲重要，説明沉寂多年的虢氏重返政治舞臺。世族政治雖不能保證所有家族平等參政，但家族血脈通常都能延續不絕，這也使失勢的舊族保留了東山再起的機會。面對大族的權力壟斷，王權與失勢舊族、中小貴族等世族政治中的失落者顯然最容易結爲同盟。

同時，三大族經過幾代人的發展，其政治實力和宗族組織逐漸出現不平衡的傾向。井氏、益氏由於長期掌握軍政系統，實力較强。尤其井氏世襲王朝大司馬，其下屬多爲有實力的武官師氏，王朝勁旅"六師""八師"有可能在其直接控制下。井氏利用職務之便，逐漸將國家的人力、物力轉化爲本家族的私產。到屬王時期，井氏的私屬武裝甚至强於"六師""八師"，其他世族無法與之相比。而且，井氏宗族組織的發展比益、榮二氏更爲成功，先後分出井叔氏、鄭井氏兩小宗，實力不啻倍增。榮氏世襲司土，管理土地、財賦，無統兵治民之實權，故其實力較井氏、益氏爲弱，而且始終未

---

① 《史記》卷四《周本紀》，中華書局，1963年，第141頁。
② 《後漢書》卷八七《西羌傳》，中華書局，1965年，第2871頁。

見其分立出有實力的小宗。井氏家族勢力的過度膨脹本是世族政治發展的結果，但它又打破了世族之間的力量平衡，破壞了世族政治的基礎。某一世族形成壓倒性的優勢，不僅使王權與世族的對立尖銳化，也對其他世族的利益造成嚴重威脅。一旦大世族之間發生分裂和對抗，將爲尋求復興的王權提供可乘之機，這正是我們即將在厲王時期的政治舞臺上看到的。

五、王權的反動與世族政治的瓦解

在中國傳統史學叙述中，周厲王幾乎是與桀、紂齊名的暴君；然而深究其"暴政"的内容，只能找出"專利"和"弭謗"兩項。很早就有學者注意到，厲王的"暴政"含有加强王權的意味。如徐中舒先生指出，厲王爲改變王室衰弱的狀況，對傳統制度有所變革，主旨在增加收入、强化王權[①]。童書業先生也認爲厲王是一位很有作爲的君主，厲王時期其實是王權與霸權交替的關鍵[②]。童氏所説的"霸權"，主要是指春秋諸侯的"霸政"，未能完全揭示西周晚期政局的實質；但他將厲王與春秋時期的晉厲公相比，認爲二者都是厲行專制之君，則別具慧眼；他指出厲王時期乃西周政治史上一大轉折點，也極具啓發意義。近年來，學界對厲王時期青銅器斷代的認識漸趨一致。禹鼎、多友鼎、敔簋、康鼎、南宮柳鼎、翏生盨（《集成》4459－4461）、師㝨簋、大鼎（《集成》2807）、大簋蓋（《集成》4298）等一批重要銅器，學者大多傾向於定在厲王時。再加上近年新出的應侯視工鼎（《銘圖》2436）、應侯視工簋（《銘圖》5311）、柞伯鼎（《銘圖》2488）、伯㢰父簋（《銘圖》5276）等銅器[③]，使我們對厲王時期政局的認識較以往更爲全面和深入。

厲王時期銅器銘文的重大變化，首先是戰爭銘文的增加。單是記録與南淮夷戰事的銘文，就有將近 10 篇，不亞於同期的册命銘文。南綫戰

---

① 徐中舒：《先秦史論稿》，巴蜀書社，1992 年，第 172 頁。
② 童書業：《春秋史》，山東大學出版社，1987 年，第 10 頁。
③ 伯㢰父簋與應侯視工簋見首陽齋、上海博物館、香港中文大學文物館合編：《首陽吉金——胡盈瑩、范季融藏中國古代青銅器》，上海古籍出版社，2008 年，第 106、112 頁；柞伯鼎見朱鳳瀚：《柞伯鼎與周公南征》，《文物》2006 年第 5 期。

事雖然幾經反復，但周王朝始終保持主動進取的態勢，厲王甚至親自南征，一改恭懿以來長期積弱的局面。

厲王時期的册命銘文雖然形式無大變化，右者也延續了三大族爲主的局面，但仍有一些新動向值得注意。首先，周王不再到大族的宮室或宗廟舉行册命儀式，地點多集中在王室宗廟，少數也有在離宮舉行的（如詢簋的"射日宮"）。這體現了厲王試圖使册命儀式擺脱大族控制的努力。同時，厲王還突破"册命體制"循資漸進的陳規，通過册命來提拔下層貴族中的人才。比如敔簋器主由於擊敗南淮夷的軍功而受到册命，厲王賞賜給他"圭瓚、貫貝五十朋，賜田于敔五十田，于早五十田"；這樣大規模賞賜貝、田的舉動，在穆王之後還是首次見到，也反映出此時王室財力的增强。

厲王時期，"善夫""宰"等近臣的作用明顯加强，其地位也有提高。如大鼎銘文中，厲王在䵼侲宮舉行"饗醴"儀式，"王呼善夫騪召大，以厥友入玟（捍）"（即命"大"率其部下或族人擔任警衛），隨後厲王又命"走馬應"以駿馬32匹賞賜給"大"。"大"很可能是"走馬應"的下屬，統帥周王近衛部隊的武官。由此看來，厲王對王室近衛武裝極爲重視，不惜以豐厚的賞賜籠絡其中的骨幹[1]。而在大簋蓋銘文中，厲王又將一位名叫"趞睽"的貴族所擁有的"里"賞賜給大，並派"善夫豕"向"趞睽"傳達命令、監督交割。這種以"王命"强行調整貴族土地的做法反映出王權的强勢[2]。兩例中，"善夫"都充當了傳達"王命"的角色。以近臣爲媒介，王權終於可以繞開大世族的阻隔，重新與中下層貴族建立聯繫。而近臣地位的提高，又吸引了更多中小貴族加入其行列，其中甚至包括一些舊日望族的支庶。例如師㝅簋銘文中任右者的"宰琱生"，就是舊族召氏的小宗[3]。

厲王的這些集權措施，對於已經持續近百年的"册命體制"和世族政

---

① 師酉簋（《集成》4288－4291）和十七祀詢簋（《集成》4321）銘文中由各種"夷"人組成的"虎臣"，即由被征服者組成的周王近衛部隊，而統帥"虎臣"的師詢後來在擁立宣王時發揮過重要作用（見元年師詢簋，《集成》4342）。

② 宣王十八年的吳虎鼎銘文記録宣王主持劃分貴族土地疆界時，首先聲明是"肇申剌（厲）王命"，可見厲王處置土地問題的案例非只一件。

③ 見五年、六年琱生簋（《集成》4292－4293）。

治，顯然是一種嚴重的挑戰，必將激化其與大族之間的矛盾。而持續的征戰和賞賜，也會消耗王朝並不堅實的財政基礎。厲王前期對南淮夷的征服，給困窘中的周王朝帶來了新的收入來源，也爲王權的復興奠定了經濟基礎①。但鄂侯馭方掀起的叛亂幾乎摧毀了王朝在淮漢地區的統治體系，故厲王後期面臨空前的財政危機，不得不回頭向王畿地區尋找新的資源，這或許就是"專利"政策提出的背景。王畿内部的經濟資源久已被少數大族把持，故"專利"政策必將激起他們的强烈反對。厲王又推行"弭謗"措施予以鎮壓，實際上等於公開向大族宣戰，雙方的矛盾遂不可調和。過去，馬克思主義史學從階級鬥爭角度出發，將"國人暴動"歸因於平民與統治階級的矛盾。近年，李峰先生明確指出，"國人暴動"是周王權與有影響力的宗族之間的鬥爭；與其説是"被剥削階級推翻貴族階級的一次勝利，不如説貴族力量戰勝王權，抑或是王權重建的一次失敗"②。這一判斷極爲精到地概括了"國人暴動"的實質。

　　本文不打算詳細考察厲王專制與"國人暴動"的前因後果，只想點明《史記·十二諸侯年表序》中的一段記述，作爲對李峰先生論點的補充：

　　　　太史公讀《春秋曆譜諜》，至周厲王，未嘗不廢書而歎也。曰："……及至厲王，以惡聞其過，公卿懼誅而禍作，厲王遂奔於彘，亂自京師始，而共和行政焉。……"③

　　以往探討"國人暴動"的學者大多忽視了這段史料。司馬遷提到的

────────────

①　幽王時的師衮簋（《集成》4313）銘文稱"淮夷縣我負晦臣"，兮甲盤（《集成》10174）亦稱"淮夷舊我負晦人，毋敢不出其負、其責、其進人"，可見淮夷對周王朝承擔貢賦在當時已成爲傳統，這種關係很可能起源於厲王的征服。

②　李峰：《西周的滅亡——中國早期國家的地理和政治危機》，上海古籍出版社，2007年，第156頁。

③　《史記》卷十四《十二諸侯年表》，第509頁。新近公布的清華大學藏戰國竹簡《繫年》第一章記載："至于厲王，厲王大虐于周，卿士、諸正、萬民弗刃（忍）于厥心，乃歸厲王于彘，龔（共）白（伯）和立。"（見清華大學出土文獻研究與保護中心編：《清華大學藏戰國竹簡（貳）》，中西書局，2011年）將"卿士""諸正"置於"萬民"之前，説明"國人暴動"確是由高層貴族發動，與《史記》相合。而《左傳》昭公二十六年王子朝追述周王朝歷史時説："至於厲王，王心戾虐，萬民弗忍，居王於彘。"這段話與《繫年》的文句非常接近，卻没有出現"卿士""諸正"，其中的差異耐人尋味。

《春秋曆譜諜》，應是早已失傳的先秦史書，可信度較高。此書記載厲王奔
彘的原因，乃是"公卿懼誅而禍作"，也就是大世族因懼怕厲王的誅討而發
動叛亂。"亂自京師始"，説明内亂是首先從關中的豐鎬舊都開始，隨後蔓
延至各地。由於厲王出奔，王朝無主，秩序失控，才出現取代王權的"共和
行政"。由此，我們得知"國人暴動"的真正原因是大族公卿與厲王之間的
矛盾；所謂"國人"，不過是大族操縱下的工具，甚或是後世爲掩飾這段歷
史而製造的托詞。

　　宣、幽時期的册命銘文發生了顯著變化，除了筆者過去指出的册命地
點等因素外[1]，右者的變化也是很重要的一項。下面根據筆者對宣、幽銅
器的斷代意見，將此期册命銘文中右者的情況整理爲"表三"（家族出身不
明者未列入）：

表　　三

世　族	人　物	出現次數	銅　　器
榮氏	榮（伯）	1	元年師詢簋（《集成》4342）
同（凡）氏	同仲	2	元年師兑簋（《集成》4274）、柞鐘（《集成》133）
南宮氏	南仲	1	無叀鼎（《集成》2814）
	南宮乎	1	善夫山鼎（《集成》2825）
毛氏	毛伯	1	鄠簋（《集成》4296）
	毛叔	1	此簋（《集成》4303）
申氏	申季	2	大克鼎（《集成》2836）、伊簋（《集成》4287）
醒氏	醒伯	1	三年師兑簋（《集成》4318）
液氏	液伯	1	師穎簋（《集成》4312）

　　將上表與"表二"加以對比，不難發現其中的巨大差異。首先，此前
長期擔任右者的井、益兩大世族不再見於册命銘文，榮氏也僅在宣王元
年（師詢簋）出現一次，説明把持朝廷大權百年之久的三大世族此時已

完全衰落①。其次，右者的家族分佈極爲平均，幾乎沒有一個家族（甚至一個人物）有出現兩次以上的機會，這與此前少數大族代表長期壟斷右者的局面形成鮮明對比。再次，一些恭王以後長期沉寂的舊族，如毛氏、南宫氏、同（凡）氏等，此時又重新登上政治舞臺；另有部分舊族，如虢氏、召氏、單氏，雖然未見在册命禮中擔任右者，但從文獻記載及其家族自作銅器看來，地位也有明顯的上升。最後，宣幽時期還出現了一批新興世族，比如上表中的申季，很可能出身於宣王的母族申氏；此外還有宣王母弟王子友所封的鄭氏，《詩・十月之交》中卿士"皇父"所屬的函氏，以及善夫克所屬的華氏等。

由此可見，西周王朝的上層權力結構在厲、宣之際發生了劇烈變動，貴族階層完成自穆王之後的第二次新舊交替，延續上百年的世族政治格局至此終結。這一巨變顯然不能僅僅歸結於宣王個人的能力和政策，追蹤其深層原因，我們自然會將目光聚焦於厲、宣之際的重大變故——"國人暴動"。

厲王的反對派雖然未在文獻中留下任何綫索，但從宣王時期的政局推測，此時銷聲匿迹的井、益兩大世族最有可能是發動叛亂的主力。而史書記載，榮夷公是厲王推行"專利"政策的主要幫兇，可見榮氏屬厲王一黨。三大世族既然分爲兩派，那麼整個王朝貴族階層很可能陷入空前的分裂和對立。所謂"共和行政"的十四年，很可能就是支持和反對厲王的兩派激烈鬥爭的時期。宣王時毛公鼎（《集成》2841）銘文中的"㥄天疾畏""翩翩四方，大縱不靜"等語句，就是對這一動亂時期的真實寫照。雖然厲王最終客死異鄉，但鬥爭的結果卻是支持厲王的一派獲勝，厲王太子靜繼承王位。井、益兩大族遭受重創，從此一蹶不振。榮氏雖屬勝利一方，但實力亦嚴重受損，地位明顯下降。三大族讓出的政治空間，迅速地被復興的舊族與崛起的新貴所填補。而號稱"中興"明主的宣王，利用大亂之後

---

① 大克鼎銘文中，宣王賞賜善夫克"井寓𤲷田""井徵𤲷人""井人奔于量"，這些被學者認爲是原屬井氏而被轉賜與克的土地和屬民；而井叔氏之重器禹鼎，也與善夫克家族銅器同出於扶風任家村窖藏；可見此時井氏的族產已被周王籍没或被其他貴族瓜分。新出簋蓋（《銘圖》5104）銘文曰"豐仲次父其有司簡作朕皇考益叔尊簋"，器主簡是益氏小宗益叔之子，但已淪爲豐氏之家臣，此時益氏的宗族組織很可能已被瓦解。宣王末期的四十三年逑鼎（《銘圖》2503-2512）銘文中出現"榮兑"，是受命者單逑的上級，説明榮氏還保有一定地位，但已無法與厲王以前相比。

重建權力結構的機會，推行了一系列强化王權的措施。

宣王時期王權加强的表現，主要有以下幾項①：

（一）册命地點的集中。宣王時期的册命地點已經完全集中於王室宗廟，且以"康宫"爲最多。天子不僅不再到臣下的宫室宗廟舉行儀式，也極少在離宫或臨時駐地出現。這應是王權企圖將"册命體制"納入其控制之下的有意舉措。

（二）右者的分散化。如"表三"所示，宣幽時期册命禮中的右者不再集中於少數大族，而是變得極爲分散。於是，右者與受命者之間的職務性隸屬關係變得模糊、鬆動，也就無法因此衍生出長期、固定的家族隸屬關係。而且，宣王時期一些部門的高級官員可能還由不同家族輪流擔任；如榮氏不再世襲司土（徒），任此職者先後有毛氏和南宫氏族人②。這樣就在很大程度上消除了世族世官制造成的權力壟斷。

（三）册命銘文形式的變化。宣王時期的一些册命銘文完全改變了傳統敘述模式，如毛公鼎和師克盨（《集成》4467）銘文開篇即以"王若曰"的形式敘述周王的命辭，以往册命銘文必備的時間、地點、右者、史官等項都被省略；番生簋（《集成》4326）和述盤（《銘圖》14543）則是在開篇頌贊祖先的功德，然後敘述王命，同樣省略了以上諸項③。形式的變化折射出制度的變遷：右者這一"册命體制"中不可或缺的環節已完全退出或僅備虛位，君臣之間的權力授受又恢復到接近早期那種君主與臣下個人之間的行爲④。因此，"册命體制"實質上已趨於瓦解。

---

① 一些學者根據毛公鼎、柞鐘（《集成》133）等銘文，認爲宣王時期也存在大族勢力壓倒王權的現象。必須承認，毛公、番生等重臣的權力之大、地位之尊確爲前所未見，但這只是宣王即位之初的短暫現象。年輕的宣王即位於亂世之中，不能不依靠大族的支持；但大亂之後，多數世族實力大減，短期之內難以恢復；加之貴族階層飽嘗動亂之苦，亟需重建秩序，穩固的王權成爲他們的利益保障。因此，宣王不久之後就能夠迅速强化王權，杜絕了大族專權現象。

② 見"表三"所列此簋、無更鼎、南宫乎鐘。

③ 大克鼎銘文形式與番生簋類似，僅在中間夾敘了册命地點和右者。

④ 這種變化在厲王時期已露端倪。厲王十七年的詢簋已采用與毛公鼎相似的形式，不同之處僅在於將時間、地點和右者置於銘文篇末，同一人在宣王元年所作的師詢簋也複製了同樣的形式。這說明作器者可能有推崇王權與貶抑右者的用意。必須指出，類似的銘文形式在恭懿時期已經出現，如師訇鼎（《集成》2830）和恒簋蓋（《集成》4199），但遠遠不如晚期那樣具有普遍意義。

（四）近臣權力的擴大和地位的提高。西周晚期以前，"宰"一類的周王近臣自成獨立系統，負責管理宮廷事務及王室財産，極少參與外朝政事。而宣王時期，以"善夫"和"宰"爲代表的近臣廣泛活躍於政治舞臺，其中善夫克和梁其父子所屬的華氏家族最爲突出。大克鼎（《集成》2836）銘文中，周王命克"出内（納）朕命"，可見"善夫"這一負責王室飲食的職官此時已成爲傳達王命的重要角色，儼然類似後世的欽差大臣。十六年克鐘（《集成》204－208）銘文中，宣王命克到關中東部巡視，並賜予車馬；廿三年小克鼎（《集成》2796－2802）銘文中，王又命克"舍命于成周、遹正八師"，這些都屬於"出内王命"的職責範圍。克之子"梁其"繼任善夫之職，在梁其鐘（《集成》187－192）銘文中，他自稱"身邦君大正"，可見以往身份低賤的近臣此時已可與外朝卿大夫比肩。這一趨勢還表現爲近臣擔任右者的增多，如嗣比盨（《集成》4466）的善夫克，趞鼎（《集成》2815）的宰訊，袁盤（《集成》10172）的宰頵，頌簋（《集成》4332－4339）的宰引[1]，其出現頻率遠超過從前。而且，這些銘文中的受命者有"師"這樣的外朝武官[2]，更爲前所未見。

（五）周王向臣下賞賜土地及主持處理土地問題的事例增多。此前涉及土地問題的銘文集中出現在恭懿時期，如裘衛三器、倗生簋（《集成》4262－4265）、永盂等；除永盂是周王賜予貴族土地外，其餘都是貴族之間自主的土地交易，王權並未發生任何作用。宣王時期涉及土地的銘文再度增加，不同的是，王權在其中處於主導地位。如大克鼎銘文中，宣王一次就賞賜給善夫克分佈在七個地點的田邑，以及依附於田邑上的屬民；在四十二年逑鼎（《銘圖》2501－2502）銘文中，也賞賜給單逑"田于鄭卅田，于陜廿田"。此外，宣王在吳虎鼎（《銘圖》2446）銘文中主持劃分吳氏的土地疆界，並强調這是貫徹厲王的成命（"肇申厲王命"）；在嗣攸比鼎（《集成》2818）銘文中，他還親命大臣虢旅處置貴族嗣比與攸衛牧之間的土地

---

[1] 此外，由申季任右者的大克鼎和伊簋，其受命者的身份皆爲近臣（伊負責管理"康宮王臣妾百工"），故申季亦可能爲王之近臣。

[2] 袁盤器主亦稱"師袁"，在師袁簋（《集成》4313）銘中曾率兵征討淮夷。

糾紛。這不僅反映了周王權威的增強，也説明王室直接控制的土地資源較以前大爲增加，這當與"國人暴動"之後敗亡大族的土地被收歸王室有關。

（六）"用宫御"一職的出現。"用宫御"一詞始見於宣王晚期的述盤，後見於幽王三年的頌簋等器，應是宣王後期開始出現的制度。單述是虞官，職責爲"司四方虞林"，管理山林川澤之事；頌爲史官（見史頌簋等器），受命"官司成周賈，監司新造賈"，即管理成周的商業、手工業組織。"用宫御"是他們的一項附加職能，可能是指在其主管範圍内爲王室提供專用物資①。這是周王通過一些親信大臣直接控制重要經濟資源的舉措，可視爲對厲王"專利"政策的制度化。

總結上文，不難看出宣王時期的集權措施大多是厲王"暴政"的繼續深入和強化。但是宣王即位於大亂之後，世族力量已不足與王權對抗，故其推行集權政策的阻力要比厲王小很多。是以厲王行集權而導致王位傾覆、身死異鄉，宣王行集權卻成爲"中興"明主，厲王未竟的事業終由其子完成。從這個意義上説，"國人暴動"只是西周晚期王權重建進程中一段不和諧的插曲。通過這場王權與世族的決鬥，摧毀了原有的權力結構，爲王權的重建掃清了障礙。然而"中興"只是曇花一現，西周末年，以幽王、伯服、攜王以及虢氏等大族爲一方，以平王及其支持者申氏、鄭氏與晉、衛等諸侯爲另一方，幾乎原樣重演了厲、宣之際的大分裂和大動亂。爲何強化的王權也無法挽回西周王朝的衰亡命運？其中原因固然相當複雜，但"國人暴動"之後王朝權力結構的脆弱性應是其根本癥結所在。"國人暴動"摧毀了長達百年的世族政治格局，猶如各種政治勢力的徹底"洗牌"。大亂之後，權利的重新分配、族際關係的修復與整合都不可能一蹴而就，宣王"中興"局面之下其實已隱伏了種種錯綜複雜的矛盾。尤其是新興貴族與復興舊族之間的競争，和王權

---

①　秦漢的少府"掌山海池澤之税，以給共養"（《漢書·百官公卿表》），其下設有大量手工業機構，專供皇室需要。"用宫御"可以説是其濫觴。

與世族的矛盾交織在一起，在西周末年外族入侵加劇、內部資源迅速枯竭的危機之下，終於導致王朝的再次分裂。當然這個大問題並非本文所能解決，尚待今後繼續探索。

六、結　論

册命制度是西周王朝的一項基本政治制度，也是聯繫當時政治生活中的兩大主要力量——王權與貴族的紐帶。本文通過對西周中晚期册命銘文演變過程的考察，尤其是通過對册命銘文中右者和受命者家族背景與政治關係的分析，對西周中晚期王朝政治提出了以下幾點看法。

（一）自西周中期恭王時開始，周王朝形成了以册命儀式爲中心的政治運作模式，本文稱之爲“册命體制”。同時，少數大世族把持了王朝的主要權力，形成王權與世族的“共治”，本文稱之爲“世族政治”。册命體制與世族政治之間存在相互依存、相互促進的“伴生”關係，共同構成恭王至夷王時期王朝政治的主要特色。

（二）厲王在位期間，對外積極擴張，對內厲行集權，使册命體制開始發生鬆動，形成對世族政治的嚴重威脅。勢力極度膨脹的井氏等大族與厲王之間的矛盾日益尖鋭，最終導致“國人暴動”的大動亂。這場動亂雖然迫使厲王退位，但也爲世族政治敲響了喪鐘，因此成爲西周王朝政治的轉折點。

（三）宣王繼位後，利用大族勢力削弱的機會，迅速重振王權，推行了一系列加強集權的措施。册命儀式中的右者不再集中於少數大族，標誌着册命體制的瓦解和世族政治的終結。

過去學界流行一種印象，西周至春秋時期是典型的“貴族政治”時代，君主專制集權似乎到戰國時期才開始流行。但通過本文的研究可以看到，在西周一朝的多數時期，王權都是王朝政治的主導力量，只有在恭王至夷王時期形成少數大族壟斷朝政的局面。因此西周政治的主流仍是“王權政治”，“世族政治”只是短時期內出現的“非常態”現象。

同樣,"春秋五霸"之所以能成就霸業,關鍵在於君權仍然能夠操控政局;只有到魯"三桓"、晉"六卿"尾大不掉之時,春秋政治才真正進入"世族政治"時代①。

在血緣關係仍是主要社會紐帶的西周、春秋時期,國家必然要以貴族家族爲其統治基石,權力世襲也因而難以避免,在君主相對弱勢的情況下,很容易出現世家大族專權的局面。春秋中期,不同程度的世族政治又在各諸侯國先後出現,正説明世族政治的社會基礎仍然存在。但無論是西周還是春秋的世族政治,最終都向君主集權的方向回歸,並且爲更高層次的集權政治創造了條件,這充分説明君權是中國早期國家政體演變的主導力量。中國之所以未能形成長期、穩固的貴族政治傳統,而是很早就過渡到君主高度集權的大一統國家,其深層原因正在於此。誠然,在西周乃至春秋時期,君主集權的社會基礎和制度保障無法與戰國時代相比;但君主仍然在努力尋求制度上的建構,並利用世族發展不平衡的縫隙,抑制大族專權的傾向,使世族服務於君權。這些政治制度和統治術方面的探索,都爲戰國集權政治奠定了基礎。

同時我們也必須看到,"世族政治"以貴族階層公共權益限制君權的傾向也對後世政治文化的發展產生了深遠影響。西周中期祭公謀父所謂"嬖御士"與"莊士大夫卿士"的對立②,春秋後期晏嬰所論"社稷之臣"與"私暱"的區别③,都將貴族官員視爲"社稷共同體"的服務者而非君權的工具,實已開啓孟子"民爲貴、社稷次之、君爲輕"觀念的先聲。後世儒家秉承這一傳統,有效遏制了君權向"絕對專制"方向發展的傾向,至宋代甚至出現皇帝"與士大夫共治天下"的局面。從這個意義上講,中國上古的

---

①　田餘慶先生在探討東晉南朝政治時指出,門閥政治是皇權政治在特定條件下的變態,它來自皇權政治,又逐步回歸於皇權政治;嚴格意義上的門閥政治,只存在於江左東晉時期,此前的曹魏、西晉不是,此後的南朝也不是;門閥士族存在並發揮不同程度政治作用的時期,並不都是門閥政治時期(《東晉門閥政治》"自序"及"後論"第七節)。其見解可作爲認識先秦政治形態的參照。

②　見前引《逸周書·祭公》。

③　《左傳》襄公二十五年,齊崔杼弑其君莊公,晏嬰對此發表了一番議論:"君民者,豈以陵民?社稷是主。臣君者,豈爲其口實?社稷是養。故君爲社稷死,則死之,爲社稷亡,則亡之。若爲己死,而爲己亡,非其私暱,誰敢任之?"

貴族政治傳統並未徹底消亡，其精髓已經融入儒家"士大夫政治"的血脈之中。

　　（本文原刊香港城市大學中國文化中心編：《九州學林》2011 年春季號，上海人民出版社，2012 年）

考古新發現與西周史研究

橫水、大河口西周墓地
若干問題的探討

　　山西絳縣橫水和翼城大河口兩處西周墓地是近年來西周考古的重大發現。兩處墓地基本未被盜擾，而且都經過大面積整體揭露，墓地佈局完整清楚。墓葬中出土大批珍貴文物，其中很多青銅器都有重要銘文，提供了豐富的歷史信息。2006 年橫水墓地發掘簡報公布之後，我曾撰有《關於絳縣倗伯夫婦墓的幾個問題》一文，討論了 M1、M2 兩座大墓的年代、葬俗、倗氏的族屬和政治地位等問題，較早指出倗氏爲隸屬晉國的"懷姓九宗"之一[①]。2007 年大河口墓地發掘，我又有幸到現場參觀，當時即已產生墓地主人與倗氏均屬"懷姓九宗"的看法。此後，不少學者就橫水、大河口兩處墓地的族屬和性質發表論述，觀點不盡一致。本文將綜合兩處墓地已發表的資料，在以前研究的基礎上提出一些新的認識，希望能夠引起更深入的討論。

一、墓　地　年　代

　　據發掘者介紹，橫水墓地自 2004 年發現以來，已發掘墓葬 1 200 餘座，年代從西周早期延續至春秋初年[②]，整個墓地已基本揭露完畢。現已公布的資料主要集中於 M1、M2 兩座並穴合葬甲字形大墓[③]。發掘簡報

---

　　① 此文曾提交 2006 年 10 月召開的"山西省考古研究所侯馬工作站建站五十周年紀念研討會"，但未能在會議上宣讀，後此文一直沒有公開發表，僅作爲"附錄"收入我的博士論文《西周金文世族研究》（北京大學中文系，2007 年）。
　　② 見謝堯亭：《晉南地區西周墓葬研究》，吉林大學博士學位論文，2010 年 6 月。
　　③ 宋建忠等：《山西絳縣橫水西周墓地》，《2005 中國重要考古發現》，文物出版社，2006 年；山西省考古研究所等：《山西絳縣橫水西周墓地》，《考古》2006 年第 7 期；《山西絳縣橫水西周墓發掘簡報》，《文物》2006 年第 8 期。

根據 M1、M2 出土銅器、陶器的特點,將兩座墓葬的年代定爲"西周中期的穆王時期或略晚",似乎還可以做些討論。

M1 出土的倗伯爯簋(M1:205,《銘圖》5208,見本書第 9 頁,圖 3)是已發表的銅器中唯一有紀年銘文的一件,對於墓葬年代的判定有關鍵意義。該器銘文如下:

> 唯廿又三年初吉戊戌,益公蔑倗伯爯曆,右告,令金車、旂。爯拜手稽首對揚公休,用作朕考寶尊。爯其萬年永寶用享。

從已發表的照片看來,該器的造型和紋飾在西周銅簋中比較少見。器蓋與器身爲子母口扣合,蓋面隆起,蓋緣方折内收;頸部内收,下腹傾垂特甚;器身帶兩個獸首銜環耳,圈足下有 4 個圓柱狀矮足,矮足與圈足連接處飾以獸首[①]。器蓋頂部及器身腹部飾瓦紋,蓋緣及口沿下飾分解狀獸面紋,間以渦紋,紋飾綫條細膩,立體感弱。與該器造型最爲接近的是陝西耀縣丁家溝出土的殷簋(《銘圖》5305-5306,見本書第 50 頁,圖 30)和故宮收藏的大作大仲簋(《集成》4165,見本書第 150 頁,圖 81)[②],不同之處在於後兩件簋只有 3 個矮足[③]。殷簋口沿下飾有垂冠長尾鳥紋,大作大仲簋則飾 S 形竊曲紋,腹部均爲素面。殷簋銘文記録了周王對殷的册命,地點在"周新宮"。"新宮"又見於師湯父鼎、師遽簋蓋、望簋和虎簋蓋,其年代均在恭懿時期[④]。因此,倗伯爯簋的年代應與上述銅器接近,大體不出恭懿時期。在此之後,同類型的簋僅見長安張家坡窖藏出土的五年

---

① 已發表的照片僅能見兩個矮足,此器現在中國國家博物館"古代中國"陳列展出,經目驗確有四個矮足。

② 前者器形、銘文見《考古與文物》1986 年第 4 期,第 4—5 頁;後者見故宮博物院編:《故宮青銅器》,紫禁城出版社,1999 年,第 199 頁。此外,保利博物館藏應國爯簋(《銘圖》5233,見本書第 51 頁,圖 31),形制也與上述兩器類似,唯雙耳作獸首半環形,口沿下飾鳥紋(見《保利藏金》,嶺南美術出版社,1999 年)。應侯爯所作其他銅器出土於河南平頂山應國墓地 M84,年代應在恭王時,參看河南省文物考古研究所等:《平頂山應國墓地八十四號墓發掘簡報》,《文物》1998 年第 9 期。

③ 【作者案:新出伯申簋、伯句簋皆有四個矮足,與倗伯爯簋更爲接近,見本書第 49、50 頁,圖 28、29。】

④ 前三件器物,學者一般定爲恭懿時器。虎簋蓋的年代目前還有爭論,多數學者定爲穆王,少數定爲恭王,也有學者定爲夷王(彭裕商:《西周青銅器年代綜合研究》,第 361—373 頁)。我認爲虎簋蓋的年代應爲恭王三十年,詳見《親簋年代及相關問題》,見本書第 15—20 頁。

師旋簋（《集成》4216－4218，見本書第 51 頁，圖 32），該器腹壁較直，三矮足呈翻卷的象鼻狀①，明顯比倗伯爯簋等器要晚，其年代可能在孝夷時期。

　　倗伯爯簋銘文中的“右告”一語，以往在金文中極爲罕見，但見於近年公布的𤟤簋（《銘圖》5315）、𤟤盤（《銘圖》14531）、盉（《銘圖》14799）等器銘文②。這幾篇銘文記錄了周王對𤟤的册命，其中都有“朕光尹周師右告𤟤于王”一句。西周中晚期典型的册命銘文多作“某右某，入門，立中廷，北向”，𤟤器的“某右告某于王”目前僅見此一例，應該是册命銘文形成初期不夠成熟的形態。𤟤器群的年代，我認爲應在穆恭之際③，倗伯爯簋當與之接近，最大的可能是在恭王時期。倗伯爯簋記錄的是益公對倗伯爯的“蔑曆”和賞賜，“右告”一詞，疑爲“某某右告爯於益公”的省略；“右者”之名在此被省去，不知是因爲疏忽，還是另有原因。“令金車、旂”的“令”字當爲賞賜之意，西周早期的獻簋（《集成》4205）銘文曰“楷伯令厥臣獻金車”，與此類同，這種用法在西周金文中並不常見。另外，倗伯爯簋的“拜手稽首”一語也值得注意。陳夢家先生曾專門排比過此類用語，認爲“拜手稽首”出現於懿王時④。他對相關銅器的斷代可能有一些問題，但從現有材料看來，“拜手稽首”以及與之相似的“拜首稽首”“拜手稽手”等用語的出現均不早於恭王。倗伯爯簋銘文書體結構疏朗，字間距小，與穆王時期字體小巧謹飭、間距較大的特徵明顯有別，更接近恭懿時期的風格。

　　倗伯爯簋的紀年是二十三年，以往學者多認爲恭王紀年不超過二十，其後的懿、孝兩代年數更短。“夏商周斷代工程”將恭王紀年擬爲二十三年，而懿、孝、夷三代總共才二十二年⑤。我認爲倗伯爯簋不太可能早到穆王二十三年，也不太可能晚到懿王二十三年（如果懿王有二十

---

①　器形參見王世民、陳公柔、張長壽：《西周青銅器分期斷代研究》，第 99 頁，簋 95。

②　吳鎮烽：《𤟤器銘文考釋》，《考古與文物》2006 年第 6 期。

③　參見《𩵋簋年代及相關問題》，本書第 7—9 頁。

④　參見陳夢家：《西周銅器斷代》，第 224 頁。

⑤　《夏商周斷代工程 1996—2000 年階段成果報告（簡本）》，世界圖書出版公司，2000 年，第 36 頁。

三年），其年代以定於恭王二十三年最爲合適①。銘文中的益公與永盂（《集成》10322，懿王十二年）、休盤（《集成》10170，恭王二十年）、乖伯簋（《集成》4331，恭王或懿王九年）等器的益公應該是同一人。由此亦可知恭王在位至少有二十三年②。

　　下面再看看 M1、M2 隨葬品的總體特徵（見本書第 74 頁，圖 52）。兩墓出土的銅器大多通體素面，或僅飾有弦紋數周，不見穆王時期流行的大鳥紋，也罕見恭懿時期仍在流行的長尾小鳥紋③。M2 出土的一件銅簋（M2：62，《銘圖》3727），斂口帶蓋，獸首銜環耳，圈足下有三個方柱狀小足，通體飾瓦紋（見本書第 18 頁，圖 11）。如果除去圈足下連接的小足，其形態、紋飾與恭懿時期的乖伯簋、師虎簋（見本書第 43 頁，圖 19）、豆閉簋（見本書第 18 頁，圖 10）、即簋（見本書第 127 頁，圖 67）等幾乎完全一樣。從現有資料看來，這種簋的年代上限應該不早於恭王④。M2 出土的銅盂（M2：61）與恭懿時器長由盂、衛盂等相似⑤。兩墓已發表的銅器銘文，書體均與倗伯再簋近似，是恭懿時期流行的風格。M1 出土的陶鬲（M1：202）口沿較平，有明顯的折棱（圖 100 左），與澧東長由墓的陶鬲非常相似⑥。M1 出土的陶簋（M1：185）腹部斜收，口沿近平，有折棱，圈足中部有凸棱一周，在同類器物中也屬較晚的形態（圖 100 右）。從隨葬品的整體面貌看來，兩座墓葬的年代比較接近，應該屬於恭懿時期，不太可

---

　　①　拙稿《關於絳縣倗伯夫婦墓的幾個問題》完成後，得見李學勤先生《論倗伯再簋的曆日》一文（收入《文物中的古文明》，商務印書館，2008 年），亦將倗伯再簋定爲恭王二十三年器。

　　②　卅年虎簋蓋和國博藏廿四年𤷡簋（見《中國歷史文物》，2006 年第 3 期），學者多定爲穆王時器，我認爲均應屬於恭王，因此恭王紀年至少有三十年，詳見《𤷡簋年代及相關問題》一文。

　　③　目前僅見 M1 出土的一件盂上飾有小鳥紋，該器爲鼓腹四足盂，造型似偏早。見國家文物局主編：《2005 中國重要考古發現》，文物出版社，2006 年，第 72 頁。

　　④　傳世通簋（《集成》4207，見本書第 80 頁，圖 60）銘文中出現"穆王"，以往學者多根據"時王生稱說"定爲穆王時器；近年來多數學者改取"諡號說"，認爲銘文記事雖屬穆王，作者年代則應在恭王初年；後說更爲合理。該器與 M2 的銅簋非常相似，但小足較高，瓦紋更細密，年代應比後者稍早（器形參見《西周青銅器分期斷代研究》，第 97 頁，簋 90）。

　　⑤　長由盂銘文亦出現"穆王"，過去被定爲穆王標準器，按照"諡號說"，其作器年代應在恭王初年。衛盂的年代，學者多定於恭王或懿王三年，我贊同後說。

　　⑥　見陝西省文物管理委員會：《長安普渡村西周墓的發掘》，《考古學報》1957 年第 1 期，圖版伍：2。此墓因出土長由盂而被定爲穆王時，並作爲標尺影響了很多墓葬的斷代；按照"諡號說"，此墓下葬年代應在恭王初年，過去因爲參照此墓而定於穆王時期的一些墓葬，其年代也需相應推後。

能早到穆王①。由佣伯再簋,我們可以推定 M1 下葬年代的上限爲恭王末年,很可能會進入懿王初年。

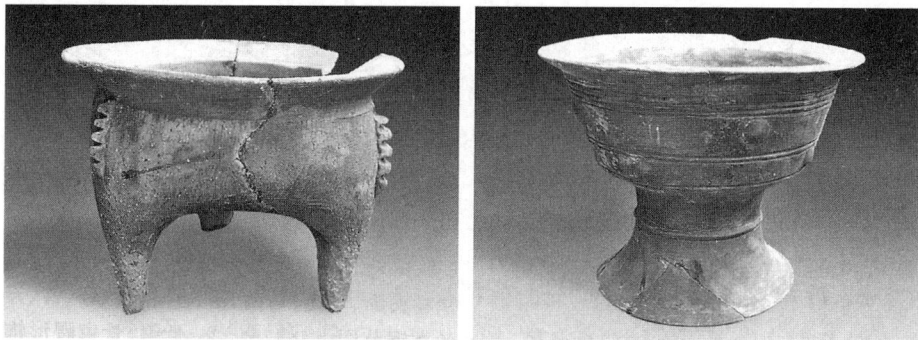

圖 100　横水 M1 出土陶鬲(左)和陶簋(右)

在目前所見同時期大型墓葬中,横水 M1、M2 的年代與平頂山應國墓地 M84 最爲接近②,隨葬器物也有一些共同特徵。銅器組合方面,以鼎、簋等食器和盤、盉等水器爲中心,仍保留了尊、卣、爵、觶等酒器。器類方面,昭穆時期常見的方鼎、罍等已不見,但出現了斂口圈三足瓦紋簋(横水 M2)、盨(平頂山 M84)等新品種。昭穆時期出現的成套編鐘有了進一步發展,横水 M1、M2 都出土了五件一套的銅甬鐘③。銅器紋飾方面,昭穆時期流行的華麗大鳥紋以及獸面紋、乳釘紋等已基本消失,素面加弦紋的樸素風格盛行,器物口沿下或飾以長尾鳥紋和顧首夔龍紋。玉器方面則出現了由瑪瑙珠和玉璜等組成的複雜組佩飾。試將以上特徵與灃東長花 M15 和 M17、扶風莊白伯㢲墓、寶雞茹家莊強伯夫婦墓等學界公認的穆王時期墓葬相比,可以看出明顯的差別。横水 M1、M2 正處於西周早期向晚期轉變的過渡階段,呈現出很多承前啟後的特點④。

---

①　發掘者認爲 M1 荒帷上的鳥紋與穆王時銅器上的鳥紋相似,這也是將其年代定爲穆王的理由之一。但恭王甚至更晚的銅器上仍多見鳥紋,昭穆時期流行的大鳥紋在恭懿時期也有個別例子(如師湯父鼎);而且在荒帷這種喪葬用品上,傳統紋飾可能會延續得更久。

②　後者的年代,簡報推定爲恭王後期,是比較合適的。

③　平頂山 M84 未見編鐘,或有特殊原因。

④　可參看本書所收《由新出青銅器再論"恭王長年説"——兼論西周中期後段青銅器的變化》一文。

　　除 M1、M2 兩座大墓外，橫水墓地其他墓葬的資料少見公開發表者。據山西省考古研究所謝堯亭先生在其博士論文《晉南地區西周墓葬研究》(吉林大學 2010 年)中介紹，橫水墓地迄今已發掘墓葬 1 200 餘座，該文對 2004 至 2005 年發掘的 204 座墓葬做了詳盡分析①。謝文將這 204 座墓葬分爲三期，分別相當於西周早、中、晚期；其中一期墓葬 53 座，二期墓葬 67 座，三期墓葬 38 座，其餘爲不能分期的墓葬。一期墓葬中隨葬銅鼎的有 7 座②，均爲一鼎墓，等級較高的銅器墓均屬二、三期。

　　我曾在 2006 和 2007 年兩次參觀山西省考古研究所侯馬工作站庫房，得見橫水墓地出土器物全貌。根據參觀印象，橫水墓地的銅器墓中屬於西周早期者數量較少，隨葬銅器也不多，且年代最早者似乎也不過西周早期偏晚階段，與晉侯墓地最早的 M113、M114 大約同時③。這一點與謝文的分期結論是一致的。大部分銅器墓的年代集中於西周中期的穆王至恭懿時期，屬於西周晚期者幾乎不見；另有幾座墓葬約在春秋早期，與較早的墓葬之間存在明顯的年代缺環。也就是説，橫水墓地在西周中期達到極盛，然後在中期偏晚階段突然中斷，到春秋早期又有所恢復。這一點與謝文的結論有較大分歧，根據我當時所作筆記，可能有一些屬於西周中期偏晚階段的墓葬被謝先生歸入了第三期。另據發掘者介紹，橫水墓地早期和晚期墓葬中都出土了帶有"倗伯"銘文的青銅器④，但不知其所謂"晚期墓葬"是否指的是春秋早期的幾座銅器墓。如果真如發掘者所言，倗氏家族應該始終定居於此地，早期與晚期墓葬之間的缺環並非因爲倗氏滅亡或遷走而造成，而可能是因爲倗氏在西周晚期改用了另一處墓

---

① 以下所引橫水墓地未曾公布的資料，如不特別説明，皆出自該文，不再一一出注。

② 該墓地唯一的 8 鼎墓 M2158，謝先生在表六五中將其歸入一期，但在表七七中又定爲二期。根據我的印象，該墓年代應屬西周中期偏早(穆王前後)，歸入二期是正確的。【作者案：M2158 發掘簡報業已公布，見山西省考古研究所等：《山西絳縣橫水西周墓地 M2158 發掘簡報》，《考古》2019 年第 1 期。發掘者將其年代定於西周中期偏早階段，早於 M1、M2，是合理的。】

③ 陶器墓有早至西周初年者，但不能肯定與墓地主體是否屬於同一族群。

④ 見宋建忠等：《山西絳縣橫北墓地二期考古發掘新收穫》，《中國文物報》2007 年 9 月 14 日第 5 版。

地①;這處墓地很可能就在附近,應該設法尋找。但如果幾座春秋早期銅器墓並無佣氏銘文,那麼很難確定它們就是佣氏家族的墓葬,佣氏有可能在西周中晚期之際已經滅亡或遷往他處。真實情形究竟如何,還要等資料完整公布之後才能知道。

　　自 2007 年以來,大河口墓地已發現墓葬 1 500 餘座,其中已發掘的有 579 座。目前公布資料較多的墓葬是 M1 和 M1017,這兩座墓似乎也是該墓地規格較高、出土銅器較多的墓葬②。M1 已發表的銅器大多呈現西周早期的特點,尤其是蝸龍紋簋(M1:99)、扁足圓鼎(M1:62)等更是西周早期偏早階段的代表。但仍有一些器物年代略晚,如銅卣(M1:276-1,《銘圖續》874)腹部傾垂,蓋頂兩端有犄角,提梁兩端裝飾獏首(圖101),與召卣(《集成》5416)、作冊睘卣(《集成》5407)等昭王時期的典型銅卣相似。又如銅盉(M1:270,《銘圖續》971),無論是造型還是紋飾都與昭王標準器士上盉(《集成》9454)非常接近。還有霸簋(M1:93,《銘圖》4610,圖 102),造型奇特,器底下接三個高柱足,腹部傾垂,蓋面和口沿下飾兩周弦紋,爲昭穆時期流行的樸素風格;銘文曰"芮公舍霸馬兩、玉、金,用鑄簋"③,"芮公"我懷疑就是首陽齋藏芮伯簋(《銘圖》4500,見本書第 327 頁,圖 122)銘文中的"祈公",爲芮伯之父,主

圖 101　大河口 M1 出土銅卣

---

　　①　同一家族不同時期的墓地不在一處的現象以前也有發現,最典型的就是寶雞強國墓地。
　　②　見謝堯亭、王金平:《山西翼城大河口西周墓地》,《2008 中國重要考古發現》,文物出版社,2009 年;衛康叔:《大河口西周墓地——小國的霸氣》,《中華遺產》2011 年第 3 期;山西省考古研究所大河口墓地聯合考古隊:《山西翼城縣大河口西周墓地》,《考古》2011 年第 7 期。【作者案:大河口 M1017、M2002、M1 等幾座重要墓葬的發掘簡報已經公布,見山西省考古研究所等:《山西翼城大河口西周墓地 1017 號墓發掘》,《考古學報》2018 年第 1 期;《山西翼城大河口西周墓地 2002 號墓發掘》,《考古學報》2018 年第 2 期;《山西翼城大河口西周墓地一號墓發掘》,《考古學報》2020 年第 2 期。】
　　③　疑"霸"下漏鑄"伯"字,作器者當爲"霸伯"。

要活動於昭王時①。張懋鎔先生定霸簋爲昭穆時器②，其説可從。此墓還出土三件銅甬鐘。目前所見西周時期年代最早的成套甬鐘出於寶雞竹園溝 M7，也是一套三件，發掘報告將該墓年代定爲康王晚年至昭王前期③。從隨葬銅禮器的總體特徵看來，大河口 M1 應晚於竹園溝 M7，其下葬年代可能在昭王時，下限或可進入穆王，也就是説與北趙晉侯墓地和橫水墓地最早的銅器墓相當。

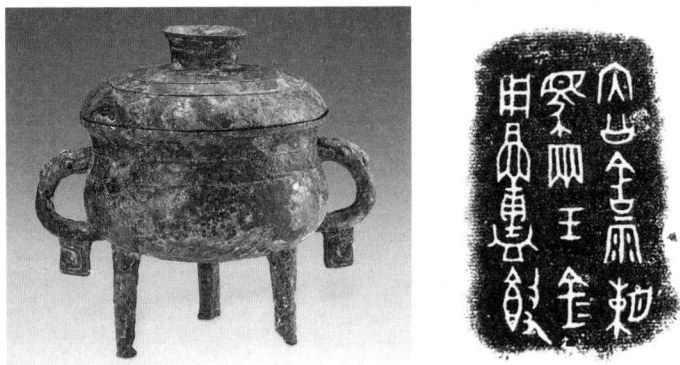

圖 102　霸簋及其銘文（器銘）

大河口 M1017 的年代明顯晚於 M1。出土銅禮器中，銅卣（M1017：16）體型寬矮，腹部傾垂較甚，飾以顧首垂冠大鳥紋，屬於穆王時期的典型風格。內鑄長篇銘文的尚盂（M1017：6，《銘圖》6229，或名霸伯盂，見本書第 45 頁，圖 22），造型奇特，器底不是下接圈足而是三個象首狀足；李學勤先生定其年代爲穆王前後④，可從，但其口沿下所飾分解狀獸面紋（過去籠統歸入"竊曲紋"）屬於較晚的特徵，穆王時期罕見。其餘如方鼎（M1017：10）、簋（M1017：27）等器，大致也在穆王前後。但該墓也出土了一些特徵較晚的銅器。如霸伯簋（M1017：8，《銘圖》5220，圖 103），獸

---

① 《讀〈首陽吉金〉瑣記六則》，見本書第 326 頁。
② 張懋鎔：《新見西周金文叢考》，收入《古文字與青銅器論集》第三輯，科學出版社，2010 年。
③ 盧連成、胡智生：《寶雞強國墓地》，文物出版社，1988 年，第 265 頁。
④ 李學勤：《翼城大河口尚盂銘文試釋》，《文物》2011 年第 9 期。

圖 103　　霸伯簋及其銘文(器銘)

首半環形耳,蓋、器全飾瓦紋,與穆王時期的賢簋(《集成》4104－4105,圖
104)屬同一類型,但器身極矮扁,年代應晚於賢簋;其銘文中出現"井叔",
與張家坡井叔墓地 M170 墓主"井叔"應爲同一人,即井叔氏家族第一代
宗子,主要活動於恭王時期;銘文書體亦接近恭王時期的流行風格。另有
兩件"倗伯"所作銅盆(M1017:9、26,《銘圖三》616－617,見本書第 75
頁,圖 53)很值得注意。西周時期的銅盆無論是傳世還是出土者都不算
多,墓葬中更爲少見;晉侯墓地和橫水墓
地,印象中都未見隨葬銅盆的墓葬。以
往出土的銅盆,年代最早不過西周中晚
期之際,如微瘌盆(《集成》10324－
10325)和張家坡 67M115 所出銅盆[1]。
從器形、紋飾看來,M1017 出土的銅盆顯
然要更早一些,大概是目前所見年代最
早的西周銅盆。但考慮到銅盆這一器類

圖 104　　賢簋

---

[1]　後者見中國科學院考古研究所灃西發掘隊:《1967 年長安張家坡西周墓葬的發掘》,《考古
學報》1980 年第 4 期。

主要流行於西周晚期至春秋早期，這兩件倗伯盆應該也不會太早。綜合以上因素，此墓下葬年代很可能是在恭王時期。

大河口墓地其他墓葬只有簡單介紹。M2002 發表了一件鳥形盉（《銘圖》14795），造型近似晉侯墓地 M114 出土的鳥尊（《銘圖》11713），以及現藏保利博物館、推測出土於橫水墓地 M3 的倗季鳥尊（《銘圖》11697），銘文書體亦接近西周早期，應爲昭王前後器。據彩版所示該墓俯拍照片，可見兩件圓鼎腹部均已明顯傾垂，估計其下葬年代應在西周早中期之際，晚於 M1[①]。M2 未發表器物照片，但據介紹出土編鐘一件，則年代也不可能太早。其餘墓葬均無足以推斷年代的信息。

大河口墓地已發表的墓葬資料主要集中在西周早中期之際至恭王時期，但據簡報介紹，墓地的年代橫貫整個西周，下限進入春秋初年[②]，那麼西周晚期墓葬也應該有一定數量。大河口墓地所屬的霸氏與橫水墓地的倗氏是地位相當的兩個政治集團，其同一時段內的人口規模應該不會相差太大。大河口已發現的墓葬總數較橫水多出 300 餘座，這是否由於橫水墓地在西周晚期出現年代缺環的緣故呢？由於資料有限，目前還只能做一些猜測[③]。

二、葬俗及其反映的文化屬性

橫水、大河口兩處墓地在出土器物方面與以往晉南地區發現的天馬—曲村、洪洞永凝堡等西周墓地並無太大差異，但在墓向、墓葬形制、葬式、殉葬習俗等方面卻有很多獨特之處。

早在橫水墓地發掘之初，主持墓地發掘的田建文、宋建忠、吉琨璋三

[①] 【作者案：後來根據大河口 M1017 和 M2002 兩墓發掘簡報所公布的資料，我將 M1017 的下葬年代定於恭王早期，M2002 較前者略晚，並且認爲 M2002 墓主“格（霸）仲”乃 M1017 墓主“霸伯尚”的母弟。參看韓巍：《翼城大河口 M1017、M2002 兩墓的年代及相關問題》，北京大學出土文獻研究所編：《青銅器與金文》第三輯，上海古籍出版社，2019 年。】

[②] 山西省考古研究所大河口墓地聯合考古隊：《山西翼城縣大河口西周墓地》，《考古》2011 年第 7 期。

[③] 【作者案：根據最新公布的資料，橫水墓地截止到 2007 年共發掘墓葬 1 299 座，大河口墓地截止到 2014 年共發掘墓葬 2 200 餘座，兩處墓地已基本全面揭露。】

位先生即已對其特殊的葬俗做過總結,指出四項特點:墓主頭向西、頭朝向墓道、俯身葬、殉人[①]。劉緒先生提出五點特別值得注意之處:一是墓葬絕大部分爲東西向,墓主頭向多朝西,有墓道的大墓,墓道亦在墓室之西;二是大中型墓葬常見殉人,多者可達 7 人;三是大中型墓多有腰坑,坑内殉狗,個別殉人;四是不少男性墓墓主爲俯身葬;五是部分大中型墓葬口部四角有斜洞,有的在墓室之東還有兩個與墓室東壁平行的柱洞[②]。謝堯亭先生在其博士論文《晉南地區西周墓葬研究》中對橫水墓地的葬制、葬俗做了全面、細緻的梳理,下面主要根據該文的介紹做進一步的討論。

謝文介紹的 204 座墓葬中,頭向東的 23 座,頭向西的 175 座,頭向北的僅 1 座,與劉緒先生的總結一致。以往發現的西周高級貴族墓葬基本上都是南北向,帶墓道者主墓道在南,頭向以向北者居多[③]。只有 2007 年陝西岐山縣趙家臺遺址發掘的 20 餘座西周墓葬均爲東西向,其中包括一座中字形大墓和一座甲字形大墓,主墓道向東,劉緒先生認爲可能屬非姬姓貴族之墓[④]。目前發現的晚商時期高等級墓葬也是以南北向爲主,但東周時期秦文化和淮夷、東夷系統文化的高等級墓葬多爲東西向,尤其是秦墓墓主頭向多向西,與橫水墓地相似。橫水三座甲字形大墓的墓道均在西,與趙家臺大墓和春秋時期的秦公大墓相反;而墓主頭向亦向西,也就是説朝向墓道。墓主頭朝墓道的情況過去在西周大墓中僅見於寶雞茹家莊強伯夫婦墓以及晉侯墓地 M91、M92(均爲南向)。

據謝文介紹,橫水墓地 49 座銅器墓中,女性均爲仰身葬,男性有 9 座仰身葬,14 座俯身葬;在陶器墓中,女性亦均爲仰身葬,男性則俯身葬多

　①　田建文、宋建忠、吉琨璋:《橫水墓地的發現與晉文化研究》,《中國文物報》2005 年 12 月 16 日第 7 版。

　②　劉緒:《近年發現的重要兩周墓葬述評》,見陳燮君、王煒林主編:《梁帶村裏的墓葬——一份公共考古學報告》,北京大學出版社,2012 年,第 124 頁。

　③　參看張明東:《商周墓葬比較研究》,北京大學考古文博學院博士學位論文,2005 年,第 100—102 頁。

　④　見陳燮君、王煒林主編:《梁帶村裏的墓葬——一份公共考古學報告》,第 124 頁。

於仰身葬。這種性別差異很值得注意。一般説來，一個墓地中的男性多數應爲本族成員，而成年女性則多是從外族嫁入本族者，在周代同姓不婚原則下更是如此。横水墓地的男性墓大多爲俯身葬，女性則均爲仰身葬，這説明俯身葬應爲該墓地所屬族群的固有習俗。M2 墓主倗伯爲俯身葬，而其夫人 M1 墓主畢姬則爲仰身，更能説明這一點①。俯身葬以往在西周高等級墓葬中從未發現過，横水屬於首例。張明東先生曾指出，西周時期的俯身葬數量很少，主要集中在灃西地區的墓葬中，而且都屬於等級最低的墓葬；而在殷墟晚商時期的中小貴族和平民墓葬中，俯身葬占有相當比例，是僅次於仰身直肢葬的葬式②。據部向平先生統計，殷墟各墓地中俯身葬約占 20％—30％不等，且各期變化不大；從現有人骨鑒定資料看來，商代正常埋葬中的俯身葬墓主基本都是男性。他還提到，在輝縣琉璃閣 48 座晚商墓葬中，中、南區以仰身葬爲主，基本都是南北向；北區則仰身葬和俯身葬各占一半，基本都是東西向；而在其他遺址中並未發現葬式與墓葬方向的這種對應關係③。琉璃閣北區墓葬的情況與横水墓地非常相似。而且横水墓地俯身葬皆爲男性這一點也與商代墓葬相同，二者之間應存在文化上的淵源關係。

謝文討論的横水墓地 204 座墓葬中，34 座有腰坑，占 16.7％；其中銅器墓 24 座，占全部銅器墓的 51％；陶器墓 9 座，占全部陶器墓的 8％；腰坑在男女性墓葬中都有，與性別無關。腰坑中大多殉狗一條，還有 5 座墓葬在腰坑内殉人。有腰坑的墓葬主要是等級較高的墓葬，這説明腰坑葬俗流行於該墓地的統治階層當中，應該是該族群的固有習俗。衆所周知，腰坑殉狗葬俗是商系墓葬的典型標誌。根據我過去的研究，西周墓葬中有腰坑殉狗者大多屬於殷遺民或東夷系統國族④。在豐鎬地區西周墓

---

① 但横水銅器墓中還有一部分男性墓是仰身葬，其中包括同爲倗伯墓的 M2158，其背後的深層原因值得思考，不能簡單視爲受周文化影響所致。【作者案：此據謝堯亭《晉南地區西周墓葬研究》第 102 頁介紹。現據已公布的 M2158 發掘簡報，知墓主葬式亦爲俯身，謝文有誤。】
② 見張明東：《商周墓葬比較研究》，第 94—98 頁。
③ 部向平：《商系墓葬研究》，科學出版社，2011 年，第 106—111 頁。
④ 韓巍：《西周墓葬的殉人與殉牲》，北京大學考古文博學院碩士學位論文，2003 年。

中,腰坑墓約占總數的 27％,比例高於橫水墓地;但在墓口長 3—5 米的墓葬中,腰坑墓占 47％,與橫水銅器墓中腰坑墓所占比例相差不大。周原遺址不同墓地腰坑墓所占比例不一,齊家、雲塘兩處墓地腰坑墓均占 50％以上。關中地區有腰坑的墓葬多屬於中型墓或小型墓中偏大者,其社會階層應以中下層貴族以及平民中的上層爲主,這也與橫水墓地相似。值得注意的是,橫水墓地被認定爲倗伯墓的幾座大型墓葬中,M1011、M2158 等皆有腰坑,M2 卻沒有腰坑,這説明在該墓地的後期,腰坑葬俗受周文化影響有消退的趨勢。

　　橫水墓地有 35 座墓葬殉人,共殉葬 93 人;殉人最多的 M2165 共殉 7人,其次爲 M2036 和 M2158,各殉葬 6 人;其餘殉葬 5 人者一座,殉葬 4人者三座,殉葬 3 人者十二座,殉葬 2 人者五座,殉葬 1 人者十一座。殉人墓大多數爲銅器墓,僅有兩座未出銅禮器(被盜者除外);其中 20 座墓主爲男性,8 座墓主爲女性,且男性墓殉人數量較多;可見男性亦即本族成員中的上層,是使用殉人的主體,這一習俗也應是該族群的固有傳統。殉人數量與墓葬規格有關,大墓一般殉人較多,但並不絕對。例如 M2036 殉葬 6 人,但該墓並無銅禮器出土;在三座甲字形大墓中,M2、M1011 兩座倗伯墓各殉葬 4 人和 5 人,M1 畢姬墓殉葬 3 人,而無墓道的 M2165 卻殉葬 7 人。殉人墓在橫水墓地的各期都有發現,但似乎不包括幾座春秋早期墓葬;也就是説,殉人習俗從西周早中期之際直到恭懿時期都在流行,且進入西周中期之後還有上升趨勢。

　　根據我過去的研究,西周墓葬中的殉人與腰坑殉狗往往同時出現,墓主大多爲殷遺民或屬於東夷族系,姬姓周人墓葬則極少見殉人者;而且殉人現象主要集中在西周早期,進入西周中期之後急劇減少。豐鎬是關中地區西周墓殉人現象最爲集中的遺址,但截止本世紀初僅發現 34 座殉人墓,比例遠低於橫水墓地;殉人墓中可確定爲西周早期者有 18 座,中期僅 5 座;殉人數量以 1 人者爲多,最多殉葬 4 人(僅一座)。琉璃河燕國墓地 I 區發現殉人墓 8 座,均屬西周早期,最多殉葬 3 人。北趙晉侯墓地只有年代最早的晉侯墓 M114 及其陪葬墓 M110 各有 1 個殉人;曲村晉國邦墓區發掘 641 座西周墓，僅有兩座墓各殉一人，年代均在西周早期①。橫水墓地殉人現象之普遍、殉人數量之多、延續時間之長，在已知西周墓地中都爲僅見；尤其是西周中期殉人墓葬和殉人數量反而增加，更屬"反常"。以往所見西周中期仍大量殉人的墓葬僅有寶雞茹家莊 M1、M2 弢伯夫婦墓，其中 M1 弢伯墓除"殉妾"外還殉葬 7 人，夫人井姬墓殉葬兩人，兩墓年代大約在穆王後期。而年代較早的竹園溝墓地有三座高等級男性貴族墓葬發現槨內"殉妾"，可見這一特殊葬俗是弢氏的固有傳統。茹家莊弢伯墓較竹園溝弢伯墓規格明顯提高，且出現墓道，説明此時弢氏的政治地位上升，實力增强，殉人數量的增加或與此有關②。橫水墓地的情況與弢氏有相似之處。

　　橫水墓地的殉人位置多數在二層臺上，少數在棺槨之間或槨蓋上③。以往發現的西周殉人墓，殉人大多也是放在二層臺上，唯有琉璃河墓地多數是放在棺槨之間。橫水墓地一個特異之處是有五座墓葬將殉人置於腰坑之中。晚商時期只有王陵和帶墓道的高等級墓葬有在腰坑內殉人的現象，西周墓葬則甚爲少見。目前所知，大型墓葬僅鹿邑太清宮長子口墓在腰坑內殉一人；此墓年代在西周初年，墓主應爲受封於當地的殷遺高級貴族（甚至有學者疑爲宋國始封君微子啟），其葬俗直接繼承自殷商。此外僅膠東地區的黃縣東營周家村 M2 和棲霞呂家埠 M2，腰坑內各殉葬一人④；這兩座都是中小型墓，可能反映了一種區域性的習俗。以往所見殉人性別、年齡有鑒定者，大多爲青少年女性或男性少年兒童，成年男性較少見。據謝文介紹，橫水墓地的殉人也是以青年女子爲多，但仍有相當一部分 20 至 35 歲的青壯年男性，值得注意。

　　大河口墓地絕大多數墓葬爲東西向，墓主以頭向西爲主，少量頭向

---

　　① 韓巍：《西周墓葬的殉人與殉牲》，北京大學考古文博學院碩士學位論文，2003 年。

　　② 還有一點值得注意，茹家莊 M1 有腰坑殉狗，而竹園溝墓葬皆未見腰坑，説明前者可能受到殷遺民文化的影響。

　　③ 另外 M2036 口部填土中發現兩具殉人，骨架散亂，應該是填土接近完成時殺死拋入的，嚴格説來屬於人牲而非人殉。

　　④ 唐祿庭、姜國鈞：《山東黃縣東營周家村西周殘墓清理簡報》，《海岱考古》第一輯，山東大學出版社，1989 年；棲霞縣文物管理所：《山東棲霞縣松山鄉呂家埠西周墓》，《考古》1988 年第 9 期。

東。帶腰坑的墓葬較多,腰坑内殉狗;已發表的兩座大型墓 M1 和 M1017 都有腰坑①,中型墓 M2002、M1034、M1033 也有,但小型墓 M1028、M1038、M4008 則不見腰坑;這説明腰坑殉狗習俗應是該墓地所屬族群上層階級的固有傳統,下層平民則較少見。另外 M1 墓口四角有斜洞,但僅見此一座。以上特徵均與横水墓地相似,二者應該有文化和族屬上的密切關係。但大河口墓地未見殉人和俯身葬②,與横水墓地仍有明顯的差異。

　　除個別例子之外③,横水、大河口兩處墓地出土器物基本屬於周文化範疇,但其墓向、葬式和殉葬習俗卻帶有鮮明的商文化色彩,另外還有不少銅器帶有族氏銘文和日名,與殷遺民墓葬頗多相似之處,這一點很多學者都已經注意到了。商文化很早就進入晉南地區,直到殷墟後期,當地仍然是商文化的勢力範圍。在曲沃、翼城以北的靈石旌介、浮山橋北,都發現了晚商時期帶有強烈商文化色彩的高等級墓葬④。横水、大河口兩處墓地所屬的“懷姓九宗”源出晉南(詳下文),他們的祖先很可能是被商文化同化的當地土著,而其遺留下來的商文化因素在葬俗等方面得到了長期、頑固的保留。

三、倗、霸的族姓和來源

　　横水墓地多座墓葬都出土帶有“倗伯”字樣的銘文,説明墓地的主人屬於“倗氏”。傳世器有倗仲鼎(《集成》2462),銘文曰“倗仲作畢媿媵鼎”,足以證明倗氏爲媿姓。媿姓爲春秋時期活動於晉南地區的赤狄部族之姓。自王國維以來,學者多認爲媿姓源出商代的“鬼方”,而《左傳》定公四

---

　　① 【作者案:《考古》2011 年第 7 期刊載的《山西翼城縣大河口西周墓地》介紹 M1017 有 1 個腰坑,但《考古學報》2018 年第 1 期刊載的《山西翼城大河口西周墓地 1017 號墓發掘》卻未提及該墓有腰坑,且公布的墓葬平、剖面圖上也未見有腰坑。】
　　② M1 出土兩件目前年代最早的漆木俑,或可視爲人殉習俗的遺留。
　　③ 如大河口 M1 出土銅單耳罐一件,是西北地方的典型器物,非常特殊。
　　④ 山西省考古研究所編:《靈石旌介商墓》,科學出版社,2006 年;橋北考古隊:《山西浮山橋北商周墓》,北京大學震旦古代文明研究中心編:《古代文明》第 5 卷,文物出版社,2006 年。

年唐叔虞受封時領有的"懷姓九宗"就是媿姓①。因此李學勤、韓炳華、李
零、張天恩、劉緒、田偉等學者先後指出倗氏乃"懷姓九宗"之一②,這一看
法目前已獲得大多數學者的支持。

　　大河口墓地多座墓葬出土帶有"霸伯""霸仲"等字樣的銘文,墓地應
屬"霸氏"無疑。M1017 出土霸伯盤(《銘圖續》949)一件,銘文曰"用作伯
姬寶盤"③,此器應是霸伯爲其夫人伯姬所作,可見霸氏與姬姓通婚,自身
應非姬姓。但除此之外,該墓地已發表的銅器銘文中並無足以證明霸氏
爲何姓的證據。傳世器有霸姞鼎(《集成》2184)、霸姞簋(《集成》3565),晉
侯墓地 M64 出土叔釗父甗(《銘圖》3335)銘文稱"叔釗父作柏姞寶甗";朱
繼平先生認爲"霸"與"柏"音近可通,"霸氏"即"柏氏",應爲姞姓④。此説
似有可商之處。首先,"霸"與"柏"雖可通假,但同一個國族采用字形差異
很大而字音相近的兩個字作爲自己的國族名,在兩周金文中實屬罕見,因
爲國名、族名是將本國族與其他國族相區別的標誌,如果采用字形差異很
大的兩個字,就失去了這種"區別"的意義。説"霸氏"即"柏氏",證據尚嫌
不足。其次,"霸姞"是已經出嫁的女子稱謂,"霸"既可能是父家之氏,也
可能是夫家之氏,後一種情況在兩周金文中更爲多見,故"霸姞"有可能是
嫁到霸氏的姞姓女子,不足以證明霸氏爲姞姓。況且除姜姓外,姞姓在周
代是與姬姓關係最密切的一個姓,傳説后稷元妃即姞姓,又有"姬姞耦,其
子孫必蕃"的説法(《左傳》宣公三年),西周金文中地位很高的王朝卿士尹

　　① 參看王國維:《鬼方昆夷玁狁考》,《觀堂集林》第二册,中華書局,1959 年;陳公柔:《説媿氏
即懷姓九宗》,收入《先秦兩漢考古學論叢》,文物出版社,2005 年;王玉哲:《鬼方考》,收入《古史集
林》,中華書局,2002 年。
　　② 李學勤:《絳縣橫北村大墓與郇國》,《中國文物報》2005 年 12 月 30 日第 7 版;韓炳華:《倗
國及其相關問題》,《中國文物報》2006 年 1 月 27 日第 7 版;李零:《馮伯和畢姬》,《中國文物報》2006
年 12 月 8 日第 7 版;張天恩:《晉南已發現的西周國族初析》,《考古與文物》2010 年第 1 期;劉緒:
《近年發現的重要兩周墓葬述評》,收入陳夑君、王煒林主編:《梁帶村裏的墓葬——一份公共考古學
報告》,北京大學出版社,2012 年;田偉:《試論絳縣橫水、翼城大河口墓地的性質》,《中國國家博物館
館刊》2012 年第 5 期。
　　③ 見《2010 中國重要考古發現》,第 71 頁。【作者案:根據後來公布的銘文拓本,"伯姬"應爲
"宜姬"。】
　　④ 朱繼平:《翼城大河口霸國族屬初探》,復旦大學出土文獻與古文字研究中心網站,http://
www.gwz.fudan.edu.cn/SrcShow.asp?Src_ID=1791。

氏就是姞姓;而大河口墓地在葬俗方面帶有濃厚的商文化色彩,又有明顯的戎狄文化因素,不太可能屬於位居周王朝統治集團核心的姞姓。因此我不贊成將霸氏定爲姞姓之説①。

　　大河口墓地的發掘者根據墓地的文化面貌,認爲"其人群應爲狄人系統的一支,是被中原商周文化同化的狄人"②。張天恩、劉緒、田偉等先生根據大河口與橫水墓地葬俗等方面的相似性,認爲霸氏和倗氏都屬於"懷姓九宗"③。我也贊同霸氏爲"懷姓九宗"之一的看法,但要證實這一點,還有待大河口墓地出土銅器銘文的進一步披露。

　　鬼方與土方、吕方等部族都是晚商時期商王朝西北邊疆的勁敵。武丁時期着力經營西北,與這些方國進行了長時間的激烈戰爭,卜辭中留下很多記録。《易·既濟》九三爻辭"高宗伐鬼方,三年克之",説明鬼方經過多年戰爭終於被商人征服。此後晉中、晉南地區已成爲商王朝的穩固勢力範圍。靈石旌介、浮山橋北兩處遺址都發現了晚商時期的大墓,分別出土帶有"㞢"字和"先"字族氏銘文的銅器;這些墓葬多見腰坑和殉人,出土銅禮器與殷墟幾乎無別,其主人應該是被商文化高度同化的當地土著。同時,關中崛起的周人也開始向東方擴張,與晉南地區的族群發生接觸。《後漢書·西羌傳》注引《竹書紀年》"武乙三十五年,周王季伐西落鬼戎,俘二十翟王",學者一般認爲"西落鬼戎"就是鬼方,"落"或以爲即春秋時期的赤狄潞氏。這條材料説明鬼方就是後世"翟(狄)"人的祖先,"二十翟王"又向我們揭示出當時的鬼方是由很多分散的小邦或部落組成,與春秋時期赤狄内部小國林立的狀態非常相似。

────────────

　　①　黄錦前、張新俊二位學者認爲"霸氏"即所謂格伯簋的"格氏",亦即赤狄系統的潞氏(《説西周金文中的"霸"與"格"》,簡帛網,http://www.bsm.org.cn/show_article.php?id=1471),其證據亦嫌薄弱。【作者案:謝堯亭根據大河口墓地出土銅器銘文,指出"格"乃"霸"的一種異體(《"格"與"霸"及晉侯銅人》,收入《兩周封國論衡——陝西韓城出土芮國文物暨周代封國考古學研究國際學術研討會論文集》,上海古籍出版社,2014年)。我原對此説持懷疑態度,但陸續公布的大河口墓葬發掘資料證明"霸氏"即"格氏"確無疑義。但"格"與"柏"字形差異明顯,大河口出土銘文亦未見"霸"寫作"柏"之例,故目前認定"霸氏"即"柏氏"仍嫌證據不足。】

　　②　山西省考古研究所大河口墓地聯合考古隊:《山西翼城縣大河口西周墓地》,《考古》2011年第7期。

　　③　見前引張天恩、劉緒、田偉文。

與"二十翟王"一同被俘的應該還有其屬下的普通部衆,按照後來的文獻記載,周人在征服異族後往往會將其遷離故土,異地安置,以便於控制。而且周人在戰勝西落鬼戎之後,又繼續進攻燕京之戎、餘無之戎、始呼之戎、翳徒之戎等部族,有勝有負,晉南成爲長期拉鋸的戰場,所以周人更有可能將被征服的部族遷走①。

爲應對周人的威脅,商王朝試圖利用西北諸方國作爲邊陲藩屏。《史記·殷本紀》記載周文王與九侯、鄂侯同爲殷之三公,"九侯"在很多文獻中寫作"鬼侯",二字音近相通,學者多認爲"鬼侯"即鬼方之君長。可見此時鬼方之君已接受商朝册封,成爲"殷邊侯甸"。或許正是因爲與商王朝曾有臣屬關係,鬼方在西周早期仍與周人爲敵。小盂鼎(《集成》2839)銘文記録了康王二十五年討伐鬼方獲勝後的獻俘禮,僅其中的一場戰役就"獲馘四千八百□十二馘,俘人萬三千八十一人",其規模和慘烈程度,在西周金文所記戰爭中均爲僅見。此役之後鬼方即不再見於西周金文,可見已被周人徹底征服。但其後裔仍然散居於晉南山區,也就是見於東周文獻的赤狄諸小邦②。春秋早期赤狄又曾一度興起,滅邢亡衛,給中原華夏諸國造成嚴重威脅,後來才被崛起的晉國逐漸吞併。

回過頭來再看"懷姓九宗"的來源問題。據《左傳》定公四年記載,叔虞在成王時受封於唐,並領有"懷姓九宗"。而小盂鼎所記對鬼方的大規模征伐已到康王後期,因此"懷姓九宗"不可能是康王時期所俘獲的鬼方部衆。成王時期王朝的主要力量用於東征平叛,東方平定之後隨即分封魯、衛、唐等國,其間應無餘暇在晉南大舉動武,文獻和金文也不見這一時期征討鬼方的記録。《逸周書·克殷》記載武王克商之後曾分兵討伐殷商的四方諸侯,也曾到過山西地區,擒獲霍侯、艾侯,故不排除"懷姓九宗"在

① 晉南地區(霍山以南)晚商時期的考古發現幾乎是一片空白,長期以來一直是困擾考古學家的謎團。我猜想,這或許是因爲當地土著被周人和商人分別强制遷徙而形成的"無人區"。

② 春秋早期的梁伯戈(《集成》11346)銘文仍稱"抑鬼方蠻",但當時作爲一個方國或部族聯盟的鬼方應該早已不存在,此器應是借用古語來稱呼赤狄系統的國族。

此時被周人征服的可能。但從倗、霸兩族的文化面貌看來，其受周文化影響已經頗深，例如棺槨、禮器制度與周文化墓葬無異，姓、氏、名、字的使用完全遵循周人之俗，嚴格遵守同姓不婚之制等。對比春秋時期赤狄諸國，國名仍采用狄語音譯，如東山皋落氏、廧咎如、留吁、鐸辰等，其華夏化程度遠不如西周時期的倗、霸兩族。倗、霸兩族受周文化同化如此之深，顯然不是短時期內所能達到的。因此我傾向於認爲，包括倗、霸兩族在內的"懷姓九宗"應該是晚商時期周人東進擴張過程中所征服的鬼方部族，甚至有可能就是王季俘虜的"二十翟王"之後。

　　橫水、大河口兩處墓地銅器墓葬的年代上限都在西周早中期之際，與晉侯墓地最早的 M114、M113 同時，這一點很值得注意。如果倗、霸兩族屬於被征服的當地土著，那麼墓地中應該會有周初甚至晚商時期的銅器墓。而目前所見情況恰好證明，倗、霸等"懷姓九宗"原先應該並非定居在當地，很可能是與晉國同時遷入的。晉國始封君唐叔虞受封於唐，其後代稱"唐伯"；據新出覎公簋（《銘圖》4954）銘文，成王二十八年"唐伯"改封於晉，始稱"晉侯"（即 M114 墓主晉侯燮父）[1]。唐叔虞的墓葬不在北趙晉侯墓地，應該在唐，"懷姓九宗"第一代的墓葬和居地也應離唐不遠。

四、倗、霸的政治地位及其與周王室的關係

　　橫水、大河口兩處墓地的墓葬總數、等級結構等情況現在已經基本清楚。兩處墓地都只有不到兩千座墓葬[2]，跟天馬—曲村墓地的兩萬多座墓葬相去懸殊，可見其人口規模不大。學者大多同意這是兩個地位、規模相當的政治集團的族墓地，上層統治者與下層平民同處一個墓地，並無單獨的兆域，與目前發現的大多數西周墓地相似[3]。但對於倗、霸兩族的性質和政治地位，卻存在不同看法，大致可分爲兩派。

---

　　① 參看朱鳳瀚：《覎公簋與唐伯侯于晉》，《考古》2007 年第 3 期。
　　② 【作者案：根據最新公布的資料，橫水墓地共發掘墓葬近 1 300 座，大河口墓地共發掘墓葬 2 200 餘座。由於兩處墓地已基本全面揭露，這兩個數字應該與兩處墓地的墓葬實際總數相差不大。】
　　③ 橫水墓地的高等級墓葬相對集中於墓地中部，且有夫妻並穴合葬的現象，大河口墓地的大中型墓葬則沒有明顯的分布規律。

　　一派認爲佣、霸皆爲獨立的小封國①。其根據主要有以下幾點：兩處墓地的最高等級墓葬無論是規模還是出土器物都已達到諸侯的級別；佣、霸之君皆稱"伯"，是五等爵中的第二等爵稱；出土銅器銘文顯示，佣、霸與周王室、畿内世族及其他諸侯國有廣泛的交往和通婚關係。應該説這些根據都有一定道理，但其不好解釋的一點，就是兩處墓地與天馬—曲村晉都遺址的距離太近；前者直綫距離僅 20 餘公里，後者則更近。主張這種觀點的學者提出西周早期晉國的疆域向南不過絳山，局限於曲沃、翼城及襄汾的河西部分這一帶。吉琨璋、宋建忠、田建文、馬保春等先生還認爲佣君稱"伯"，屬於王畿範圍之内的封國，西周早期晉南地區王畿與外服諸侯的分界綫應在絳山—峨嵋嶺一綫②。這種意見實際上否定了佣、霸爲"懷姓九宗"的可能。

　　另一派認爲佣、霸屬於唐叔虞受封時領有的"懷姓九宗"，爲晉國之臣屬，張天恩、劉緒、田偉等學者均持這種觀點。其理由除佣氏爲媿姓，與"懷姓九宗"相合之外，還有横水、大河口兩處墓地的規模偏小，距離晉都太近等。張天恩先生認爲横水和大河口都屬於晉國卿大夫的采邑墓地，"充其量爲晉之附庸"。田偉也贊成"卿大夫采邑説"，指出佣、霸都不是獨立的諸侯國，因此不能稱爲"佣國""霸國"。

　　我從一開始就認爲佣、霸屬於"懷姓九宗"。横水、大河口墓地的高等級墓葬雖然出土了很多精美器物，看似不遜於晉侯墓地，但除横水 M1、M2、M1011 三座大墓外，其餘墓葬都没有墓道。横水三座大墓出現墓道已到該墓地的晚期，而且與 M1 墓主畢姬的特殊地位有關③。目前發現的西周諸侯一級大墓多數都有墓道，如燕、晉、衛、楷（黎）等莫不如此④，佣、

　　①　山西省考古研究所等：《山西絳縣横水西周墓地》，《考古》2006 年第 7 期；吉琨璋、宋建忠、田建文：《山西横水西周墓地研究三題》，《文物》2006 年第 8 期；謝堯亭：《晉南地區西周墓葬研究》。
　　②　吉琨璋、宋建忠、田建文：《山西横水西周墓地研究三題》，《文物》2006 年第 8 期；馬保春：《山西絳縣横水西周佣國大墓的歷史地理問題》，《考古與文物》2007 年第 6 期。
　　③　周代高等級墓葬中的夫人墓規格往往要比其配偶低一級，但 M1 畢姬墓無論是棺飾還是隨葬器物都明顯高於 M2 佣伯墓，這種反常現象當與畢姬出身於王朝大世族畢氏有關。這一階段佣氏應該是通過與畢氏聯姻而提高了自身地位。
　　④　平頂山應國墓地多數大墓没有墓道，比較特殊，可能與應國地位較低有關。

霸兩族的政治地位顯然達不到"諸侯"的級别。無論倗、霸是晉國的卿大夫還是附庸,其領地都屬於晉國疆域的一部分①。上海博物館收藏的冒鼎(《銘圖》2395),傳出曲村墓地,銘文曰:"晉侯命冒追于倗,休有擒。"②晉國軍隊可以自由出入倗氏的領地,這正是晉國對倗享有主權的體現。因此我主張倗、霸不應稱爲"國",而應稱"倗氏""霸氏"。説西周時期晉國的疆域向南不過絳山,恐怕也是不符合史實的。

吉琨璋等先生認爲倗氏爲畿内封君,其地屬於王畿的範圍。但是西周時期在絳山—峨嵋嶺一綫以南,仍有不少稱"侯"的封國。比如運城盆地的郇國,中條山區的虞國,其君主都稱"侯"③。更何況後來發現了與倗氏地位相當的霸氏,其地在晉都東北,無論如何也不能劃入王畿的範圍。倗伯、霸伯的"伯"字,有學者認爲是爵稱,我則認爲西周時期的"伯"並不是一種爵稱,而是宗族長的通稱;凡未經周王册命獲得"公""侯"等爵位的一族之長,皆可稱"伯",其範圍亦不限於王畿之内④。《尚書·酒誥》追記殷商史事,稱"越在外服,侯、甸、男、衛、邦伯;越在内服,百僚、庶尹、惟亞、惟服、宗工,越百姓里居〈君〉";這裏明確記載"邦伯"屬於"外服",位在"侯、甸、男、衛"之後,這是因爲"侯、甸、男、衛"都有商王授予的爵位和職事,"邦伯"則未獲王命授爵。《召誥》稱"周公乃朝用書,命庶殷,侯、甸、男、邦伯",令方尊、方彝銘文也有"諸侯:侯、田(甸)、男"之語,可見周王朝外服封君的稱號和爵位序列基本繼承自殷商,"侯、甸、男"這三種爵稱都屬於"諸侯",而"邦伯"則位在"諸侯"之下。雖然西周金文中稱"伯"者多數是畿内封君,但並不意味着外服封君没有稱"伯"之例,如山東地區的杞國之君就稱"杞伯"⑤。李峰先生指出,諸侯也可以鑄以"伯"自稱的銅

① 春秋時期魯國的附庸顓臾就被孔子稱爲"社稷之臣","且在邦域之中"(《論語·季氏》)。參看陳偉:《春秋時期的附庸》,《武漢大學學報(哲社版)》1996年第2期。
② 見陳佩芬:《夏商周青銅器研究》"西周篇(上)",上海古籍出版社,2004年,第254—255頁,此器年代應在西周中期穆王前後。西周金文中的"追于某",指的是追擊敵軍至於某地,如多友鼎(《集成》2835)的"羞追于京師"、五年師旋簋的"羞追于齊"等皆是,因此冒鼎的"追于倗"應是追擊敵軍至於倗地,不能理解爲晉與倗發生戰争。
③ 前者的銅器有郇侯盤(《集成》10096),後者有虞侯政壺(《集成》9696)。
④ 《新出金文與西周諸侯稱謂的再認識》,見本書第220頁。
⑤ 代表器物有杞伯每亾鼎(《集成》2494)等。

器,但主要是在即位爲君和被正式册封爲侯之前;至於"倗伯"和"霸伯",很可能並没有從周王室獲得諸侯國的資格,故其國君按照宗族制度的習慣稱爲"伯"[①],其説甚是。"倗伯""霸伯"從稱謂上講近似於外服的"邦伯"。

不過從橫水、大河口兩處墓地出土的很多銅器銘文看來,倗氏、霸氏與周王室、畿内世族和其他諸侯國有密切的政治往來和通婚關係,這種現象即便在西周諸侯國的銅器銘文中也並不多見。對於將倗、霸認定爲獨立封國或畿内封君的觀點來説,這是一個有利證據。我原先也曾認爲倗氏、霸氏所屬的"懷姓九宗"是晉國的附庸,但大河口墓地出土的銅器銘文將我引入更深層次的思考——僅僅將"懷姓九宗"簡單視爲晉國的臣屬還不足以充分揭示其特殊地位。

"附庸"的明確定義最早見於《孟子·萬章下》:

> 天子之制,地方千里,公侯皆方百里,伯七十里,子男五十里,凡四等。不能五十里,不達於天子,附於諸侯,曰附庸。

《禮記·王制》繼承了《孟子》的説法:

> 天子之田方千里,公侯田方百里,伯七十里,子男五十里。不能五十里者,不合於天子,附於諸侯,曰附庸。

可見"不能五十里,不達於天子,附於諸侯"是"附庸"最主要的特徵。陳偉先生曾考察過春秋時期的"附庸",總結出四項特點:1. 領地褊小;2. 自有社稷、君統,在領地内享有主權,諸侯不能像對本國屬邑那樣完全支配附庸;3. 依附於某個諸侯國,對宗主國有承擔貢賦、勞役的義務;4. 無獨立出席諸侯間盟會的資格[②]。這些對於西周時期的附庸國應該也是適用的。倗伯和霸伯都接受過諸如益公、芮公、井叔這樣的王朝卿士的賞賜,尤其是在大河口 M1017 出土的尚盂銘文中,周王還派遣大臣聘問

---

① 李峰:《論"五等爵"稱的起源》,收入李宗焜主編:《古文字與古代史》第三輯,臺北:中研院歷史語言研究所,2012 年。

② 陳偉:《春秋時期的附庸》,《武漢大學學報(哲社版)》1996 年第 2 期。

霸伯尚,給予賞賜和蔑曆。由此看來,倗和霸都不像是"不達於天子"的附庸。同樣,倗氏、霸氏如果是晉國的卿大夫,"爲人臣者無外交"(《禮記·郊特牲》),很難想像他們會越過晉君,而與周王室及王臣保持如此密切的關係,顯然其身份非一般的卿大夫可比。

《左傳》定公四年記載魯、衛、唐三國受封,都是先敘述"分器",然後是"授民",即魯之"殷民六族"、衛之"殷民七族"、唐之"懷姓九宗",可見三者的地位和性質相近。因此《左傳》在"殷民六族"之後詳述其受封的細節:"使帥其宗氏,輯其分族,將其類醜,以法則周公,用即命于周,是使之職事于魯,以昭周公之明德。"而於"殷民七族""懷姓九宗"則予以省略。"帥其宗氏,輯其分族,將其類醜"説明"殷民六族"受封時仍保有完整的宗族組織,並有隸屬於本族的下層平民或奴隸,"殷民七族""懷姓九宗"應該也是如此。在橫水、大河口兩處墓地中,既有倗伯、霸伯等宗子的大墓,也有"倗仲""倗季""霸仲"等小宗旁支的墓葬,更有數量衆多的屬於平民或奴隸的小墓,其社會結構與《左傳》的記載正相吻合。

《左傳》在"殷民六族"之後還有"分之土田陪敦"一語,孫詒讓等學者早已指出"陪敦"應讀爲"附庸","土田陪敦"即《詩·魯頌·閟宮》之"土田附庸"[1]。但裘錫圭先生認爲,此處之"附庸"並非指附庸之國,"土田附庸"即五年琱生簋(《集成》4292)之"僕庸土田";"僕庸"的身份是被奴役者,"僕"是被征服者中的上層,擔任戎臣,"庸"則是下層的農夫。他還引用《大雅·崧高》"王命申伯,式是南邦,因是謝人,以作爾庸"與《左傳》"因商奄之民"作比較,指出"商奄之民"即被征服的當地土著,也就是魯國的"庸"[2]。"殷民六族"在"土田附庸"之前,顯然地位遠高於被征服的當地土著。同理,"懷姓九宗"也不可能是唐地的土著,而是與殷遺民一樣從異地遷入受封國的。在分封之前,他們應該隸屬於周王室,身份是"王臣"。

---

① 《閟宮》追述伯禽封魯之經過:"乃命魯公,俾侯于東,錫之山川,土田附庸。"與《左傳》可互證。
② 裘錫圭:《説"僕庸"》,收入《古代文史研究新探》,江蘇古籍出版社,1992年。

西周金文中也有一些類似的"授民授疆土"的資料,最著名的是大盂鼎(《集成》2837)和宜侯夨簋(《集成》4320)。大盂鼎銘文曰:

> ……賜汝邦司四伯,人鬲自馭至于庶人六百又五十又九夫;賜夷司王臣十又三伯,人鬲千又五十夫;徹[囗]遷自厥土。……

李學勤先生指出,"邦司四伯"與"夷司王臣"對舉,"邦"當指周,"司"即有司,"伯"訓爲長;所謂"邦司"是周人有司,"夷司王臣"是夷人而爲周臣者,其長共十七人;"徹[囗]遷自厥土"意爲急速自其原居之地遷來[1]。其說甚是。

宜侯夨簋:

> ……賜在宜王人□又七生(姓);賜奠七伯,厥盧(虜)□又五十夫;賜宜庶人六百又□六夫。……

"在宜王人"應爲周王之屬民而居於宜地者,亦即"王臣";"□又七姓"的"姓"應該是指"族",與"殷民六族""懷姓九宗"同義;這些家族應該也是聚族而居,由其宗子"伯"來統領。"奠七伯"應該是原居於關中"奠"地的七族之長,"厥虜"是其統率下的屬民。裘錫圭先生曾指出,"奠"是殷周王朝用來安置被征服者的特殊地方建制,後來才轉化爲地名[2]。因此"奠七伯"很可能是周初被征服而被奠置於關中的異族,與"夷司王臣"性質相同。"宜庶人"則是宜地的土著。

將兩段銘文與《左傳》定公四年的記述相比較,不難看出其中的相似性。大盂鼎的"夷司王臣十又三伯",宜侯夨簋的"在宜王人□又七姓"和"奠七伯",其地位和性質都與"殷民六族""殷民七族""懷姓九宗"相近。他們在分封之前應直屬於周王,保持其原有宗族組織,各由其族長"伯"統領,且"夷司王臣"和"奠七伯"都是由原居住地遷入新領主的領地。

---

① 李學勤:《大盂鼎新論》,見《李學勤集》,黑龍江教育出版社,1989年,第159頁。
② 裘錫圭:《說殷墟卜辭的"奠"——試論商人處置服屬者的一種方法》,《中研院歷史語言研究所集刊》第六十四本第三分,1993年。

　　由此反觀倗、霸兩族，對其與周王室及王朝世族的頻繁交往可以有新的理解。正因爲"懷姓九宗"在分封之前是"王臣"，而且其歸順周人的時間遠比殷遺民要早，所以與周王室和王朝世族之間建立了比較穩固而密切的關係。由於晉國距離王畿很近，這種關係在"懷姓九宗"被分封給晉之後並未割斷。而且我懷疑"懷姓九宗"與"殷民六族"、"殷民七族"不同，很可能長期保持"晉臣"與"王臣"的雙重身份，周王和晉侯對其都享有一定主權。這種現象與文獻所載諸侯國的所謂"命卿"制度有相似之處，比如齊國的國、高二氏就是周王的"命卿"，被稱爲"天子之二守"，具有"王臣"和諸侯國之臣的雙重身份。近年山東高青陳莊齊國大墓出土的引簋（《銘圖》5299－5300）銘文中，引受王命"更乃祖𩜅司齊師"，就是齊國"命卿"制度的直接證明。《左傳》在"懷姓九宗"之後還有"職官五正"一詞，異於"殷民六族"和"殷民七族"，正表明其獨特之處。按照通常的理解，"職官五正"是負責管理"懷姓九宗"各項事務的官員，或者由"懷姓九宗"之族長分別擔任，或者另有一家族專任"職官五正"。後一種可能性似乎更大，因爲《左傳》隱公六年有"翼九宗五正頃父之子嘉父"，可見至少在春秋早期"九宗五正"已是由一個家族世襲。無論按照哪種理解，從《左傳》上下文看來，"職官五正"在分封之前就已存在，是周王設立的專門管理"懷姓九宗"的官員。周王之所以在將"懷姓九宗"分封給晉國之時加派"職官五正"，很可能是爲了繼續控制這支重要的戎狄武力。由於這一安排出自"王命"，晉侯也不能不承認"懷姓九宗"的特殊地位，因此倗、霸兩族才能夠長期維持其固有文化傳統，並且與周王室和王朝世族保持密切聯繫。

　　周公將源出晉南地區的"懷姓九宗"分封給唐，顯然是爲了借助其武力以及與晉南戎狄之間的文化淵源，在晉南開疆拓土，並進一步開闢穿越晉南和太行山通往華北平原的交通綫。成王末年改命"唐伯侯于晉"，是在晉南地區加強軍事進攻的又一重大舉措[①]，康王時期就開始了對鬼方

---

① 衆所周知，早期的"侯"是帶有强烈軍事色彩的邊疆職官，後來才轉化爲爵位，西周時期"侯"的主要職能仍然是在邊疆開疆拓土、捍衛周室。

的大規模征伐。"懷姓九宗"在周人經略晉南的過程中應該發揮了相當重要的作用。大河口 M1017 出土的霸伯盤(《銘圖續》949)有"霸伯搏戎"的銘文,就是明證①。

在目前所見西周諸侯國遺址中,魯、燕、滕等國都發現了殷遺民的墓葬,而且位於都城範圍内,與姬姓宗主的墓區相距不遠②。但天馬—曲村晉都遺址卻很少發現帶有腰坑的墓葬③,出土銅器少見族氏銘文、日名等商文化因素,墓葬和居址出土的陶器也呈現比較單純的周文化面貌,這説明晉國領有的"懷姓九宗"並未定居在晉都範圍内。現在橫水、大河口兩處墓地的發現,説明晉國對"懷姓九宗"采取了與其他諸侯國對待殷遺民不同的安置方式,即分散定居於都城周圍有一定距離的采邑之中。之所以采取這樣的方式,一方面是由於"懷姓九宗"兼爲"王臣"的特殊地位,需要保持一定的獨立性;另一方面也是爲了更好地利用其武力拱衛晉都,這與晉國初封時戎狄環繞的嚴峻形勢有關。

以往山西地區發現的西周墓葬帶有顯著商文化色彩者較少,但近年來卻有連續發現。除橫水、大河口外,稷山縣三交墓地發掘西周晚期至春秋中期墓葬 16 座,墓主大多頭向西,其中一座有腰坑。臨汾市龐杜墓地清理西周早期墓葬兩座,一座頭向西,有腰坑,另一座頭向北,無腰坑,但有殉人一具,出土銅器有"息"字族氏銘文和日名④。這説明在晉國周圍還散居着不少深受商文化影響的小邦或部族,其中可能有一部分屬於"懷

---

① 【作者案:後來我聯繫大河口墓地出土其他銅器銘文,認爲霸伯所搏之"戎"乃淮夷,並非晉南地區的戎狄,參看韓巍:《翼城大河口 M1017、M2002 兩墓的年代及相關問題》。】

② 曲阜魯故城的甲組墓多見腰坑殉狗,被認爲是殷遺民或"商奄之民"的墓葬;琉璃河 I 區墓地多見腰坑和殉人,應爲殷遺民墓區(參看韓巍:《西周墓葬的殉人與殉牲》);滕州莊里西墓地也發現隸屬滕國的殷遺民"爯"的成組銅器(見朱鳳瀚:《滕州莊里西滕國墓地出土爯器研究》,收入上海博物館、香港中文大學文物館編:《中國古代青銅器國際研討會論文集》,2010 年)。唯濬縣辛村衛國墓地少見殉人和腰坑殉狗現象,可能是因爲殷遺民墓區不在已發掘區域内。

③ 曲村墓地的殉狗墓只有 23 座,發掘者將其分爲甲、乙兩組;甲組墓共 17 座,多爲小型墓,集中分佈於 K4 區西部,頭向均向西,其中 9 座有腰坑。劉緒、徐天進先生認爲甲組墓可能是與晉國聯姻的他族墓葬(《關於天馬—曲村晉國墓葬的幾個問題》,上海博物館編:《晉侯墓地山上青銅器國際學術研討會論文集》,上海書畫出版社,2002 年,第 48 頁)。現在看來甲組墓有可能與倗、霸等"懷姓九宗"有關。

④ 資料皆未正式發表,參見謝堯亭:《晉南地區西周墓葬研究》。

姓九宗",應該在今後的考古工作中加以注意①。

　　(本文曾口頭發表於 2012 年 8 月 13—15 日由上海博物館和陝西省考古研究院聯合主辦的"陝西韓城出土芮國文物暨周代封國考古學研究"國際學術研討會,後收入上海博物館、陝西省考古研究院編:《兩周封國論衡——陝西韓城出土芮國文物暨周代封國考古學研究國際學術研討會論文集》,上海古籍出版社,2014 年)

---

① 【作者案: 近年晉南地區西周考古另一重要發現是絳縣衛莊鎮雎村墓地。該墓地西距橫水墓地僅 15 公里,於 2010 和 2013 年兩次被盜,2015—2017 年進行搶救性發掘,共清理墓葬 854 座,大多被盜一空,出土的少量青銅器未發現銘文,無法證明墓地屬於哪一國族。但墓葬均爲東西向,多數頭向西,流行俯身葬,多見腰坑和殉人葬俗,大型墓有墓角斜洞和柱洞等,皆與橫水墓地極爲相似(參看王金平:《絳縣雎村西周墓地》,《中國考古學年鑒(2016)》,中國社會科學出版社,2017 年,第 185—186 頁;段雙龍、王金平:《絳縣雎村西周墓地》,《中國考古學年鑒(2018)》,中國社會科學出版社,2020 年,第 172—173 頁)。雎村墓地的主人與倗氏、霸氏應該有族屬上的同源關係,很可能是"懷姓九宗"中的另一家族。】

從葉家山墓地看西周
南宫氏與曾國

——兼論"周初賜姓説"

　　湖北隨州葉家山墓地是近年西周考古的重大發現。從 2011 年初至今，先後經過兩次大規模發掘，共清理墓葬 140 餘座。其中多座墓葬出土帶有"曾侯"銘文的青銅器，故學界一致認爲該墓地是西周早期的曾國墓地。葉家山墓地的發現，爲解決曾國族源及"曾—隨之謎"等問題提供了重要綫索。

　　葉家山墓地主人——西周時期曾國的姓氏和族源，一度是學界熱烈爭論的問題。從墓葬形制、棺槨制度和隨葬器物風格看來，葉家山墓地顯然屬於"周文化"系統。雖然墓葬出土銅器没有發現直接表明墓主爲何"姓"的銘文，但是東周時期的曾國爲姬姓，已有多件銅器銘文爲證。而且東周曾國的重要墓地，如棗陽郭家廟、京山蘇家壠、隨州文峰塔、擂鼓墩等，都分佈在隨棗走廊地區，而以隨州爲中心，説明其地域與西周曾國相合。東周曾國墓葬與葉家山墓地一樣都是東西向。因此主持墓地發掘的黄鳳春等學者認爲東周之"曾"與西周之"曾"應該是一脈相承，葉家山墓地代表的西周曾國亦屬姬姓，方輝、黄銘崇、張懋鎔、王恩田等學者也支持這種意見[①]。但是葉家山墓地所有墓葬均爲東西向，墓主頭向東，這與姬姓周人高等級墓葬完全不同。以往所見可確定爲姬姓周人的大墓均爲南

---

　　①　黄鳳春、陳樹祥、凡國棟：《湖北隨州葉家山新出西周曾國銅器及相關問題》，《文物》2011 年第 11 期；段姝杉、陳麗新：《葉家山西周墓地國際學術研討會綜述》，《江漢考古》2014 年第 1 期，第126 頁；張懋鎔：《談隨州葉家山西周曾國墓地》，清華大學出土文獻研究與保護中心編：《出土文獻》第三輯，中西書局，2012 年；王恩田：《隨州葉家山西周曾國墓地的族屬》，《江漢考古》2014 年第 3 期。

北向,墓主絕大多數頭向北①。而西周至春秋初期爲數不多的東西向大墓,其族姓能夠確定者均非姬姓,如絳縣橫水佣氏墓地爲媿姓②,禮縣大堡子山秦公大墓爲嬴姓。葉家山墓地還有少數墓葬有腰坑殉狗葬俗,其中包括規格較高的 M1,這種葬俗被認爲是“商文化”系統墓葬的重要特徵。西周時期有腰坑殉狗的墓葬多數屬於殷遺民或有東方背景的族群,可確定爲姬姓周人的墓葬則無一發現③。葉家山墓地出土的銅器銘文中有爲數不少的族氏銘文和日名稱謂,這與目前學界普遍接受的“周人不用族徽説”和“周人不用日名説”相矛盾④。此外張昌平指出,葉家山 M27 出土的雙耳簋、尊等仿銅陶禮器基本不見於關中地區西周遺存,而是殷墟文化陶器的延續⑤。因此,在 2014 年以前,多數學者認爲西周時期的曾國並非姬姓,東周之“曾”與西周之“曾”不是同一國族⑥。

2014 年春,黃鳳春、胡剛發表《説西周金文中的“南公”》一文(以下簡稱《説“南公”》)⑦,其中介紹了葉家山墓地 M111 出土的一件方座簋(M111:67,《銘圖續》371,圖 105)。簋內底有銘文 9 字:“狀乍(作)剌(烈)考南公寶尊彝。”“狀”這個人名亦見於 M111 出土的兩件帶蓋圈足簋

---

①　例如屬於外服諸侯的曲沃北趙晉侯墓地、濬縣辛村衛侯墓地、北京琉璃河燕侯墓地、平頂山應侯墓地,以及屬於内服王臣的長安張家坡井叔墓地、岐山周公廟陵坡墓地(或認爲屬於周公家族)、三門峽上村嶺虢氏墓地等,莫不如此。

②　翼城大河口霸氏墓地葬俗與橫水墓地相似,我認爲與佣氏同爲媿姓,即“懷姓九宗”中的兩個家族,參看《橫水、大河口西周墓地若干問題的探討》,見本書第 266—275 頁。此外岐山趙家臺遺址發掘西周墓葬 20 餘座,均爲東西向,包括兩座帶墓道大墓,因被盜嚴重没有出土足以判斷墓主族姓的銘文,但學者多認爲墓主爲任職於王朝的非姬姓貴族(見劉緒:《近年發現的重要兩周墓葬述評》,陳燮君、王煒林主編:《梁帶村裏的墓葬——一份公共考古學報告》,北京大學出版社,2012 年,第 124 頁)。

③　參看韓巍:《西周墓葬的殉人與殉牲》,北京大學考古文博學院碩士學位論文,2003 年。

④　張懋鎔:《周人不用族徽説》、《周人不用日名説》,收入《古文字與青銅器論集》,科學出版社,2002 年。

⑤　張昌平:《論隨州葉家山墓地 M1 等幾座墓葬的年代以及墓地佈局》,《中國國家博物館館刊》2012 年第 8 期,第 85 頁。

⑥　曾經持這種觀點的有李伯謙、孫華、張昌平、李零等學者,另外朱鳳瀚、劉緒、王占奎等學者比較謹慎地表示,西周曾國究竟爲何“姓”,與東周曾國是否爲一國,還有待更多的發掘和研究。參看《湖北隨州葉家山西周墓地筆談》,《文物》2011 年第 11 期;段姝杉、陳麗新:《葉家山西周墓地國際學術研討會綜述》,《江漢考古》2014 年第 1 期,第 126 頁。

⑦　黃鳳春、胡剛:《説西周金文中的“南公”——兼論隨州葉家山西周曾國墓地的族屬》,《江漢考古》2014 年第 2 期。【作者案:此簋資料業已正式公布,見湖北省文物考古研究所、隨州市博物館:《湖北隨州葉家山 M111 發掘簡報》,《江漢考古》2020 年第 2 期。】

（M111：59、60，《銘圖續》362－363，圖 106），銘文作："曾侯㪍（作）寶尊彝。"[1]兩篇銘文中的人名應該是同一個字，故其作器者應該是同一位曾侯，其名爲"㪍"，這是繼"曾侯諫"之後公布的第二位有私名的曾侯。從《隨州葉家山》圖錄發表的圈足簋銘文照片看來，曾侯之名很清楚是左側從"立"、右側從"犬"（圖 106）。但《説"南公"》一文公布的方座簋銘文拓片，器主之名作"㪍"，左側所從之人形之下無橫畫、兩腿之間多一斜筆，看上去像是"兂"字（圖 105）。故黃鳳春、胡剛以及《隨州葉家山》圖錄編者都將此字釋爲"犾"，部分學者從其説。但目前多數學者主張此曾侯之名應隸定爲"㪍"或"狀"字[2]。我懷疑方座簋此字所從"兂"形實爲"立"字漏鑄底部橫畫，當中的斜筆模糊不清，很可能是鑄造時的疤痕或鏽斑。當然解決這一爭議還有待 M111 出土銅器銘文的更多公布。

圖 105　㪍簋及其銘文

誠如《説"南公"》所言，㪍簋銘文明確提到"烈考南公"，説明曾侯㪍與西周曾國公室都是"南公"的後裔。只要弄清"南公"所屬家族的姓氏和族源，西周曾國的族姓問題自然迎刃而解。《説"南公"》指出，㪍簋的"南公"

---

① 湖北省博物館、湖北省文物考古研究所、隨州市博物館編：《隨州葉家山——西周早期曾國墓地》，文物出版社，2013 年，第 124 頁。

② 宋華强認爲"㪍"字即古文"戾"，見《葉家山銅器銘文和殷墟甲骨文中的古文"戾"》，《古文字研究》第三十輯，中華書局，2014 年。

圖 106　曾侯犺簋及其銘文

與大盂鼎(《集成》2837)銘文的"祖南公"是同一人,而據南宮乎鐘(《集成》181)銘文可知,"南公"之"南"實爲"南宮"二字之省,故"南公"之家族就是南宮氏。這些看法無疑是非常正確的。犺簋銘文證實西周曾國是從王朝世族南宮氏分出的小宗,這爲解決曾國的族源和始封問題提供了關鍵證據。

　　我在博士論文《西周金文世族研究》中,曾有一節專門討論南宮氏的姓氏、族源、世系等問題,其後又曾根據新出金文進一步論證南宮氏爲姬姓①。據文獻記載,南宮氏是輔佐文武建國克商的重要功臣,其中最多見的人物是南宮括("括"亦作"适")。《尚書·君奭》:"惟文王尚克修和我有夏,亦惟有若虢叔,有若閎夭,有若散宜生,有若泰顛,有若南宮括。"《尚書大傳》曰:"散宜生、南宮括、閎夭三子相與學訟于太公,四子遂見西伯于羑里。"②又曰:"文王以閎夭、太公望、南宮括、散宜生爲四友。"③皇甫謐《帝王世紀》亦曰:"文王昌……敬老慈幼,晏朝不食,以延四方之士。……是以太顛、閎夭、散宜生、南宮适之屬咸至,是爲四臣。"④可見,南宮括與閎

---

　　①　參看韓巍:《西周金文世族研究》,北京大學中文系博士學位論文,2007 年,第 116—126 頁;《讀〈首陽吉金〉瑣記六則》之"南姬爵"條,見本書第 311—314 頁。

　　②　《毛詩·大雅·文王》序,孔穎達《正義》引文。

　　③　王應麟《玉海·官制》引文。

　　④　《太平御覽》卷八十四引文。

夭、散宜生、太顛、太公望等人一樣，都是投奔文王的異族人，並非周王室嫡系。《史記·周本紀》敍述武王克商之後："命南宮括散鹿臺之財，發巨橋之粟，以振貧弱萌隸。命南宮括、史佚展九鼎保玉。"《逸周書·克殷》則曰："乃命南宮忽振鹿台之錢，散巨橋之粟，乃命南宮百達、史佚遷九鼎三巫。"史遷將《逸周書》的"南宮忽"、"南宮百達"二人皆改爲"南宮括"，或別有所據。但由《逸周書》可知，周初活躍於政治舞臺的南宮氏族人除南宮括外，還有南宮百達（"百"應爲"伯"之借字）、南宮忽等人①。清華簡《良臣》曰："文王有閎夭、有泰顛、有散宜生、有南宮适、有南宮夭、有芮伯、有伯适、有師尚父、有虢叔。"②"南宮夭"未見於傳世文獻，不知是否即"南宮忽"③。"伯适"與"南宮适"應該本爲一人，簡文誤分爲二④。

《尚書·顧命》有"南宮毛"，從時代看當爲南宮括之子輩。其後最爲顯赫的南宮氏宗子當推大、小盂鼎的器主"盂"。大盂鼎銘文曰"載令汝盂型乃嗣祖南公"，又曰"賜乃祖南公旂"，可見盂的爵位和官職是直接繼承自其祖父"南公"。這位"南公"，誠如衆多學者所言，應該就是南宮氏始祖南宮括。小盂鼎（《集成》2839）銘末有"用作□伯寶尊彝"字樣，"伯"上一字模糊不清，估計是氏名或謚號；盂之祖父稱"南公"，故"□伯"只能是其亡父，稱"伯"説明他生前尚未獲得"公"之爵號。我認爲這位"□伯"應該就是《尚書·顧命》之"南宮毛"，他可能去世較早，未及被冊命爲"公"，故周王命盂之時只提其祖、未提其父。從大盂鼎銘"汝妹辰有大服"一語看來，盂繼任南宮氏宗子之時年紀尚幼，而大盂鼎賞賜之級別甚高，此時盂任職應該已有一些年頭。大盂鼎之紀年爲康王二十三年，小盂鼎爲二十五年，而康王即位時南宮毛尚在世，故南宮毛之去世與南宮盂之繼爲宗

---

① 《論語·微子》："周有八士：伯達、伯适、仲突、仲忽、叔夜、叔夏、季隨、季騧。"明人楊慎認爲伯達即南宮百達（"百"爲"白"之訛），伯适即南宮适，仲忽即南宮忽（《升庵集》）。可備一説。

② 清華人學出土文獻研究與保護中心編：《清華大學藏戰國竹簡（叁）》，中西書局，2012 年。此處直接采用寬式釋文。

③ 程浩推測"南宮夭"乃南宮括長子，亦即曾國始封君、葉家山 M65 墓主"曾侯諫"，"諫"與"夭"乃一名一字（《由清華簡〈良臣〉論初代曾侯"南宮夭"》，《管子學刊》2016 年第 1 期）。其説似證據不足。

④ 《良臣》下文敍武王之臣，亦將"君奭"與"召公"誤分爲二人。

子,可能在康王在位早期。傳世器還有盂爵(《集成》9104),學者多認爲與盂鼎爲一人所作,其銘文曰:"唯王初莅于成周,王令盂甯登(鄧)伯。"所記乃時王即位不久之事,故此"王"應爲昭王①。南宮盂在昭王時仍居要位,"安州六器"之中方鼎(《集成》2751-2752)、中觶(《集成》6514)以及晉侯墓地 M114 出土之鼓簋(《銘圖》3363)的銘文中,隨昭王南征、"伐反虎方"的"南宮",應即南宮盂。此外,平頂山應國墓地 M242 出土的柞伯簋(《銘圖》5301)銘文曰:"王大射在周,王令南宮率王多士。"王龍正等學者將其定爲康王器②,但亦有在昭王時期的可能,銘文中的"南宮"應該也是南宮盂。

恭王時期的廿七年衛簋(《集成》4256)銘文記録周王對裘衛的册命③,其右者爲"南伯",應是此時的南宮氏宗子。厲王時有南宮柳鼎(《集成》2805),器主南宮柳受命"司六師牧、陽(場)大□,司羲夷陽(場)佃事",也就是管理六師的農牧業生産,兼管"羲夷"地方的農事。宣王早期的南宮氏宗子爲南仲邦父,見於駒父盨(《集成》4464)銘文:"唯王十又八年正月,南仲邦父命駒父即南諸侯,率高父見南淮夷,厥取厥服。"另外,無更鼎(《集成》2814)銘文中的右者稱"司徒南仲",應即南仲邦父。《詩·大雅·常武》敘述宣王時征伐徐方之役,參加者有南仲、太師皇父、程伯休父,學者多認爲駒父盨與此役有關。而《小雅·出車》則記録了南仲率軍抗擊獫狁的功績。南仲邦父之後,南宮氏的宗子是南宮乎,在宣王三十七年的善夫山鼎(《集成》2825)銘文中擔任右者,其自作之器有扶風縣豹子溝出土的南宮乎鐘:"司土南宮乎作大林協鐘。兹鐘名曰無昊……先祖南公、亞祖公仲必父之家。"南宮乎官爲"司土(徒)",與南仲邦父相同,而厲王時南宮柳的職事顯然也是"司土"的下屬,可見至遲在西周晚期,南宮氏宗子已

①　唐蘭將此器定於康王初年,理由是盂在康王二十三年已任要職,不可能到昭王初年反被派去作間候的工作(《西周青銅器銘文分代史徵》,第 132 頁)。但康王初年南宮毛仍在位,南宮盂年紀尚幼,似不太可能擔任王之使人。

②　王龍正、姜濤、袁俊傑:《新發現的柞伯簋及其銘文考釋》,《文物》1998 年第 9 期。

③　目前多數學者將此器定於穆王時,我認爲應是恭王器,見《親簋年代及相關問題》,本書第 16—17 頁;《簡論作册吳盉和相關銅器的年代》,本書第 36 頁;《由新出青銅器再論"恭王長年説"——兼論西周中期後段青銅器的變化》,本書第 69 頁。

世襲"司土"之職。南宮氏直到春秋時期仍是周王室重臣。《春秋》隱公九年"天王使南季來聘","南季"應是南宮氏族人。《左傳》中出現的南宮氏後裔,還有昭公二十三年的"南宮極"和昭公二十四、二十六年的"南宮嚚"。最終南宮氏因屬王子朝之黨羽,在政爭中失敗,而與王子朝及召氏、毛氏、尹氏等族逃奔楚國。

《説"南公"》雖然正確地指出狣簋銘文之"烈考南公"即南宮括,但接下來卻致力於論證南宮氏即周文王幼子聃季載之"聃氏",並由此證明南宮氏與曾國公室皆爲姬姓,且爲周王室之嫡系後裔。此説源出唐蘭《西周青銅器銘文分代史徵》一書,認爲大盂鼎之"祖南公"即文王子聃季載,"冄"和"聃"都是假借字,"聃季"當以作"南季"爲正①。但歷來少有學者贊同唐説。實際上,唐説的直接證據只有《白虎通·姓名》一條:

> 文王十子,《詩傳》曰:"伯邑考,武王發,周公旦,管叔鮮,蔡叔度,曹叔振鐸,成叔處,霍叔武,康叔封,南季載。"所以或上其叔、季何也?管、蔡、曹、霍、成、康、南皆采也,故置叔、季上。

文王幼子"聃季載"之氏名見於先秦兩漢文獻者,大多寫作"聃",如《左傳》定公四年:

> 聃季授土,陶叔授民,命以《康誥》,而封於殷虛。……武王之母弟八人,周公爲太宰,康叔爲司寇,聃季爲司空,五叔無官。

《左傳》僖公二十四年:

> 管、蔡、郕、霍、魯、衛、毛、聃、郜、雍、曹、滕、畢、原、酆、郇,文之昭也。

《國語·周語中》:

> 昔鄢之亡也由仲任,密須由伯姞,鄶由叔妘,聃由鄭姬,息由陳嬀,鄧由楚曼,羅由季姬,盧由荊嬀,是皆外利離親者也。

---

① 唐蘭:《西周青銅器銘文分代史徵》,第176—177頁。

《列女傳》卷一：

> 大姒生十男：長伯邑考、次武王發、次周公旦、次管叔鮮、次蔡叔度、次曹叔振鐸、次霍叔武、次成叔處、次康叔封、次聃季載。

《通志·氏族略》引《風俗通義》佚文：

> 聃氏，周文王第十子聃季載之後。

此外，《漢書·古今人表》亦曰：“聃季載，文王子。”《史記》則作“冉季載”，如《管蔡世家》：

> 武王同母兄弟十人。母曰太姒，文王正妃也。其長子曰伯邑考，次曰武王發，次曰管叔鮮，次曰周公旦，次曰蔡叔度，次曰曹叔振鐸，次曰成叔武，次曰霍叔處，次曰康叔封，次曰冉季載。冉季載最少。

張守節《正義》曰：

> 冉作“丹”，音奴甘反。或作“郮”，音同。冉，國名也。季載，人名也。伯邑考最長，所以加“伯”。諸中子咸言“叔”。以載最少，故言季載。

《衛康叔世家》亦曰：

> 衛康叔名封，周武王同母少弟也。其次尚有冉季，冉季最少。

可見“聃季載”之氏名以“聃”最多見，其異體或作“郮”，省體作“冉”。“聃季載”寫作“南季載”，僅見《白虎通·姓名》引《詩傳》一處。而《列女傳》與《白虎通》文字極爲接近，明顯有同源關係，但其“聃季載”一名卻與《白虎通》不同。《白虎通》所引《詩傳》，清人陳立認爲“蓋《魯詩·思齊》詩‘則百斯男’《傳》文也”[1]；無論如何，其成書年代不會早於《左傳》、《國語》等書。與其將《白虎通》“南季載”之“南”視爲正字，“聃”“冉”等視爲借字，還不如說“聃”或“冉”爲正字、“南”爲借字的可能性更大。

---

[1]　陳立：《白虎通疏證》，中華書局，1994 年，第 418 頁。

　　此外,唐蘭將《春秋》隱公九年的"南季"視爲"南季載"之後人,認爲"南季"即"南季氏",也是有問題的。《春秋》經傳中之人名采用"氏名＋排行"形式者,其排行字一般是指個人在兄弟中的實際排行而非"氏"。"南季"應是南宮氏之族人排行爲"季"者。《春秋》《左傳》中的"南季""南宮極""南宮囂"等人,始終延續了西周南宮氏的稱謂形式,其氏名稱"南宮",亦省稱爲"南"。而聃氏之後裔見於《左傳》者,有文公十四年之"聃啟";另外桓公九年、莊公六年有鄧國之"聃甥",應爲聃氏之外甥。可見在《左傳》作者眼中,聃氏與南宮氏是區分非常清楚的兩個家族,二者從未混淆。因此,唐蘭所創"聃季"即"南季"、"聃氏"即"南宮氏"之説,是無法成立的。《説"南公"》沿用唐説,試圖通過論證"南公"即"聃季載"來證明曾國爲姬姓,不能不説是誤入歧途①。

　　實際上,《説"南公"》已經透露了有關曾國族源的另一重要新出銅器銘文,即 2009 年出土於隨州文峰塔墓地春秋晚期墓葬 M1 的曾侯與編鐘。隨後,《江漢考古》2014 年第 4 期發表了文峰塔墓地 M1、M2 的發掘簡報,公布了曾侯與編鐘的全部資料②。與曾國始封及族源相關的信息集中於 A 組兩件編鐘(M1：1、2,《銘圖續》1029－1030,圖 107)銘文的開頭(以下釋文全用寬式)：

　　　　唯王正月吉日甲午,曾侯與曰：伯适上庸,左右文武,達殷之命,撫定天下。王遣命南公,營宅汭土,君庇淮夷,臨有江夏。……

　　鐘銘的"伯适",學者一致認爲即南宮适(括),可見南宮氏後裔的確是將南宮适視爲其大宗始祖。銘文説南宮适"左右文武,達殷之命,撫定天下",可與大盂鼎銘文的開篇對讀："丕顯文王,受天有大命;在武王,嗣文王作邦,辟厥匿,匍有四方,畯正厥民。在雩御事,虘酒無敢酖,有祡蒸祀

<hr/>

　　①　本文有關"南宮氏"非"聃氏"的考辨,本爲針對《説"南公"》一文所發。其後黃鳳春、胡剛兩位雖已放棄此説,但仍有學者秉持此説以立論(見王琢、袁俊杰:《葉家山曾國墓地日名銅器研究》,《長江大學學報(社科版)》2015 年第 2 期),因此這些考辨文字似仍有保留價值。
　　②　湖北省文物考古研究所、隨州市博物館:《隨州文峰塔 M1(曾侯與墓)、M2 發掘簡報》,《江漢考古》2014 年第 4 期。

圖 107　曾侯腆鐘(M1：1)正面鉦部和左鼓銘文

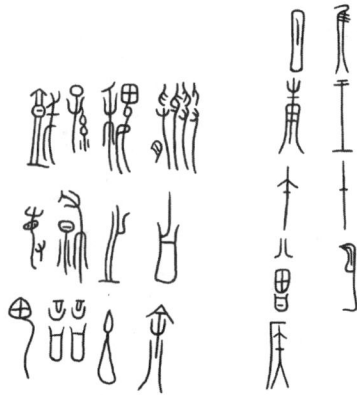

圖 108　曾侯腆鐘(M1：3)正面鉦部和左鼓銘文摹本

無敢醻。故天翼臨子,法保先王,□有四方。”兩相比較,可見曾侯腆鐘銘
對南宮适事迹的追述,與大盂鼎銘對文王、武王及本族祖先的描寫,應該
是源於同樣的歷史記憶。鐘銘之“王遣命南公,營宅汭土,君庇淮夷,臨有
江夏”一句,是對曾國始封的記述。“南公”,多數學者認爲即南宮适,亦即

曾侯犺之"烈考南公"。此句説周王命"南公"在"汭土"營建都城,學者多指出與晉公盨(《集成》10342)"王命唐公,安宅京師"相似,意指受封而建立諸侯國。"君庇淮夷,臨有江夏",與漢水中游隨棗走廊的地望恰好相合。曾侯腆編鐘銘文不僅解決了曾國的族源和始封地問題,而且使西周之"曾"與東周之"曾"並非一國的説法不攻自破。同時,既然曾國是西周開國功臣南宫适之後裔,在武王克商之後方才受封於南土,那麼認爲西周曾國是承襲晚商之"曾"的看法也就不能成立了。

曾侯腆鐘銘明確記載曾國之始祖爲"伯适",即南宫适,輔佐文武兩代完成克商大業,與文獻記載中南宫适的事迹完全相符。但傳世文獻中卻從未見過聃季載輔佐文武、參與克商之役的任何記載。先秦兩漢文獻都説聃季載在武王同母兄弟中年紀最小,其次則爲康叔封。《逸周書·克殷》記武王克商之經過甚詳(《史記·周本紀》本之而稍有不同),其中提到的武王大臣和兄弟有師尚父、散宜生、泰顛、閎夭、尹逸(史佚)、南宫百(伯)達、南宫忽、召公、畢公、周公、管叔、毛叔鄭、曹叔振、衛叔封等人,但未提及聃季載。蓋因聃季載當時年紀尚幼,不能承擔軍政事務。《左傳》定公四年記魯、衛、唐三國始封之時,"聃季授土,陶叔授民",説明"聃季爲司空"是在成王時周公平叛之後。因此,聃季載絶非曾侯腆鐘銘描寫的曾國始祖"伯适",也不是犺簋銘文的"烈考南公"和大盂鼎銘的"祖南公"。

以曾侯腆編鐘銘文爲出發點,黄鳳春、胡剛兩位又發表《再説西周金文中的"南公"》一文(以下簡稱《再説"南公"》)[①],放棄了將"南公"視爲"聃季載"的舊説,改取"南公"即南宫适的新説。這一看法既符合曾侯腆鐘銘的描述,又能與傳世文獻及其他銅器銘文互相印證,因而獲得學界的普遍贊同。曾國公室既然是從南宫氏分出的一支,那麼只要證明南宫氏爲何姓,曾國的族姓自然可知。

南宫氏究竟爲何"姓",過去由於缺乏銅器銘文的確證,學界一直存

---

①　黄鳳春、胡剛:《再説西周金文中的"南公"——二論葉家山西周曾國墓地的族屬》,《江漢考古》2014 年第 5 期。

在不同意見。日本學者白川靜認爲大盂鼎銘末用"唯王廿又三祀"來紀年，屬東方氏族之傳統習慣，因此懷疑盂之氏族是歸附於周王朝的東方系氏族，被改封於關中[①]。沈長雲、何豔傑根據南宮氏銅器銘文使用日名、大盂鼎銘末紀年用"祀"以及文獻中南宮括爲異族的記載，也認爲南宮氏是原屬殷商的東方舊族，並非姬姓[②]。朱鳳瀚則根據大盂鼎銘文内容，懷疑盂是周王同姓貴族，南宮氏似爲姬姓[③]。幸運的是，近年來隨着新出金文資料的不斷面世，解決南宮氏的族姓問題已有了足夠的證據。

近年所見有一件私人收藏的南宮倗姬簋（《銘圖》4603，圖 109），銘文曰："南宮倗姬自作寶尊旅簋。"此器雖未見器形，但從銘文照片看來應非僞器。"南宮倗姬"應是出身於南宮氏而嫁於倗氏的女子，這種稱謂形式是將父族之氏"南宮"與夫族之氏"倗"疊加於"姬"姓之前，較爲少見，類似者有傳世的蘇衛妃鼎（《集成》2381 - 2384）。倗氏爲媿姓國族，有"倗仲作畢媿媵鼎"（《集成》2462）可證，近年山西絳縣橫水墓地的發掘已證實其封地所在[④]。故"南宮倗姬"之"姬"只能是其父族南宮氏之姓。還有一件南宮姬簋（《銘圖》4464，圖 110），器形爲斂口圈三足簋，圈足下有三個較高的小足，足跟作象鼻狀外卷，半環形耳下的垂珥亦作象鼻狀；通體素面，僅口沿下有一周弦紋，其年代應在西周早中期之際。其蓋銘爲："南宮姬作寶尊。"器銘爲："倗季學（?）馹（?）守（?）宄旅簋。"[⑤]蓋與器的作者不同，應非原配；

圖 109　南宮倗姬簋銘文

①　白川靜：《金文通釋》卷一下，神户：白鶴美術館，昭和 41 年（1966），第 672 頁。杜正勝也認爲南宮氏屬異姓貴族，但未提出證據，見《周代封建制度的社會結構》，《中研院歷史語言研究所集刊》第五十本第三分，1979 年。

②　沈長雲、何豔傑：《談南宮氏的族姓及相關問題》，《尋根》2008 年第 2 期。

③　朱鳳瀚：《商周家族形態研究（增訂本）》，第 339 頁。

④　山西省考古研究所等：《山西絳縣橫水西周墓地》，《考古》2006 年第 7 期；《山西絳縣橫水西周墓發掘簡報》，《文物》2006 年第 8 期。

⑤　"倗"字《銘圖》原誤釋爲"侚"，"季"下三字頗難辨識，此處暫依《銘圖》釋文，恐有誤。

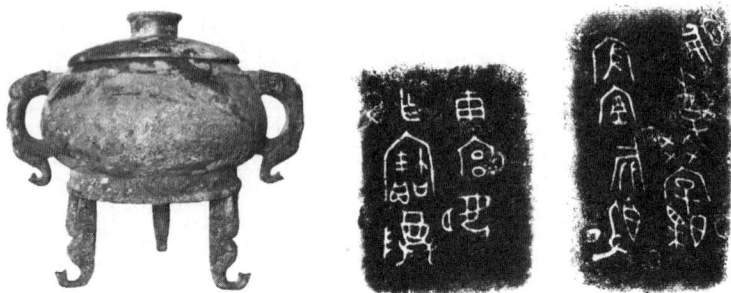

圖 110　南宮姬(倗季)簋及其蓋、器銘文

但蓋、器能密合,説明所屬的兩件簋應是同時所作,形制相同①。因此我懷疑蓋之作者"南宮姬"就是器之作者"倗季"的夫人,也就是前述南宮倗姬簋的器主。這幾件銅器很可能是從橫水墓地最早被盜的 M3 流出,"倗季"與保利博物館藏倗季鳥尊(《銘圖》11687)的器主應爲同一人。此外,曲沃縣曲村墓地 M6081 曾出土兩件南宮姬鼎(《銘圖》1698－1699,圖 111),與上述銅器年代相近,其器主與上述的"南宮姬""南宮倗姬"亦有可能是同一人。曲村與橫水相距不遠,倗氏本爲晉國之臣屬,倗氏小宗夫人"南宮姬"之器出土於晉國邦墓區,可能是由於賵贈等原因②。同時,在私人收藏銅器中還有多件"南姬"所作器,如首陽齋藏兩件南姬爵(《銘圖》8527－8528,見本書第 312 頁,圖 114)③。另有一件南姬盉(《銘圖》14685,圖 112),與南姬爵或爲一人所作,年代當在西周初年,較前述諸器要早。這幾件銅器銘文中的"南姬"即"南宮姬"的省稱,都是出身南宮氏而嫁入異族的女子④。

　　除了上述南宮氏爲姬姓的銘文證據外,現在又有了文峰塔 M1 出土 B 組曾侯腆殘鐘(M1：3,《銘圖續》1032,圖 108)銘文的新證:"曾侯腆曰:

① 　《銘圖》4463 倗季簋與南宮姬簋器形、紋飾一致,但足跟較矮,蓋、器同銘,與南宮姬簋器銘相同。可以證明倗季簋與南宮姬簋是同時所作。

② 　我在《讀〈首陽吉金〉瑣記六則》中曾認爲南宮姬鼎之器主是嫁到晉國的南宮氏女子(見本書第？頁),這種可能性仍然不能完全排除。如果是這種情況,那麼南宮姬鼎器主與"南宮倗姬"雖然都是出身南宮氏的女子,卻不是同一人。

③ 　見首陽齋、上海博物館、香港中文大學文物館合編:《首陽吉金》,上海古籍出版社,2008 年,第68—71 頁。

④ 　上海崇源藝術拍賣公司 2006 年曾收買一件南姞甗(《銘圖》3355),李學勤認爲器主"南姞"是嫁到南宮氏的姞姓女子(見《文物中的古文明》,商務印書館,2008 年,第 289—294 頁),其説甚是。

圖 111　南宮姬鼎及其銘文

圖 112　南姬盉及其銘文

余稷之玄孫。"曾侯腆宣稱自己是后稷之苗裔,那麼曾國的大宗南宮氏自然是周王室之同宗。因此,在曾侯腆鐘銘文公布之後,原先認爲葉家山墓地主人並非姬姓的學者大多放棄舊説,承認葉家山之"曾"爲姬姓,且與東周曾國一脈相承①。另外一些原先就認爲葉家山墓地屬於姬姓的學者,則進一步結合文獻與金文資料梳理了南宮氏的族姓與源流②。

① 參看《"隨州文峰塔曾侯腆墓"專家座談會紀要》,《江漢考古》2014 年第 4 期。
② 李學勤:《試説南公與南宮氏》,清華大學出土文獻研究與保護中心編:《出土文獻》第六輯,中西書局,2015 年;王恩田:《曾侯與編鐘與曾國始封——兼論葉家山西周曾國墓地復原》,《江漢考古》2016 年第 2 期。

　　按照學者通常的看法，問題到此似乎已經圓滿解決。但在我看來，葉家山墓地迥異於典型姬姓周人墓葬的大量文化因素仍然不容忽視，白川靜等學者提出的南宮氏爲東方系氏族的説法仍有其價值。如前所述，葉家山墓地墓向均爲東西向，少數墓葬有腰坑殉狗習俗，出土銅器有大量使用族氏銘文和日名的現象，這些都是曾經占據優勢的“曾國非姬姓説”的重要論據。而當時持“曾國姬姓説”的學者則有不同解釋，如黃銘崇認爲銅器銘文多見族銘、日名是周初分封時“分器”的結果；張懋鎔指出葉家山出土族徽多出現在酒器上，且比較分散，没有一種占優勢，族徽與墓主人應該没有關聯①。但引人注意的是，葉家山出土的曾侯家族所作銅器也有使用族銘和日名的現象。如 M111 出土的一件方鼎（M111：85,《銘圖續》121）有銘文“曾侯作父乙寶尊彝”，器主或爲曾侯犺。M27 出土的伯生盉（M27：15,《銘圖》14705）銘文曰：“伯生作彝，曾。”這種將氏名放在銘文末尾的做法，與殷遺民的族氏銘文如出一轍。隨着研究的推進，堅持“周人不用族徽、日名説”的張懋鎔對此做出解釋，他承認曾國以及召氏等少數“姬周貴族”偶爾也使用族徽、日名，但使用的時間和地域範圍均十分有限；曾國位置偏東，可能是受商文化影響，不能因此而否定族徽、日名以及腰坑、殉人等文化因素在區分殷遺民和姬姓周人時的作用②。而反對“周人不用族徽、日名説”的王恩田則認爲族徽、日名、腰坑、墓葬東西向等因素在商周時期普遍存在，都不能作爲區分殷遺民和姬姓周人的標準③。在上述兩種針鋒相對的意見中，我更傾向於前者④。但是僅僅將族銘、日名、墓葬東西向等視爲姬姓曾國受商文化影響的偶然現象，同樣有過於簡單化之嫌。實際上，曾國大宗南宮氏的銅器銘文也有使用族銘、日名的現

---

① 段姝杉、陳麗新：《葉家山西周墓地國際學術研討會綜述》，《江漢考古》2014 年第 1 期，第126 頁。

② 張懋鎔：《談隨州葉家山西周曾國墓地》，清華大學出土文獻研究與保護中心編：《出土文獻》第三輯，中西書局，2012 年；張懋鎔、王静：《周人不用族徽、日名説的考古學意義——從隨州葉家山西周曾國墓地談起》，《四川文物》2014 年第 4 期。

③ 王恩田：《隨州葉家山西周曾國墓地的族屬》，《江漢考古》2014 年第 3 期。

④ 王文在分析腰坑、墓向時，不加區分地將不同年代、地域和等級的墓葬放在一起討論，在分析族徽、日名時又混入了很多並不能確證屬於姬姓周人的例子（比如將妘姓琱氏誤認爲姬姓“周氏”），其研究方法不夠嚴謹，且未能借鑒學界最新研究成果。

象。傳世器甾觶(《集成》6504)銘文曰："甾作父己寶尊彝，南宮。"器主"甾"是南宮氏族人，不僅使用"父己"的日名，而且也像伯生盉一樣，將氏名"南宮"置於銘文之末。可見南宮氏家族有使用族氏銘文和日名的固有傳統，這也被其小宗曾國繼承。由此推測，葉家山曾國墓葬的東西向、隨葬商文化陶器等習俗，很可能也存在於南宮氏大宗的墓葬中，只不過現在尚未發現。這些迹象都表明南宮氏在文化傳統上迥異於周王室嫡系後裔，而與殷遺民爲代表的東方系族群接近。而且據《尚書大傳》等文獻記載，南宮氏的始祖南宮括原本就是投奔周文王的異族人。

南宮氏及其小宗曾國既是姬姓，又具有濃厚的東方文化色彩，這種看似矛盾的現象究竟應該如何解釋呢？我在博士論文《西周金文世族研究》中曾提出一個"大膽假設"：南宮氏以及召氏、榮氏等姬姓家族，可能是源出東方而被周王室"賜予"姬姓的異族。國內學界流行的傳統觀念往往將周人之"姓"視爲天然血緣組織的標誌，凡同屬一"姓"者都是一個"共同祖先"的後裔。曾侯腆殘鐘銘文自稱"余稷之玄孫"，即后稷之苗裔，在多數學者看來自然是曾國及南宮氏與周王室同出一源的明證。然而在人類學有關"族群認同"和"集體祖源記憶"的理論視角下，很多傳世和出土文獻中有關古國古族祖先起源的描述並非不言自明的"歷史事實"。例如據《史記·吳太伯世家》等文獻記載，吳國乃周王季之兄太伯、虞仲避位讓賢、逃奔東南蠻夷之地而建立，吳國爲姬姓也有很多銅器銘文的鐵證，這在多數國內學者看來應是無可爭議的"史實"，考古學方面的"吳文化"探索也是在此前提下展開。臺灣學者王明珂卻認爲吳人本是東南土著，"太伯奔吳"的傳説是東周時期吳人爲攀附中原文化而製造的一種"祖源記憶"[①]。目前任職於中國社會科學院歷史研究所的林鵠曾撰文探討西周時期的"姓"觀念，提出一個大膽的假説[②]。他認爲西周時期的"姓"並不

---

① 參看王明珂：《華夏邊緣——歷史記憶與族群認同(增訂本)》第九章，浙江人民出版社，2013年。有關西方人類學"族群邊緣"與"族群認同"理論的介紹，見該書第一至三章。

② 林鵠：《周代政治與"姓"觀念》，北京大學歷史學系碩士學位論文，2002年。林鵠提到，他的觀點深受王明珂《華夏邊緣》一書以及"族群認同"理論的啟發。

是一種僅與血緣相關的身份標誌，而是同時包含有族群、文化、政治等多重而複雜的認同。具體説來，同一"姓"内部可以包含族群來源不同、文化傳統各異的群體，而具有相同血緣祖先的群體卻有可能被分爲不同的"姓"。西周諸"姓"格局的形成，與周初建國克商過程中大規模吸納異族有關。隨着統治地域的迅速擴張，姬周集團爲了最大限度地將新征服地區的東方族群融入"周人"群體中，從而壯大自身、削弱敵對的商王朝，可能采取過將一些主動歸順的東方族群"賜予"姬姓的措施。這也就是我在本文副標題中提到的"周初賜姓説"①。以本文討論的南宫氏爲例，在周人建國之初，周王室爲吸納這一來自東方的重要家族而"賜予"其姬姓，這意味着二者之間建立了一種"擬血緣關係"；與接受"賜姓"相配合，南宫氏及其小宗曾國也産生了與周王室同爲"后稷之孫"的祖源記憶；這種祖源記憶隨着南宫氏家族在周王朝内部的傳承而不斷强化，到春秋晚期曾侯膞在位時早已成爲不争的"歷史事實"。王澤文、黄益飛等學者均指出，與曾侯膞殘鐘"余稷之玄孫"類似的"祖源追溯"式銘文多見於春秋中晚期，如宋公欒瑚（《集成》4589－4590）銘文自稱"有殷天乙唐（湯）孫"、邿公鈺鐘（《集成》102）銘文自稱"陸終之孫"等；年代更晚的戰國中期陳侯因次敦（《集成》4649）更將始源追溯到"高祖黄帝"，黄益飛認爲這與春秋晚期以後政治形勢導致的古史觀變化有關②。其實類似現象在中國古代歷史上曾反復發生，比如魏晉以降入主中原的北方草原民族，有很多聲稱自己是黄帝苗裔③。北朝時期出身北族的很多新興家族爲了抬高身份，紛紛攀附漢晉時期的望族名人爲始祖，並通過編造族譜、營建家族墓地等方式將這種"祖源記憶"合法化。這些晚期歷史現象與周人的"賜姓"和"共同祖

---

① "賜姓"一詞是借用晚期歷史進行類比，實際上周人的"賜姓"與後來中原王朝的"賜姓"肯定有很大不同，當時周人也未必將他們的做法稱爲"賜姓"，但二者在製造"擬血緣關係"和共同祖先記憶這方面確有相通之處。

② 王澤文：《文峰塔 M1 出土曾侯與鐘銘的初步研究》，《江漢考古》2015 年第 6 期；黄益飛：《曾侯膞鐘銘文研究》，《南方文物》2015 年第 4 期。王澤文認爲"南公"可能並非周王室嫡系後裔，其與周王室的關係或較吴國、西虢、東虢與周王室的關係遠，這與我的看法接近；另外他也談到我提出的"南宫氏被賜姬姓的可能"，但認爲目前還没有見到明確的周人賜同姓的材料。

③ 如《魏書·序紀》："昔黄帝有子二十五人，或内列諸華，或外分荒服；昌意少子，受封北土，國有大鮮卑山，因以爲號。"

源記憶"製造並無本質區別。

而且,南宮氏並非周初被"賜予"姬姓的唯一案例,與其相似者還有召氏和榮氏。《國語·晉語四》胥臣稱周文王:"於是乎用四方之賢良。及其即位也,詢於'八虞'而諮於'二虢',度於閎夭而謀於南宮,諏於蔡、原而訪於辛、尹,重之以周、邵、畢、榮。"韋昭注:"周,周文公。邵,邵康公。畢,畢公。榮,榮公。"《尚書·泰誓》:"予有亂臣十人,同心同德。"《僞孔傳》曰:"十人,周公旦、召公奭、太公望、畢公、榮公、太顛、閎夭、散宜生、南宮括及文母。"可見召公、榮公與"南宮"一樣,文王時已爲重臣,後又輔佐武王克商。召氏與榮氏,在傳世文獻中皆有"姬姓"或與周同族的記載,但這些記載大多出現於秦漢以後。而召氏與榮氏的銅器銘文,卻與南宮氏一樣有使用日名和族氏銘文的現象。

《史記·燕召公世家》:"召公奭與周同姓,姓姬氏。"裴駰《集解》引譙周曰:"周之支族,食邑於召,謂之召公。"《白虎通·王者不臣》:"召公,文王子也。"《論衡·氣壽》:"邵公,周公之兄也。"《詩·召南·甘棠》孔疏引皇甫謐《帝王世紀》,以召公爲"文王之庶子"。孔穎達、陸德明俱以《左傳》僖公二十四年富辰所舉"文之昭"十六國無燕,認爲皇甫謐之說没有根據①。但顧棟高根據《左傳》富辰有"召穆公糾合宗族於成周"之言,認爲召似爲周之近族,故皇甫謐之言未爲無據②。任偉綜合以上諸說,支持"周之支族"說,而否定"文王庶子"說;所謂"周之支族",是指與周王室出自同一遠祖、血緣關係較遠的家族③。傳世器匽侯簋(《集成》3614)銘文曰"匽侯作姬承尊彝",應是匽侯爲其女"姬承"所作媵器,可見燕國確爲姬姓。因此,召氏爲姬姓應該没有問題。然而召氏銅器銘文多見使用日名的現象,久已引起學者注意。西周早期的憲鼎(《集成》2749)、伯憲盉(《集成》9430)、伯龢鼎(《集成》2407)、龢爵(《集成》9089)均稱"召伯父辛",匽侯旨鼎(《集成》2269)亦稱"父辛"。洛陽北窰

① 陸德明:《經典釋文》卷十三,中華書局,1983年,第197頁。
② 顧棟高:《春秋大事表》,中華書局,1993年,第二冊,第1151頁。
③ 任偉:《西周封國考疑》,社會科學文獻出版社,2004年,第159—162頁。

墓地 M161 出土的叔造尊（《銘圖》11736）銘文曰："叔造作召公宗寶尊彝,父乙。"另外,在大保方鼎（《集成》2157－2159、2372）、大保戈（《集成》10954）等器銘文中,還綴有"大保"二字;陳夢家指出,"大保"二字或在銘文之末,或在其前,而皆有空隔,應是用作"族名"①。張懋鎔認爲這些現象是召氏後代受到殷商文化影響所致②,任偉則提出這是因爲召公奭不屬姬周族本支,在文化習俗上與姬周族不盡相同③。白川靜曾提出,殷墟卜辭中的"旨方"其實是"召方",是召氏的祖先;其活動地域北至晉南,南至河南中部,是商人西邊的强大方國;"召方"一度曾被商人征服,周人東進後轉而與周人合作,遂成爲周代重要世族④。白川靜將"旨"字釋爲"召",似不可據;但卜辭中確有"召"地,其寫法與西周召氏之氏名接近,陳夢家認爲在今山西垣曲縣⑤。因此召氏的祖先在晚商時期很有可能活動於晉南地區。

《國語·晉語四》將"周、邵、畢、榮"並列,周、召、畢三族皆爲姬姓,榮氏亦不例外。《書序》云:"成王既伐東夷,肅慎來賀,王俾榮伯作《賄肅慎之命》。"《僞孔傳》曰:"榮,國名,同姓諸侯爲卿大夫。"《史記·周本紀》本於《書序》,裴駰《集解》引馬融曰:"榮伯,周同姓,畿内諸侯爲卿大夫也。"在西周金文中尚未見到榮氏爲姬姓的直接證據,但春秋銅器有齊縈姬盤（《集成》10147）,"縈"當爲"榮"之異體⑥,"齊縈姬"是嫁到齊國的榮氏女子,可證榮氏爲姬姓。榮氏之銅器銘文亦有使用日名和族銘的現象。西周早期有一組傳出洛陽的"榮子旅"器,銘文中多見日名,如榮子旅鼎（《集成》2503）稱"父戊"、榮子旅甗（《集成》930）稱"祖乙"等。保利博物館收藏的榮仲方鼎（《銘圖》2412）,年代應在西周早中期之際,銘文末尾曰:"用作父丁��彝,史。""史"字族銘多見於晚商時期,尤其是山東滕州前掌大墓地

① 陳夢家:《西周銅器斷代》,第 46 頁。
② 張懋鎔:《周人不用族徽説》,參見《古文字與青銅器論集》,第 226—228 頁。
③ 《西周封國考疑》,第 166 頁。
④ 白川靜:《召方考》,收入《甲骨金文學論集》,京都:朋友書店,昭和 48 年(1973),第 171—203 頁。
⑤ 陳夢家:《殷虛卜辭綜述》,科學出版社,1956 年,第 260 頁。
⑥ 西周銅器有縈伯簋（《集成》3481）、縈叔卣（《集成》5382）,當爲榮氏之器。

出土不少帶有"史"族銘的銅器,其年代從商末延續至西周早期。學者多認爲前掌大墓地屬於薛國,而傳世器薛侯鼎(《集成》2377)銘文曰:"薛侯戚作父乙鸞彝,史。"説明薛國確爲"史"族後裔。薛國爲妊姓,無論史籍還是出土銘文都有明證。而王季之妃、文王之母太妊恰好是來自"殷商"的妊姓女子①。榮氏或許是在王季之時隨着周人與東方妊姓國族的通婚而遷入關中。榮氏與薛國同爲商代"史"族之苗裔,但一爲姬姓,一爲妊姓。這爲我們理解殷周之際"姓"的形成與當時族群分化、變遷的關係,提供了一個鮮活例證。

　　以上所舉南宮、召、榮三族有相當多的共同點。第一,他們的始祖在文王時已經是重要的大臣,後來輔佐武王克商建立功勳,奠定其家族在西周王朝中的地位;其後代一直擔任王朝卿士一級的高官,屬於西周統治集團的核心成員,幾百年間雖歷經起伏,但都延續至春秋時期。第二,他們都是姬姓,但卻不在《左傳》所列舉的"大王之昭"、"王季之穆"、"文之昭"、"武之穆"、"周公之胤"等毫無爭議的周王室嫡系之內;有關召氏、榮氏屬於"姬姓"或周之同族的文獻記載,最早都是兩漢時期產生的;而南宮氏則有文獻明確記載是投奔周人的異族。第三,他們的銅器銘文都有使用日名和族氏銘文的現象(主要集中在西周早期),這些現象被公認爲殷商和其他東方系族群的文化傳統,而在周王室嫡系國族的銘文中則極爲罕見②。另外南宮氏的小宗曾國保持東西向墓葬的傳統,與姬周嫡系的葬俗迥異,這也體現了他們的東方文化背景③。

---

　　① 《詩·大雅·大明》:"摯仲氏任,自彼殷商,來嫁於周,曰嬪於京,乃及王季,維德之行。大任有身,生此文王。"

　　② 目前唯一能夠確證爲周王室嫡系後裔使用日名的銅器銘文,是平頂山應國墓地 M8 出土的應公鼎(《銘圖》2105,見本書第 215 頁,圖 99),銘文稱"武帝日丁",應是指武王。否定"周人不用日名説"的學者常舉此器以爲反證。但此器年代已到春秋初年,而目前所見西周時期應國公室所作銅器爲數不少,卻未見一例使用日名者,可見使用日名並非姬姓應國的固有傳統。張懋鎔等學者已指出,日名、族徽現象多見於西周早期,而到西周晚期多數殷遺民家族都已放棄這一傳統而改用周人的謚號。應公鼎出現於日名現象業已退出歷史舞臺之際,只能説是一個特例。

　　③ 不過同爲東方背景的族群,墓葬朝向卻並不一致。比如召氏的小宗燕國,其國君的墓葬與姬周嫡系一樣是南北向。晚商時期的晉南地區曾活動着很多深受商文化影響的族群,比如浮山橋北墓地的"先"族和靈石旌介墓地的"丙"族,他們的墓葬也是南北向。而同樣起源於晉南的佣氏和霸氏,墓葬卻是東西向。

綜上所述，我認爲南宮、召、榮三族可作爲"周初賜姓説"的典型例證。他們的祖先都是具有東方背景、深受商文化影響的族群，商末活躍於殷周之間[①]，在文王時期東向擴張過程中主動投靠周人，成爲文王的得力助手，被"賜予"姬姓，視爲周之同族[②]。他們的後代仍然或多或少保持了一些商文化色彩，如銅器銘文使用日名和族銘，墓葬東西向等等。他們與"殷遺民"或東方系家族保持密切關係，如琉璃河墓地和葉家山墓地都發現了多種族氏銘文，有學者認爲這些異族銅器是來源於喪禮時的賵贈[③]，其中一些異族可能就在燕國和曾國的直接統屬下。然而由於南宮、召、榮等族較早融入姬周統治集團，受周文化同化很深，與那些克商之後才被遷入周人統治區的"殷遺民"相比，他們身上的商文化印記又淡薄得多。比如他們使用日名和族銘基本只限於西周早期，而且創造了一種將氏名或官名（如"南宮"或"大保"）置於銘文末尾的"殷周混合式"做法。在葬俗方面，他們在西周早期都已拋棄了商文化墓葬最典型的腰坑殉狗和殉人習俗[④]，除去少數墓向不同以外，他們的墓葬形制和葬俗已與周人無異[⑤]；而同時期關中和洛陽等級較高的"殷遺民"墓葬，仍然普遍保留殉人和腰坑殉狗葬俗，甚至連晉南地區較早歸順周人的倗氏、霸氏也是如此[⑥]。《荀

①　南宮氏和召氏可能在晉南，榮氏可能在魯西南、豫東一帶。

②　《逸周書·祭公》"我亦維有若文祖周公曁列祖召公"，此語出自周穆王之口，説明周王室與召氏之間已經形成一種"擬血緣關係"。

③　楊華：《葉家山曾侯墓地所見西周早期喪葬禮制四則》，《江漢考古》2013年第4期。

④　葉家山墓地至今没有發現殉人。在第一次發掘的63座墓葬中，只有M1和M3有腰坑殉狗（湖北省文物考古研究所、隨州市博物館：《湖北隨州市葉家山西周墓地》，《考古》2012年第7期）；第二次發掘的77座墓葬，雖然没有介紹腰坑方面的情況，但估計有腰坑的墓也不會太多（湖北省文物考古研究所、隨州市博物館：《隨州葉家山西周墓地第二次考古發掘的主要收穫》，《江漢考古》2013年第3期）。更重要的是被判定爲曾侯墓的幾座大墓都没有腰坑。M1被認爲在所有銅器墓中年代最早，有些學者認爲墓主也是一代曾侯，但該墓出土銅器銘文的器主是"𥄂"，且多見日名和族銘。M3雖然出有一件曾侯諫圓鼎，但其規格顯然不是曾侯墓。我認爲這兩座墓的主人不是曾侯或其族人，應是曾侯屬下的殷遺民。琉璃河燕國墓地的Ⅰ區多見腰坑殉狗和殉人，學者多認爲是殷遺民墓區，而被認爲是周人墓區的Ⅱ區則基本不見腰坑和殉人；被推定爲燕侯墓葬的M202和M1193都没有腰坑和殉人，僅前者的南墓道中埋有一個人頭骨，與典型的人殉仍有區别。

⑤　葉家山墓地普遍發現"毁兵"現象，這被認爲是典型的周文化葬俗，參看張明東：《略論商周墓葬的毁兵葬俗》，《中國歷史文物》2005年第4期；井中偉：《西周墓中"毁兵"葬俗的考古學觀察》，《考古與文物》2006年第4期。

⑥　絳縣橫水倗氏墓地流行殉人和腰坑殉狗葬俗，翼城大河口霸氏墓地雖然不見殉人，但也多見腰坑殉狗，參看《橫水、大河口西周墓地若干問題的探討》，見本書第266—271頁。

子·儒效》篇説周公"兼制天下,立七十一國,姬姓獨居五十三人"。在這些姬姓封國中,與召、榮、南宮等族情況相似的恐怕還有不少。在殷周之際族群關係錯綜複雜的形勢下,這些家族利用他們身處東西方之間的政治與文化優勢,成爲聯結周王室與被征服東方族群的紐帶,在鞏固西周王朝、促進族群融合的過程中發揮了重要作用。

最後,我還想簡單談一下葉家山墓地所見曾侯世系,以及曾國受封與西周早期周人經略南土的關係。根據葉家山墓地兩次發掘的資料,學者比較一致地認爲墓地的年代應在西周早期,即成、康、昭時期,下限不會晚到穆王。等級較高的銅器墓集中分佈於墓地中部,排列規律大致爲自北向南(圖113)。M65、M28、M2、M3 四座墓葬都出土帶有"曾侯諫"銘文的銅器,曾侯諫究竟是 M65 還是 M28 的墓主,學者還有不同意見。M65—M2 和 M28—M27 這兩組大墓的年代先後,僅憑出土器物難以區分,但肯定相距不遠。M111 出土"曾侯犺"銘文,墓主應是曾侯犺;該墓還出土四件甬鐘、一件鎛鐘,年代下限可能已進入昭王,是曾侯墓中最晚的一座。犺簋銘文表明曾侯犺是"南公"(南宮括)之子,比他年代更早的曾侯諫輩份不會更低,只能是南宮括之子甚至其弟。黃鳳春、胡剛認爲曾侯諫與曾侯犺同爲"南公"(南宮括)之子,二者是"兄終弟及"的關係,大盂鼎器主"盂"則是他們的侄輩,其説可從。曾侯犺與侄子南宮盂的活動年代大致相同,估計他應是南宮括的幼子。南宮括在成王時代還活躍了一段時間,其長子南宮毛(盂之父)大約在成康之際繼任爲南宮氏宗子,年齡較小的兩個弟弟則相繼被分封到南土爲曾侯(表一)①。

至於曾國始封君究竟是誰,《再説"南公"》一文根據曾侯腆鐘銘認爲是南宮括,並援引周公、召公受封於魯、燕而以其長子代爲就封之例。但南宮括與周公、召公身爲朝廷重臣,不可能親臨封國處理政事,實際上獲得"侯"之職責與爵位的仍是其代封之子,克罍(《銘圖》13831)、克盉(《銘

---

① 關於葉家山墓地所見幾位曾侯的年代先後及其與西周早期南宮氏代表人物之間的關係,以及曾國始封時間等問題,學界尚存在多種意見。因非本文重點所在,此處不能一一辨析。

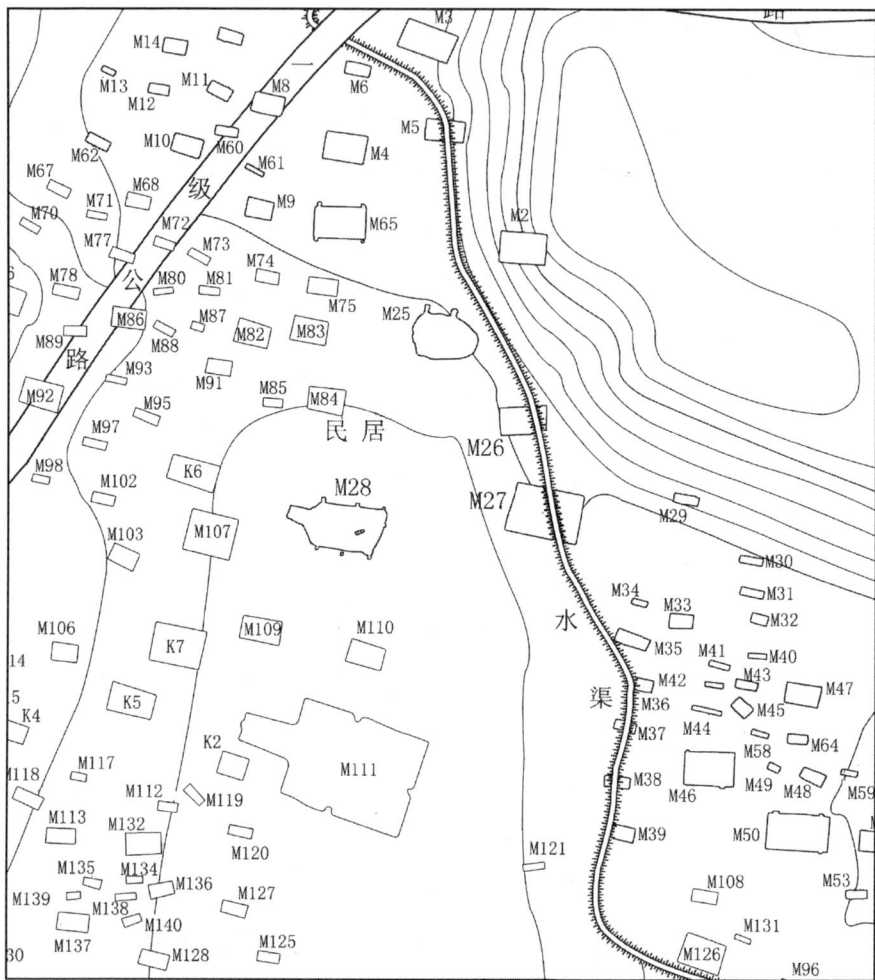

圖 113　葉家山墓地平面圖（局部）

表一　西周早期南宮氏與曾侯家族世系

南宮括（南公）──┬──南宮毛（小盂鼎"□伯"）──盂
　　　　　　　　├──曾侯諫──曾侯伯生
　　　　　　　　└──曾侯犺

圖》14789）銘文可資佑證（當然這並不影響魯、燕、曾之後人在追溯祖先歷
史時將周公、召公、南公視爲其始封之君）。曾國始封君名義上是南宮括，
實際上則是葉家山墓地年代最早的"曾侯諫"。另外《再說"南公"》以及其

他一些文章認爲西周早期的曾侯同時可稱"南公"或"南宫",銅器銘文中的"南宫"即曾侯諫或曾侯犺,這是源於對西周宗法封建制和諸侯稱謂規律的誤解。西周時期,封邦建國也意味着家族發生分衍,王室或大世族的支子接受封地,成爲封君(無論是畿内封君或畿外諸侯),同時也就分宗立氏,成爲獨立的新家族,擁有自己的"宗統",此即《禮記・大傳》所謂"別子爲祖,繼別爲宗"。同時表現在稱謂形式上,受封之子要在自己的稱號前加上新的氏名(一般來源於封地),受封爲諸侯者即稱"某侯",從此始封君及其後裔都不再使用大宗的氏名,以使自己的家族與大宗相區別①。具體到本文所論,南宫氏爲大宗,曾國是"別子"受封而建立的小宗。南宫括之子受封於曾,從此以"曾"爲氏,其繼承者代代稱"曾侯",不會也不能繼續使用大宗的氏名"南宫"或"南"。同時,大宗南宫氏仍爲王朝貴族,宗子世代在朝廷任職,使用"南宫"或"南"的氏名,承襲南宫氏的"宗統"。如前文所論,中方鼎等器的"南宫"擔任南征統帥,曾、噩、晉等諸侯皆受其節制,其地位遠高於曾侯,從年代上看應該是大盂鼎器主南宫盂,而不可能是當時的某位曾侯。

爲什麽曾國在始封後不久會出現"兄終弟及"的現象呢? 我推測這是因爲曾侯諫一支絶嗣。葉家山 M27 出土的伯生盉,銘末綴有"曾"字,説明器主屬於曾國公室,"伯生"很可能就是曾侯諫之太子尚未繼位爲"侯"時的稱謂。與 M27 成組、帶有一條墓道的 M28,應即曾侯伯生之墓。從該墓的規格看來,他生前已即位爲"曾侯",但可能不久就去世,没有時間鑄造屬於自己的大批銅器,故死後只能用父親曾侯諫的銅器來隨葬。M28—M27 北面的 M65—M2,才是曾侯諫及其媿姓夫人的墓葬。正因爲曾侯伯生早卒無後,爲了維持曾國這個南土的重要據點,南宫氏才派南宫括幼子犺繼任曾侯,同時他也就承襲了曾國的"宗統"。

葉家山墓地的發現告訴我們,在昭王南征之前,周人的勢力已經深入漢水中游地區,"漢陽諸姬"的始封應該就在此時。從曾侯腆鐘銘看來,曾

---

① 參看《重論西周單氏家族世系——兼談周代家族制度的一些問題》,本書第183頁。

國受封南土是在武王"達殷之命，撫定天下"之後。但武王時期東方尚未平定，應該無力南顧，周人勢力初次南下江漢最有可能是在成王早期周公平叛之後。現藏弗利爾美術館的太保玉戈銘文曰："六月丙寅，王在豐，令大保省南國，帥漢，遂殷南，令厲侯辟，用𪔗走百人。"李學勤先生將此器定在成王前期，銘文記述周王在豐京命太保省察南國，沿漢水南下，殷見南國諸侯，乃命厲侯以僕御百人就封；他還指出，此器證明召公在周初對江漢地區的開拓中起了重要作用[1]。曾國、噩國與厲國的始封，應該就在召公"省南國"之前後。而曾國的大宗南宮氏，與召氏一樣也是此次南征的主要力量。以曾國爲代表的"漢陽諸姬"當中，恐怕有不少是南宮氏、召氏的分族。後來昭王南征以南宮盂爲統帥，絕非偶然，應與南宮氏和曾國在江漢地區長期經營、勢力深厚有關。曲村墓地 M6081 出土的兩件南宮姬鼎（圖 111），口沿外侈，束頸，淺腹，平底，腹壁外鼓特甚，三柱足細而高，通體素面。這種形制特異的鼎在中原地區極爲罕見，卻與南方湘江流域西周時期的一類銅鼎相似[2]，很可能是南宮盂南征江漢，將當地的文化因素帶回了中原。而宣王時南仲邦父再次出征南國，與南宮氏在南方的深厚根基也不無關係。

　　葉家山 M28 和 M2 都出土多件帶有"曾侯諫作媿"銘文的銅器，這位媿姓曾侯夫人很值得注意。西周時期的媿姓國族，最著名者就是晉南的"懷姓九宗"，東周時期的隗姓赤狄也分佈在晉南中條山和太行山區。但在南方淮漢地區也有一些媿姓國族，如鄂西北的復國[3]，皖北阜陽一帶的𢽾（胡）國，他們很可能是在西周早期伴隨周人向江漢地區進軍而南下的，其中一些或許是召氏、南宮氏的舊屬下。如南宮倗姬簋和倗季簋所示，曾國的大宗南宮氏與"懷姓九宗"之一的倗氏也有通婚關係。因此，曾侯諫的這位媿姓夫人無論是出身於留在晉南故地的"懷姓九宗"，還是出身於

---

① 李學勤：《太保玉戈與江漢的開發》，見《走出疑古時代（修訂本）》，遼寧大學出版社，1997年，第135—141頁。

② 陳小三對此有詳細論證，見《簡論曲村墓地發現的南宮姬鼎》，《江漢考古》2015年第6期。

③ 春秋早期銅器復公子伯舍簋（《集成》4011－4013）銘文曰"作我姑鄧孟媿滕簋"，可證復國爲媿姓。鄧爲曼姓國，其地在襄陽附近，復與鄧通婚，相距應不遠。

南下的媿姓國族,都暗示着南宮氏與晉南地區的歷史淵源。另外,與葉家山墓地相距僅二十餘公里的安居羊子山發現了西周早期噩國的墓地,出土多件"噩侯"銅器,證明姞姓噩國當與姬姓曾國同時受封於隨州一帶①。《史記‧周本紀》稱商紂"以西伯昌、九侯、鄂侯爲三公",《戰國策‧趙策三》"九侯"作"鬼侯",應爲媿姓之國。晚商時期的"噩"地,學者一般認爲在河南沁陽一帶②,與晉東南相鄰。可見姞姓噩國、媿姓諸國族與姬姓周人一樣是殷商西土的重要勢力,他們在武王克商之前就已歸附於周。另外,與南宮氏一同南下的召氏,也是起源於晉南的舊族。而晉侯墓地M114出土的敏甗(《銘圖》3363)銘文顯示,晉國也是昭王南征的主力之一③。這些應該都不是歷史的偶然。

　　正如張昌平指出的那樣,葉家山墓地與江漢地區的隨州羊子山、黃陂魯臺山、蘄春毛家嘴等重要遺址,其年代都集中在西周早期,這可能是"昭王南征"這一歷史事件的反映④。葉家山墓地的下限不晚於昭王,其南面一公里處發現的廟臺子城址,極有可能是與墓地同時的曾國都城,其年代也在西周早期⑤。西周中晚期的曾國銅器迄今沒有發現,而曾國墓葬重新出現在隨棗走廊地區,已到春秋早期⑥。這説明隨着昭王南征的失利,周人在漢水中游安插的一系列據點也難以立足,曾國可能一度撤出了隨棗走廊地區⑦,噩國和其他漢東諸侯或許也有同樣的經歷。後來經過屬、

---

①　隨州市博物館:《隨州出土文物精粹》,文物出版社,2009年;張昌平:《論隨州羊子山新出噩國青銅器》,《文物》2011年第11期。

②　參看徐少華:《周代南土歷史地理與文化》,武漢大學出版社,1994年,第19—20頁。

③　孫慶偉認爲"敏"即晉侯釁父之名,見《從新出敏甗看昭王南征與晉侯釁父》,《文物》2007年第1期。

④　段姝杉、陳麗新:《葉家山西周墓地國際學術研討會綜述》,《江漢考古》2014年第1期,第125頁。

⑤　湖北省文物考古研究所、隨州市博物館:《湖北隨州市葉家山西周墓地》,《考古》2012年第7期,第51頁。

⑥　棗陽郭家廟、京山蘇家壟等出土曾侯銅器的墓地,有學者定於西周晚期,我認爲皆屬春秋早期。

⑦　與M111曾侯犾墓相匹配的夫人墓一直未能確認,有些學者認爲是其東面的M50。但也有不少學者指出,相對於其他兩組曾侯與夫人墓,M50與M111的距離過遠,且其規格不夠,不同意將其定爲曾侯夫人墓。我贊同後説。M111周圍的墓葬已經全部發掘,沒有發現能夠與其規格相配且位置合適的大墓。我推測,曾侯犾之夫人在昭王南征失敗、曾國撤離隨棗走廊時,可能仍然在世,因此並未隨丈夫葬入葉家山墓地。

宣兩代多次大規模南征，周王朝重新奪回對南土的控制權，曾國才得以重返故地。

附記：本文初稿作於 2014 年 8 月，隨後口頭發表於 8 月 27—29 日在臺灣新竹清華大學召開的"‘出土文獻的語境’國際學術研討會暨第三屆出土文獻青年學者論壇"。曾侯腆編鐘銘文公布之後，我對初稿做了一些修改、增補，並在 2014 年 12 月 21 日於北京召開的"曾國考古發現與研究"學術研討會上做過介紹，見《"曾國考古發現與研究"學術研討會綜述》，《中國史研究動態》2015 年第 6 期。此後由於種種原因，本文一直未公開發表，而學界又陸續有新的研究成果問世，我在學習之後感到本文的觀點和思路仍可供學界參考、討論，有正式發表的價值。2016 年暑期在梳理歷年發表的相關資料和論文的基礎上，又對本文做了較大幅度的修改補充，形成最終定稿。雖然本文寫作時間拖延較久，但基本觀點和思路並未發生大的變化。

（本文原刊北京大學出土文獻研究所編：《青銅器與金文》第一輯，上海古籍出版社，2017 年）

讀《首陽吉金》瑣記六則

　　《首陽吉金——胡盈瑩、范季融藏中國古代青銅器》是近年所出青銅器圖録中非常重要的一部①。其中所收録的青銅器彙聚了范季融先生藏品中的精華，其選擇標準不僅着眼於器形的別致與紋飾的精美，更看重銘文的内容。所收銅器銘文多至八、九十字，少則一、二字，大多含有豐富的歷史信息，且有不少能與以前的發現相聯繫，從而大大擴展了我們對相關史實的了解。現從中選擇六例，寫出一些想法，旨在以《首陽吉金》所收資料爲切入點，聯繫以往的發現，提出一些值得繼續深入探討的問題。

一、南 姬 爵

　　南姬爵（《銘圖》8527－8528）是一對西周早期的銅爵（68—71頁），兩器的柱下部均鑄有"南姬"二字；鋬下甲器有"公寶彝"三字，乙器有"作公寶彝"四字（圖114）；銘文聯讀爲"南姬作公寶彝"。此器應是已出嫁的女子爲其夫家的先祖考作器，"南姬"之"姬"是女子父家之姓，"南"是其父家或夫家之氏。兩周金文中所見已婚女性作器時的自稱，既有"夫氏＋父姓"的形式，如"虢姜"（虢姜簋《集成》4182）、"晉姜"（晉姜鼎《集成》2826）、"蔡姑"（蔡姑簋《集成》4198）等；亦有"父氏＋父姓"的形式，如"吕季姜"（吕季姜壺《集成》9610）、"尹姞"（尹姞鬲《集成》754）等。

---

　　① 首陽齋、上海博物館、香港中文大學文物館合編，上海古籍出版社，2008年。本文引用書中資料，直接在文中用括號注明該書頁碼，不另出注。

圖 114　南姬爵及其銘文

　　南氏就是西周時期有名的大世族南宮氏。西周晚期的南宮乎鐘（《集成》181）銘文稱"朕皇祖南公"，早期的大盂鼎（《集成》2837）亦稱"祖南公"；杜正勝、李學勤、朱鳳瀚等學者均指出，"南公"之"南"應爲"南宮"之省，"南公"可能就是周初重臣南宮适（括）①。由此知"南宮"氏可省稱爲"南"氏。

　　南宮氏究竟爲何姓，過去在金文中没有直接證據。日本學者白川静認爲大盂鼎銘末用"唯王……祀"來紀年，屬東方氏族之傳統習慣，因此懷疑盂之氏族是歸附於周王朝的東方系氏族，被改封於關中②。朱鳳瀚先生則根據大盂鼎銘文内容，懷疑盂是周王同姓貴族，南宮氏似爲姬姓③。20 世紀 80 年代，山西曲沃縣曲村墓地 M6081 出土兩件銅鼎（編號 88、89，《銘圖》1698 - 1699，見本書第 297 頁，圖 111），形制全同，銘文曰："南宮姬作寶尊鼎。"④該墓位處晉國的"邦墓"區，墓主爲男性，因此"南宮姬"應該是嫁給晉國貴族的南宮氏女子（或即墓主之夫人），母家爲姬姓。另

---

　　①　杜正勝：《周代封建制度的社會結構》，《中研院歷史語言研究所集刊》第五十本第三分，1979年；李學勤：《大盂鼎新論》，參見《李學勤集》，黑龍江教育出版社，1989 年，第 162 頁；朱鳳瀚：《商周家族形態研究（增訂本）》，第 339 頁。

　　②　白川静：《金文通釋》卷一下，神户：白鶴美術館，昭和 41 年（1966），第 672 頁。杜正勝也認爲南宮氏屬異姓貴族，但並未提出證據。

　　③　《商周家族形態研究（增訂本）》，第 339 頁。

　　④　北京大學考古系商周組、山西省考古研究所編著：《天馬——曲村（1980—1989）》，科學出版社，2000 年，第二册，第 342、348 頁。

外,李零先生曾出示一件現藏私人手中的銅器銘文拓片,爲"南宮佣姬"所作器(見本書第 295 頁,圖 109)①。佣氏爲媿姓國族,近年山西絳縣橫北村墓地的發掘已證實其地望所在②。因此"南宮佣姬"應是佣氏夫人,出身於南宮氏的女子;這種稱謂形式是將父氏與夫氏疊加於姓之前,較爲少見,類似者有傳世的蘇衛妃鼎(《集成》2381)。以上二證,足以證明南宮氏爲姬姓。因此,南姬爵之"南"應是南姬父家之氏,此器可進一步證明南宮氏爲姬姓,其氏名"南宮"可省稱爲"南"。

　　上海崇源藝術拍賣公司近年收買的一組銅器,包括獄鼎、簋、盤、盉和南姞甗等,已有不少學者撰文論述③。其中的南姞甗(《銘圖》3355,圖 115),口沿下飾顧首鳥紋,袋足飾牛首獸面紋,年代與伯獄諸器相近,其銘文曰:"南姞肇作厥皇辟伯氏寶鼎彝,用匃百福,其萬年孫孫子子永寶用。"④李學勤先生認爲甗系南姞爲亡夫伯氏所作祭器,其説甚是;但他又認爲"伯氏"即獄之父"文考甲公",可能就是廿七年裘衛簋(《集成》4256)銘文中之右者南伯⑤,似有未妥。如李先生所言,南姞應是嫁到南宮氏(南氏)的姞姓女子,其夫伯氏生前應是南宮氏宗子。南宮氏爲姬姓,周代本有"姬姞耦,其生必繁"的説法,西周金文中姬、姞二姓通婚之例頗多。但西周時期姬姓貴族一般很少使用日名,西周中期以後尤爲少見;伯獄諸器已到穆恭之際,仍稱日名"文考甲公"、"文祖戊公",顯然更接近殷遺民的傳統,不太可能屬於姬姓的南宮氏。其實,南姞甗與伯獄諸器不一定是同族之器,因爲這組銅器都非發掘出土,不能肯定出於同坑,即使同坑也未必都是一族之器。如果采取另一種可能性,將"南姞"之"南"看作其父家之氏,則需承認當時還存在一個姞姓的南

----

①　【作者案:即南宮佣姬簋(《銘圖》4603)。】

②　山西省考古研究所等:《山西絳縣橫水西周墓地》,《考古》2006 年第 7 期;《山西絳縣橫水西周墓發掘簡報》,《文物》2006 年第 8 期。

③　陳全方、陳馨:《新見商周青銅器瑰寶》,《收藏》2006 年第 4 期;吳鎮烽:《獄器銘文考釋》,《考古與文物》2006 年第 6 期。

④　【作者案:此器現已入藏中國國家博物館,見中國國家博物館編:《近藏集粹——中國國家博物館新入藏文物》,北京時代華文書局,2016 年。】

⑤　李學勤:《伯獄青銅器與西周典祀》,參見《文物中的古文明》,商務印書館,2008 年,第 289—294 頁。

氏,與姬姓南宮氏是兩個不同的家族。這種假設目前還缺乏足夠的證據。

圖 115　南姞甗及其銘文

二、龔觚、龔觶、龔簋

龔觚(72—73 頁)、龔觶(74—75 頁)、龔簋(83—84 頁)都是"龔"爲"父癸"所作祭器,其銘文如下:

龔觚(《銘圖》9838,圖 116):

> 龔作父癸尊彝。

龔觶(《銘圖》10655,圖 117):

> 唯伯初命于宗周,史龔賜馬二匹,用作父癸寶尊彝。

龔簋(《銘圖》5106,圖 118):

> 唯九月,者(諸)子具服,公廼命在廟曰:凡朕臣興晦。龔敢對公休,用作父癸寶尊彝。

龔觚爲"商式"觚,器身明顯分爲三段,與"周式"的喇叭形細腰觚不同;這種觚在西周時期數量不多,主要流行於早期,但一直到中期早段仍

圖 116　鷸觚及其銘文

圖 117　鷸觶及其銘文(器銘)

圖 118　鷸簋及其銘文

有發現。鷸觶,編者指出其形制與琉璃河燕國墓地 M251 出土的公仲觶(《集成》6510)形制全同。鷸簋,編者認爲其形制與紋飾風格與成王時的禽簋(《集成》4041)相似;實際上鷸簋的腹部明顯向外傾垂,圈足較矮,其年代應晚於禽簋,但其口沿下及圈足所飾雲雷紋化的獸面紋,尤其是獸面紋上層的"列旗狀"紋樣,確與禽簋非常接近。

實際上,"鷸"所作的銅器早在 1989 年山東省滕州市莊里西遺址一座

西周殘墓中就有出土，不過其材料至今尚未正式發表①。據滕州市博物
館李魯滕先生介紹："鼋鼎出土於一座現場被破壞殆盡的墓葬，同出尚有
卣、觚、爵各二，尊、簋、觶各一，其中 7 件有銘文。除一卣銘'亞曩矣對作
父癸尊彝'，一爵銘'父癸'及鼋鼎外，其餘四器均銘'史鼋作父癸寶尊彝'。
知其墓主即爲鼋，冠其職司而稱史鼋。"②其中銘文最長的鼋鼎（《銘圖》
2373），共 5 行 36 字，李魯滕先生的釋文如下：

> 唯正月辰在壬申，公令遷（狩）□□，鼋隻（獲）瓏豕。公賞鼋貝二
> 朋。公共觴（?），敢揚公休，用作父癸寶尊彝。

由於未見銘文拓本，無法核對釋文是否準確，不過對理解銘文大意應
無影響。如李文所言，此銘是記述"公"在某地狩獵，鼋因獵獲"瓏豕"而得
到"公"的賞賜，故爲"父癸"作器以紀念。李文指出，莊里西遺址是西周早
期至戰國早中期滕國貴族的集中埋葬之地，曾出土多件滕國銅器，因此鼋
鼎銘文的"公"應是"滕公"。

自 20 世紀 70 年代以來，莊里西遺址出土的西周滕器還有以下幾件：

1. 吾鬲（《集成》565）：

> 吾作滕公寶尊彝。

2. 滕侯方鼎（《集成》2154）：

> 滕侯作寶尊彝。

3. 滕侯簋（《集成》3670，圖 119）：

> 滕侯作朕（滕）公寶尊彝。

---

① 【作者案：此墓編號 89M7，出土銅器資料公布於杜傳敏等：《1989 年山東滕州莊里西西周墓
發掘報告》，《中國國家博物館館刊》2012 年第 1 期。除鼋鼎外，還有史鼋尊（《銘圖》11662）、卣（《銘
圖》13199）、爵（《銘圖》8550）、觶（《銘圖》10389）各一件。】

② 李魯滕：《鼋鼎及其相關問題》（以下簡稱李文），收入謝治秀主編：《齊魯文博——山東省首
屆文物科學報告月文集》，齊魯書社，2002 年，第 111—119 頁。案：此材料由北京大學考古文博學院
馮峰博士提供，特此致謝。另外，李文對"鼋"字的隸定與本文不同，其上部作"天"，其實隸定爲"天"
或"大"均可。

圖 119　滕侯簋及其銘文

　　吾昗 1978 年出土於莊里西三號墓,同出者還有新(辛)姒簋兩件(《集成》3439–3440)①。滕侯方鼎和滕侯簋 1982 年出於另一座西周殘墓中②。王恩田先生根據兩墓銅器的形制特點,認爲其年代約屬昭王時期,或可早至康王③。據李文介紹,夆鼎的形制同於鶴壁龐村夔紋鼎和張家坡墓地出土的銅鼎 M62：1④;兩器均爲圓形球腹柱足鼎,後者口沿下且飾有與夆觶、夆簋相似的獸面紋。

　　將夆鼎等器銘文與《首陽吉金》收録的夆瓠、觶、簋銘文相比較,不難發現,兩者在人名、親稱、官職、年代各方面都完全一致。因此有理由認爲兩批銅器都是同一人所作,甚至可以推定《首陽吉金》所收三夆器就是從莊里西殘墓流出。從夆器群的整體特徵看來,其年代應略早於吾昗、滕侯方鼎和滕侯簋,當在成康之世。

　　李文認爲夆鼎銘文中的"公"就是"滕侯"之父"滕公",應無問題。現在看來,夆簋銘文中的"公"和夆觶銘文中的"伯"應該也是這位"滕公"。

　　①　滕縣文化館:《山東滕縣出土西周滕國銅器》,《文物》1979 年第 4 期。
　　②　滕縣博物館:《山東滕縣發現滕侯銅器墓》,《考古》1984 年第 4 期。滕侯方鼎、吾昗、滕侯簋圖像分見《中國青銅器全集》第六卷,七六、七七、七八,文物出版社,1997 年。
　　③　王恩田:《滕國考》,收入《東夷古國史研究》第一輯,三秦出版社,1988 年,第 260—269 頁。
　　④　前者見周到、趙新來:《河南鶴壁龐村出土的青銅器》,《文物資料叢刊》第 3 輯,第 39 頁,圖二〇;後者見中國社會科學院考古研究所:《張家坡西周墓地》,中國大百科全書出版社,1999 年,圖版 96：3。

西周金文中生稱"公"者多數是地位較高的王朝貴族，少數諸侯通過周王冊命也可獲得"公"的稱號①。但"公"的頭銜不能世襲，如單氏家族始祖稱"單公"，但其後代自"公叔"至"龏叔"均以排行爲稱，無一人稱"公"。芮伯之父生前稱"公"，但其子均以排行爲稱，此後直到春秋早期，金文中才又出現"芮公"（見本文第四節）。穆王時器班簋（《集成》4341）銘文記載"王命毛伯更虢城公服"，此後"毛伯"即改稱"毛公"，説明毛伯在接替虢城公職位的同時也獲得了"公"的頭銜。可見"公"在西周時期是周王賜予高級貴族的爵號，且與一定的職權（服）相聯繫，須通過特殊的冊命儀式才能獲得。

　　鼄觶的"唯伯初命于宗周"，就是指新即位的滕君到宗周朝見周王，並接受周王的冊命②；在受命之前，他只能按照個人排行稱"滕伯"，等到正式冊命之後才能改稱"滕公"。鼄簋銘的"諸子具服"，應是指滕公返國以後接受家族中諸兄弟子侄的朝見，並對他們命以職事③。"公廼命在廯曰：凡朕臣興晦"，"廯"應是地名，此句是説滕公在廯地對其臣下發佈命令，"興晦"二字之含義尚待探討，或與農事有關。鼄顯然在受命的"朕臣"之列。鼄簋銘文記事緊接鼄觶之後，鼄鼎又在鼄簋之後。

　　王恩田和李魯騰兩位先生也都認爲"滕公"是文王之子錯叔繡，我以爲不然。西周時期從大宗分出的小宗旁支的第一代宗子（也包括一些封國的始封君），其稱謂大多是以國族名加上個人的排行組成，如晉（唐）國始祖稱"唐叔"，衛國始祖稱"康叔"等等。按照此規律，錯叔繡生前應該稱"滕叔"。由鼄觶銘可知，"滕公"在受命之前稱"伯"，説明他在家族中是嫡長子，其排行顯然不是"叔"。因此"滕公"與錯叔繡並非一人，他應是錯叔繡之子，滕國的第二代國君。錯叔繡封滕在成王時，其子"滕公"應該主要

---

①　如《史記·衛康叔世家》："（衛）武公將兵往佐周平戎，甚有功，周平王命武公爲公。"新出應公鼎（《銘圖》2105）銘文説明，應國的國君在春秋初年也曾稱"公"，見河南省文物考古研究所等：《河南平頂山應國墓地八號墓發掘簡報》，《華夏考古》2007年第1期。

②　同類之例有匽侯旨鼎（《集成》2628）："匽侯旨初見事于宗周。"

③　春秋時器秦公鐘（《集成》262-266）銘文曰"盜（調）百蠻，具（俱）即其服"，"具（俱）服"也就是"俱即其服"。

活動於康王時,龏器的年代就在這個時期。"滕公"之子"滕侯"在康王後期至昭王時,吾鬲的器主也是"滕公"之子,可能是"滕侯"之弟。

另外,傳世器有滕虎簋(《集成》3828－3832,圖120),銘文曰:"滕虎敢肇作厥皇考公命仲寶尊彝。"此器爲敞口帶蓋的方座簋,腹部略顯傾垂,簋蓋、方座邊緣以及口沿下飾顧首垂冠的鳥紋[1];由器形、紋飾和銘文字體看來,其年代可能在穆王時期。"公命仲"之稱謂與"公伯""公仲""公叔"同類,"公"表示其爲"公"之子,"仲"是其自身之排行,中間的"命"字可能相當於謚號。從滕虎簋年代看來,滕虎之父"公命仲"相當於昭王之世,應是龏器"滕公"之次子,或即吾鬲之器主。滕虎的身份是"公孫",他這一支屬於滕國的小宗,但可能還未得"命氏"成爲獨立的家族,仍隸屬於滕國公室,故仍以"滕"爲氏。

圖 120　滕虎簋及其銘文(器銘)

根據以往學者對周代貴族稱謂的研究,西周時期内服王臣大多以"氏名＋個人排行"爲稱,少數地位較高者稱"公",稱"侯"者均爲外服諸侯國的君主[2]。滕國的第二代國君稱"伯""公"[3],第三代始改稱"侯",似與外

①　器影見故宮博物院編:《故宮青銅器》,紫禁城出版社,1999 年,第 169 頁。

②　參看王世民:《西周春秋金文中的諸侯爵稱》,《歷史研究》1983 年第 3 期;李零:《西周金文中的職官系統》,收入《李零自選集》,廣西師範大學出版社,1998 年。

③　錯叔繡是否曾被冊命爲"公",尚不可知。

服諸侯稱"侯"的規律不符。但細檢金文和文獻，可知此種現象在西周時期並非孤例。

魯國始封君名義上爲周公，實際就封者爲其長子伯禽，文獻記載均稱之爲"魯公"①。傳世器魯侯獻鬲（《集成》648）銘文曰"魯侯獻作鬲，用享鬺厥文考魯公"，"魯侯獻"即魯煬公熙，"魯公"即其父伯禽。可見伯禽稱"公"確有其事，至其子輩始改稱"侯"。

晉國始封君爲唐叔虞，其子燮父稱"唐伯"，後受命改封於晉，始稱"晉侯"（見本文第三節）。另外，晉侯墓地 M9 出土一件小圓鼎，銘文爲晉侯所作，末尾有"晉公□室寶尊彝"字樣，李伯謙先生將缺字補爲"宗"②。孫慶偉先生認爲此"晉公"即晉侯燮父③。可見燮父在由"唐伯"改封"晉侯"之後，又被册命爲"晉公"④。

應國與晉國同爲"武之穆"，西周早期的應國君主均稱"應公"，見於應公鼎（《集成》2553）、應公簋（《集成》3477）、應公觶（《集成》6174）、應公卣（《集成》5177）等器。目前所見最早的應公之器是上海博物館藏應公鼎（《銘圖》1430）⑤，爲通體素面的分襠圓鼎，與新邑鼎、匽侯旨鼎、亢鼎等器相似，年代在成康時期，器主可能是應國始封君。直到穆恭之際的應侯再作器，仍然稱"文考釐公"⑥。"應公"稱號從成王一直延續至穆王，其間至少傳承了兩、三代人。

---

① 《史記·魯周公世家》："(武王)封周公旦於少昊之虛曲阜，是爲魯公。周公不就封，留佐武王。……周公卒，子伯禽固已前受封，是爲魯公。"《左傳》定公四年記成王時周公主持封建，"分魯公以大路"。《詩·魯頌·閟宮》："乃命魯公，俾侯于東。"

② 李伯謙：《晉侯墓地墓主之再研究》，北京大學中國傳統文化研究中心編：《文化的餽贈——考古學卷》，北京大學出版社，2000 年，第 79 頁；《晉侯墓地墓主推定之再思》，北京大學震旦古代文明研究中心編：《古代文明研究通訊》第 9 期。【作者案：二文皆收入李伯謙：《文明探源與三代考古論集》，文物出版社，2011 年。】

③ 孫慶偉：《也辨"晉公宗室"——兼論晉侯墓地 M114 墓主人》，北京大學震旦古代文明研究中心編：《古代文明研究通訊》第 10 期。

④ 春秋銅器晉公盆（《集成》10342）銘文稱"我皇祖唐公"，原先多被認爲是後世的追尊；現在看來，唐叔虞生前也有可能被册命爲"公"，生稱"唐公"。

⑤ 見陳佩芬：《夏商周青銅器研究》"西周篇(上)"，上海古籍出版社，2004 年，第 13—14 頁。

⑥ 見平頂山應國墓地 M84 出土的應侯再簋（《銘圖》5639）和保利博物館藏再簋（《銘圖》5233）。

位於今山西黎城縣的楷（黎）國①，是畢公高之子所封，其始封君稱
"楷伯"，見於康王時器獻簋（《集成》4205）；另有叔㝬觶（《集成》6486），銘
文稱"叔㝬作楷公寶彝"，説明"楷伯"後來也被册命爲"公"。直到穆王時，
楷（黎）國之君始改稱"楷侯"，見於方簋蓋（《集成》4139）、菁簋（《銘圖》
5179）等器。

另外，近年山東高青縣陳莊遺址發現西周早期城址和墓地，並發現單
墓道大墓，已發掘的中型墓 M18 出土帶有"文祖齊公"銘文的銅器②。從
器物年代看來，銘文中的"齊公"很可能是指齊國始祖太公望，可見齊國始
封君亦稱"公"。

以上所舉滕、魯、晉、應、楷（黎）等均爲姬姓諸侯國，齊爲姜姓諸侯國，
但其始封君甚至其後的幾代國君卻都不稱"侯"，而是或稱"公"，或以排行
爲稱，同於内服王臣。這種現象背後的深層歷史原因值得思考。孫慶偉
先生在前引文中指出，晉侯燮父與熊繹、吕伋、王孫牟、禽父曾"並事康王"
（《左傳》昭公十二年），即以諸侯兼任王朝卿士，故可稱"公"，其説很有道
理。西周早中期很多諸侯國的君主很可能都兼有外服諸"侯"和王朝卿士
的雙重身份，與之相應，諸侯國與王朝的聯繫也更爲緊密③。

李文提到，同墓所出一卣銘文中有"亞㠱夨"的族氏標誌；他謹慎地指
出，此卣與䚄器有一定關聯。其實，根據兩者都稱"父癸"這一點，可以判
斷卣的器主應是䚄或其兄弟。李文還提到，毗鄰該墓的四號墓出有一觶，
銘文爲"亞㠱夨父乙"，由此可推斷這片墓葬或爲"亞㠱夨"的族墓地。"亞
㠱夨"是晚商至周初發現最多、分佈最廣的族氏銘文，由此李文認爲史䚄

---

① 楷（黎）國之地望長期以來未能落實，近年山西黎城縣發掘一處西周中晚期墓地，出土的一
件銅壺上有"楷侯宰"字樣，證實"楷"即是文獻記載的黎國（見高智、張崇寧：《西伯既勘黎》，北京大
學震旦古代文明研究中心編：《古代文明研究通訊》第 34 期）。【作者案：該墓資料見山西省考古研
究院：《山西黎城西關墓地 M7、M8 發掘簡報》，《江漢考古》2020 年第 4 期。】

② 以上信息得自山東省考古研究所鄭同修所長 2010 年 1 月 13 日在中國社科院考古研究所做
的報告及相關媒體報道。【作者案：高青陳莊遺址考古發掘資料見山東省文物考古研究所：《山東高
青縣陳莊西周遺址》，《考古》2010 年第 8 期；《山東高青縣陳莊西周遺存發掘簡報》，《考古》2011 年第
2 期。】

③ 對此問題我擬另爲《新出金文與西周諸侯稱謂的再認識》一文詳加討論。【作者案：見本書
第 205—222 頁。】

的家族與《左傳》記載的"殷民六族"、"殷民七族"一樣,都是在周初封建中被分而治之的殷商大族。周初大分封中,很多姬姓封國都領有殷遺民,魯、衛有《左傳》記載,如今燕、滕又得到考古發現和古文字材料的證明,可見這種對殷遺民分而治之的策略在當時曾得到普遍推行。斁的官職爲"史",符合西周史官多數由殷遺民充任的傳統,他所作的一些銅器(如斁觚)也帶有鮮明的商文化色彩,這些都爲認識西周殷遺民文化提供了新材料。

三、晉 伯 卣

晉伯卣(92—93 頁,《銘圖》13279)是一件西周中期的提梁卣,束頸,腹部傾垂,卣蓋兩端有犄角,提梁末端飾有獏首;通體素面,僅頸部飾兩周弦紋,中間亦有兩個小獏首(圖 121)。編者指出,此器形制、紋飾類似昭王時的召卣(《集成》5416)、作册睘卣(《集成》5407),但腹部傾垂更明顯,應晚於此二器。故此器年代最有可能是在穆王時期。

圖 121　晉伯卣及其銘文(器銘)

蓋、器各有銘文 13 字:

晉伯作厥啻(嫡)宗寶彝,其邁(萬)年永用。[①]

---

① 器銘"永用"兩字左右並列,蓋銘文字作三行排列。

"晉伯"之"伯",按照通常的認識,有排行和爵稱兩種可能。近年公布的覞公盨(《銘圖》4954,見本書第 210 頁,圖 98)銘文有"王命唐伯侯于晉"之語。朱鳳瀚先生指出,"唐伯"即晉國第二代君主燮父,因晉國始祖唐叔虞封於唐,故其子燮父仍稱"唐伯",直到周王命燮父封侯於晉,始改稱"晉侯"①。燮父封晉,一方面是改換了封地,另一方面是獲得了"侯"的身份,此後晉國的君主就可以稱"晉侯"了。從天馬——曲村晉侯墓地出土的銅器銘文看來,晉國的歷代君主均稱"晉侯",如晉侯僰馬、晉侯喜父、晉侯鮸、晉侯穌、晉侯邦父。因此,"晉伯"的"伯"應該是個人的排行而不是爵稱。與此相似之例還有平頂山應國墓地 M95 出土的"應伯"諸器,年代已到春秋初年②。因爲應國君主早在恭王時就已改稱"侯",兩周之際更有稱"公"之例,故"應伯"應該是某代應侯(或應公)之嫡長子③。

晉伯卣是晉伯爲其"啻宗"所作祭器,"啻"在金文中也寫作"帝",通"嫡"。以往西周金文中所見有"帝考"(䀠鼎《集成》2705、仲師父鼎《集成》2743)、"啻考"(□叔買簋《集成》4129),亦即"嫡考",但"嫡宗"一詞還是首見。此處"嫡宗"不能理解爲大宗,因爲晉伯本身就是晉國的大宗,他沒有必要強調自己爲大宗作器。日本學者島邦男曾指出,殷墟卜辭中商王有"附帝號於父名而稱之"的現象;他認爲這與西周金文稱"帝考"、"啻考"性質相同,"帝"是對父親的尊稱④。裘錫圭先生進而指出,"帝"、"啻"與嫡庶之"嫡"相通,稱父爲"帝"跟區分嫡庶的觀念有聯繫,卜辭中僅稱直系先王爲"帝"⑤。儘管近年新出材料證明,殷卜辭中的"帝"不僅用來稱時王之父,也用來稱時王之祖及時王本人⑥。但不能否認,"帝"用來稱父的情

①　朱鳳瀚:《覞公盨與唐伯侯于晉》,《考古》2007 年第 3 期。

②　M95 出土"應伯"所作盨兩件、方壺兩件、盤一件,見河南省文物考古研究所等:《平頂山應國墓地九十五號墓的發掘》,《華夏考古》1992 年第 3 期。

③　王龍正先生認爲"應伯"之"伯"乃行第,"應伯"是應侯的嫡長子(《平頂山應國墓地九十五號墓年代、墓主及相關問題》,《華夏考古》1995 年第 4 期),其說是。

④　島邦男著,濮茅左、顧偉良譯:《殷墟卜辭研究》,上海古籍出版社,2006 年,第 336—343 頁。

⑤　裘錫圭:《關於商代的宗族組織與貴族和平民兩個階級的初步研究》,參見《古代文史研究新探》,江蘇古籍出版社,1992 年,第 298—300 頁。

⑥　參看裘錫圭:《"花東子卜辭"和"子組卜辭"中指稱武丁的"丁"可能應該讀爲"帝"》,收入《黃盛璋先生八秩華誕紀念文集》,中國教育文化出版社,2005 年。

況仍然占大多數。西周金文中用作修飾詞的"帝"和"啻"都是置於"考"之前，至今尚未見有用來修飾"祖"的例子。故晉伯卣的"嫡宗"應該是指"嫡考之宗"，即晉伯之父的宗廟，此器是晉伯爲祭祀其亡父而作的祭器。

"晉伯"按其排行應該是某一代晉侯的嫡長子，是君位的合法繼承人。在他繼承君位之前，按照常理應該以排行爲稱；而在繼位之後，就應該改稱"晉侯"。晉伯卣是爲亡父所作祭器，此時上一代晉侯顯然已去世，他爲何仍稱"晉伯"呢？對此似可有兩種解釋。第一種：西周時期凡新任諸侯繼位，必須朝見周王，得到周王的册命，才能正式獲得諸侯的合法地位；晉伯雖然已繼位爲君，但未及獲周王册命，所以仍然不能稱"侯"。第二種：晉伯雖然是嫡長子，但因特殊原因未能繼位爲君，繼承君位的是其諸弟或族人。從文獻記載看來，這種情況在西周晚期就已比較多見，如晉文侯之位被其叔父殤叔所奪，周宣王廢魯武公長子括而立少子戲（懿公）等。西周中期雖然宗法制較爲穩固，但也不能排除少數特例的存在。

類似這種由"晉"之國號加個人排行組成的稱謂，目前所見還有 3 例：

1. 晉伯盩父甌（《銘圖》3339）：

晉伯盩父作寶甌，其萬年子子孫孫永寶用。

2. 晉叔家父方壺（《銘圖》12356－12357）：

晉叔家父作尊壺，其萬年子子孫孫永寶用享。

3. 晉仲韋父盉（《銘圖》14755）：

晉仲韋父作旅盉，其萬年永寶。

與晉伯卣不同的是，此三器在器主的排行之後還加上其字"某父"。湖北京山蘇家壟出土的曾仲斿父壺（《集成》9628－9629）等器，其器主又稱"曾侯仲子斿父"①，顯然是某一代曾侯的次子。由此看來，這類以"國號＋排行＋名（字）"組成的稱謂，大多應屬於諸侯國的公子。

---

① 見同時出土的曾侯仲子斿父鼎（《集成》2423－2424）。

晉伯睦父甗現藏上海博物館,據稱是從晉侯墓地流出[①]。此甗爲分體式圓甗,口沿下飾 S 形竊曲紋,年代屬西周晚期。從年代上看,它最有可能出自被盜的 M8 或 M1、M2[②]。因爲 M8 同時出有晉侯穌、晉侯斯之器,學者多認爲"穌"與"斯"爲一名一字;所以"晉伯睦父"不太可能是晉侯穌之字,而有可能是 M1 墓主晉侯靯未繼位時的稱謂[③]。晉叔家父方壺出於晉侯墓地 M93,共有兩件,學者或認爲"晉叔家父"即晉穆侯之弟殤叔,但也不能排除是晉文侯之弟的可能。晉仲韋父盉出於曲村晉國邦墓 M6384,爲四足方盉,蓋緣及口沿下飾有長尾鳥紋[④]。另外上海博物館還藏有一件晉韋父盤(《銘圖》14434),與此盉爲同一人所作[⑤]。M6384 的年代被定在西周中期偏早,與晉伯卣大致相當[⑥]。從晉仲韋父之器出於晉國邦墓區看來,他的身份應該是晉國公子,有可能就是晉伯之弟。若果真如此,則晉伯作爲嫡長子繼承君位的可能性較大。

在晉侯墓地中,與晉伯卣年代最爲接近的是 M114、M113 和 M9、M13 兩組大墓。M114 墓主,學者多認爲是晉侯燮父;由覾公簋銘文可知,燮父生前已不可能稱"晉伯"。故"晉伯"所能對應的君主只有 M9 的墓主——武侯寧族,"晉伯"應該是武侯繼位之前的稱號。但 M9、M13 兩座大墓並未被盜(其銅器銘文大多尚未公布),所以晉伯卣可能是出自被盜的下一組大墓 M6、M7(墓主爲成侯服人夫婦)[⑦]。

----

① 參見陳佩芬:《夏商周青銅器研究》"西周篇(下)",第 438—439 頁。

② 晉侯墓地 M64 出有叔釗父甗(《銘圖》3335),銘文曰:"叔釗父作柏姞寶甗。"形制爲分體式方甗,口沿下飾竊曲紋,甑部飾波帶紋,其年代較晉伯睦父甗晚;叔釗父有可能是晉穆侯或文侯之弟。

③ 當然如果晉侯穌(斯)或晉侯靯是以非嫡長子身份繼位的話,"晉伯睦父"就可能是其中一位的長兄,但這種可能性較小。

④ 該墓資料見《天馬——曲村(1980—1989)》第二冊,第 495—511 頁,盉的綫圖見圖六九八,照片見第四冊,彩版陸。

⑤ 參看周亞:《晉韋父盤與盤盉組合的相關問題》,《文物》2004 年第 2 期。案:在 M6384 墓中晉仲韋父盉是與一件家父盤(《銘圖》14427)相配,兩盤形制、紋飾均極爲相似,故晉仲韋父與家父有可能是兄弟關係。

⑥ 該墓所出的𢽎卣(《銘圖》13282),是整個天馬——曲村墓地所出銅卣中與晉伯卣最爲相似的一件(其綫圖見《天馬——曲村》第 504 頁,圖七○一:1,照片見圖版玖玖:1、2),亦可證明兩者年代接近。

⑦ 先代之器出於晚期墓中的現象在晉侯墓地多見,如晉侯㯟馬(屬侯福)之器就出於 M91、M92、M31 中。

附記：本文初稿完成後，獲讀李伯謙先生近作《晉伯卣及其相關問題》一文(刊於北京大學震旦古代文明研究中心編：《古代文明研究通訊》第 40 期)①，文中披露了晉侯墓地 M91 出土的一件伯喜父簋(《銘圖三》496)，銘文曰："隹(唯)正月初吉丁亥，白(伯)喜父肇乍(作)倗母寶簋，用夙夜享于王宗，子子孫孫其永用。"李先生指出，"伯喜父"即該墓墓主晉侯喜父(靖侯宜臼)；伯喜父簋與晉伯[智]父甗、晉伯卣一樣，都是某代晉侯之長子在未繼侯位時鑄造的銅器。伯喜父簋為本文之說提供了更為直接的證據。李先生推斷晉伯卣最有可能出於晉侯墓地 M6、M7，也與拙見不謀而合。

四、芮伯簋

芮伯簋(100—103 頁，《銘圖》4500)是一件有蓋方座簋，器蓋、腹部和方座都飾有顧首卷尾的華麗大鳥紋，口沿下飾有形態相似的小鳥紋(圖 122)。編者指出，它與張家坡西周銅器窖藏出土的孟簋(《集成》4162 - 4164)最為相似，而孟簋多被認為是穆王時期的典型器。故芮伯簋年代應該也在昭穆時期。保利博物館收藏的榮仲方鼎(《銘圖》2412)，年代約在昭王前後，銘文中出現一位"芮伯"，與芮伯簋器主可能是同一人。至於《尚書·顧命》篇中的"芮伯"，活動於成康之際，或許是此"芮伯"之父。編者還指出，1980 年山東黃縣莊頭村 1 號墓出土的兩件芮公叔簋(《銘圖》4501，圖 123)，形制、紋飾都與芮伯簋非常接近，兩器銘文也有聯繫②。

芮伯簋：芮伯作薪(祈)公日寶簋。

芮公叔簋：芮公叔作薪(祈)宮寶簋。

"薪"字在金文中多假作"祈求"的"祈"，在這裡是用作諡號；"祈公"是芮伯與芮公叔二人之父，他生前應該稱"芮公"③。"祈宮"即"祈公之宮"，

---

① 【作者案：該文後收入李伯謙：《文明探源與三代考古論集》。】
② 參看王錫平、唐禄庭：《山東黃縣莊頭西周墓清理簡報》，《文物》1986 年第 8 期。
③ 2007 年山西翼城大河口西周墓出土的霸簋(《銘圖》4610)銘文曰："芮公舍霸馬兩、玉、金，用鑄簋。"(見謝堯亭等：《山西翼城大河口西周墓地》，《文物天地》2008 年第 10 期)其年代應在昭王前後，銘文中的"芮公"有可能就是芮伯和芮公叔之父"祈公"。

圖 122　　芮伯簋及其銘文(器銘)

圖 123　　芮公叔簋及其銘文(器銘)

應是指"祈公"的宗廟①。西周金文中的"某宫"大多是指周王室的宗廟宫室,如康宫、成宫、周康昭宫等,"宫"之前的修飾詞均是先王的謚號。諸侯或貴族的宫室或宗廟也可稱爲"宫",𤔲侯伯晨鼎(《集成》2816)稱"作朕考瀕公宫尊鼎",伯㦰簋(《集成》4115)稱"伯㦰肇其作西宫寶",這里的"宫"

---

①　【作者案:《銘圖》還收録芮伯簋蓋一件(4434),銘文同於首陽齋藏芮伯簋,器形未見。另有兩件芮公簋(《銘圖》4432－4433),一件爲新加坡亞洲文明博物館藏,一件爲私藏,其形制、紋飾乃至鏽色都與首陽齋藏芮伯簋極爲相似,三器很可能是同一作坊相隔不久所鑄,且不排除是同坑所出;其銘文曰"芮公爲祈宫寶簋",由"祈宫"之名可知器主"芮公"與首陽齋藏芮伯簋的"芮伯"應爲同一人;推測芮伯繼位不久就被周王册命爲"公",與其父一樣擁有了"公"的頭銜。】

與"祈宮"一樣都是指先祖考的宗廟。

芮公叔簋的器主稱"公叔","公叔"這個稱謂見於賢簋(《集成》4104－4106)、恒簋蓋(《集成》4199)和逨盤(《銘圖》14543)。類似的稱謂還有"公伯"和"公仲",都是在爵稱"公"之後加排行字組成。唐蘭先生在論述賢簋時曾指出,銘文中的"公叔"應爲衛康叔之子;因康叔生前曾稱"公",故其子可稱"公伯""公仲""公叔"①。朱鳳瀚先生也認爲,"公"之子輩可使用"公＋排行"這種稱謂;逨盤銘文中單氏家族的始祖稱"單公",故其第三子可稱"公叔"②。芮伯簋和芮公叔簋爲此説提供了更直接的證據。正因爲二人之父生前稱"公",故其第三子可稱"公叔";同理,芮伯應該也可以稱"芮公伯"。由此亦可見西周金文中由後代追稱的"公",其中相當一部分在生前也擁有"公"的頭銜。

芮氏爲姬姓,是王畿内的小邦,其君仕於王朝,故稱"公""伯"而不稱"侯"。漢儒將這種情況稱爲"畿内諸侯",其實是一種誤解。芮氏之器以往所見者大多集中於兩周之際,如武功縣任北村窖藏出土的芮叔䰧父簋(《集成》4065－4067),其年代在西周末年;傳世的芮公及芮太子白諸器,均在春秋早期;近年陝西韓城梁帶村墓地三座大墓亦出土芮公、芮太子白之器,爲探索傳世器的出土地提供了綫索③。西周早中期有關芮氏之器皆爲近年來新發現,除芮伯簋、芮公叔簋、榮仲方鼎外,臺北故宮博物院還藏有一件芮姞簋(《銘圖》4330),其銘文曰:"芮姞作旅簋,五。"器形亦爲方座簋,通體素面,僅口沿下及圈足飾有弦紋④,其年代與芮伯簋相去不遠,器主"芮姞"或爲芮伯之夫人,出身姞姓家族的女子。

五、奂　盤

奂盤(104—105 頁,《銘圖》14528,圖 124),編者原定名爲"龍紋盤"。

---

① 唐蘭:《西周青銅器銘文分代史徵》,第 119—120 頁。
② 《商周家族形態研究(增訂本)》,第 662 頁。案:筆者爲此説補充了一些文獻上的證據,參看《重論西周單氏家族世系》(本書第 194—201 頁)。
③ 陝西省考古研究所等:《陝西韓城梁帶村遺址 M19 發掘簡報》,《考古與文物》2007 年第 2 期;《陝西韓城梁帶村遺址 M27 發掘簡報》,《考古與文物》2007 年第 6 期;《陝西韓城梁帶村遺址 M26 發掘簡報》,《文物》2008 年第 1 期。
④ 參看臺北故宮博物院編:《故宮西周金文録》,臺北故宮博物院,2001 年,第 45 頁。

盤底有銘文一篇，編者懷疑爲"後刻"，但未説明理由。從拓片看來，銘文字口清晰，筆畫有力，結構疏朗，行列整齊，屬於恭懿時期常見的風格；內容是周王對"奐"的賞賜，結構、用語均與常見的册命賞賜類銘文相符，所賜物品大多是册命銘文中常見的命服，但"膺▨▨"一物前所未見。總體看來，這篇銘文不像是僞作，應有其研究價值，此盤也應根據作器者之名定爲"奐盤"。

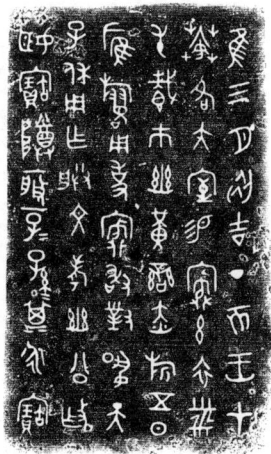

圖 124　奐盤及其銘文

　　奐盤腹部飾有顧首卷尾的龍紋，龍身中段向上聳起，其下有小足，整體似"W"形，龍腦後有卷曲如飄帶的"冠"。這種龍紋多見於恭懿時期，如《首陽吉金》收錄的旨簋（《銘圖》5217，見本書第 11 頁，圖 4）口沿下就飾有與奐盤極爲相似的龍紋，其年代約在穆恭之際。奐盤的雙耳高於口沿，截面近於方形，這種形態在西周雙耳盤中是比較晚的[①]。再結合銘文內容、字體等因素，其年代以定於恭王前後爲宜。

　　奐盤銘文可隸寫如下：

---

　　① 王世民、陳公柔、張長壽《西周青銅器分期斷代研究》將雙耳圈足盤分爲兩式：1 式附耳圓折，耳斷面爲圓形；2 式附耳方折，耳斷面爲方形（第 151—156 頁）。這一判斷符合西周雙耳盤的形態演變規律。

> 唯三月初吉丁亥，王在
>
> 荼，格大室。賜寏玄衣、黹
>
> 純、截（緇）巿、幽黃（衡）、鑾赤旂五日、
>
> 臄⬚，用事。寏敢對揚天
>
> 子休，用作朕文考幽公、姞
>
> 姬寶尊盤，子子孫孫其永寶。

　　寏盤的册命地點在"荼"，金文中又稱"荼京"，其地大概在豐鎬附近。昭穆時期，周王經常在"荼"舉行祭祀和政治儀式，見於麥尊（《集成》6015）、鮮簋（《集成》10166）、静簋（《集成》4273）等器，其地位相當於陪都。穆王以後，"荼"的地位一落千丈，僅見於懿王時的史懋壺（《集成》9714），孝夷時的弭叔師察簋（《集成》4253－4254），宣王時的六年琱生簋（《集成》4293）及稍早的儠匜（《集成》10285），其中只有弭叔簋銘文是記載册命。因此寏盤是目前所見第二件記録周王在"荼"舉行册命禮的銅器。

　　寏盤銘文屬於西周中晚期常見的册命類銘文，但銘文中没有出現擔任引導、相禮的"右者"，没有代周王宣讀命書的史官，也没有具體職務的任命，只有命服的賞賜。像這種無職務任命而只有命服賞賜的情况，以往在册命銘文中並不少見；普通册命銘文的"册命"在這類銘文中一般寫作"册賜"，如救簋蓋（《集成》4243）"作册尹册賜救"，休盤（《集成》10170）"王呼作册尹册賜休"，袁盤（《集成》10172）"王呼史減册賜袁"等。這類銘文都不是初次册命，而是"重命"或"增命"，所以没有職務任命，只有命服等級的提高。不過大部分"册賜"類銘文還是會出現右者和史官。完全不見右者和史官的册命銘文爲數不多：目前所見，恭懿時期有訇簋（《銘圖》5217）、恒簋蓋（《集成》4199），西周中晚期之際有黼簋（《集成》4215）、録伯䢅簋（《集成》4302）、郖侯伯晨鼎（《集成》2816），宣王時期有番生簋（《集成》4326）、毛公鼎（《集成》2841）和逑盤（《銘圖》14543）。因此，寏盤銘文算是西周册命銘文中一個比較特殊的例子。

　　宊盤銘末稱"朕文考幽公、㚰姬"，"幽公"是宊之父，"幽"爲謚號，其生前有可能稱"公"；"㚰姬"是宊之母，其前省略了"文母"之類的稱謂，她是出身"㚰"氏的姬姓女子。"㚰"即《左傳》稱爲"周公之胤"的胙氏。目前所見西周胙氏之器，只有1993年平頂山應國墓地M242出土的柞伯簋（《銘圖》5301）和國家博物館近年收藏的柞伯鼎（《銘圖》2488）[①]；前者年代在康昭時期，後者是屬王時器。兩器銘文中胙氏的氏名寫作"𣎆"，隸定爲"柞"。柞伯簋銘文稱"柞伯用作周公寶尊彝"，柞伯鼎銘也說"才（在）乃聖祖周公繇有共（功）于周邦"，證實了胙（柞）氏是"周公之胤"的記載。現在宊之母稱"㚰姬"，又爲胙氏姬姓提供了一個直接證據，"㚰"是胙氏氏名的另一種寫法。春秋銅器有鄧桼生匜（《集成》10228），銘文曰："唯鄧桼生吉疇（酬）鄧公金，自作盥匜。"此器原名"鄧公匜"，其實作器者應爲"鄧桼生吉"，他是鄧國貴族，"桼生"表明他是桼氏的外甥，"吉"是其私名。"桼"是胙氏氏名的又一種寫法，看來是綜合"柞"、"㚰"兩種字體演變而成。另一春秋銅器邾友父鬲（《集成》717）銘文曰："邾友父媵其子胄嫚（曹）寶鬲"，邾國爲曹姓，此器是邾友父爲嫁於胄氏之女所作媵器；楊樹達先生指出，"胄"應爲"胙"之或體[②]。文獻中的"胙"字可能是由"胄"演變而來。

六、應侯視工簋

　　應侯視工簋（112—114頁，《銘圖》5311）是西周中晚期常見的斂口有蓋圈三足簋。圈足下接三獸爪狀小足，足上端飾有獸首；半環形耳，耳上飾有獸首，下有長方形垂珥；簋蓋有明顯折棱，折棱下有兩周弦紋；蓋中央及腹部飾瓦紋，蓋緣及口沿下飾雙層橫鱗紋，圈足飾一周橫鱗紋（圖125）。編者指出，其造型、紋飾均與西周晚期的元年師兌簋（《集成》4274-4275）、三年師兌簋（《集成》4318-4319，圖127）完全相同。應侯視

工簋的雙層橫鱗紋是一種極具時代特點的紋飾，除師兌簋以外，還見於鄂
侯簋(《集成》3928 - 3929)、叔向父禹簋(《集成》4242，圖 128)、大簋蓋(《集
成》4298 - 4299，見本書第 48 頁，圖 27)等器①，其年代均在屬王時期。

圖 125　應侯視工簋及其器(左下)、蓋(右)銘文

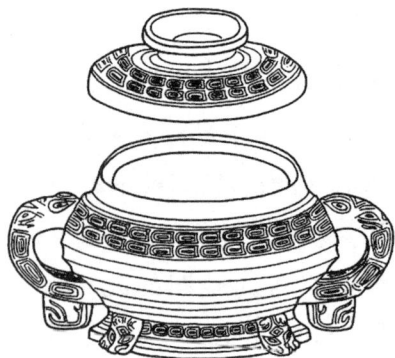

圖 126　應侯簋及其銘文

---

①　三器圖像分見陳夢家：《西周銅器斷代》下册，第 769、770、816 頁。

圖127　三年師兌簋

圖128　叔向父禹簋

應侯視工簋器内底鑄銘文三行14字：

應侯作姬原母尊簋，其萬年永寶用。

器蓋内鑄銘文9行82字(含重文二)：

唯正月初吉丁亥，王若
曰：應侯視工，①淮南夷
![字]敢搏厥衆魯，敢加興
作戎，廣伐南國。王命應
侯正(征)伐淮南夷![字]，休克
厥(翦)伐南夷，我俘戈。余弗
敢且(沮)，余用作朕王姑單
姬尊簋。姑氏用賜眉
壽永命，子子孫孫永寶用享。

編者指出，此簋器底銘文與宋代著録的一件應侯簋(《集成》3860，圖126)完全相同，後者爲器、蓋同銘，造型、紋飾也與此簋全同②。編者認爲此簋的器銘與蓋銘不配，應是隨葬中擺放致誤。其實像這種簋蓋與簋身

————————

①　【作者案："![字]"字本文原釋爲"伐"，是錯誤的，今從蔣玉斌説改釋爲"蠡"，參看蔣玉斌：《釋甲骨金文的"蠡"兼論相關問題》，《復旦學報(社會科學版)》2018年第5期。】

②　見《考古圖》卷三，《博古圖》卷十七。

紋飾一致，且能完全吻合，但蓋銘與器銘不同的現象，以前也發現過一些。比如 1978 年武功縣任北村窖藏出土器蓋完整的𫗧叔𫗧姬簋三件（《集成》4062－4064），另有三件𫗧叔𫗧姬簋蓋與三件無蓋的芮叔𨺗父簋（《集成》4065－4067）相配，二者器形、紋飾完全相同①。又如現藏臺灣私人手中的一件虎簋蓋（《銘圖》5400），其所配簋身是另一位名叫"老"的人所做（《銘圖》5178），銘文內容與簋蓋無關；但簋蓋、簋身紋飾、銹色均完全一致，大小也吻合②。造成這種現象的原因可能很複雜，但至少可以肯定的是，這些簋蓋和簋身的鑄造年代應該非常接近。有些銘文本身存在內在聯繫，應該是同一家族之器。有些可能是埋藏過程中擺放錯誤，有些則可能是因爲簋身、簋蓋遺失或損壞，所以仿照原器補配而另作銘文。應侯視工簋的器蓋是應侯爲其"王姑單姬"所作，簋身是應侯爲"姬原母"所作；"單姬"和"姬原母"很有可能是同一人，當時應侯視工應該鑄造了兩套形制、紋飾相同而銘文不同的簋，後來發生了錯配。

應侯視工簋的簋蓋銘文與此前上海博物館收藏的應侯視工鼎（《銘圖》2436，圖 129）有密切關係③：

> 用南夷🌼敢作非良，廣
> 伐南國。王命應侯視工曰：
> 政（征）伐🌼。我〔受〕命，殿（翦）伐南夷
> 🌼，我多俘戎。余用作朕剌（烈）
> 考武侯尊鼎。用祈眉
> 壽永命，子子孫孫其永寶用享。

兩相比較，不難發現二者所記爲同一件事，用語也多相似。銘文都是記述"南夷🌼（逆）"發動叛亂，侵擾"南國"，周王命應侯視工出兵征伐；應

---

① 盧連成、羅英傑：《陝西武功縣出土楚簋諸器》，《考古》1981 年第 2 期。

② 參看張光裕：《虎簋甲、乙蓋銘合校小記》，《古文字研究》第二十四輯，中華書局，2002 年。

③ 陳佩芬：《夏商周青銅器研究》"西周篇（下）"，第 413—415 頁；李朝遠：《應侯見工鼎》，收入《青銅器學步集》，文物出版社，2007 年。案：應侯名"視工"之"視"，原先學者多釋爲"見"，裘錫圭先生改釋爲"視"（《甲骨文中的見與視》，載《甲骨文發現一百周年學術研討會論文集》，文史哲出版社，1998 年）。

圖 129　應侯視工鼎及其銘文

侯討平南夷的叛亂,立下戰功,故作器以紀念。不同的是,簋銘比鼎銘更爲正式、詳細,前面加上了"唯正月初吉丁亥"的記時;而且鼎銘的作器對象是"烈考武侯",簋銘則是"王姑單姬"。鼎銘的"南夷逆",簋銘作"淮南夷逆","逆"爲南夷酋長之名①,由此可見"南夷"應是"淮南夷"的省稱。

　　"淮南夷"這一族稱,以往在金文中從未見過,與之相關的族稱有"淮夷"、"南淮夷"和"南夷"。"淮南夷"應是"南淮夷"的異稱,"南夷"則是"南淮夷"("淮南夷")的省稱②。因此,"淮夷"、"南淮夷"、"淮南夷"、"南夷"這四個族稱所指的應該是同一個大族群,其分佈範圍主要在淮河中上游;而"東夷"則是與"淮夷"相區別的另一個大族群,其分佈範圍主要在今山東和蘇北一帶③。"淮夷"所對應的是周之"南國","東夷"所對應的是周之"東國",兩者的交界地域大致在淮河下游。

---

①　李學勤先生將"〔字〕"字釋爲"逆"(《論應侯視工諸器的時代》,參見《文物中的古文明》,商務印書館,2008 年,第 253—257 頁),此處暫從其説。此字是否爲"逆"字尚可討論。

②　翏生盨(《集成》4459)、虢仲盨(《集成》4435)等記述屬王南征的銅器銘文均稱"南淮夷",無㠱簋(《集成》4225)、戎鐘(《集成》260)等同時之器卻稱"南夷",可見"南淮夷"與"南夷"是一事。

③　戎鐘稱"南夷、東夷具見",禹鼎(《集成》2833)稱"鄂侯馭方率南淮夷、東夷廣伐南國、東國",説明"南淮夷"與"東夷"在周人看來判然有別,而"淮夷""南淮夷""南夷"在金文中則從未並稱過。

　　應侯視工簋蓋銘末的"王姑單姬"是應侯的姑母，其夫家爲單氏；器銘稱其爲"姬原母"，"原母"爲其字。"王姑"這一稱謂，以往僅見於伯庶父簋（《集成》3983），"王"通"皇"，是贊美性質的修飾詞①。簋銘又稱她爲"姑氏"，這裏的"氏"是通用於稱謂中的後綴語，金文及文獻所見有"公氏"、"侯氏"、"伯氏"、"舅氏"、"婦氏"等同類稱謂，都含有尊敬的意味。金文所見之"姑"有兩種含義。第一種是已婚女性對婆母的稱呼，即"舅姑"之"姑"，例如：

　　1. 晉姜鼎（《集成》2826）：

　　　　晉姜曰：余唯司（嗣）朕先姑君晉邦……

　　2. 猷叔猷姬簋（《集成》4062－4064）：

　　　　猷叔、猷姬作伯媿媵簋，用享孝于其姑公，……

　　3. 頂卣（《集成》5388－5389）：

　　　　頂作母辛尊彝，頂賜婦𤔲，曰：用鬹于乃姑宓。

　　第 1 例是晉國夫人晉姜稱其已故婆母爲"先姑"；第 2 例是猷叔、猷姬爲出嫁之女伯媿作媵器，讓她用來祭祀公婆；第 3 例是頂爲其母作祭器，賜給其妻，讓她用來祭祀婆母。

　　第二種是男性對姑母（父親之姊妹）的稱呼，以往所見僅有兩例：

　　1. 伯庶父簋（《集成》3983）：

　　　　唯二月戊寅，伯庶父作王姑凡姜尊簋，其永寶用。

　　2. 復公子簋（《集成》4011－4013）：

　　　　復公子伯舍曰敀親作我姑鄧孟媿媵簋，永壽用之。

---

　　①　西周金文中多見"王母"，如史伯碩父鼎（《集成》2777）稱"追孝于朕皇考釐仲、王母泉母"，"王母泉母"與"皇考釐仲"並列，按照金文慣例二者應爲夫婦，故此處的"王母"即"皇母"，而不是作器者的祖母。參看潘玉坤：《"王母"指稱"母親"略例》，華東師範大學中國文字研究與應用中心編：《中國文字研究》第七輯，廣西教育出版社 2006 年。案：王龍正等先生將應侯簋的"王姑"理解爲祖姑母（王龍正、劉曉紅、曹國朋：《新見應侯見工簋銘文考釋》，《中原文物》2009 年第 5 期），似與金文通例不合。

　　第 1 例是伯庶父爲嫁於凡氏的姑母作祭器，凡氏或即《左傳》中“凡伯”之族，屬“周公之胤”，伯庶父的家族應爲姜姓。第 2 例是復國的公子伯舍爲嫁於鄧國的姑母鄧孟媿作媵器，鄧爲曼姓國，故復國應爲媿姓；侄子爲姑母作媵器，這是目前所見唯一一例。應侯簋的情況與第 1 例相似，應侯視工能率軍出征，其年紀不會太小，故此器應該是應侯爲已出嫁的姑母所作祭器。

　　《左傳》僖公二十四年記載：“邘、晉、應、韓，武之穆也。”應國是武王之後，姬姓侯國，應侯視工簋爲此提供了明確證據。應侯視工的姑母所嫁的單氏，據文獻記載也是姬姓世族。西周金文中單氏的氏名大多作“𤮃”；眉縣楊家村出土的單叔鬲（《銘圖》2957－2965）作“𤮃”，下部有一橫畫；兩周之際的單伯原父鬲（《集成》737，見本書第 167 頁，圖 89）作“𤮃”，上部有一橫畫；應侯簋的“單”字作“𤮃”，上下都有橫畫，爲以往所未見。《元和姓纂》卷四：“周成王封少子臻于單邑，爲甸内侯。”羅泌《路史》卷十九亦取此說。現在眉縣楊家村出土的逨盤（《銘圖》14543）銘文證明單氏在文王時就已存在，單氏出於成王說不能成立。不過《國語·周語中》載單襄公言於周定王“今雖朝也不才，有分族於周”，韋昭注曰：“朝，單子之名也。有分族，王之族親也。”可見單氏自認與周王室爲同族。兩周金文所見與單氏通婚的國族有姜姓（單子白盨，《集成》4424）、姞姓（單伯原父鬲）、祁姓（單叔鬲），由此看來單氏爲姬姓的可能性較大。那麼應國與單氏的通婚就是兩個姬姓國族之間的同姓通婚，違反了周人“同姓不婚”的禮制原則。

　　從文獻記載與金文資料看來，同姓通婚即使在春秋時期也只是少數現象，且被華夏諸國視爲“非禮”。爲數不多的同姓通婚，又大多見於華夏諸國與邊裔戎狄蠻夷之間，如晉獻公所娶的狐姬、驪姬，都出身於戎族；又如魯與吳、蔡與吳之間皆曾通婚，吳國雖自稱太伯之後，但在當時仍被諸夏視爲蠻夷，有學者甚至懷疑吳國的祖先傳說乃是吳人爲尋求華夏認同而有意“創造”①。而在明確爲周王室後裔的中原諸姬姓國之間，同姓通

---

　　①　見王明珂：《華夏邊緣——歷史記憶與族群認同》第九章，社會科學文獻出版社，2006 年。

婚卻極爲罕見。在西周金文中,可確定的同姓通婚以往僅見兩例:

1. 叔男父匜(《集成》10270):

> 叔男父作爲霍姬滕旅匜,其子子孫孫其萬年永寶用。井

2. 吳(虞)王姬鼎(《集成》2600):

> 吳(虞)王姬作南宮史叔飤鼎,其萬年子子孫孫永寶用。

兩器年代都在西周晚期。叔男父匜是叔男父爲嫁於霍國之女所作媵器,銘末的"井"字爲族氏銘文,表明叔男父是姬姓世族井氏的族人。井氏之器最早見於昭穆時期,其族源尚不清楚;不少學者認爲是從"周公之胤"的邢國分出,其實並無有力證據。霍國據《左傳》記載爲"文之昭",是確鑿無疑的姬姓封國。吳王姬鼎,李學勤先生認爲是晉南虞國與南宮氏通婚的證據[①];按其理解,"吳(虞)王姬"應是出身姬姓虞國的女子,"南宮史叔"是南宮氏族人,可能是吳(虞)王姬的丈夫或公公。虞國爲"太王之昭",屬姬姓無疑。南宮氏爲姬姓,在第一節中已有論證。不過據《尚書大傳》等文獻記載,南宮氏始祖南宮括,與散宜生、閎夭、太公等人都是文王時投奔周邦的異族人。過去我曾推測,南宮氏和召氏、榮氏一樣,都是被姬周統治者賜予姬姓的異族,與周王室並無血緣關係[②]。以上兩個同姓通婚之例,都不是發生在文獻明確記載的周王室後裔之間。與春秋時期一樣,"同姓不婚"原則在西周王室後裔諸國族之間也是得到貫徹的。單氏雖然是姬姓,但並不在《左傳》記載的"太王之昭""王季之穆""文之昭""武之穆""周公之胤"中;因此我很懷疑它與南宮等世族的情況相似,是被周人賜予姬姓的異族,或者是太王以前從周王室中分出的支裔。由於單氏與周王室的血緣關係較疏遠,才能不避嫌疑與姬姓應國通婚。當然這只是一種推測,尚有待更多材料檢驗。

應侯視工所作銅器,除去上述鼎、簋以外,目前所見還有鐘四件、簋兩

---

① 李學勤:《絳縣横北村大墓與郿國》,參見《文物中的古文明》,第 273 頁。
② 韓巍:《西周金文世族研究》,北京大學中文系博士學位論文,2007 年。

件(《銘圖》5231－5232);另有應侯壺兩件(《銘圖》12265－12266)、盨一件(《銘圖》5503)、盤一件(《銘圖》14385),雖然銘文没有出現應侯之名,但從年代看來很可能是應侯視工之器①。李學勤先生將應侯視工諸器的年代定在厲王時②,現在從首陽齋藏應侯視工簋看來,其見解是十分正確的。近年來,厲王時期的長銘銅器不斷有新的發現,除應侯視工諸器外,還有《首陽吉金》所收伯⻊父簋(106—107 頁,《銘圖》5276)及國家博物館藏柞伯鼎(《銘圖》2488)等,其銘文内容大多與厲王時對南淮夷的戰爭有關,並可與敔簋(《集成》4323)、猷鐘(《集成》260)、翏生盨(《集成》4459－4461)、禹鼎(《集成》2833)等以往學者公認爲厲王時的銅器相聯繫。有了這些新材料,我們對厲王時期銅器形態、紋飾、銘文書體等特徵的認識會更爲深入。現在看來,夷厲時期的銅器與宣幽時期相比,其差異是比較明顯的。目前,對西周晚期銅器做進一步分期研究的條件已日漸成熟,希望不久就會有綜合性的論著問世③。

　　附記:本文曾提交 2009 年 4 月 17、18 日在香港中文大學舉行的"中國古代青銅器國際學術研討會",但未及在會議上宣讀。收入本集時做了

──────────

　　① 　應侯視工鐘四件,一件爲日本書道博物館藏(《集成》108),一件爲 1974 年陝西藍田縣紅門寺出土(《集成》107),另兩件爲近年北京保利藝術博物館藏(《銘圖》15314－15315),見《保利藏金(續)》,嶺南美術出版社,2001 年,第 157—159 頁。應侯視工簋兩件、應侯壺兩件、盤一件均爲保利博物館藏(簋、壺均見《保利藏金(續)》,盤見《保利藏金》,嶺南美術出版社,1999 年,第 115 頁),應侯盨爲上海博物館藏(見《夏商周青銅器研究》"西周篇(下)",第 506—507 頁)。案:最近河南省平頂山市文物管理局公布了一批 2000 年收集的青銅器(《平頂山市西高皇魚塘撈出的一批應國銅器》,《中原文物》2010 年第 2 期),據推測是出於應國墓地,被盜墓者丢棄於魚塘中;其中一件鼎(《銘圖》2342)上殘留的銘文有"應⋯⋯剌(烈)祖釐⋯⋯"字樣,應侯之名殘缺,簡報推測此鼎乃應侯視工爲其祖父"釐公"所作祭器;此鼎形制類似應侯視工鼎,唯腹部較深,口沿下有兩周弦紋;同出的兩件應盨(《銘圖》5539－5540),形制爲四足、附耳,身全飾瓦紋,與上博館藏應侯盨相似而略有不同(後者器底還有假圈足)。從器形和銘文看來,鼎和盨的年代似較應侯視工諸器略晚;簡報推測它們與其他流散的應侯視工器同出一墓,這種可能性是存在的;但亦有可能是下一代應侯之器,"烈祖釐公"不一定是指祖父。至於同出的另外 3 件鼎、1 件匜和 1 件盤,從器形看來可能要晚到西周末年;簡報推測是出自應侯視工夫人之墓,雖可備一説,但出自年代更晚的其他墓葬的可能性更大。
　　② 　見《論應侯視工諸器的時代》。
　　③ 　我曾在《册命銘文的變化與西周厲、宣銅器分界》(《文物》2009 年第 1 期)一文中,提出根據册命銘文的演變規律區分厲、宣銅器的設想,此説目前尚停留在"大膽假設"階段,希望今後能夠從銅器形態、紋飾演變的角度對其加以驗證和補充。

一些修改、增補,並補配了插圖。此次會議論文集已正式出版(《中國古代青銅器國際研討會論文集》,上海博物館、香港中文大學文物館,2010 年11 月),其中收入朱鳳瀚先生《滕州莊里西滕國墓地出土器研究》一文,公布了滕州市博物館藏莊里西墓地出土器的照片,讀者可以參看。由於時間關係,本文未及徵引該文集所收論文中的相關意見,亦請見諒。

（本文原收入朱鳳瀚主編:《新出金文與西周歷史》,上海古籍出版社,2011 年 5 月）

書　評

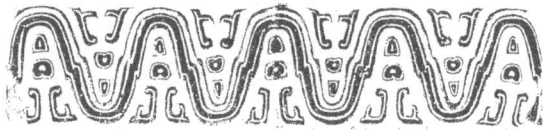

探尋西周王朝的衰亡軌迹

——《西周的滅亡》讀後記

美國哥倫比亞大學李峰教授的《西周的滅亡——中國早期國家的地理和政治危機》[①]，是近年西周史領域最引人注目的成果之一。此書的雛形是作者 2000 年在芝加哥大學東亞語言與文明系提交的博士學位論文，原題爲："The decline and fall of the Western Zhou dynasty: An historical, archaeological, and geographical study of China from the tenth to the eighth centuries B.C."經過修改增補後，於 2006 年由劍橋大學出版社（Cambridge: Cambridge University Press）出版，書名改爲："Landscape and power in early China: the crisis and fall of the Western Zhou, 1045 - 771 BC"。其中文版由徐峰先生翻譯，湯惠生先生審校，在一年之後即與國內讀者見面，其速度之快在外文學術論著的翻譯出版史上是罕見的。此書又被上海古籍出版社列入"早期中國研究叢書"之一，該叢書的宗旨在於譯介近年國外學者有關"早期中國"的代表性論著。從其擬定的書目看來，的確反映了海外"早期中國研究"方面的第一綫水準，説明國內學界對國外同行最新研究成果的瞭解和重視程度已今非昔比。

西周王朝作爲華夏文化圈的奠基者，其重要的歷史地位向來爲學者所公認。但文獻史料的匱乏一向是西周史研究中首當其衝的難題，同時代史料幾乎只有《詩》、《書》中的一些篇章可供利用；而這爲數不多的寶貴資料又大多集中於西周早期，比如《尚書》中的"周初八誥"，《逸周書》中的《世俘》、《作雒》等篇。因此傳統史學對於西周史事的研究，主要集中於早

---

① 上海古籍出版社，2007 年。下文引用此書觀點，直接在文中括注原書頁碼。

期,中晚期則薄弱得多。至於西周一朝的禮儀制度,則主要依靠"三禮"等東周文獻來復原,與西周時期的實際情況有相當差距。

自 20 世紀初羅振玉、王國維將"二重證據法"引入古史研究以來,傳世與新出土的青銅器銘文逐漸成爲西周史研究的基礎資料,研究範圍也相應擴展到經濟、社會、文化諸層面。1949 年以後大陸考古事業的蓬勃發展,又源源不絕地帶來科學發掘出土的古代遺存資料,從而使西周史研究由"平面"向"立體"方向發展。近幾十年來,國內學界有關西周史領域的研究專著已有不下二十種,如果加上以"周代"或"商周"爲研究斷限的著作,就更爲可觀。不過這些著作大多是偏重某一方面的專題性研究[①],能夠整合各層面問題、貫穿西周一朝歷史的綜合性論著十分缺乏。因此,儘管學者在各個孤立的"點"上多有深入的探索,但就西周史研究的整個"面"上而言,卻少有突破性進展。

現有西周時期的綜合性斷代史著作,當首推許倬云先生和楊寬先生的兩部《西周史》[②]。前者彙聚了海外西周史研究方面的主要成果,後者則是國內學界最高水平的代表。楊著篇幅較大,涉及範圍很廣,在社會形態、政治制度和禮制等方面用力尤深,有不少精闢獨到的見解;其缺點在於内容分散,缺乏貫穿全書的主綫,不便於初學者及非專業人士。許著具有較强的宏觀史學意識,以西周國家的建立、周人對異族的吸納、不同文化的融合作爲全書的綱領,使讀者容易把握西周史的主要脈絡。史料運用方面,兩書都很重視銅器銘文的研究,但楊著對考古資料的吸收相對欠缺。許著雖然相當重視考古實物資料的作用,但在材料的闡釋方面仍存在一些隔膜。在研究時段上,兩書都側重於西周早中期,對於西周晚期歷史的討論相對較少。

因此,對於西周王朝衰落和滅亡的全過程及其深層因素的綜合性研

---

①　時至今日,諸如國家形態、家族形態、宗法制度、官制、禮制、法制、土地制度等領域都已有了相應的專著,有的領域還不止一部。

②　許倬云:《西周史(增補本)》,三聯書店,2001 年(中文版由聯經出版事業公司 1984 年初版);楊寬:《西周史》,上海人民出版社,1999 年。

究，還是西周史領域一個相當薄弱的環節。《西周的滅亡》一書的出現，恰好彌補了這個缺陷。作者在“緒論”中明確表示：“這本書並非一部西周通史，甚至也不是西周晚期的通史，而是想通過對圍繞西周滅亡這一歷史事件有關問題的實證性研究，來對一個具體問題進行一個合理的歷史性解釋。”不同於面面俱到的“斷代史”模式和單向度的“制度”研究，作者所要做的是對“西周晚期歷史發展的‘原理’(rationale)和‘動力’(dynamics)的系統考察”(第8頁)。由於作者先後接受過考古學、歷史學、古文字學等多學科的系統訓練，又親身領略過東、西洋“早期中國學”領域不同學派的熏陶，故能兼取實證研究與理論建構之長，使上述宗旨真正貫徹到全書的各個環節中。在史料運用方面，作者不僅繼承了傳世文獻與銅器銘文互證的傳統，而且大大擴展了考古資料的運用，使其真正成爲與文獻和金文“三足鼎立”的基礎資料。在研究方法上，作者將考古學文化的分析與地理學的空間分析相結合，成功地實現了“歷史空間”的還原。可以説，此書在西周史乃至整個中國上古史領域都具有研究範式上的創新意義。

　　“地表形態”(landscape)是此書的關鍵詞之一。作者在“緒論”中指出：“西周的滅亡是政治和地理之間一種長期且複雜的相互作用的結果，這種作用既是歷史的過程，同時也是一個地理的過程。”因此，“本書旨在探討西周國家的衰弱和滅亡這一特定的持續歷史和地理過程中，地理條件及其政治性建構之間的複雜關係。”(第8頁)地表形態，政治結構，政治事件，是此書解釋體系中的三個層次，頗有年鑒學派“三時段”理論的意味。因此，對西周王朝疆域內“地表形態”的復原，乃是全部研究的基礎和前提。

　　此書的第一章“西周國家的基礎：建構政治空間”要完成的就是這一任務。作者將西周王朝領土的核心區域劃分爲西部的“王畿”(包括關中平原及其邊緣地區以及東都洛陽附近)和東部的封國(主要包括中部平原以及晉西南的汾河谷地)兩部分，這一劃分本身就含有作者對西周政治地理結構的認識。作者指出，周王朝在這兩個區域內實行了截然不同的管理規則：王畿地區“受周王朝的直接行政管理，並由王師獨立承擔防禦”

（第 37 頁）；廣大東方地區則依靠"政治代理人"式的"封建"制度來維持間接統治。同時，兩者的差異還體現在貴族封君的不同稱謂上：東部封國的封君習慣上被稱作"侯"，而王畿内的貴族首領則根據其在家族内的排行被稱爲"伯"（第 129 頁）[①]。這一統治模式的"雙軌制"與下一章所論西周國家的"雙重性"危機密切相關。作者認爲，西周王朝這種特殊的政治地理結構並非出於偶然，而是"西周國家精心構建其地緣空間，從而鞏固其政治基礎的過程"，是"政治企圖與地理現實相協調的產物"（第 104—105 頁）。在論述王畿地區時他還提出，王畿内部存在多個王室直接控制的中心城邑，由統一任命的官員來管理（第 67 頁）。這些看法更新了學界通行的"常識"，使我們認識到，西周國家並非是王權將地方治理權授予領主而形成的簡單平面結構，而是由多個平行系統構成的複雜政治體系。

在本章各節中，作者首先介紹每一區域的地理環境和道路交通，然後才涉及重要的考古發現——包括遺址、墓葬和有銘青銅器，這樣的敘述方式頗具新意。國内的考古學著作大多只是巨細靡遺地羅列資料，對地理環境的介紹往往被忽視。而在作者的引導之下，讀者眼前仿佛逐漸展開一幅西周王朝的政治地理圖卷，各地的戰略地位和交通聯繫一目了然；原本枯燥無味的考古資料也被賦予鮮活的生命，與地理背景共同構成西周國家的"地表形態"。尤其值得注意的是，作者對晉南地區給以特別的重視，將其單獨列爲一節。作者指出，這個地區與渭河谷地之間存在"特殊的親密關係"，説明其在西周王朝戰略上的地位可能與東部地區有所不同（第 103 頁）。近年來晉西南地區一系列重大考古發現已證明作者的判斷極富遠見[②]。此書

[①] 這種差異雖然早有學者指出，但仍未得到學界的普遍認可；直到近年，國内仍有學者主張西周時期不存在"王畿"，畿内封君與外服諸侯没有本質區别，這種認識與金文及考古資料顯示的實際狀況明顯不符。

[②] 雖然近年絳縣橫水倗氏墓地和翼城大河口墓地的最新發現，否定了作者提出的晉西南不存在非姬姓封國的看法，但它們與新公布的銅器䚦公簋（《銘圖》4954）都證明這一地區具有特殊的戰略地位。參看山西省考古研究所等：《山西絳縣橫水西周墓發掘簡報》，《文物》2006 年第 8 期；謝堯亭等：《山西翼城大河口西周墓地》，《文物天地》2008 年第 10 期；朱鳳瀚：《䚦公簋與唐伯侯于晉》，《考古》2007 年第 3 期。

的"附録一"作爲第一章的補充和擴展①,介紹了西周國家的"邊緣地區"
(包括山東、江淮流域和華北北部)。顯然,缺少了"邊緣",將會大大影響
我們對西周國家整體戰略格局的認識。

在完成對西周王朝政治地理空間的建構之後,作者即着手從"内亂"
和"外患"兩方面探索西周衰亡的深層因素。第二章"混亂與衰落:西周
國家的政治危機"側重於揭示"在西周國家形成的過程中即已積澱的結構
性危機"(第107頁)。作者認爲,危機的源頭可追溯到西周國家内部兩對
最基本的關係——中央王室與地方封國、王權與王畿内貴族家族權力,由
於周王喪失了對這兩種關係的控制力,西周國家的基礎遂不復存在。一
方面,西周王朝對廣大東部地區的控制是建立在以血緣關係爲基礎的宗
法"封建"制之上,然而隨着血緣紐帶逐漸鬆弛,封國與王室之間呈現日益
"游離"的趨勢;王室很少能得到來自封國的支持,卻要憑藉王畿地區的有
限資源來維護整個國家的安全,於是其力量逐漸削弱。另一方面,周王對
王畿内貴族的管理是依靠"恩惠換忠誠"的方法,即不斷給予各種形式的
賞賜尤其是地產,以換取他們在朝廷中的服務。作者認爲這種"自殺式"
的管理方法不可避免地削弱了周王室的經濟基礎,同時造成貴族勢力的
坐大。

應該説,此書對於西周王朝"結構性"矛盾的把握是非常到位的,一些
具體的分析也頗有新意。比如作者將"國人暴動"解釋爲"周王權與一些
有影響力的宗族之間的一場主要爭鬥",與其説是"被剝削階級推翻貴族
階級的一次勝利,不如説貴族力量戰勝王權,抑或是王權重建的一次失
敗"(第156頁)。這一判斷超越了傳統史學的道德批判和馬克思主義史
學的階級分析,十分敏鋭地捕捉到"國人暴動"的實質,我對此深表贊同。
遺憾的是,作者並未從這一視角對王權與貴族的矛盾做更深入的發掘。
從"兩種基本關係"來解讀西周王朝的衰落,容易使讀者將其理解爲一個

---

① 這些内容在作者的博士論文中本是第一章的組成部分,現出於篇章結構的考慮而改爲
"附録"。

"匀速遞減"的過程,因而忽視了其中的複雜性和曲折性。

比如在論述西周中晚期封國與王室關係的疏遠時,作者舉證說,此期銘文中少見早期那種諸侯到王都朝覲天子的例子。這顯然不夠全面。近年新出金文中,多見西周晚期周王命諸侯國軍隊參與征伐之例,如屬王時的應侯視工鼎(《銘圖》2436,見本書第 335 頁,圖 129)、簋(《銘圖》5311,見本書第 332 頁,圖 125)及柞伯鼎(《銘圖》2488)[①],宣王時的晉侯穌鐘(《銘圖》15298－15313)等。這一方面說明地方封國實力增強,另一方面也說明王權力圖控制和利用封國的力量,使其爲王朝服務。雖然此時王室與封國之間的聯繫可能不如穆王以前那麼緊密,但比起恭、懿、孝、夷時期,顯然是大爲加强了[②]。又如作者以封國考古學文化的"地方化"來證明其對王室的"離心傾向",實際上目前西周晚期東方各國的考古資料仍相當缺乏,不足以支撐此論點。作者所舉僅有山東地區之例,而學界對山東地區西周至春秋早期墓葬的斷代,過去長期存在偏早的傾向;比如作者所舉的曲阜魯故城墓葬,其實際年代可能只能到春秋早期。而天馬——曲村晉國墓地和平頂山應國墓地的西周晚期墓葬,卻顯示了與王畿地區高度一致的文化面貌。因此,考古學文化的"地方化"趨勢可能要到春秋早期才普遍出現。

作者以管理方式的不當(即"恩惠換忠誠"模式)來解釋王室的衰弱和貴族力量的增強,也有過於簡單化的缺陷。作者的主要論據之一是西周晚期周王向臣下賞賜土地的"零碎化"。誠然,與早期相比,西周中晚期無論是王室還是貴族的土地占有都呈現"零碎化"的趨勢,這與貴族階層的膨脹和宗族組織分化所造成的資源緊張有關,也是包括作者在內的很多學者已經指出的。但問題的關鍵並不在於土地資源分配的形式,而在於分配權掌握在誰手中。在恭王至夷王時期,除永盂(《集成》10322)以外,

---

① 應侯視工簋資料,參見首陽齋等合編:《首陽吉金——胡盈瑩、范季融藏中國古代青銅器》,上海古籍出版社,2008 年,第 112 頁;柞伯鼎資料參見朱鳳瀚:《柞伯鼎與周公南征》,《文物》2006 年第 5 期。

② 雖然作者在本章第四節中指出宣王時期王室與諸侯的關係有所改進,但並未注意到這種改進在屬王時期已經出現。

再未見到周王向臣下賞賜土地的例子。① 相反，倗生簋（《集成》4262－
4265）、五祀衛鼎（《集成》2832）、衛盉（《集成》9456）等銅器銘文顯示，這一
時期土地資源的交換大多是貴族之間的自主行爲，並需得到當權大族的
認可，王權幾乎没有任何作用。直到厲王時期，周王向臣下賞賜土地以及
處理土地分配的事例才重新出現②，宣王時進一步增多。一些例證表明，
"國人暴動"之後敗亡貴族的土地很可能在宣王主持下進行了重新分
配③。這説明，西周王室的經濟力量在經歷了中期的削弱以後，晚期又出
現增强的迹象。

　　誠如作者所言，王權與貴族的博弈是西周王朝政治的主要矛盾。王
朝的命運與王權的興衰息息相關，但西周王權的衰落並不是"直綫下滑"
運動，而是"W"形的曲折運動。王權在與世族的鬥爭中並非一直處於被
動，厲王的專制就是王權對"世族政治"的反攻。"國人暴動"既是世族與
王權的決鬥，也是貴族階層本身的大分裂，必然導致王朝權力結構的根本
變化。這一事件與隨後的"宣王中興"有何聯繫？ 厲王與宣王兩朝的"王
權復興運動"在西周王朝的衰亡史上究竟發揮了什麽作用？ 這些問題此
書並未涉及，還值得深入探討。

　　此書的第三章"門前的敵人：玁狁之戰與西北邊境"，主要討論西
周晚期的"外患"。作者在前文建構的西周王畿地理空間的背景下，考
察了西周王朝與其主要敵人——玁狁之間的較量。第一節詳細討論了
相關文獻記載和重要銅器銘文——多友鼎（《集成》2835）、兮甲盤（《集
成》10174）、虢季子白盤（《集成》10173）、不其簋（《集成》4328－4329）
等，建立起周與玁狁之戰的歷史過程。第二節則利用銘文提供的地理
信息，復原了幾次重大戰役的具體經過和地理背景。第三節中，作者通
過考古資料重建了西周中晚期的西北邊疆，他指出，這一區域實際上是

---

① 作者將大克鼎（《集成》2836）的年代定在西周中期（第 144 頁），顯然是不妥的，近年多數學
者主張將其與相關銅器定在宣王時期。
② 如此書所舉，前者有敔簋（《集成》4323），後者有大簋（《集成》4298）、吳虎鼎（《銘圖》2446）等。
③ 宣王賞賜土地之例有大克鼎、四十二年逑鼎（《銘圖》2501－2502），主持劃分疆界及處理土
地糾紛之例有吳虎鼎和兩攸比鼎（《集成》2818）。

周人與多種文化和政治勢力"共生"的過渡地帶,而周王朝對這一地區控制的減弱使得王畿腹地直接暴露在異族威脅下,這就是西周晚期"邊疆危機"的來源。

本章涉及的問題可上溯到王國維的《鬼方、昆夷、玁狁考》,具有深厚的學術史背景。應該説,無論是在宏觀的視角,還是在細節的論證上,此書的研究都有超越前人之處。然而上古民族及其地理活動範圍的探索,向來是一個高風險的命題。尤其是銅器銘文中地名的定位,由於年代久遠且缺乏與後世地理著作的聯繫,其不確定因素更多。對於玁狁活動的區域,學界向來存在爭議,主要有山西中、北部和涇水上游兩説。此書支持玁狁由寧夏南部沿涇水河谷侵入關中的説法,其全部論證大多在此前提下展開①。但近年新出的幾件銅器對此説提出有力的反證。其一是2003年陝西眉縣楊家村窖藏出土的四十二年逨鼎(《銘圖》2501-2502,圖130),銘文敘述宣王"肇建長父侯于楊",並派單逨助其建國,隨後單逨"闞玁狁②,出葳(捷)于井(邢)阿,于曆巖,……追搏戎,乃即宕伐于弓谷"。銘文中的"楊",學者大多認爲即晉南洪洞的楊國,因此單逨與玁狁之戰涉及的地點應該不出今山西中南部。作者雖然對此銘文提出質疑和解釋③,但顯得不夠有力,最後建議將其"擱置一旁"。第二個反證是現藏香港思源堂的薈簋(《銘圖》5179),其年代在穆王時期,銘文稱"馭戎大出于楷"。不其簋銘文有"馭方、玁狁廣伐西俞"之句④,"馭方"即此"馭戎",其地域應與玁狁相近;故解決馭戎與楷國之地望,亦可有助於推定玁狁之地望。近年晉東南的黎城縣發掘了一批西周晚期大墓,出土銘文有"楷侯

---

① 但作者並不認爲玁狁的考古學文化就是涇河上游土著的寺洼文化,他認爲玁狁可能是一種斷續從北方侵入涇河上游的力量,居住在陝北高原至寧夏平原的廣大地域內,並有可能是商末鄂爾多斯地區青銅文化的繼承者(第215—216頁)。

② 【作者案:我原將"闞"理解爲動詞,其主語爲單逨。近年蔣玉斌將此字釋爲"蠢",乃"玁狁"的修飾詞(《釋甲骨金文的"蠢"兼論相關問題》,《復旦學報(社會科學版)》2018年第5期),其説甚是。按照這種理解,"出捷于邢阿,于曆巖"的主語應爲"玁狁"。】

③ 例如作者認爲"井阿"與鳳翔一帶的"井"地有關,但"井阿"之"井"字兩豎下端明顯外撇,與河北邢國之"井(邢)"字相同,而與關中之"井"兩豎垂直的寫法明顯有別。"井阿"應與太行井陘有關。

④ 過去不少學者將不其簋認定爲秦人之器,其實並無有力證據。另外,此書將"不其馭方"連讀(第180頁),似以"馭方"爲人名的一部分,這顯然不妥。

宰"字樣,發掘者指出"楷"即文獻記載中的黎國①,得到不少學者贊同。楷(黎)國之地望既然在太行西側的黎城,馭戎的活動地域很可能就在臨近的太行山區②。因此,馭戎和獫狁有可能是沿太行山及其支脈由東北向西南移動,厲王時期進入汾河谷地,宣王後期才威脅到王畿。

圖130　四十二年逑鼎及其銘文

---

① 高智、張崇寧:《西伯既勘黎》,北京大學震旦古代文明研究中心編:《古代文明研究通訊》第34期。另參看《新出金文與西周諸侯稱謂的再認識》,見本書第217頁。

② 北京琉璃河1193號大墓出土的克罍(《銘圖》13831)、克盉(《銘圖》14789)銘文講述召公之子克受封於匽(燕),並統治一批土著部族,其中就有"馭",說明當時的馭戎尚活動於太行山北段,其後逐漸南移。

　　除地望以外,有關玁狁諸銅器的年代,學者也有不同意見。此書將兮甲盤、虢季子白盤、不其簋的年代定於宣王在位早期,符合學界的通行看法。但近年四川大學彭裕商教授提出兮甲盤乃幽王時器,他還指出宣王前期用兵的主要方向是南方的淮夷,後期才轉向西北的犬戎,而《小雅》中記載周伐玁狁的《六月》、《出車》等詩篇要晚到東周初年①。其説與傳統觀點大異其趣。當然由於資料有限,這些爭議短期內很難得到解決,也不足以否定此書構建的解釋體系,但一些另闢蹊徑的思路仍然能夠提醒我們對一些平日視若"常識"的觀點進行反思。

　　西周晚期王朝的主要敵人除北方的玁狁外,還有東南方的淮夷、東夷。雖然後者由於距離較遠,對王畿的直接威脅不如前者大,但其對戰略全局的影響絲毫不亞於前者。目前所見與玁狁有關的銘文總共只有 5、6 篇,而西周晚期涉及周王朝與東夷、淮夷關係的銘文幾乎 3 倍於此,其時間跨度從夷、厲之際一直延續到西周末年。而且厲、宣兩代對南方始終保持進取態勢,厲王甚至率軍親征,這與周王朝在西北的保守態度形成鮮明對比。再聯繫西周早期對東土、南土的經略,可以説西北取守勢、東南取攻勢是周王朝一貫的戰略方針。這一方針造成東都成周地位的上升,並促進東方諸侯勢力的增長,導致周王朝的戰略重心向東方轉移。從這個意義上講,周室的東遷不僅是迫於西北戎族的壓力,也包含有王朝主動的戰略選擇。此書對周王朝"外患"的關注集中於西北,很少涉及東南②,不能不説是一大缺憾。

　　第四章"西周的滅亡:黨派之爭與空間的崩潰",從"事件"層面探討了幽王一朝走向滅亡的原因和過程。如作者所言,一方面能夠提供西周末年政治史信息的銅器銘文極爲缺乏,另一方面傳世文獻記載多經過後人的改造,以致矛盾分歧之處比比皆是。因此,學界過去對兩周之際史事的探索大多如同"猜謎",異説紛紜,莫衷一是。作者試圖沿着前文開創的

---

①　彭裕商:《周伐玁狁及相關問題》,《歷史研究》2004 年第 3 期。
②　只在第二章中有少量涉及,且大多強調的是淮夷對周王朝的威脅。

"內亂"與"外患"兩條軌道來解析這一難題。"內亂"方面,作者延續了谷口義介等學者"派系鬥争"的思路;不同的是,作者將鬥争的兩派認定爲前朝元老"皇父"(即金文中的"函皇父")與幽王、褒姒及其支持者,進而對《小雅》中的幾篇政治諷刺詩給予新的解釋。"外患"方面,作者認爲進攻周都、殺死幽王的"申——西戎"聯盟與獫狁的威脅來自同一方向,即涇河上游,以此爲基礎構建了兩周之際一系列變亂的地理空間。

　　作者繼承了西周末年存在兩個申國的觀點,認爲除南陽盆地的"南申"之外另有一"西申",並將西申之地望定在涇河上游,與申國聯盟的吕國亦在附近。此説有其難以解釋的地方。首先,平王的另外一些支持者,如鄭,以及晋、衛等諸侯,當時都位於關東。而且,這些支持者之間還存在密切的聯繫,比如申與鄭就曾經通婚①。宗周覆亡後,平王的最終選擇是東遷成周,説明他在東方已有一定政治基礎。那麽在東遷之前,遠在西北的平王及申、吕等國是怎樣跨越遙遠的距離,克服幽王及其後攜王集團的阻攔,而與成周的鄭氏及東方諸侯保持政治聯盟呢?再者,與申、吕同爲姜姓"太嶽"之後的許,也是平王的支持者。據《詩·王風·揚之水》,可知平王東遷不久,許與申、吕(甫)即同在南陽地區,平王且發兵屯戍三國,可見三國與王室關係同樣密切。對於許在西周末年的地望,作者並未討論②。如果許在西周滅亡之前即已封於南陽,它與遠在西北的申、吕又是如何建立聯繫的呢?

　　顯然,問題的根源在於作者與很多學者一樣,認爲與申聯合攻破周都的西戎(犬戎)就是金文中的獫狁,並將其定位於宗周之西北。此説忽視了平王東遷的深層背景,即平王的支持者大多位於關東,而且都是當時最有前途的新興勢力。而與平王對立的攜王,則僅得到少數關中世族(如虢

---

　　① 《左傳》隱公元年:"鄭武公娶於申,曰武姜。"從時間推算,這次聯姻很可能發生在西周滅亡之前或其後不久。

　　② 徐少華先生據杜預《春秋世族譜》,認爲許始封於武王時,見《周代南土歷史地理與文化》,武漢大學出版社,1994年,第200頁。【作者案:據清華簡《封許之命》記載,許國始封在成王時,其始封君名"吕丁",曾輔佐文王、武王,可見許與齊都是從吕氏分出,見清華大學出土文獻研究與保護中心編:《清華大學藏戰國竹簡(伍)》,中西書局,2015年。《封許之命》且有"命汝侯于許"之語,但此"許"是否即南陽一帶的"許"地還值得討論。】

氏)的支持,最終爲晉國所滅。如果平王固守西北一隅,即使得到戎族的武力支持,顯然也無法獲得最終的勝利。誠如作者所言,周末變亂起源於王朝的内部矛盾,包括王權與貴族的矛盾和新舊貴族之間的矛盾。這些矛盾的積累絕非幽王一朝之事,其影響亦遠及春秋早期①。雖然在目前的資料條件下,對這一謎團的任何解釋都不可能做到完美無缺,但從歷史的深層着眼,應該會更加接近真實②。

此書的第六章"東遷:周的重構",作爲上一章的延伸,探討的是平王東遷之後地理空間和政治秩序的重新建立。作者關注的對象分爲三個部分:平王率領下的朝廷,關中貴族的代表鄭和虢,乘周室東遷之機入主關中的秦。作者延續了多年前提出的舊説,認爲三門峽虢氏墓地的年代上限可到西周晚期,因此將虢氏東遷三門峽的時間定在了平王東遷之前。這就必然帶來一個問題:作爲攜王死黨的虢氏既然早在西周滅亡前就已東遷,平王及其追隨者是怎樣通過虢氏控制下的要隘函谷關呢?對此作者並未給以合理的解答。在我看來,作者對禮縣秦公大墓年代的判斷也存在偏早的傾向。雖然對於這些問題,考古學界目前還未達成一致意見。但隨着陝西韓城梁帶村墓地等新資料的公布③,學者對東、西周考古學文化的分界問題應該會有更清晰、全面的認識,進而推動兩周之際史事的研究。

本文對《西周的滅亡》一書中很多具體觀點提出不同意見,絕不是爲了否定此書取得的成就。在文獻史料極度匱乏、新出土資料又層出不窮的上古史領域,任何觀點的"正確"性都是相對而言,隨時可能受到新材料的質疑和糾正。與糾纏於個別細節問題的正誤、得失相比,尋求歷史發展的大脈絡,發掘重大問題的答案,顯然要面臨更多的陷阱,也因此具有更

---

　　①　比如《左傳》中自平王後期開始尖鋭化的虢與晉、鄭的矛盾,就是發源於西周末年。

　　②　【作者案:近年來隨着清華簡《繫年》等新材料的公布,平王所奔之"申"爲涇水上游的"西申"已無疑問,但平王與申、吕、許等國東遷的過程和路綫還需進一步探討。我對此有一些新的思考,尚待整理成文。】

　　③　參看陝西省考古研究所等關於韓城梁帶村遺址三座大墓的發掘簡報,見《考古與文物》2007年第2期、第6期,《文物》2008年第1期。

大的學術意義。作者嘗試運用不同性質的史料和多學科的方法，對中國早期王朝的衰亡原理進行了動態和立體的考察，這一學術實踐的示範意義已超越了具體的答案。相信已有不少研究者從《西周的滅亡》一書中得到啓發，雖然他們並不一定完全同意書中的觀點。李峰教授近年來繼續致力於西周官制與政體的研究，所論多發前人所未發，其成果已結集爲專著出版①。希望這部新著的中文譯本早日問世②，在爲國内研究者提供新鮮空氣的同時，也給西周史這一相對冷僻的領域帶來更多的關注。

　　（本文原刊香港城市大學中國文化中心編：《九州學林》2010 年春夏季號，上海人民出版社，2010 年）

---

　　① Li Feng, *Bureaucracy and the state in early China: governing the Western Zhou*, New York：Cambridge University Press，2008.
　　② 【作者案：此書中譯本已由生活・讀書・新知三聯書店於 2010 年出版，書名爲《西周的政體——中國早期的官僚制度和國家》。】

圖書在版編目(CIP)數據

青銅器與周史論叢 / 韓巍著. —上海：上海古籍
出版社，2022.6
ISBN 978-7-5732-0280-2

Ⅰ.①青… Ⅱ.①韓… Ⅲ.①青銅器(考古)-中國-
西周時代-文集 Ⅳ.①K876.414-53

中國版本圖書館 CIP 數據核字(2022)第 092316 號

青銅器與周史論叢

韓　巍　著

上海古籍出版社出版發行

(上海市閔行區號景路 159 弄 1-5 號 A 座 5F　郵政編碼 201101)

(1) 網址：www.guji.com.cn

(2) E-mail：guji1@guji.com.cn

(3) 易文網網址：www.ewen.co

蘇州市越洋印刷有限公司印刷

開本 700×1000　1/16　印張 23.75　插頁 2　字數 330,000

2022 年 6 月第 1 版　2022 年 6 月第 1 次印刷

印數：1-2,300

ISBN 978-7-5732-0280-2

K·3147　定價：108.00 元

如有質量問題，請與承印公司聯繫